2020
湖南100强企业发展报告

THE DEVELOPMENT REPORT ON TOP 100 ENTERPRISES OF HUNAN

湖南省企业和工业经济联合会 编

湖南人民出版社

本作品中文简体版权由湖南人民出版社所有。
未经许可,不得翻印。

图书在版编目(CIP)数据

2020湖南100强企业发展报告 / 湖南省企业和工业经济联合会编. —长沙:湖南人民出版社,2020.11
ISBN 978-7-5561-2609-5

Ⅰ. ①2… Ⅱ. ①湖… Ⅲ. ①企业发展—研究报告—湖南—2020 Ⅳ. ①F279.276.4

中国版本图书馆CIP数据核字(2020)第204014号

2020 HUNAN 100 QIANG QIYE FAZHAN BAOGAO

2020湖南100强企业发展报告

编　　者	湖南省企业和工业经济联合会
责任编辑	唐　艳
装帧设计	杨发凯
责任校对	夏丽芬

出版发行	湖南人民出版社[http://www.hnppp.com]
地　　址	长沙市营盘东路3号
邮　　编	410005
印　　刷	长沙市雅捷印务有限公司
版　　次	2020年11月第1版
	2020年11月第1次印刷
开　　本	889 mm × 1194 mm　　1/16
插　　页	21
印　　张	18
字　　数	530千字
书　　号	ISBN 978-7-5561-2609-5
定　　价	108.00元

营销电话:0731-82221529　　(如发现印装质量问题请与出版社调换)

《2020 湖南 100 强企业发展报告》编委会

顾　　问：陈　飞　武吉海
　　　　　曹慧泉　丛培模
主　　任：李志坚　张　翔
执行主任：杨月华
副 主 任：张　辉　简　政
委　　员：袁　凌　熊正德　尹向东　黄永忠

《2020 湖南 100 强企业发展报告》编辑部

主　　任：袁　凌

副 主 任：熊正德　张　辉　尹向东

成　　员：黄永忠　商　艳　黄　沙　唐　胜
　　　　　钟建华

目 录

湖南经济走势

特载文稿 ··· 1
  政府工作报告——2020年1月13日在湖南省第十三届人民代表大会第三次会议审议通过 ········ 1
  坚决打好产业基础高级化和产业链现代化攻坚战　以先进制造业挺起湖南经济高质量发展脊梁
  ·· 15
  2020湖南企业100强发展评点 ··· 26

第一章　2019年湖南经济发展概况及2020年展望 ·· 32
  第一节　2019年湖南经济发展总体情况 ·· 32
  第二节　2019年湖南经济发展特点 ··· 34
  第三节　现阶段湖南经济发展面临的机遇与挑战 ·· 35
  第四节　2020年湖南经济发展展望 ··· 36

百强综合分析

第二章　2020湖南企业100强分析报告 ·· 38
  第一节　2020湖南企业100强特征分析 ··· 38
  第二节　2020湖南企业100强利税分析 ··· 58
  第三节　当前湖南大企业持续发展面临的机遇与挑战 ··· 68
  第四节　促进湖南大企业高质量发展的对策与建议 ·· 71

第三章　2020湖南制造业企业100强分析报告 ··· 76
  第一节　2020湖南制造业企业100强特征分析 ··· 76
  第二节　2020湖南制造业企业100强利税分析 ··· 84
  第三节　2020湖南制造业企业100强创新投入与产出分析 ······································· 87
  第四节　湖南制造业发展面临的机遇与挑战 ··· 89

| 第五节 | 新形势促进湖南制造业大企业发展的对策与建议 | 91 |

第四章　2020湖南服务业企业50强分析报告 …… 94

第一节	2020湖南服务业企业50强特征分析	95
第二节	2020湖南服务业企业50强利税分析	104
第三节	湖南服务业大企业发展面临的挑战与机遇	112
第四节	促进湖南服务业大企业发展的对策与建议	116

第五章　2020湖南企业100强横向对比分析报告 …… 119

第一节	2020中国企业500强榜单中的湖南亮点	119
第二节	2020中国企业500强榜单中十大经济强省上榜企业对比分析	124
第三节	2020湖南企业100强与中国500强对比分析	128
第四节	2020湖南企业100强与《财富》世界500强企业对比分析	131

中外企业排行榜

第六章　湖南企业排行榜 …… 135

第一节	2020湖南企业100强排行榜	135
第二节	2020湖南企业100强主要经济技术指标前50排序	139
第三节	2020湖南制造业企业100强排行榜	178
第四节	2020湖南服务业企业50强排行榜	182
第五节	2020湖南企业200家	184

第七章　国内及世界企业排行榜选登 …… 188

第一节	2020中国企业500强排行榜	188
第二节	2020中国制造业企业500强排行榜	212
第三节	2020中国服务业企业500强排行榜	235
第四节	2020《财富》世界500强企业排行榜	260

湖南省企业和工业经济联合会简介 …… 281

后　记 …… 282

2019—2020年湖南省优秀企业家榜单 …… 283

湖南经济走势

 特载文稿

政府工作报告

——2020年1月13日在湖南省第十三届人民代表大会第三次会议审议通过

许达哲

各位代表：

现在，我代表省人民政府向大会做政府工作报告，请予审议，并请各位政协委员提出意见。

一、2019年工作回顾

2019年是新中国成立70周年。我们坚持以习近平新时代中国特色社会主义思想为指导，坚决落实党中央、国务院决策部署，在中共湖南省委的坚强领导下，认真贯彻习近平总书记对湖南工作的重要讲话指示精神，坚持稳中求进工作总基调，大力实施创新引领开放崛起战略，打好三大攻坚战，构建"四大体系"，打造"五大基地"，迈出了高质量发展的坚实步伐，为庆祝新中国成立70周年交上了优异答卷。

——经济发展迈上新台阶。地区生产总值增长7.6%，规模工业等主要经济指标增速位居全国前列。"四上"企业净增3000多家。全口径财政总收入突破5000亿元，全口径税收突破4000亿元，地方一般公共预算收入突破3000亿元，地方税收突破2000亿元，财税收入质量持续改善。

——创新开放开拓新局面。全社会研发投入强度增幅居全国前列，高新技术企业突破6000家，高新技术产业增加值增长14.3%。融入"一带一路"建设取得积极成效，成功举办首届中非经贸博览会，进出口总额突破4000亿元，增速居全国首位。

——三大攻坚夺取新战果。重大风险得到有效防范和化解。将有20个贫困县摘帽、718个贫困村

出列、63万农村贫困人口脱贫，全部贫困县、贫困村将摘帽出列。全省地表水水质总体为优，国省考核评价断面Ⅰ—Ⅲ类水质比例提升。

——民生改善取得新成效。村卫生室、乡镇卫生院全科医生、县市二甲公立医院实现全覆盖。普遍提高企业退休人员基本养老金和乡村教师、退役军人待遇，提高最低工资、城乡低保、困难残疾人生活补贴和重度残疾人护理补贴标准。消除义务教育大班额2万个，建成启用芙蓉学校24所，创造了城乡义务教育一体化发展新经验。12件重点民生实事全部办成，人民群众获得感、幸福感、安全感不断提升。

过去一年，我们围绕推动高质量发展，重点抓了八个方面的工作。

一是精准施策稳定经济增长。不折不扣落实国家减税降费政策，新增减税超过460亿元，企业社保缴费减负60亿元。出台促进中小企业健康发展、降低企业经营成本等政策措施，规模工业企业每百元营业收入成本下降1.6%左右。持续开展产业项目建设年活动，新开工投资5000万元以上的产业项目2300多个，开工建设或建成投产100亿元以上的重大产业项目12个。坚持做强大企业、培育小巨人，新增千亿工业企业1家、国家认定的"专精特新"小巨人企业10家、制造业单项冠军4个。军民融合重大示范项目进展顺利，省军民融合公共服务平台上线运行。国家网络安全产业园区落户湖南。出台支持物流等服务业发展政策，旅游收入增长13%左右，最终消费对经济增长的贡献率超过50%。金融服务实体经济能力增强，金融机构存贷款余额分别突破5万亿元、4万亿元，存贷比超过80%，中小微企业、民营企业贷款分别增长13.5%、13.7%，制造业贷款增长8.6%。建立覆盖市州的再担保体系，新增直接融资超过850亿元。

二是多措并举优化经济结构。三次产业结构调整为9.2∶37.6∶53.2。投资结构进一步改善，工业投资、技改投资、民间投资分别增长17.8%、35.7%和18.3%。新旧动能加快转换，战略性新兴产业增长10%左右，电子信息、新能源、新材料加速发展，大数据、人工智能等增速超过30%，移动互联网主营业务收入超过1300亿元。打造"135"工程升级版，新增千亿园区4家，达12家；园区技工贸收入增长9.3%，达4.8万亿元。农业结构进一步调整，粮食播种面积和总产保持稳定，超级杂交稻亩产再创新高，生猪生产逐步恢复，"一县一特""一特一片"深入实施，确定重点支持30个农业、工贸、文旅特色产业小镇，农产品加工业营业收入增长9%。区域保持协调发展，长株潭一体化取得新进展，洞庭湖生态经济区绿色发展水平提升，湘南湘西承接产业转移示范区实际使用外资增幅超过全省平均水平。

三是凝心聚力打造创新开放高地。创新型省份建设加快。出台实施科技成果转化、高新技术企业经济贡献奖励、科研人员股权和分红激励等13项法规和文件。优化长株潭国家自主创新示范区空间布局，启动郴州国家可持续发展议程创新示范区建设。岳麓山实验室、生物种业创新中心、先进轨道交通装备创新中心建设稳步推进，岳麓山大学科技城、马栏山视频文创产业园分别新增企业1012家、812家。实施115个重大科技创新项目。全省技术合同交易额增长74%。"芙蓉人才行动计划"深入推进，引进高层次创新团队13个、外籍院士7名。新增两院院士7名。专利申请量、专利授权量、有效发明专利拥有量分别增长12.3%、11.7%和14.9%。31项成果获国家科学技术奖励。

发挥"一带一部"区位优势，深入实施开放崛起专项行动。积极应对中美经贸摩擦，与"一带一路"沿线国家贸易额增长54%。机电和高新技术产品出口分别增长52.9%、71.1%。进出口额过亿元、过十亿元企业分别新增277家、9家。引进112家"三类500强"企业投资项目201个,实际使用外资、到位内资分别增长11.8%、18.8%。客运航线覆盖五大洲,开通国际全货机航线8条,湘欧快线跻身全国中欧班列第一方阵。常德桃花源机场航空口岸获批开放。海关机构实现市州全覆盖,外商投资负面清单管理模式全面实施,国际贸易"单一窗口"主要业务申报率达100%,海关特殊监管区域实现进出口额增长64.9%。积极参与中俄"两河流域"地方合作,新结国际友城4对。不断加强与中部地区和泛珠三角区域合作,全国红色旅游融合发展创新区创建、"湘赣红"品牌打造等工作进展顺利,湘赣边区域合作实现良好开局;湖南—粤港澳大湾区投资贸易洽谈周取得丰硕成果。与央企对接合作更加紧密。去年,我们还成功举办了外交部湖南全球推介、"中国航天日"主场活动、世界计算机大会、国际工程机械展、国际轨道交通和装备制造产业博览会等重大活动,扩大了湖南的国际影响力,为更好地利用国际国内两个市场、两种资源开辟了空间、搭建了平台。

四是持之以恒强基础补短板。加快构建内外无缝对接的陆路、水运、航空、能源、信息大通道,浩吉、黔张常铁路开通运营,怀芷、南益高速公路建成通车,常益长铁路、平益高速公路全面开工,长益复线、龙琅高速公路加快建设,铁路、高速公路出省通道分别达19个、25个,新增铁路通车里程564公里;湘江2000吨级水运主通道上溯至衡阳;成功组建湖南首家航空公司,长沙机场改扩建前期工作进展顺利,长沙"四小时航空经济圈"正在形成;新粤浙管道工程湖南段全线贯通,鲤鱼江电厂转接湖南电网取得积极进展;长沙、株洲纳入全国5G试点城市,4G和光纤网络覆盖所有城镇和行政村。地下综合管廊等市政基础设施加快建设,农村危房改造、棚户区改造、公租房建设稳步推进。新建商品房销售面积和价格保持基本稳定。全省城镇化率提高1.2个百分点。实施乡村振兴战略,建设自然村通水泥(沥青)路1.66万公里;以"一拆二改三清四化"为抓手,实施"千村美丽、万村整治"工程,整治农业"大棚房"、农村"空心房",完成117万户农村改厕任务,新建美丽乡村300个。

五是群策群力打好三大攻坚战。重大风险防控有力。健全化债工作考核评估和激励机制,设立省级债务化解基金,清减国库暂付款,清理整合350家融资平台,完成省高速公路集团、长沙市轨道交通集团两家融资平台转型,超额完成全年债务化解计划,有效防范和化解了政府隐性债务风险。坚持开前门、堵后门,首次发行棚户区改造、园区建设、"两供两治"等专项债券,保障重点项目融资需求。全面取缔P2P业务,严厉打击"一非三贷"等违法行为。开展道路交通等安全生产顽瘴痼疾集中整治,"两客"智能监管系统上线运行,安全生产事故起数、死亡人数明显下降。战胜多轮急重洪旱灾害。食品药品安全形势平稳。

脱贫攻坚成绩斐然。出台《关于贯彻落实习近平总书记等中央领导对湖南脱贫攻坚工作重要指示批示精神的实施方案》,新增统筹整合涉农资金的50%用于深度贫困地区,实施控辍保学行动,完善义务教育阶段资助政策,实行"扶贫扶志扶智十二条",大力开展驻村扶贫、对口帮扶和"户帮户、亲帮亲,互助脱贫奔小康"行动,务实推进东西部扶贫协作,形成了"四带四推""百里脐橙连崀山"等促进扶贫产业发展的新经验、新模式。全年投入产业扶贫资金200多亿元,带动350万贫困人口稳定增收。建档立卡贫困人口基本医疗、住房安全和饮水安全突出问题动态清零,"十三五"易地扶贫搬迁建设任务全部完成。

污染防治成效显著。出台洞庭湖水环境综合治理规划实施方案、湘江保护和治理第三个三年行动计划、我省长江经济带发展负面清单和流域生态保护补偿机制实施方案，率先建立省级环保督察和自然资源督察体制机制。狠抓中央环保督察"回头看"、长江经济带生态环境、长株潭绿心保护等突出问题整改，稳步推进"一江一湖四水"系统联治，大力开展违建别墅、张家界大鲵保护区小水电、大通湖水环境、洞庭湖矮围网围、河道采砂等综合整治。完成"夏季攻势"10大类1256项任务。加强城乡环境基础设施建设，全面启动地级城市生活垃圾分类，推动工业园区污水处理在线监测全覆盖，推进矿业绿色发展和化工、船舶、尾矿库污染治理。开展山水林田湖草生态保护修复试点。全省森林覆盖率达59.9%，湿地保护率达75.8%。

六是坚定不移深化各项改革。巩固"三去一降一补"成果，累计关停取缔"散乱污"企业1563家，关停不安全小煤矿48处。推出40项改革举措，重要领域和关键环节市场化改革取得突破。省属国有企业"压层级、减法人、去僵尸"进展顺利，重组整合企业6家；混合所有制改革、员工持股试点改革取得成效。省级党政机关和事业单位经营性国有资产统一监管有序推进，国有金融资本实行统一管理。财政专项整合等工作深入推进。落实党和国家机构改革要求，全省政府机构改革任务整体完成。公务员职务与职级并行制度顺利实施。生态环境垂直管理制度、地勘单位改革扎实推进。工程项目建设审批制度和城乡建设用地增减挂钩改革加快推进。不动产统一登记改革不断深化。农村集体产权制度改革整省推进。绩效评估改革等工作得到中央有关部门肯定和推介。开展优化营商环境执行年活动，出台招商引资"十个严禁"，推行市州营商环境试评价，长沙营商环境改善得到社会高度认可。取消各类行政权力105项，全面推行"双随机、一公开"监管，公布200件"一件事一次办"事项，企业开办时间压缩至3个工作日以内。法人信息平台投入使用，自然人信息平台基本建成，自然资源和地理空间数据库不断完善。

七是坚持不懈保障和改善民生。财政民生支出增长7.7%，占财政支出的70.3%。城乡居民人均可支配收入分别增长8.6%和9.2%，居民消费价格涨幅2.9%。新增城镇就业80.8万人、农村劳动力转移就业45.5万人。率先实施企业职工养老保险省级统筹。建立城乡居民基本养老保险待遇确定和基础养老金正常调整机制。省职业年金基金正式运营。社会救助和保障标准与物价上涨挂钩联动。健全各级教育经费保障机制。高校"双一流"和教育信息化2.0建设加快。着力解决留守儿童监护缺失以及失学辍学问题。出生缺陷综合防治、医养结合不断强化。开展药品集中带量采购试点，部分药品价格非正常上涨势头得到有效遏制。现代公共文旅服务体系建设加强，炎帝陵景区成为全省第9家5A级景区，新开放公共文化场馆12个，4部作品获得"五个一工程奖"。民族、宗教工作推进有力。开展集中化解信访积案百日行动和突出信访问题专项治理，"网格化+信息化"社会治理广泛推行。"一村一辅警"实现全覆盖，"城市快警"平台全面铺开。集中打击突出违法犯罪，深入推进新一轮禁毒人民战争。扫黑除恶专项斗争取得重大阶段性成果，促进了治安秩序、社会风气和发展环境持续改善，群众满意度明显提高。

八是从严从实加强政府自身建设。认真执行宪法宣誓制度。自觉接受人大法律监督、工作监督和政协民主监督及社会监督，提请审议环境保护条例、种子法实施办法等地方性法规草案8件，办理省人大代表建议1309件、省政协提案709件。建立省政府重要工作进展定期通报、年度目标任务清单制度，进一步完善督查激励措施。贯彻中央"基层减负年"部署，落实省委全面加强基层建设的要求，坚决整治形式主义、官僚主义。以省政府名义下发的文件、召开的会议分别减少13.3%、39.5%，省级督查检查考核事项精简80%以上。真抓实干成效明显的16个方面工作受到国务院通报表扬。依法统计、依法普查，圆满完成第四次经济普查工作。强化"互联网+监督"，加快公共资源交易全流程电子化进程。坚持政府过紧日子，财政一般性支出压减10%。严格落实"一岗双责"，加强政府系统党风廉政建设，坚决整治"拉款子""打牌子""提篮子"、串标围标、涉砂涉矿涉股等突出问题。

过去一年，我们不断加强国防动员和后备力量建设，全面深化民兵调整改革，创新发展兵役征集、国防教育、人民防空、军事设施保护和"双拥"工作，扎实做好移交安置、就业创业、拥军优抚、褒扬纪念、军休服务等工作。驻湘解放军和武警部队、广大民兵预备役人员在脱贫攻坚、抢险救灾、维稳处突和社会治理等方面发挥了积极作用，为全省改革发展稳定大局做出了突出贡献。

各位代表！

过去一年，我们扎实开展"不忘初心、牢记使命"主题教育，深入学习贯彻党的十九大和十九届二中、三中、四中全会精神，不断增强"四个意识"，坚定"四个自信"，做到"两个维护"，把"守初心、担使命，找差距、抓落实"的总要求贯穿到各个环节，覆盖到各个方面，推动全面建成小康社会取得新的重大进展。

我们全面贯彻新发展理念，狠抓发展第一要务，增强创新第一动力，用好人才第一资源，主动应对国内外风险明显上升、经济下行压力持续加大的严峻挑战，努力办好湖南的事情，迈出了建设富饶美丽幸福新湖南的坚实步伐。

我们同心欢庆新中国成立70周年，开展"壮丽70年·奋斗新时代"大型主题宣传，成功举办新中国成立70周年湖南专场新闻发布会，为国庆盛典做出了湖南贡献，展现了三湘大地的新变化新气象。袁隆平、张超分别获得"共和国勋章""人民英雄"国家荣誉称号，彰显了三湘儿女的奋斗精神和良好风貌。

各位代表，过去一年的成绩来之不易。这是以习近平同志为核心的党中央坚强领导的结果，是中共湖南省委带领全省上下团结一心、拼搏奋斗的结果，是各级人大、政协监督和社会各界人士关心支持的结果。在此，我代表省人民政府，向全省各族人民、各民主党派、各人民团体，向驻湘人民解放军指战员和武警官兵、政法干警和民兵预备役人员，向中央驻湘单位，向关心支持湖南改革发展的海内外各界人士，表示诚挚感谢！

我们也清醒认识到，全省经济社会发展还面临不少困难和问题。一是稳增长压力较大。传统产业仍在转型，新兴产业尚在培育。企业经营困难增大，小微企业、民营企业融资难融资贵问题仍然突出。二是风险隐患不容忽视。较大以上安全事故尚未得到有效遏制，抵御自然灾害的能力还不强，财政收支矛盾和金融等领域风险挑战依然很大。三是民生工作还有不少短板。基本公共服务还存在薄弱环节。四是营商环境有待进一步改善。部分地方政策落实不够到位、措施不够有力，治理能力与新时代要求相比还有差距。我们要高度重视解决这些问题。

二、关于2020年工作

2020年是全面建成小康社会和"十三五"规划收官之年，做好全年工作意义十分重大。今年形势将比去年更加复杂严峻，但我国经济稳中向好、长期向好的基本态势没有改变。我们要紧扣全面建成小康社会目标任务，胸怀中华民族伟大复兴的战略全局和世界百年未有之大变局这两个大局，抢抓长江经济带发展和中部地区崛起的战略机遇，进一步释放积蓄的发展动能和市场活力，加快建设富饶美丽幸福新湖南。

要坚持科学稳健，立足当前、着眼长远，坚持问题导向、目标导向、结果导向，坚决摒弃粗放式发展模式，努力扩大有效需求，正确处理稳增长与防风险的关系，保持经济运行在合理区间。

要坚持系统优化，强化全局观念，增强改革发展的系统性、整体性、协同性，运用系统工程方法优化经济治理方式，在多重目标中寻求动态平衡，在协调不同部门、地区和政策中增强治理效能。

要坚持改革创新，落实"巩固、增强、提升、畅通"八字方针，破除改革发展面临的体制机制障碍，着力构建系统完备、科学规范、运行有效的制度体系，着力提升科技实力和创新能力，加快培育经济合作和竞争新优势，打造内陆创新开放高地。

要坚持底线思维，增强忧患意识，全面防范和化解重大风险，整治安全隐患，维护社会稳定，守住就业底线，努力实现"一脱贫三促进六覆盖"。

今年工作的总体要求是：以习近平新时代中国特色社会主义思想为指导，全面贯彻党的十九大和十九届二中、三中、四中全会精神，认真贯彻习近平总书记对湖南工作的重要讲话指示精神，坚持稳中求进工作总基调，坚持新发展理念，坚持以供给侧结构性改革为主线，坚持以改革开放为动力，以"全面小康决胜年"为抓手，深入实施创新引领开放崛起战略，着力推动高质量发展，坚决打赢三大攻坚战，全面做好"六稳"工作，统筹推进稳增长、促改革、调结构、惠民生、防风险、保稳定，确保全面建成小康社会和"十三五"规划圆满收官。

今年主要预期目标是：地区生产总值增长7.5%左右，城镇调查失业率5.5%左右，居民消费价格涨幅3.5%左右，农村贫困人口全部脱贫，居民收入增长与经济增长同步，财政金融风险有效防控，生态环境进一步改善，万元GDP能耗下降1%。

今年要重点抓好以下工作：

（一）坚持高质量发展，确保经济实现量的合理增长和质的稳步提升

推动制造业高质量发展。加快建设制造强省，推动先进制造业发展，创新振兴实体经济的体制机制和政策措施，努力提高制造业占GDP的比重，实现规模工业增加值增长7.5%。大力培育工程机械、轨道交通装备、中小航空发动机等世界级产业集群，提升电子信息、新材料、节能环保、新能源、装配式建筑等产业集群规模和水平，壮大消费品工业集群，推进工业新兴优势产业链强链补链延链，打造制造业高质量发展基地。加快制造业数字化、网络化、智能化、绿色化发展，鼓励引导食品、石化、有色等传统产业拓展"智能+"，创建一批智能制造示范企业和示范车间，推进国家智能网联汽车（长沙）测试区等重大项目建设，力争在人工智能、区块链、5G与大数据等领域培育形成一批新的增长点，打造以中国智能制造示范引领区为目标的现代制造业基地。推进军民融合深度发展，加快国家军民融合重点区域和网络安全产业园区建设，积极创建国防科技工业军民融合创新示范基地，打造一批具有重要影响力的军民科技协同创新平台。持续推进以产业项目建设为重点的"五个100"工程，抓好一批百亿级重大产业项目建设投产。支持创建国家级高新区和经开区，打造"135"工程升级版，力争千亿园区达到14家。

做强大企业、培育小巨人。继续实施企业研发财政奖补、技术改造税收增量奖补政策。对发展贡献大的企业，实行"一企一策"对口服务和政策激励。支持一批自主创新能力强、技术水平先进、市场占有率高的大型企业和集团进一步做强做优做大，跻身"三类500强"。大力发展企业区域总部，以及采购中心、结算中心等功能性总部。促进中小企业走"专精特新"之路，鼓励细分领域标杆企业参与工业新兴优势产业和工业"四基"建设，培育一批小巨人企业，力争全年新增规模工业企业1000家。

提升现代服务业发展水平。促进先进制造业与现代服务业深度融合，实施服务业高质量发展三年行动。大力发展数字经济，加快发展基于移动互联网、云计算、区块链、物联网等新技术的信息服务。重点发展工业设计、技术转移转化、创业孵化、知识产权保护及应用等科创服务，积极发展法律咨询、会计审计、信用中介、检测检验认证、博览会展等商务服务，推动生产性服务业向专业化和价值链高端延伸。增加文化旅游、健康养老、家政和托育等生活服务有效供给，促进生活性服务业向高品质和多样化升级。大力发展高效安全、绿色普惠、开放创新的现代金融服务，构建科技金融、文化金融、绿色金融、供应链金融协同发展体系，加快湘江新区金融中心和基金小镇建设。在湖南股权交易所设立专板，培育科创板上市后备资源，推动企业上市。完善政府性融资担保体系，推动政银担风险分担机制落地。

推动消费稳定增长。扩大实物商品消费，促进服务消费提质扩容。挖掘汽车、家电、家居等重点领域消费潜力，积极培育体验消费、网络消费，打造时尚消费、品质消费和"夜经济"地标，力争新增限上企业1000家，总数突破1.2万家。继续实施内贸流通促进工程，完善农村商贸流通基础设施，健全农产品仓储保鲜冷链物流设施，畅通城乡物流配送网络，提振农村消费活力。加快消费环境配套公共设施便利化、智能化改造，健全缺陷产品强制召回、质量终身负责和服务质量保障制度，严厉打击制假售假、非法宣传行为，切实维护消费者权益。

营造透明公正便捷高效的营商环境。落实《优化营商环境条例》，继续开展市州营商环境评价，实行市场准入负面清单和公平竞争审查制度，加快打造市场化、法治化、国际化营商环境。深化"放管服"改革，有序推进"证照分离"改革全覆盖，加快完善"双随机、一公开"监管机制，突出抓好食品、药品、特种设备和重点工业产品质量安全监管。健全覆盖全社会的征信体系，落实"黑名单"制度，加大失信惩戒力度。巩固和拓展减税降费成果，加大规范涉企收费、清理拖欠企业账款力度，帮助企业解决用地、用电、用气、用工、物流和融资难融资贵等问题。弘扬优秀企业家精神，保护企业家合法权益，构建亲清政商关系。

（二）紧扣全面建成小康社会目标，坚决打好三大攻坚战

确保完成脱贫攻坚目标任务。坚持精准扶贫、精准脱贫基本方略，集中兵力打好深度贫困歼灭战，确保现行标准下剩余的19.9万农村贫困人口全部脱贫。加快补齐"两不愁三保障"和饮水安全短板，逐村逐户对账销号。加强返贫监测预警，及时将因病、因灾等返贫人口纳入帮扶。严格落实"四个不摘"要求，开展"三落实""三精准""三保障"问题"回头看"，加大产业扶贫、就业扶贫力度，扎实抓好易地扶贫搬迁后续帮扶工作，确保脱贫成果得到人民认可、经得起历史检验。推进"千企帮村、万社联户"、东西部扶贫协作和对口帮扶。持续开展扶贫领域腐败和作风问题专项治理。推动脱贫攻坚与乡村振兴有效衔接，加快提升大湘西等贫困地区的基础设施和基本公共服务水平，统筹贫困地区和非贫困地区发展，探索建立解决相对贫困问题的长效机制。

确保实现污染防治攻坚战阶段性目标。加大中央交办、督办的突出生态环境问题整改力度，继续开展污染防治攻坚战"夏季攻势"，打好蓝天、碧水、净土保卫战。水治理方面，推进"一江一湖四水"系统联治，加快实施山水林田湖草生态保护修复工程，全面完成重点水域禁捕退捕；深入推进洞庭湖水环境综合治理，实施湘江保护和治理第三个三年行动计划，持续开展饮用水水源地环境保护专项行动和黑臭水体治理，实现洞庭湖区乡镇污水处理设施全覆盖，确保地级城市集中式饮用水水源水质提升，完成1000个行政村生活污水治理。大气治理方面，加强重污染天气防范和应对，抓好长株潭及传输通道城市大气污染联防联控，推进钢铁等行业超低排放改造，完成超标排放柴油货车淘汰任务，推进船舶靠港使用岸电工作，开展扬尘、餐饮油烟等面源污染治理。土壤治理方面，推进长株潭地区重金属污染耕地种植结构调整，开展打击固体废物环境违法专项行动、"三磷"专项排查整治行动，积极推进垃圾就地分类和资源化利用。加强尾矿库污染防治，推动矿业绿色发展。推进全域土地整治，开展国土绿化行动，持续推进生态廊道建设、天然林保护修复。

确保不发生重大风险。加快地方融资平台市场化转型，做好政府债务化解工作。开展债务动态监控和风险预警，严禁新增隐性债务，严守政府债务管控底线，坚决杜绝违规举债。完善化债激励约束机制，严格执行化债方案，通过增收节支、盘活资产、债券置换、增信展期等措施，有效化解债务风险，严防虚假化债。做好地方政府债券发行和使用管理，发挥专项债券稳投资促增长的作用。开展政府资产负债管理试点。规范市县财政管理，实施"提升税收占比"三年行动计划，进一步压减国库暂付款，推进交易场所清理整顿，持续开展互联网金融风险、"一非三贷"和金融领域涉黑涉恶专项整治。完善应急管理体制机制，聚焦水旱、地质、气象、森林火灾和地震等自然灾害，聚焦煤矿和非煤矿山、危化品和烟花爆竹、水陆空交通、工程建筑和消防等重点领域，强化监测预警和应急处置，及时清零重大隐患，提高本质安全度，坚决杜绝重特大事故，坚决遏制较大事故。

（三）坚持创新引领开放崛起，打造内陆创新开放高地

加快建设创新型省份。推动长株潭国家自主创新示范区、郴州国家可持续发展议程创新示范区建设，支持有条件的市县创建国家创新型试点城市。加快岳麓山大学科技城、马栏山视频文创产业园"两山"建设，推进岳麓山工业创新中心和先进轨道交通装备、生物种业、耐盐碱水稻等技术创新中心建设，积极创建岳麓山国家实验室。紧扣国家科技重大专项和科技创新2030重大项目，实施重大装备、自主可控计算机、人工智能与机器人等重大专项，开展生物与农业、环境与生态、新材料与先进制造、人口与健康等领域基础研究和原始创新，努力在关键材料、基础零部件、制造工艺、核心元器件、高端检验检测装备等领域取得重大突破。加快高新技术企业增量提质，支持企业和研发机构创制国家标准、国际标准。持续加大全社会研发投入。建立科技创新成果清单和企业需求清单，促进更多科技成果就地转化。深入推进"芙蓉人才行动计划"，健全人才引进、培育、激励和服务机制，引聚选育一批高层次创新团队和领军人物。

打造内陆开放新高地。主动服务国家开放战略，深化与"一带一路"沿线国家合作，落实与非洲、东南亚等地重点合作项目。建立健全对非经贸合作交流长效机制，加快建设中非经贸孵化园、研究院。建立与粤港澳大湾区跨省对话合作常态化机制，建设湘江源优质蔬菜生产基地，促进交通基础设施互

联互通、能源设施共建共享。推动外贸高质量发展，支持轨道交通、装备制造、工程机械、建筑业等优势产业和企业"抱团出海""借船出海"，扩大对外工程承包和劳务合作，打造一批产业集聚度高、产品竞争力强的外贸生产基地；实施"外贸破零倍增""外贸综合服务""外贸融资服务"等举措，加快培育跨境电商、市场采购等外贸新业态。构建对外开放新格局，增强长株潭城市群的创新开放引领带动作用，积极参与长江黄金水道建设与发展，构筑我省西部陆路出海大通道。加快临空临港经济区建设，打造长沙"四小时航空经济圈"和具有区域竞争优势的国际航空枢纽。积极创建中国（湖南）自贸区，抓好长沙、岳阳跨境电商综合试验区建设，推进高新区、经开区、海关特殊监管区域提质升级，优化口岸功能。落实国家区域发展战略，加强与中部和泛珠三角区域的创新合作，加快建设湘赣边区域合作示范区，推动湘鄂、湘桂黔协作发展。深化湘台交流合作。

（四）大力实施乡村振兴战略，着力推进农业农村现代化

加快发展现代农业。全面完成"十三五"高标准农田建设任务，统筹推进水库除险加固、农村水系综合整治、灌区节水配套改造等农村水利建设、运营和管护。稳住农业压舱石，落实粮食安全省长责任制，稳定粮食播种面积和产量。坚持走精细化路子，加快建设以精细农业为特色的优质农副产品供应基地。实施三个"百千万"工程、"六大强农行动"、优质粮油工程，发展"一县一特""一村一品"，做强农业优势特色产业。加快农林产品生产标准化、特征标识化、营销数字化，大力推行"身份证"管理，提升"湘味"农产品品牌影响力和市场竞争力。发展设施农业，加快推进农业机械化、智能化和农业装备产业升级。完善科技等农业社会化服务体系，鼓励村级组织牵头成立专业技术协会、专业合作社。落实"菜篮子"市长负责制，强化非洲猪瘟疫情防控，做好生猪稳产保供工作，实施优质湘猪工程，推动畜牧业转型升级。大力推动农村创新创业，多渠道促进农民增收。实施乡村人才振兴行动计划，推动工商资本和人才下乡。

深化农业农村综合改革。深入推进农业供给侧结构性改革，稳步实施农村承包地"三权"分置改革，全面完成农村集体产权制度整省试点改革任务，加快农村宅基地房地一体确权登记颁证，扎实推进供销合作社、粮食收储、集体林权制度等改革。完善支持农业农村优先发展的制度政策，加大涉农资金统筹整合力度。加快多层次普惠性农业保险体系建设，提升农村金融服务水平。壮大集体经济，努力消除"空白村"。

加强和改进乡村治理。健全党组织领导的自治、法治、德治相结合的乡村治理体系。加大乡镇基本公共服务投入，推进农村社区综合服务设施建设，抓好全国乡村治理体系建设试点，推动社会治理和服务重心向基层下移，建设平安乡村。重视和发挥乡贤作用，加强村规民约建设，促进乡风更淳、乡情更浓。

大力改善农村人居环境。强化村庄规划编制和管理。全面完成农村人居环境整治三年行动计划，探索农村人居环境管护长效机制，全面开展村庄清洁行动，推进农村生活垃圾污水治理。加强农业面源污染治理，做好农药化肥使用量负增长、畜禽养殖废弃物资源化利用、秸秆综合利用等重点工作。深入推进农村危房改造和"空心房"治理。开展全域推进美丽乡村示范创建。

（五）加强基础设施建设，推动形成优势互补高质量发展的区域经济布局

狠抓重大基础设施项目。加快市市通高铁的建设步伐，实现县县通高速、村村通硬化路。加快建设张吉怀、常益长、渝怀复线铁路，长益扩容、祁常、安慈、官新高速和湘西、郴州机场等在建项目，加快长沙机场改扩建，推进长赣、邵永、铜吉铁路和张官、炉慈高速等项目前期工作，加快高等级航道和重点港口建设。支持长沙、衡阳、岳阳、郴州、怀化加快建设国家物流枢纽。统筹推进莽山水库、毛俊水库、涔天河水库扩建工程灌区项目，抓好"四水"干支流堤防加固及椒花水库建设，加快启动犬木塘水库开工，推进大兴寨水库、洞庭湖重要堤防加固前期工作和河湖连通工程。大力实施市政设施、城乡环境、产业配套、防灾减灾、公共服务等五大补短板惠民生工程。加大泛在电力物联网建设力度，加快永州电厂、华容电厂、雅中直流工程湖南段、"气化湖南"工程、岳阳LNG储备基地等能源项目建设。积极建设5G商用和新一代信息基础设施、工业互联网。着力解决重大项目建设中要素保障问题。

提升区域协调发展水平。建立国土空间规划体系，统筹划定落实生态保护红线、永久基本农田、城镇开发边界三条控制线。加快推动长株潭一体化，推进"三干两轨"建设，打造长株潭半小时经济圈，建设高质量发展的示范区、基本实现现代化建设的先行区、区域一体化发展的样板区。加快推进洞庭湖生态经济区建设，着力创建长江经济带绿色发展先行区，构筑综合立体交通走廊，建设更加秀美富饶的大湖经济区。加快湘南湘西承接产业转移示范区建设，大力引进创新型企业和先进制造业企业，建设粤港澳重要的科技产业配套基地、制造业转移承接基地。继续推进娄底产业转型升级。

提高新型城镇化质量。加快实施以促进人的城镇化为核心、提高质量为导向的新型城镇化战略，促进城市群、大中小城市和小城镇合理布局、协调发展，力争城镇化率达到58%。以中心城市引领城市群发展，拓展湘江新区新片区，增强长沙辐射带动能力。统筹城市地上地下空间开发利用、城市特色风貌营造和历史文化保护，加大城市公共基础设施建设改造力度，推进停车设施、地下综合管廊、智慧城市管理建设。全面开展地级城市生活垃圾分类，推进建筑垃圾资源化利用。坚持"房子是用来住的、不是用来炒的"，完善住房市场体系和保障体系，推进住房租赁市场发展试点，建立健全房地产市场平稳健康发展长效机制。加快城镇棚户区、城市D级危房、城镇老旧小区改造和城区老工业区搬迁改造，做好城市困难群众住房保障工作，把住有所居落到实处。

激发县域经济活力。制定促进县域经济高质量发展的政策措施，引导各地发展特色优势产业，促进城乡生产、生活、生态一体发展，推动一二三产业融合。加快省级特色产业小镇建设，加大财政、金融、土地等政策支持力度，推动城镇基础设施、公共服务向农村延伸。深化扩权强县改革，推进符合条件的县撤县设市（区），加快经济发达镇行政管理体制改革。完善一般性转移支付支持市县抓重点、补短板、强弱项工作机制，选择48个县市区开展预算编制事前审核。

（六）锐意推进各项改革，不断加强制度建设

着力推进供给侧结构性改革。优化产业布局，巩固去产能成果，坚决淘汰煤矿和非煤矿山、烟花爆竹、造纸、冶金等领域过剩落后产能，推动城镇人口密集区危险化学品生产企业和"沿江一公里"化工企业搬迁改造。优化创新供给，完善以企业为主体、市场为导向、产学研深度融合的技术创新体系，深化科技成果"三权"改革及技术收益分配制度改革，开展知识产权军民融合试点，推动潇湘科技要素市场向全省覆盖。

加快市场化改革步伐。推进国有经济布局优化和结构调整，探索在省属监管企业集团层面推进混合所有制改革，加快推进员工持股试点；完善国资监管方式，强化资金债务、项目投资等重点领域风险防控；加快剥离国企办社会职能。坚持"两个毫不动摇"，鼓励民营资本参与国企改制重组，支持民营企业进入交通基础设施、市政公用事业等领域。深化财政支出制度改革，加强预算管理，推广实施零基预算，出台深化政府采购制度改革实施方案，建立财政审计联动机制，促进全面预算绩效管理落地见效。建立统一的国有金融资本出资人制度。稳步推进党政机关和事业单位经营性国有资产集中统一监管。完善产权制度和要素市场化配置。

加强统筹城乡的民生保障制度建设。深化教育领域综合改革，完善高考改革配套政策措施。建立促进创业带动就业、多渠道灵活就业机制。完善覆盖全民的社会保障体系。健全基本医疗卫生制度，深化医疗、医保、医药联动改革，提高公共卫生服务、医疗服务、医疗保障、药品供应保障水平，缓解群众看病难看病贵问题。

坚持和完善生态文明制度。实行最严格的生态环境保护制度，发布省级"三线一单"，构建以排污许可制为核心的固定污染源监管制度体系，建立以国家公园为主体的自然保护地体系。开展重点区域自然资源统一确权登记，深化自然资源产权制度改革，完善省市县三级自然资源储备体系，落实资源有偿使用制度，实行资源总量管理和全面节约制度。建立完善统一行使监管城乡各类污染排放和行政执法职责制度，实行生态环境损害责任终身追究制。

（七）繁荣发展社会主义先进文化，凝聚砥砺奋进的强大精神力量

牢牢把握社会主义先进文化前进方向。坚持马克思主义在意识形态领域指导地位的根本制度，全面贯彻落实习近平新时代中国特色社会主义思想，落实意识形态工作责任制。加强和改进学校思想政治教育，建立全员、全程、全方位育人体制机制。坚持以社会主义核心价值观引领文化建设制度，推动理想信念教育常态化、制度化，加强党史、新中国史、改革开放史教育，加强爱国主义、集体主义、社会主义教育，实施公民道德建设工程，推进新时代文明实践中心试点建设。

大力发展文化事业。把社会主义核心价值观要求体现到文化产品创作生产全过程，发展新闻出版、广播影视等事业。深入开展"书香湖南"等群众文化活动，推进数字广播电视户户通建设，推动县级公共图书馆、文化馆、档案馆全面达标升级。抓好长征国家文化公园（湖南段）建设，加强历史文化名城名镇名村、传统村落和文物保护利用。促进非物质文化遗产传承。

深化文化体制改革。建立健全把社会效益放在首位、社会效益和经济效益相统一的文化创作生产体制机制。理顺县级融媒体中心体制机制。持续深化国有文化企业改革，健全引导新型文化业态健康发展机制。鼓励社会力量参与公共文化服务体系建设。深化文化市场综合行政执法改革。

促进文旅融合发展。推动文化与旅游产业做强做大。积极培育文旅装备制造、红色教育培训、特色民宿、生态旅游等文旅融合新产品、新业态。支持"广电湘军""出版湘军"创新发展，加快建设马栏山视听节目国际版权交易中心、高清视频实验室，建设以影视出版为重点的文化创意基地。加强湖湘优秀传统文化、红色文化、生态文化等资源开发利用，着力打造伟人故里、魅力湘西、大美洞庭等精品旅游线路，建设以"锦绣潇湘"为品牌的全域旅游基地。创建国家级夜间文旅消费集聚区，推进湘赣边红色旅游协作区建设，办好红色旅游博览会。

（八）着力保障和改善民生，共建共享全面小康社会

促进更充分更高质量就业。新增城镇就业70万人。坚持就业优先，落实稳岗补贴、技能提升补贴、社保降费等援企稳岗政策，抓好高校毕业生、下岗失业人员、农民工、退役军人等重点群体就业，托底帮扶残疾人、低保对象等困难群体就业，确保零就业家庭动态清零。深入推进"311"就业服务行动，完善就业兜底保障机制。以创业带动就业，完善创业担保贷款贴息以及创业资金奖补政策，降低小微企业创业担保贷款申请条件，对农民工回乡首次创业给予支持。健全保障农民工工资支付长效机制。坚决防止和纠正就业歧视，促进广大劳动者实现体面劳动、全面发展。

办好人民满意的教育。推动城乡义务教育一体化发展，推广泸溪县教育改革经验，加强和改进乡村寄宿制学校、村小及农村教学点规划建设，建成芙蓉学校37所、新开工39所，基本消除义务教育大班额。加快推进农村公办幼儿园建设，力争全省普惠性幼儿园覆盖率达到80%。提高普通高中生均公用经费拨款标准。推进高校"双一流"和高水平本科教育建设。积极创建国家职业教育改革先行示范区。大力推进"互联网+教育"升级和应用。完善立德树人体制机制，加强师德师风建设。支持和规范民办教育、合作办学。加快学校安防"三项建设"，抓好学校学生安全工作。继续开展控辍保学行动，落实义务教育阶段资助政策，解决进城务工人员子女上学难问题，让每个孩子在党的阳光雨露下茁壮成长。

加快健康湖南建设。推进国家医学中心、区域医疗中心建设，加强县级医院综合能力和基层医疗卫生服务体系建设，完善分级诊疗模式，推进"互联网+医疗"。组织实施健康湖南行动，加强公共卫生防疫、母婴安全保障、出生缺陷防治和重大传染病防控，遏制地方病、艾滋病、结核病和癌症等重大疾病。加强中医药人才培养、科技创新和药品研发。加快建设居家社区机构相协调、医养康养相结合的养老服务体系。加大对计划生育特殊困难家庭扶助保障力度。广泛开展全民健身活动，启动潇湘健身步道建设。认真备战2020年奥运会。

稳步提高社会保障水平。全面推进养老、失业、工伤保险省级统筹，实行基本医疗保险市级统筹，实现城乡居民养老保险、医疗保险应保尽保，调整提高退休人员基本养老金待遇。扩大集中带量采购和使用药品品种范围，加快推进个人医保卡全省通用。健全重特大疾病医疗保险、救助制度，开展长期护理保险制度试点。加强社保基金运行管理，划转部分国有资本充实社保基金。完善农村留守儿童和妇女、老年人关爱服务体系，建立事实无人抚养儿童基本生活补贴制度。认真执行社会救助和保障标准与物价上涨挂钩的联动机制，抓好特困人员和低收入困难群众的救助工作，确保困难群众基本生活得到有效保障和改善。全面建成小康社会，一个不能少。

用心用情办好12件重点民生实事。1.增加公办幼儿园学位25万个。2.完成政府补贴性职业技能培训55万人次，其中农村转移就业劳动者培训15万人次。3.建制乡镇卫生院配备2名全科医生全覆盖，每个行政村卫生室每年补助运行经费6000元。4.孕产妇免费产前筛查40万人次，农村及城镇低保适龄妇女"两癌"免费检查100万人。5.新改扩建特困人员集中供养机构50所以上，新增床位不少于5000张。6.开工改造1000个城镇老旧小区。7.新改建农村公路10000公里。8.新增和巩固农村通自来水人口120万。9.完成农村电网改造投资6亿元。10.改（新）建100万户农村户用厕所、1000个农村公厕。11.农村低保标准每人每年不低于4000元。12.实施残障人士康复救助，困难残疾人生活补贴和重度残疾人护理补贴均提标至每人每月65元。我们一定要把老百姓最急、最忧、最盼的事办好。

改进和创新社会治理。坚持和发展新时代"枫桥经验"，开展市域社会治理现代化试点，创新互联网时代群众工作机制。完善信访制度，畅通和规范群众诉求表达、利益协调、权益保障通道，及时就地化解矛盾纠纷。巩固完善"一村一辅警""城市快警"工作，加强应急处突力量建设，构建立体化、信息化社会治安防控体系。推动扫黑除恶常态化长效化，集中打击突出违法犯罪行为。落实"四个最严"，加强食品药品监管。加快构建现代人防体系。开展民族团结进步创建，依法加强宗教事务管理。扎实做好地区生产总值统一核算、第七次全国人口普查工作，发挥统计监督职能作用。支持工会、共青团、妇联、红十字会等群团组织更好发挥作用。

全面支持国防和军队现代化建设。坚决贯彻习近平强军思想，完善应急应战、激励创新、军民融合的配套政策措施。巩固深化民兵调整改革成果，创新开展全民国防教育，推进"智慧动员"项目落地。构建省级兵役信息平台，建立兵役信息核验制度，全面规范基层武装部和专武干部队伍建设。健全退役军人工作体系和保障制度，落实军人军属待遇保障政策。深入开展新一轮"双拥"创建活动。

三、提升政府治理能力和水平，建设人民满意的服务型政府

坚持党对一切工作的领导，增强"四个意识"，坚定"四个自信"，做到"两个维护"，充分履行推动经济社会发展、管理社会事务、服务人民群众的重大职责，做到为人民服务、对人民负责、受人民监督，努力打造服务政府、责任政府、法治政府、廉洁政府。

不断砥砺初心、担当使命。坚定共产主义远大理想和中国特色社会主义共同理想，用习近平新时代中国特色社会主义思想武装头脑、指导工作。把不忘初心、牢记使命作为加强政府系统党的建设的永恒课题和全体党员、干部的终身课题，坚持不懈锤炼党员、干部忠诚干净担当的政治品格，切实增强学习本领、政治领导本领、改革创新本领、科学发展本领、依法执政本领、群众工作本领、狠抓落实本领、驾驭风险本领。全面贯彻党的基本理论、基本路线、基本方略，使政府一切工作顺应时代潮流、符合发展规律、体现人民愿望。我们一定要做政治上的明白人、老百姓的贴心人、干事创业的带头人。

构建职责明确、依法行政的政府治理体系。认真落实党的十九届四中全会精神，带头尊崇制度、执行制度、维护制度。推进机构、职能、权限、程序、责任法定化，完善和落实政府权责清单制度，推进机构职能优化协同高效，健全部门协调配合机制。完善政府立法体制机制，深化行政执法体制改革，规范执法自由裁量权，推进行政执法权限和力量向基层延伸。落实《重大行政决策程序暂行条例》，健全科学民主依法决策机制。认真落实省人大及其常委会决议决定，认真办理人大代表建议和政协提案。自觉接受省人大及其常委会监督、政协民主监督、监察监督、审计监督，主动接受社会和舆论监督。认真听取人大代表、政协委员意见，听取民主党派、工商联、无党派人士和各人民团体意见建议。

切实提高行政效能。推进基层政务公开标准化、规范化，用好法人、自然人信息平台及自然资源和地理空间数据库，推进跨系统、跨业务、跨部门、跨地区数据共享，破除部门数据壁垒，加快数字政府建设。深入推进"一件事一次办"，推动"互联网+政务服务"一体化平台全覆盖，实现政务服务"网上办理、全程在线、一网通办"。大力推行行政审批、证明事项告知承诺制。探索建立全省中介服务超市。贯彻落实全面加强基层建设的若干意见，抓基层治理、抓基础设施、抓基础管理，推动资源向基层倾斜、人才向基层流动、干部在基层成长，打通抓落实的"最后一公里"。

坚持为民务实清廉。坚持人民至上，始终为人民利益和幸福而努力工作，加大力度消除民生痛点，真抓实干解民忧、纾民怨、暖民心，让人民群众获得感、幸福感、安全感更加充实、更有保障、更可持

续。贯彻省委《关于建立容错纠错机制激励干部担当作为的办法（试行）》，用好绩效考核指挥棒，发挥真抓实干督查激励作用，引导广大干部不兴伪事、不务虚功，激发干事创业精气神。严守政治纪律和政治规矩，加强党纪国法教育。严格执行廉洁从政各项规定，落实党风廉政建设主体责任和"一岗双责"，加强行政审批、行政执法、工程建设、资源开发、公共资源交易、公共财政支出等重点领域监管，突出整治违规收送礼品礼金、接受管理服务对象宴请、出入私人会所、打着亲属经商的幌子谋取私利等问题。持之以恒正风肃纪，落实中央八项规定精神和省委实施办法，加大纠治"四风"力度，坚决反对形形色色的形式主义、官僚主义。坚守勤俭节约优良传统，做到量入为出、以收定支，大力压减一般性支出和非重点支出，兜牢"三保"底线，带头过紧日子，让老百姓过好日子。

科学编制"十四五"规划是今年的一项重大任务。要坚持以习近平新时代中国特色社会主义思想为根本遵循，全面贯彻新发展理念，认真落实"三个着力"要求，充分发挥"一带一部"区位优势，科学提出"十四五"时期发展目标、工作思路、重点任务，增强创新力、挖掘市场力、提升文化力，开启全面建设社会主义现代化新征程。

各位代表！历史正在我们手中创造，蓝图必将在接力前行中实现。让我们更加紧密地团结在以习近平同志为核心的党中央周围，在中共湖南省委的坚强领导下，齐心协力，开拓进取，为决胜全面建成小康社会、圆满收官"十三五"而努力奋斗！

坚决打好产业基础高级化和产业链现代化攻坚战
以先进制造业挺起湖南经济高质量发展脊梁①

曹慧泉

同志们：

这次会议的主要任务是，以习近平新时代中国特色社会主义思想为指导，深入贯彻党的十九大和十九届二中、三中、四中全会精神，坚决落实中央和省委经济工作会议、全国工业和信息化工作会议部署，总结2019年工作，分析当前形势，安排部署2020年工作。下面，我讲四个方面的意见。

一、2019年成绩可圈可点

刚刚过去的2019年，是国内外风险挑战明显上升、经济下行压力不减的一年。全省工业经济逆势上扬，新旧动能转换加快，高质量发展态势愈加明显。

1. 主要经济指标超额完成，为全省"六稳"做出重要贡献。前三季度，全省工业对经济增长的贡献率重回40%以上。1—11月，全省规模工业增加值同比增长8.3%，增速排名全国第4位；工业投资、技改投资分别增长18.2%、27%，排名全国第4位、第11位。预计全年规模工业增加值增长8%以上，为省第十一次党代会以来最高值。

2. "国字号"平台创建捷报频传，湖南制造吸引国内外目光关注。继先进轨道交通装备获批国家制造业创新中心后，功率半导体有望纳入。长沙工程机械、株洲轨道交通装备入围国家先进制造业集群竞赛初赛。长沙获批全国第二家国家网络安全产业园。株洲获评创建国家安全产业示范园区。湖南航天天麓获批国家新材料测试评价平台区域中心，铁建重工获评国家级工业设计中心。国务院批准的世界计算机大会以及中国"航天日"主场活动、长沙国际工程机械展等重大活动举办，互联网岳麓峰会、网络安全·智能制造大会影响力持续扩大，成为聚人气、引产业的重大平台，一批产业巨头投资湖南。

3. "以产业比实力、以项目论英雄"，产业链和项目建设实现重大突破。25个项目进入国家"工业强基"工程，250个制造强省建设重点项目累计完工156个，发布制造强省建设重点项目207个，117个重大产品创新项目竣工投产63个，20个工业新兴优势产业链总体规模预计突破1万亿元。三一智联重卡暨道依茨发动机、中联智慧产业城等项目开工，工程机械产业链主要经济指标达到历史最好水平。中车株机获时速250公里动车组生产制造任务，全球首个轨道交通转向架智能制造车间投产运行，先进轨道交通装备产业链链条延伸。航空航天产业链一批产品进入产业化阶段，中国商飞首度牵手湖南民企成立合资公司，大飞机地面动力学联合实验室等一批创新平台落地，承担"两机"专项等国家重大战略的能力提升。自主可控计算机及信息安全产业链形成以CPU和操作系统为核心的PK、鲲鹏产业生态。IGBT大功率器件产业链全面突破国际最先进的第六代产品，实现从"跟随"到与国际巨头"并行"的重大跨越。比亚迪动力电池生产基地等一批项目开工和建成投产，先进储能材料产业链影响力

---

① 本文系湖南省工业和信息化厅党组书记、厅长曹慧泉2020年1月5日在全省工业和信息化工作会议上的讲话。

提升。

4. 抢占发展前沿、体现湖南担当，数字经济率先进入新赛道。6个项目入围国家人工智能"揭榜挂帅"，8个项目入围国家工业互联网创新工程，树根互联成为10个跨行业跨领域的国家级工业互联网平台之一。超高清视频成为全国重点布局的8个省份之一。移动互联网营业收入突破1300亿元。发布5G应用场景18个，全国首辆运用5G技术控制的新能源公交车亮相，国家智能网联汽车（长沙）测试区占据无人驾驶和人工智能发展高地。智能制造湖南模式、长沙现象引起国内广泛关注，7个国家智能制造专项项目通过验收，楚天科技中标国家智能制造系统解决方案供应商。

5. 做强大企业、培育小巨人，市场主体发展活力持续迸发。华菱集团加快向全球500强冲刺，三一集团营业收入迈上千亿台阶，千亿工业企业达到3家。累计培育小巨人企业760家，10家成为全国首批"专精特新"小巨人企业。新增国家级制造业单项冠军4个。全省预计新增规模以上工业企业1917户。

6. 不忘初心、牢记使命，政治机关建设深入推进展现新风貌。工信部门首先是政治机关的意识不断强化，"三表率一模范"机关建设深入推进，"不忘初心、牢记使命"主题教育取得明显成效。刘训同志获评全省担当作为优秀干部，综合研究室支部、人事教育处支部和杜斌、周慧佳同志分别获评省直机关示范党支部、先进基层党组织和优秀党务工作者、优秀共产党员，是获评全部四项荣誉的两个省直机关之一。

二、2019年主要工作

过去的一年，全省工信系统以习近平新时代中国特色社会主义思想为指导，坚决贯彻习近平总书记关于工业和信息化工作的重要论述、对湖南工作的重要指示批示精神，按照中央和省委省政府的决策部署，加快推进制造强省建设，全面完成省委经济工作会议和省政府工作报告确定的各项任务。

1. 全面加强党对工业和信息化领域的领导。省委省政府一年内两次召开全省产业项目建设推进现场观摩会，高规格召开发展民营经济和中小企业工作暨表彰大会，树立鲜明导向，引导政策资源要素重点支持产业链和制造业发展。厅党组始终把政治建设摆在首位，制定《关于进一步加强党的政治建设十条措施》，坚持从政治上谋划推动工作，扛牢管党治党政治责任。扎实开展"不忘初心、牢记使命"主题教育，围绕工业经济高质量发展和人民美好生活需要检视问题，以自我革命精神推进整改落实，进一步增强"四个意识"、坚定"四个自信"和坚决做到"两个维护"。学习贯彻落实十九届四中全会精神，围绕主题教育整改抓建章立制，修订和完善管理制度10项，形成用制度管权管人管事的良好局面。着力建设高素质专业化干部队伍，继续举办"工信大讲堂"3期，全新推出"处长讲座"。一批干部获提拔重用，一批干部挂职锻炼，厅机关和厅属单位干部交流力度加大，厅属单位领导班子配齐配强。开展经常性纪律教育，党章党规党纪学习成为厅党组和各级党组织的必修课，党员干部多次接受党风廉政教育洗礼。出台《集中整治形式主义官僚主义突出问题十条措施》，开展扶贫领域作风问题等12项专项治理，全面从严治党向基层党组织延伸，向业务工作领域全面推进。

2. 持之以恒稳定工业增长。省政府及时分析研判全省工业经济形势，运行监测实现常态化。充分运用信息化手段加强监测分析，工业数据云建设初步成形。开展百户重点骨干工业企业和纳税过10亿元企业精准帮扶、在湘涉美贸易工业企业专题调研。湖南获评全国经济运行监测协调系统先进单位。各市州在全省工业稳增长中发挥主体作用，长沙连续两年获评全国"促进工业稳增长和转型升级成效明显"城市，衡阳、株洲、湘潭、怀化等市规模工业增加值增速高于全省平均水平。

3. 扭住工业新兴优势产业链建设不放松。家毫书记到省工信厅调研，全面阐述产业链建设的重大意义、发展逻辑和推进思路，强调口号不要变，方向不能变，进一步汇聚起全省抓产业链的高度共识和强大合力。出台航空航天、信息安全等专项政策，省委省政府领导同志联系产业链制度持续实施，20个工业新兴优势产业链调整优化工作完成。开展产业链精准招商，举办首届中非经贸博览会、世界500强企业恳谈会、央企走进湖南等重大活动，各类产业对接合作活动签约项目800余个。各市州坚持产业链思维抓工业，长沙市"两图两库两池两报告"等做法成为学习榜样，株洲、湘潭、常德、邵阳、益阳、郴州等市补链延链强链成效明显。

4. 加快产业发展新旧动能转换。坚决落实习近平总书记对湖南工作的"三个着力""守护好一江碧水"等重要批示指示精神，以及中央环保督察"回头看"反馈意见，深入推进供给侧结构性改革。坚决防止"地条钢"死灰复燃，开展"散乱污"企业整治工作，启动沿江化工企业搬迁改造，推进45家城镇人口密集区危险化学品生产企业搬迁，71家造纸企业339条落后生产线淘汰整改。支持企业转型升级，525家企业获技术改造税收增量奖补3.5亿元。获批国家级绿色工厂19家、绿色园区2家、绿色设计产品10个、绿色供应链管理企业1家，3家企业入选国家能效"领跑者"，在全国率先将绿色产品纳入政府采购首购目录。郴州、耒阳、湘乡获批国家工业资源综合利用基地，新能源汽车动力蓄电池回收利用试点启动实施。出台原材料工业、消费品工业高质量发展三年行动计划，继宁乡之后浏阳市再获国家消费品工业"三品"战略示范城市。获批国家技术创新示范企业3家。全省获国家首台（套）重大技术装备、新材料首批次应用保险补偿资金居全国前列。打造享有盛誉的电子信息产业集群，继出台5项政策之后，发布人工智能、大数据、超高清视频、5G应用创新、工业App培育等5个三年行动计划，形成"5+5"数字经济政策体系。布局12个省级大数据产业园、首个人工智能产业园，深度参与中德在智能网联汽车领域的国际合作。328家工业企业启动两化融合贯标工作，获证企业98家，是过去三年总数的8倍以上。新增省级工业互联网平台8个，中小企业"上云"11.5万家、"上平台"5136家，培育"上云上平台"标杆企业40家。各市州推进供给侧结构性改革态度坚决、抓产业发展行动坚定，清水塘、竹埠港、水口山等老工业基地通过搬迁改造实现提质升级，益阳市以新型智慧城市建设和数字经济发展为突破口培育经济新动能。

5. 齐心协力推进项目建设。集中制造强省等专项资金支持产业链重点项目，实施亿元以上的建链、补链、强链、延链重大项目超过200个。重大产品创新项目授权专利378件，完成销售收入212.57亿元。新金宝年产1300万台喷墨打印机等一批项目形成新的增长点，威马新能源三电系统智能制造产业园等一批投资50亿元以上的项目开工建设，投资额超200亿元的三安光电三代半导体等一批项目落户，铁建重工超级地下工程智能成套装备关键技术研究与应用等一批项目有望形成强大带动效应。各市州抓项目、兴产业的措施务实有效，常德市"五本台账""三张实景图"等创新做法带动项目投资快速增长，郴州市"八个一"措施稳企业抓项目，娄底市"六项机制"推动产业项目快上快进快成。

6. 大力促进中小企业和民营经济发展。评选表彰第六届湖南省发展非公有制经济和中小企业先进单位和先进个人，出台促进中小企业健康发展、"个转企"等政策措施，增强企业发展信心。鼓励中小企业创新创业，衡阳高新区、郴州经开区入选第二批国家双创升级特色载体，新获批国家小型微型企业创业创新示范基地4家。第二届"创客中国"湖南省中小微企业创新创业大赛达成融资意向6.2亿元，湖南中晟全肽生化公司的多肽库构建和新药筛选研发项目获"创客中国"全国总决赛企业组冠军。完善中小企业公共服务体系，获批国家中小企业公共服务示范平台6家，培育省级中小微企业核心服务机构142家，新建县市区公共服务平台25个。各市州服务中小企业和民营经济出实招，岳阳市组建8个专项工作组精准帮扶民营企业，邵阳市"一事一议、一企一策"推动企业更好发展。

7. 持续优化发展环境。全面落实减税降费政策，预计全年新增减税降费约500亿元，湖南省企业负担综合评价指数连续三年全国最低。牵头清理政府部门和国有企业拖欠中小企业、民营企业账款，超额完成国家下达的年度清欠任务，清欠进度由年初的全国第23位跃升至11月的第3位，得到国务院减负办肯定和推介。入股国家制造业转型升级基金，组织全省工业新兴优势产业链股权融资撮合对接会，湖南企业对接资本市场增添新渠道。出台"专精特新"企业、重点名单企业融资促进方案，895家企业进入2019年产融合作"白名单"。着力降低小微企业担保成本，争取国家担保降费奖补资金8142万元。协调主流媒体围绕产业链、项目建设等特色亮点开展全方位宣传，营造了良好的舆论氛围。各市州持之以恒优化营商环境，常德和娄底市提前完成全部清欠任务，湘潭市开展"千百扶培"大行动助力工业高质量发展，永州市实行"五个一、点对点、面对面"帮扶，怀化、张家界、湘西等市州精准帮扶助力企业发展。

过去的一年，其他各项工作均取得可喜成绩。法治政府建设年度考核任务全面完成。机构改革持续深化，完成国防科技工业管理等职责划转，新组建省中小企业服务中心、省工业和信息化行业事务中心。厅属各行业中心国企改革遗留问题处理取得较大进展，信访工作各项指标继续保持较好水平。国防信息动员工作有序开展。无线电管理工作扎实推进，许可车联网试验频率、中车株机等企业1.8G无线接入系统频率，支持长沙市1.4G政务专网建设、5G基站建设、智能网联汽车测试场建设及重大活动无线电安全保障工作顺利推进，无线电行政执法入选工信部"十大典型案例"。民爆行业本质安全水平不断提升，全年没有发生安全生产事故。厅属院校产教融合深入开展，发展步伐加快。驻村帮扶、建议提案办理、综合治理、门户网站建设和信息服务、后勤服务、离退休干部服务、工青妇等工作都取得成绩，获得荣誉。在此，我代表厅党组，对全省工信系统干部职工付出的辛勤努力表示衷心感谢！

三、2020年发展形势和目标任务

2020年是决胜全面小康的关键之年，是"十三五"规划收官之年。当前，外部环境和条件发生深刻而复杂的变化。世界经济仍处在国际金融危机后的深度调整期，进入下行期的可能性增大，世界大变局加速演变的特征更趋明显，国际经贸摩擦呈现长期性、复杂性、艰巨性，全球动荡源和风险点显著增多。国内有效需求总体趋弱，新旧动能转换依然面临较多制约，中小企业面临困难较多。但我国经济稳中向好、长期向好的基本趋势没有改变，仍处于重要战略机遇期，实现高质量发展具备不少得天独厚的优势。

要坚决落实新部署。中央和省委经济工作会议、全国工业和信息化工作会议对2020年的工作做出全面部署，我们要进一步把思想行动统一到中央和省委对形势的分析判断和做出的决策部署上来，坚决抓好落实。一是要把坚定不移贯彻新发展理念摆在首位。新时代推动工业尤其是制造业发展，必须把注意力集中到解决各种不平衡不充分的问题上来，确保工业经济实现量的合理增长和质的稳步提升。二是要以创新驱动和改革开放两个轮子推动高质量发展。坚决落实大力发展数字经济、加大设备更新和技改投入等一系列支持创新的举措，以及增加制造业中长期融资、健全支持民营经济发展的法治环境等一系列深化经济体制改革的举措，促进产业和消费"双升级"，加快建设现代化经济体系。三是要持之以恒推进产业建设提升产业基础能力和产业链水平。深化供给侧结构性改革，以"5个100"为具体抓手推进产业建设，以20个工业新兴优势产业链为抓手提升产业链水平。

要准确把握新趋势。一是要把握产业分工新趋势。当前，经济全球化演变呈现新的特征，受发达国家推动制造业回流、区域性经贸协定加快签署以及国际经贸摩擦等影响，部分产业链由开放性的全球模式转向区域化的俱乐部模式，这种逆全球化倒逼全球生产网络和分工体系加速重构，形成区域性的产业链、价值链、供应链。二是要把握产业转移新趋势。转移主体由单个企业向产业集群转变，比如广州新塘镇作为中国最大的牛仔服装生产、出口集聚区，整个产业集群将转移到衡阳常宁。承接方式由"捡到篮子都是菜"向产业链配套式承接转变，比如桂阳县整体"转入"总投资达200亿元的广东家居智造全产业链，建设集家居生产、原辅材料、五金、油漆、物流为一体的特色家居产业园。关注重点由资源要素成本向营商环境转变，比如江华县以"母亲式"服务打动企业，形成企业"集群式"落地、"抱团式"入驻、"联盟式"发展的"江华现象"。三是要把握产业发展新趋势。随着移动互联网、工业互联网、物联网、云计算、大数据、人工智能等新一代信息技术加快成熟，数字经济正成为全球经济发展的新引擎，加速全球产业分工深化和经济结构调整，数字产业化、产业数字化、数字化治理和应用等，将贯穿于今后经济社会发展的诸多领域。

要清醒认识新挑战。当前，我省工业发展正处在转变发展方式、优化经济结构、转换增长动力的攻关期，实现高质量发展的任务还很艰巨。一是我省工业与全国以及中部六省相比差距还很明显，总量规模仍居中部六省第4位，制造业占经济总量的比重较全国平均水平低3个百分点，湖南工业要率先实现中部崛起必须付出更多努力。二是产业项目建设存在环境影响、市场预期等风险，必须落实风险防范措施，发挥重大项目带动作用。三是供给侧结构性改革仍待深化，沿江化工企业搬迁改造、城镇人口密集区危化品生产企业搬迁、"散乱污"企业整治等仍有大量工作要做，必须站在坚定不移贯彻新发展理念的高度坚决推进。四是抓产业链建设还有不平衡不充分的问题，20条工业新兴优势产业链补链仍存在不少关键核心技术短板，新型基础设施与沿海发达地区差距明显。不进则退，慢进也是退。我们必须保持清醒头脑、积极应对挑战。

要抢抓发展新机遇。要充分看到，省第十一次党代会以来，全省深入实施创新引领、开放崛起战略，持续开展"产业项目建设年"活动，深化"放管服"改革，在抓项目、优产业、强实体等方面形成高度共识，支撑全省制造业高质量发展的外部条件不断改善。要充分看到，这几年湖南在深化供给侧结构性改革上敢于下先手棋，减法加法同时做，既以壮士断腕的决心破除旧动能，多数需要淘汰的落后产能已经出清，推动了产业结构持续优化，又全面推进制造强省建设，扭住工业新兴优势产业链不放，一些短板逐步补齐并形成产业生态，工程机械、轨道交通装备、航空航天、电子信息、新材料、节能环保、新能源等产业形成集群优势，支撑全省制造业高质量发展的产业基础不断夯实。要充分看到，这些年我们紧跟国家战略和科技前沿，从国家拿回来一批金字招牌，举办一批产生重要影响力的展会活动，培育引进一批龙头企业和项目，形成了新的经济增长点，支撑全省制造业高质量发展的产业平台越来越好。我们要坚持辩证思维，在发展短板中挖掘发展潜力，在风险挑战中抢抓发展机遇。一是要乘势而上，参与国家"揭榜挂帅"，在国家新一轮战略性产业链布局的自主可控计算机、中小航空发动机、第三代半导体等领域占据一席之地，提高自主创新能力。二是要抓住机遇，大力承接长三角地区和粤港澳大湾区等重点区域产业转移，构建一批有竞争力的优势产业链和产业集群。三是要瞄准前沿，坚持用产业链思维抓工业，加快布局数字经济等新兴产业，构建良好的产业生态，打造一批新的产业链。

做好2020年的工作，总体要求是：以习近平新时代中国特色社会主义思想为指导，全面贯彻党的十九大和十九届二中、三中、四中全会精神，按照中央和省委省政府的决策部署，坚持稳中求进工作总基调，坚定不移贯彻新发展理念，以供给侧结构性改革为主线，以工业新兴优势产业链为抓手，坚决打好产业基础高级化和产业链现代化攻坚战，加快新旧动能转换，以先进制造业挺起湖南经济高质量发展脊梁，为决战决胜全面小康、建设富饶美丽幸福新湖南做出重要贡献。

围绕推动高质量发展，2020年主要预期目标是：全省规模工业增加值增长7.5%以上；数字经济增长15%以上；新旧动能接续转换步伐加快，产业基础能力和产业链水平明显提升；圆满完成"十三五"规划和制造强省建设第一个五年行动计划各项目标任务。

四、2020年重点工作

1. 以"六稳"为要求，保持工业经济运行在合理区间。当前，全省产业新旧动能转换仍未完成，支撑工业持续增长的动力仍需加强，稳增长将是一项长期任务。一是要提高运行监测精度。建设工业数据云是精准监测分析的重要基础，也是落实放管服改革的重要举措。要把工业数据云建设成科学监测分析、融通产业发展、服务企业转型、辅助领导决策的支撑平台。提高平台的活跃度和实用性，实现资金申报、项目管理、资质申请统一管理调度，把工业数据云信息填报作为资金申报的重要依据。建立重点监测企业联系和信息报送机制，上下协同监测重点企业、重点项目、重点产业，加强主导产业和工业新兴优势产业链的趋势分析。加强部门对接和数据共享，综合运用大数据分析等信息化手段对电力、税收、信贷、进出口等重点关联指标进行跟踪分析，准确研判形势。二是要保持工业投资热度。省委连续三年召开高规格产业项目观摩和推进会，持续开展"产业项目建设年"活动，促进了项目投资的快速增长。当然，稳投资不是要走过度依赖投资的老路，而是强调有效投资，引导资金投向具有乘数效应的先进制造、新型基础设施等领域。今年要实施重大技术改造工程，推荐一批重点项目列入国家专项，争取国家制造业转型升级基金支持。发挥工业企业技术改造税收增量奖补政策作用，引导相关产业基金和各类社会资本加大投入，带动企业加大设备更新和技改投入。优化制造强省建设重点项目推进机制，对重点项目实现全程调度和滚动管理，适时纳入大项目好项目，坚决剔除久拖不建的"胡子工程"，推动蓝思科技视窗防护玻璃生产、中航发南方工业航空动力产业园、株洲联诚轨道交通装备部件制造扩能等一批项目年内形成生产能力。落实国家加强集成电路、新型显示重大建设项目"窗口指导"要求，避免资源浪费和新的产能过剩。各市州要继续开展"迎老乡回故乡建家乡"等特色活动，围绕产业链和先进制造业集群持续引进一批龙头企业和重大项目。三是要加大企业帮扶力度。落实规模企业培育工作奖励政策,对上年度营业收入1000万~2000万元的工业企业培育对象入库管理,力争全年新培育1000家以上规模工业企业。继续开展纳税过亿元企业等重点骨干企业精准帮扶。落实国家减税降费等政策措施,继续抓好清理政府部门和国有企业拖欠民营企业中小企业账款,帮助企业轻装上阵。继续实施产融合作制造业重点企业名单制度,并进行动态管理,开展中小企业应收账款融资专项行动,落实小微企业融资担保降费奖补政策,帮助企业纾解融资难题。

2. 以20个工业新兴优势产业链为抓手,提升产业链水平。要坚决落实家毫书记的指示精神和省委省政府部署,做到口号不变、方向不变、力度不减,坚持目标导向、问题导向、结果导向,持之以恒把产业链抓实抓出成效,着力提升产业链现代化水平。一是要明确发展目标。力争到2025年,全省20个工业新兴优势产业链产值突破20000亿元,占全省工业产值比重达到40%以上;发展壮大先进制造业集群,工程机械、先进轨道交通装备(含磁浮)、航空航天(含北斗)产业链成为参与国际竞争的产业集群,自主可控计算机及信息安全(含IGBT)、生态绿色食品、生物医药、先进储能材料及动力电池、新型轻合金等产业链成为国内具有重要影响力的产业集群;形成完整产业链链条,新型能源及电力装备、环境治理技术及应用、化工新材料、先进陶瓷材料、碳基材料、装配式建筑、农业机械等产业链整体实力明显提升;构建较为完备的产业生态,新型显示器件、新能源及智能网联汽车、人工智能及传感器、5G应用、3D打印及机器人等产业链占据竞争高地。二是要突出重点任务。持续落实"外学华为、内学长沙",探索积累并大力推广抓产业链的好经验好做法。组织抓产业链工作竞赛,每个产业链制订年度推进计划,列出重点解决问题、重点培育企业、重点引进项目等目录清单和工作进度表,挂图作战。率先形成优势的产业链,优先纳入省级先进制造业集群培育对象,制造强省等专项资金和项目安排优先考虑和重点倾斜。开展产业链诊断,找出产业链之间、市州和园区之间发展不平衡的症结所在,找准产业链短板弱项和潜在增长点,组织精准招商、精准引智、精准帮扶,提升产业链水平。三是要强化工作措施。抓紧出台支持工业新兴优势产业链发展的政策2.0版。健全省委省政府领导同志联系产业链的具体工作机制,定期向联系产业链的省领导汇报工作,争取高位推动,协调与产业链相关的省直部门和市州提出具体措施。调整优化的20个工业新兴优势产业链是省委省政府明确的主攻方向,必须坚持全省一盘棋,各市州和园区要结合现有条件和优势,主动承担若干产业链培育发展的主体责任,或者在产业链某个环节发挥主体作用。

3. 以技术创新为驱动,增强产业基础能力。实施产业基础再造工程,提升工业基础能力和产业创新水平。一是要突破一批"卡脖子"技术。落实国家信息技术产业"振芯铸魂"、重大短板装备、工业强基等工程部署,鼓励企业参与国家"揭榜挂帅",支持省内骨干企业和科研机构整合产业链技术、装备、人才、市场等各类资源,协同攻克制约我省工业新兴优势产业链发展的核心技术、短板装备和关键材料等。二是要开发一批创新产品。进一步完善首台(套)重大技术装备、首批次重点新材料产品奖励措施,加快创新技术和产品的推广应用。重点围绕20个工业新兴优势产业链,继续筛选发布"100个重大产品创新项目",在自主可控计算机及信息安全、人工智能、智能网联汽车、工业互联网、新材料等战略关键领域开发一批重大创新产品。三是要搭建一批创新平台。继续开展国家制造业创新中心创建,对现有省级制造业创新中心加强评估和动态管理,再培育4家左右省级制造业创新中心。加快国家新材料测试评价平台区域中心建设，再认定 20 家左右省级企业技术中心，进一步完善以企业为主体的技术创新体系。促进工业设计与制造业融合发展，培育一批设计创新企业和产品，认定 20 家左右省级工业设计中心。

4. 以供给侧结构性改革为主线，加快新旧动能转换。坚持"巩固、增强、提升、畅通"八字方针，推动产业提质升级。一是加快推进智能制造。再认定省级智能制造示范企业 10 家、示范车间 20 个，加快经验模式在重点领域推广，放大试点示范效应。遴选发布省级智能制造系统解决方案供应商推荐目录，培育发展一批系统解决方案供应商和公共技术支撑平台，降低传统企业智能化改造门槛和成本。促进两化深度融合，力争 50 家企业获颁国家两化融合贯标证书。二是加快发展绿色制造。坚决防止"地条钢"等落后产能死灰复燃，稳步推进沿江化工企业搬迁改造和城镇人口密集区危化品生产企业搬迁工作，全面完成"散乱污"企业整治。支持企业开展节能降耗、清洁生产和资源综合利用，力争再创建 15 家以上国家绿色制造示范单位，完成 11 个国家绿色制造系统集成项目验收，评估认定 20 个省级绿色设计产品、20 家省级绿色工厂和绿色园区。支持郴州、耒阳、湘乡工业资源综合利用基地建设通过国家考核验收，持续推进新能源汽车动力蓄电池回收利用试点。三是加强质量品牌建设。推进装备制造业和原材料工业质量提升、消费品工业"三品"专项行动，支持一批企业通过诚信管理体系评价，在食品、药品领域试点应用区块链、物联网等技术建设产品质量溯源体系。以装备制造领域拳头产品，以及消费品领域的白酒、烟花、陶瓷、服装、中药等具有较高品牌价值的产品为重点，通过媒体宣传、展览展会等方式提高曝光度和知名度，打造一批优势品牌。四是推动产业集群集聚。支持入围国家竞赛初赛的长沙工程机械、株洲轨道交通装备产业集群进入决赛，打造成为世界级先进制造业集群。支持航空航天、电子信息、新材料、节能环保、新能源等打造成为国家先进制造业集群。开展省级先进制造业集群竞赛，打造一批特色优势产业集群。落实"135"工程升级版部署，加强国家和省级新型工业化产业示范基地建设与管理，推动产业向园区集聚、企业向园区集中。

5. 以分业施策为思路，持续优化传统产业。传统产业依然占据我省工业较大份额，是稳增长的重要基础，关键是要转变思路观念，灵活运用产业链思维抓传统产业，优化资源要素配置，精准培育引进一批优质企业和项目，通过技术改造、创新开放、优存量、扩增量、提品质、创品牌，形成产业生态和优势集群。装备工业领域，工程机械重点是围绕打造世界级产业集群，加快补齐液压件、发动机及底盘等关键零部件短板，支持三一、中联等龙头企业进军世界 500 强；轨道交通装备要发挥国家制造业创新中心的引领作用，争取高铁项目，加快衡阳比亚迪云轨、中高速磁浮研发等项目进度，形成新的增长点；电力装备要顺应能源形态变化，支持新能源装备企业加快布局智慧能源，拓宽市场领域。原材料工业领域，冶金行业要加大创新力度，瞄准国内外中高端需求，以及省内工程机械、轨道交通装备、航空航天等优势产业配套，开发新产品；有色行业要延长产业链条，有针对性地引进企业和项目，向精深加工、向下游市场延伸，提高附加值；化工行业要支持省内优质企业发展壮大，并抓住化工产业结构和区域布局调整的机遇，瞄准巴斯夫等国际巨头引进一批好项目；建材行业要扩大新型、绿色建材的生产和应用，压减低效产能，优化行业布局和组织结构。消费品工业领域，食品行业要通过招大引强，提高产业集中度和产品知名度；医药行业要着力破除当前创新投入不足、创新能力不强的局面，引导支持省内龙头企业加大创新投入；轻工和纺织行业要适应个性化、高端化需求提升品牌影响力，充分运用工业互联网等新技术加快数字化网络化智能化转型。民爆行业要加强日常监管，打击非法违法行为，确保安全生产，实现高质量发展。

6. 以数字经济为突破口，抢抓机遇培育新的增长点。要以创新为驱动、以应用为牵引，加快编制《湖南省数字经济产业发展规划（2020—2025年）》，推进创新链、产业链、资金链、人才链、政策链融合，完善产业生态体系。电子信息制造业领域，要加快打造享有盛誉的国家级产业集群，以高端设计、第三代半导体及特色工艺制造、重大装备为重点加快发展集成电路产业，巩固发展电池和电子材料、应用电子、电子陶瓷、印制电路板等特色产业，做大做强智能终端及配套、新型显示器件等新兴产业。自主可控计算机及信息安全领域，要抓紧编制《湖南省计算机产业招商地图》，以"PK""鲲鹏"两大体系打造为突破口，发挥世界计算机大会和长沙国家网络安全产业园等平台作用，强化精准招商，提升国产计算机本地配套能力；支持长城整机株洲基地加快向200万台产能扩充。5G领域，重点是争取国家支持，加大5G基础设施建设力度；面向智能制造、交通物流、能源电力等领域打造20个左右示范应用场景，形成一批可复制可推广的行业应用标杆；大力发展5G产品，加快推进岳阳新金宝代工华为高端制造、长沙比亚迪电子智能终端等项目建设；发挥无线电管理在5G干扰协调等方面的重要作用。人工智能领域，要以创新应用为重点，开发一批新产品，培育一批骨干企业；发挥国家智能网联汽车（长沙）测试区、先进轨道交通装备国家制造业创新中心等平台作用，支持智能运载、智能工程机械、智能机器人等智能终端产品研发及产业化。大数据领域，重点是发挥12个省级大数据产业园的集聚效应，强化大数据基础治理，开展工业大数据应用示范。区块链领域，要组织开展区块链集成创新应用示范，结合工业互联网、智慧城市、中小企业服务体系建设等，应用区块链探索数字经济模式创新。超高清视频领域，重点是支持马栏山视频文创产业园与腾讯合作打造全球领先的5G视频基地，推进华为超高清视频共享制作云平台建设，促进超高清视频内容创作企业集聚；支持建设计算媒体研究院、设立光电显示研究院，推动超高清视频及光电显示领域技术研发。工业互联网领域，要挖掘10个左右"5G+工业互联网"典型应用场景，争取工程机械或轨道交通装备进入工信部10个"5G+工业互联网"重点行业之一；会同省通信管理局，组织1~3家工业企业与运营商的省公司对接，把内网建立起来、把5G应用起来；推动产业链骨干企业建设企业级平台，提升产业链协同发展水平；开展产业集群工业互联网创新发展示范，面向特色产业集群遴选一批工业互联网服务商和"上云上平台"标杆企业；开展工业App大赛，推动成立湖南省工业技术软件化创新中心。移动互联网领域，要把握消费互联网加快转入产业互联网发展期的趋势，推动出台支持移动互联网发展政策3.0版，支持长沙市创建中国软件名城。

7. 以重大展会活动为载体，促进产业开放融合发展。充分利用近年来我省举办系列展会活动形成的知名度和影响力，实施更大力度的开放合作。一是加强省内产业合作对接。举办好2020世界计算机大会等重大活动展会。充分发挥行业协会、产业联盟作用，发掘省内产业链上下游、产学研用金、军民融合等方面的需求，提高合作对接的精准度。支持厅属单位积极对接省内企业和园区，在产品开发、人才培养等方面深化合作。支持各市州、园区之间加强沟通协作，实行定向招商、专项合作。二是深化区域产业合作。进一步用好与京津冀地区、长三角地区、泛珠三角区域尤其是粤港澳大湾区的产业合作机制作用，引导和鼓励企业积极参加跨区域产业合作交流活动，加快承接产业转移。有针对性地组织省内企业参加境内外重大展会展览，帮助企业加强产品推介、寻求合作机遇，提高市场占有率和影响力。支持省内优势企业参与"一带一路"建设，扩大国际产能合作。三是加快推进军民融合产业发展。密切跟踪对接国家部委和军工央企重大战略，组织对接活动，争取国家战略任务和重大专项更多落户湖南。全面落实省政府与军工集团战略合作协议，再推动一批军民融合项目落地实施。聚焦推进"两机重大专项和机载提升计划"，加快通用航空制造业发展。

8. 以专精特新为导向，加快发展非公经济和中小企业。坚持做强大企业、培育小巨人，继续放开放活，激发各类市场主体发展新活力，壮大非公经济和中小企业发展实力。一是营造更利于发展的政策法治环境。加强《中小企业促进法》宣讲贯彻，做好《湖南省实施〈中小企业促进法〉办法》修订工作，争取年内尽早出台实施。指导督促市县两级政府根据实际情况安排中小企业发展专项资金，探索设立中小企业发展基金。继续开展"政策进园区、进企业"宣讲，做好惠企政策汇集解读、执行调度和督促落实，打通政策落地"最后一公里"。二是健全更加精准的公共服务体系。加快建设湖南省中小企业融资服务平台，打造成企业的"娘家"和政府服务的"窗口"。继续推进县市区中小企业公共服务综合平台建设，培育15家以上省级示范窗口服务平台，实现省市县三级中小企业实体服务平台、工业新兴优势产业链窗口服务平台、重点园区服务平台全覆盖。三是完善更有效率的双创服务机制。建设中小企业创新创业基地，积极创建国家双创载体升级项目，联合高校、科研院所、行业协会等力量深度服务中小企业创新创业。继续组织"创客中国"中小企业创新创业大赛。推行现代企业制度，组织开展"千家企业管理创新对标"行动，提升中小企业专业化能力和管理水平。提升领军企业家研修班、领军企业高级经营管理人才研修班品质，培养更多经营管理人才。四是培育更有影响力的示范标杆企业。聚焦工业新兴优势产业链、工业"四基"创新、区域特色产业转型升级等重点领域，再认定省级小巨人企业240家以上、累计达到1000家，继续培育一批国家专精特新小巨人企业。积极组织华菱、三一等大型企业申报国家级单项冠军，培育20个左右省级单项冠军。

9. 以党的建设为引领，提升干事创业能力和治理效能。牢固树立"抓好党建是最大政绩"理念，加强党的领导，发挥"党组政治引领、党支部战斗堡垒、党员先锋模范"三个作用，强化政治保障。一是始终把政治建设摆在首位。树牢"四个意识"、坚定"四个自信"、坚决做到"两个维护"，把政治标准和政治要求贯穿于党的各项建设之中。坚决落实中央和省委省政府决策部署，以实际行动确保习近平总书记对工业和信息化工作的重要论述、对湖南工作的重要批示指示精神在全省工信系统落地生根。二是坚决落实全面从严治党要求。以"五化"建设为抓手，落实三会一课等制度，继续开展"双联双推"活动，提高基层党建规范化标准化水平，带动工会、团委、妇女工作。继续加大示范党组织、先进基层党组织、优秀共产党员、优秀党务工作者、"工信标兵"评选宣传力度，发挥示范作用。落实"两个责任"，驰而不息纠"四风"，坚决防范和整治形式主义、官僚主义。坚定支持驻厅纪检监察组工作，加大对重点领域、关键环节的防控力度，对腐败问题零容忍，有案必查、有腐必惩。三是加强治理体系和治理能力建设。全面完成《法治政府建设实施纲要（2015—2020年）》各项任务，全力推进行政执法"三项制度"实施。加强无线电监测和干扰查处，保持对"黑广播""伪基站"的高压严打态势。推进产业政策加快向普惠化、功能性转型，聚焦到促进公平竞争、弥补市场失灵、推动创新发展、培育优质企业和调整产业结构。继续抓好工信系统领导干部培训班、"工信大讲堂"、处长讲座等干部能力提升平台，进一步强化"创新、专业、高效、廉洁"的工信文化，提升干部综合素养。落实家毫书记指示精神，对产业链和项目建设中勇于担当、善于作为、实绩突出的干部，发现使用一批、培养锻炼一批、推荐提拔一批，激励党员干部担当作为。加强和改进调查研究，强化预期管理和舆论引导，通过新闻宣传为工业和信息化发展注入更多正能量。密切省市县三级工信部门的工作联系，发挥厅属单位、行业协会、第三方机构和专家智库作用，凝聚全省工信系统工作合力。

此外，要按照省委省政府的统一部署要求，全面总结"十三五"规划实施情况，科学编制全省工业和信息化领域的相关"十四五"规划。

今天距离春节只有不到20天的时间了，要确保岁末年初保持安全稳定。一是要深刻吸取浏阳市"12·4"重大烟花爆竹爆炸事故等教训，督促生产企业落实安全生产主体责任，遏制较大以上安全事故发生。二是组织开展访贫问苦，做好困难党员、困难干部和困难职工的慰问工作。三是做好春节、"两会"期间信访维稳和无线电管理保障等工作。

同志们，湖南工业和信息化发展已经站在新的历史起点，蓝图催人奋进，使命重于泰山。让我们紧密团结在以习近平同志为核心的党中央周围，高举习近平新时代中国特色社会主义思想伟大旗帜，在省委省政府的坚强领导下，团结一致、奋力进取，全力以赴推动全省制造业高质量发展，为决战决胜全面小康社会、建设富饶美丽幸福新湖南再立新功！

2020 湖南企业 100 强发展评点

湖南大学 袁 凌

2019年是决定"十三五"规划在2020年能否成功达标的关键一年，承担着最后"加速跑"的角色，同时也是贯彻落实十九大精神和全面建成小康社会的攻坚之年，从湖南省企业和工业经济联合会发布的2020湖南企业100强数据来看，100强企业作为湖南省经济建设的支撑力量，在众多方面取得了令人满意的成绩，如资产规模和营业收入规模大幅增加，100强企业入围门槛大幅提高，企业间规模差距大幅缩小等。但由于国内经济下行压力大和国际环境趋紧，100强企业也出现整体发展动力不足，地区与行业发展分化严重，结构性矛盾突出等问题。总体来看，100强企业在"十三五"规划落实的关键之年为湖南省经济整体运行稳中向好、稳中趋优，引领企业提高发展质量，加快转型升级和全面改革等方面做出了突出贡献。

从100强榜单变化来看：一是异军突起，9强新秀崭露头角。2020湖南企业100强中有9家新进企业，其中有6家国有企业，中国烟草总公司湖南省公司占据100强排行榜单第7位，榜单前30位中有3家企业是新入围企业，由此可见新秀企业发展势头良好。二是老企业壮心不已，整体排名变化较大。相比上年，有9家企业位次保持不变，其中前6名的企业排名都没有变化，被湖南华菱钢铁集团有限责任公司、中国建筑第五工程局有限公司、湖南中烟工业有限责任公司、湖南建工集团有限公司、国网湖南省电力有限公司、三一集团有限公司牢牢占据。此外，87家老企业中，位次取得进步的有28家，位次保持不变的有9家，位次后退的有50家。三是100强企业行业分布广泛，各行各业全面发展。2020湖南企业100强分布于12个行业门类、26个行业大类中，其中，制造业企业48家，建筑业企业11家，批发和零售业企业17家，其他行业门类企业24家。

从100强企业整体发展态势来看：一是100强企业总体规模持续扩大。100强企业的资产总额为30477.95亿元，相比上年增长10.89%，资产总额持续增长，且资产增长速度提升，由此可见，即使面对复杂多变的国内外市场环境，企业依然在抢抓机遇，谋求发展。二是100强企业整体盈利水平提高，资产利用效率提升。100强企业的净利润总额为836.08亿元（实报100家企业数据），同比上年增长15.18%，延续了"十三五"规划以来的良好增长态势。从企业盈利来看，其中盈利企业92家，利润总额为913.01亿元，与上年相比，盈利企业利润总额增加82.26亿元，增幅为9.9%；从企业亏损来看，亏损企业8家，亏损总额76.94亿元，亏损企业亏损总额比上年减少27.91亿元，减幅为26.62%；净利润在10亿元以上的盈利大户共21家，同比上年增加2家；从整体资产水平来看，100强企业的整体资产利润率为3.39%，同比上年增加0.76%，增幅为28.90%，100强企业整体的资产盈利能力有小幅提升，资产利用效率有所提高，经营管理有所改善。三是100强企业行业优势明显。将100强企业分行业按营业收入排名，制造业，建筑业，批发和零售业及电力、热力、燃气及水的生产和供应业排名靠前，这4个门类合计的营业收入总额为17155.35亿元，相对营业收入总规模占比90.56%；将100强企业分行业按资产总额占比排名，金融业、制造业和建筑业等5个行业门类排名靠前，且相比上一年都有所增加，行业集聚效应明显。四是100强企业研发投入增加。2020湖南企业100强中有研发活动并填报研发费用的企业有72家，与上年持平，合计研发费用为311.93亿元，平均研发费用4.33亿元，平均研发费用相比上年度投入增加0.34亿元。在69家填报了研发费用占营业收入比率指标的企业中，只有24家企业的研发投入比重达到了省政府提出的3%的要求，占填报企业数的34.78%，同比上年减少4.11个百分点。与上年相比，研发费用减少30%以上的企业有4家，研发费用不增反减，创新意识有待增强。五是100强企业的经济影响持续扩大。从营业收入来看，2020湖南企业100强营业收入总额达到18958.08亿元，同比上年增长21.61%，占全省地区生产总值的47.69%，贡献显著。从纳税状况来看，2020湖南企业100强纳税总额为1565.74亿元（实报94家企业的数据），相比上一年的1308.87亿元增加256.87亿元，增幅为19.63%，占2019年湖南省税收收入总额4119亿元的38.01%，相比上年有较大幅度的增加，对湖南省财政收入做出了巨大贡献。

从100强企业在全国的表现来看：2020湖南企业100强中共有7家入围2020中国企业500强，比上年增加1家。这7家企业分别为湖南华菱钢铁集团有限责任公司（第154位）、湖南建工集团有限公司（第211位）、三一集团有限公司（第243位）、湖南博长控股集团有限公司（第364位）、大汉控股集团有限公司（第396位）、中联重科股份有限公司（第419位）、步步高投资集团股份有限公司（第443位），它们是湖南企业中的佼佼者，为带动全省经济增长、引领省内产业链发展做出了巨大贡献。

从100强企业的优秀企业家队伍来看：2019年所评选的优秀企业家中有6位引领企业荣登2020湖南企业100强排行榜，其中湖南华菱钢铁集团有限责任公司在党委书记、董事长曹志强的带领下取得了100强排行榜第1名的好名次。2020年7月21日，习近平总书记主持召开企业家座谈会时强调，要激发市场主体活力，弘扬企业家精神，企业家是引领企业可持续发展、推动社会经济进步的中坚力量，在社会主义市场经济中发挥着无可替代的作用。他们身上往往有一些共通之处，比如战略能力突出，能够系统分析经济形势和洞察市场需求，客观衡量企业条件，准确把握国家政策；注重管理提升、不怕冒险、敢于创新；重视科技和自主研发、能够响应国家战略、坚持以人为本等。因此要着力培育新时代企业家精神，营造有利于创新、创业、创造的发展环境，拓展企业家精神生长空间，不仅要依法保护企业家财产权利和企业知识产权，同时也要塑造良好的社会文化生态，厚培企业家精神土壤等。

在全球经济增长低迷、中美经贸摩擦加剧、2019年年末爆发新型肺炎疫情等复杂背景下，2020湖南企业100强取得了丰硕的成果，但其中存在的问题也不容忽视，需要企业与社会各界关注和重视：

第一，经济下行压力大，高质量发展仍需继续推进。2020湖南企业100强担负着深化改革、调整结构和转换新旧动能的繁重任务，面对错综复杂的国内外经济环境，不可避免会受到经济下行压力的冲击和传统发展模式的持续影响，高质量发展有待继续推进，主要体现在：第一，2020湖南企业100强的收入盈利能力较上年有所下降，中高收入利润率的企业数减少而收入利润率为负的企业数保持不变。第二，2020湖南企业100强的资产利润率依然不高，只有极少数企业获得高资产利润率。第三，新兴产业和优势企业较少。数字经济、人工智能、5G技术等新兴企业占比很少。第四，老企业发展增速有所减缓。从老企业的位次变化看，退步程度比进步程度要大，此外，87家老企业平均收入利润率为4.02%，平均资产率利润率为5.55%（实报84家数据），同比上年分别上升了0.1%和0.3%，涨幅缓慢。

第二，要素配置失衡，地区与行业发展分化严重。虽然2020湖南企业100强发展稳中趋好，为引领全省经济平稳运行做出了突出贡献，但其发展不充分、不平衡的问题仍旧存在。从区域分布结构来看，100强企业中有77%的企业集中在省会城市长沙，长株潭一体化综合经济中心更是凭借优越的地理优势、便利交通、经济基础和政策支持等保持着营业收入占100强整体营业收入90%左右的佳绩。其余各市、各区域发展相对落后，一方面是因为这些地区工业、农业等传统产业所占比重较高，承接产业转移的能力较弱，经济基础薄弱导致相关政策无法落实；另一方面也反映出省内整体经济发展不全面，区域规划实施不到位，区域合作机制不健全，合作内容的广度和深度不够，合作的约束力不强，以致经济发达地区尚无法有效通过辐射作用带动其他各市经济协调发展。从产业分布结构来看，2020湖南企业100强中制造业、建筑业、批发和零售业企业分别有48家、11家和17家，共占据100强企业数量的76%，三大产业的营业收入为16015.35亿元，占比84.54%，与上年度相比，三大主导产业的发展在2019年更加理想，但经济下行及产业转型压力较大，传统行业占据主导，其他行业的利润空间受挤压。从行业分布结构来看，2020湖南企业100强中通信设备、计算机及其他电子设备制造业，信息传输、计算机服务和软件业等新兴企业数量和营业收入占比均小于5%，同时通信设备、计算机及其他电子设备制造业企业的营业收入占比同比上年减少了16.90%，规模大幅减少。

第三，民营企业受限规模和融资瓶颈，持续发展进程受阻。改革开放以来，伴随中国经济的高速增长，民营经济迅速崛起，已成为国民经济增长的主要推动力。相对于国有企业来说，民营企业更善于捕捉市场信息、拥有更灵活的经营机制和更强的适应环境变化的能力，但在实际发展过程中，民营企业仍面临许多问题亟待解决。从发展数量来看，民营企业有49家，数量上与国有企业平分秋色，但民营企业规模优势仍不突出，多而不优；从发展质量来看，49家民营企业营业收入和资产总额分别只占100强企业总体的35.31%和22.50%，远低于50%，民营企业发展质量仍有待提高。湖南省民营企业发展受限主要是由以下原因构成的：一是发展基础不牢，民营企业"散小弱"问题比较明显，龙头企业不多；二是创新能力较弱，民营企业创新发展缺乏技术条件，创新研发面临资金投入大、周期长、风险高、不确定性强等因素；三是民营企业融资困难，许多民营企业都存在着融资难度大、融资成本高、融资渠道有限等问题，导致民营企业因缺乏资金投入而使得颇具市场潜力的创新方案或研发结果难以面市，甚至难以维持企业的正常经营运转。

第四，研发投入亟须提高，创新重视程度差距较大。湖南省为了促进创新型省份建设，制定了多种实施方案，其中一项是致力于发展壮大创新型企业，包括实施高新技术企业"量质双升"行动、完善以企业为主体的技术创新机制、打造领军企业创新标杆、实施科技型中小企业倍增计划。在政策带动下，100强企业对创新的重视程度逐年提高，但与沿海省份甚至一些中部省份相比，其自主创新能力依然较弱，创新活动所需的技术人才相当匮乏。从研发投入来看，企业研发投入占营业收入的比重依然较低，只有24家企业的研发投入比达到了省政府提出的3%的基本要求，占填报企业数的34.78%，仍有超六成的企业研发投入占比在3%以下，创新活动所需的资金投入相当不足。从创新产出来看，100强共拥有专利44323项，其中发明专利21717项，占全部拥有专利数量的49.00%，虽然比上年增加2.35%，但是发明专利数量和占比仍低于沿海省份甚至一些中部省份；大多数企业的专利数占比都低于1%，创新投入和产出不成正比，研发投入转化为科技成果或专利技术并进一步转化为产品的能力仍有待提高，这可能是由于创新成果的转化需经历一定阶段，但也能反映其转化过程阻力巨大，动力不足以及创新转化能力有待提高等问题。

2019年是非常重要的一年，虽然面临着中美经贸摩擦加剧等严峻挑战，湖南企业100强作为湖南经济发展的排头兵，一方面，在未来发展过程中要牢牢把握企业发展的条件与机遇，推动产品转型升级，提高管理效率，以创新驱发展；另一方面，面临着未来经济发展中的疫情挑战等不确定因素，100强企业也要警惕风险，居安思危，寻求发展新机遇。

一、审时度势，迎接内外环境变化带来的风险与挑战

近年来，中美经贸摩擦加剧，美国对我国打压趋严趋紧，经贸摩擦必会延伸到湖南省相关产业和企业。此外，除中国等极少数国家外，主要经济体特别是美国和欧洲的疫情还在持续发酵，新冠肺炎疫情或将与人类较长时期共存，对经济影响的长期性不可低估。因此，应全面分析内外部环境的深刻变化，审时度势，沉着应对各种风险与挑战。

一方面，对2020湖南企业100强中拥有海外业务的企业来说，尤其是外贸类的企业，会面临更加严峻的挑战。2020湖南企业100强有31家企业填报了海外业务，而有14家企业填报了相对完整的海外规模和经营效果数据，实际数据应比此更高。对这些拥有海外业务的100强企业来说，近年来发生的贸易摩擦事件告诫企业需要自查并加强合规能力，依赖特定海外市场的企业要提升在其他国家或地区的业务能力以分散市场风险，严重依赖从美国进口核心技术的企业需要考虑其他替代性解决方案，同时提升其自身研发能力。另一方面，除了制造行业的企业等，湖南100强中一些涉及服务和出口的企业将最为直接地受到新冠肺炎疫情的冲击，政府应制定更多帮扶政策来支持这些企业的发展。但从长期来看，过多依靠外来救助渡过难关的路径是不可持续的，企业最终还得靠自身竞争力去发展。面对疫情，企业自身应树立自保自救的主体意识，把发挥自身主观能动性、提升自身管理经营能力放在第一位，积极筹划、主动作为，在战略、管理、技术、市场、产品、服务、客户、渠道、质量、效率和创新等方面寻求渡过难关的可行之策和有效突破。

二、加快产业转型升级，坚持高质量发展

根据湖南省统计局发布的相关数据，全省三次产业结构由2012年的13.4∶47.7∶38.9演变为2019年的9.2∶37.6∶53.2，湖南经济高质量发展的势头初步形成，一系列指标好转，产业结构逐渐"由重变轻"，服务业主导特征已非常明显，但仍需继续推进转型升级，推动高质量发展。

首先，要加快优势产业集群发展。坚持以20个新兴优势产业链为抓手，促进产业集群发展。重点打造工程机械、轨道交通、中小航空发动机世界级产业集群和电子信息、新材料国家级产业集群；加快推动先进制造业与互联网融合发展，抢先布局人工智能、移动互联网、智能网联汽车等新业态。其次，以数字经济助推经济结构调整和新旧动能转换。2019年年末开始的新冠肺炎疫情对产业发展，既是挑战也是机遇。一些传统行业受冲击较大，而智能制造、无人配送、在线消费、医疗健康等新兴产业展现出强大的成长潜力，要以此为契机，改造提升传统产业，培育壮大新兴产业，不断完善大数据基础设施和创新服务平台，提高大数据应用能力，引导和推动互联网、大数据、人工智能等与实体经济深度融合，进一步释放大数据生产力，为经济高质量发展培育新动能、注入新活力。最后，企业还需要从自身

角度出发，推进自身转型升级。企业应注重内部劳动者综合素质的提高，致力于引进和留住拥有专业技能和高新技术的人才及拥有先进管理理念的领导班子，继续实施"+互联网"行动，推动网络协同制造、流程制造、个性化定制等模式，积极利用工业互联网、云服务、大数据技术，努力将企业建设成为智能制造示范企业和符合绿色环保要求的企业。

三、优化空间布局，塑造区域协调发展新格局

2019年湖南省整体经济发展水平虽然取得了很大的成绩，但是仍然存在不少问题，其中，区域经济发展不平衡就是一个突出的问题。为了构建协调发展新格局，充分发挥区域优势，合理有效配置资源要素，就需要不断调整和优化产业空间布局，着力推进区域协同发展。

加快重点区域发展。充分发挥"一带一部"优势，以中部地区崛起和长江经济带发展战略实施为引领，积极对接"一带一路"建设、粤港澳大湾区建设、长江三角洲区域一体化发展和京津冀协同发展，推进重点区域加快发展；加快长株潭城市群一体化，以长株潭两型社会试验区、长株潭国家自主创新示范区、湘江新区为依托，建设具有国际竞争力的全国重要先进制造业中心、高技术产业基地和中部地区现代服务业中心；建设洞庭湖生态经济区，重点推进水域生态修复、产业转型发展、宜居家园建设，努力建成全国大湖流域生态文明建设试验区和全省"五化同步"发展先行区；推进湘南湘西地区承接产业转移，完善产业布局，创新园区平台，打造中西部地区承接产业转移的"领头雁"；继续实施湘西地区开发战略，统筹推进大湘西地区经济和生态建设，加快娄底等资源型城市转型发展。

统筹区域协调发展。以长株潭城市群为核心，以京广、沪昆城镇群为发展轴，构成湖南"大十字"发展主轴线；沿洛湛（二广）、张常岳九、焦柳、兴永郴赣等铁路构成次要城镇发展带，形成国土空间开发利用格局；支持湘江新区、长沙临空经济区、国家级开发区、综合保税区等各类平台大胆创新，引领推动区域高质量发展；加快推动革命老区、民族地区、贫困地区、边界地区发展，补齐基础设施、公共服务、生态环境、产业发展短板；引导老工业城市和资源型城市、资源枯竭地区、产业衰退地区、生态严重退化地区积极探索产业转型。

四、激发民营企业活力，支持民营经济高质量发展

民营经济是我国国民经济的重要组成部分，是推动我国经济发展的重要力量。2020湖南企业100强中，民营企业仍存在着规模优势不突出、行业进入受限严重和融资困难等问题，与国有企业相比，民营企业发展环境还不完善，相关制度不健全，企业做大做强还有很大上升空间。因此，需要激发民营企业活力，支持民营经济高质量发展。

第一，多方共同努力，解决融资难题。一是改善融资环境，对民营企业予以税收优惠、财政补贴、贷款贴息等各方面的政策优待；二是搭建融资平台解决企业和金融机构信息不对称的问题，有效地将企业和金融机构联系起来；三是完善企业的财务信息系统，积极拓展有效的融资方式与渠道，提升企业的管理质量与水平，以实际工作为基础，不断强化专业技能，完善税务、财务信息管理，积极探究分析现阶段的市场发展状况，规避风险。

第二，运用科学方法解决人才难题。一是加大人才引进力度。在引进人才的过程中充分调动人们的

故乡情怀，因势利导，制定优惠政策吸引他们回来，同时解决他们的后顾之忧，使他们能安心工作。二是建立完善的绩效考核机制。行之有效的绩效考核机制对企业的用人、留人至关重要，很多员工离职的主要原因在于他们认为企业赏罚不明。绩效考核应根据企业的实际情况，注重企业的长期效益和短期效益、精神利益和物质利益的结合。三是建立完善的职业生涯规划。随着社会物质生活水平的提高，追求自我实现的员工越来越多。民营企业想留住优秀人才，必须给予他们足够的信任和个人发展空间。民营企业可以通过对员工的潜能开发、技能开发等，使员工的工作内容受重视、工作业绩受肯定、工资待遇得到改善、职务职称得到升迁，帮助员工找到职业生涯发展和企业发展的结合点，从而使企业能吸引人才、留住人才。

五、以创新驱动发展，增强科技创新引领优势

创新是引领发展的第一动力，是建设现代化经济体系的战略支撑。2020湖南企业100强当中，一些企业已经认识到了创新对于企业发展的重要性，但是大多数企业对创新的积极性和重视程度仍然不够，总体研发投入资金少，多数企业不达标，企业的创新意识、创新积极性以及创新转化能力仍然有待提高。

第一，重视企业的技术创新工作，通过多种方式提升企业技术创新能力。2020湖南企业100强中传统制造业、传统服务业等占多数，而传统产业持续发展的重要途径是进行技术创新。企业实现技术创新一方面要充分发挥自己的优势，利用已有的资源、技术、人才进行自主的研发和创新，根据市场和消费者需求，创造新技术，研发新产品，这样才能拥有核心技术，巩固自身实力。另一方面，单个企业的能力是有限的，实现技术的创新不能仅仅依靠自身的能力，还需要与其他企业、科研机构等外界合作，借助外部资源，弥补企业创新能力的不足。

第二，完善企业的创新管理模式，提升管理质量。2020湖南企业100强中的绝大多数企业的研发投入占营业收入的比重较低，研发投入的转化效率低，所以企业要加大对研发的投入，提高技术能力，高效转化研究成果。

第三，加强企业的创新人才培养。人是创新创造的关键，为了吸引、留住以及培养人才，一是企业要完成创新人才培养的顶层设计，对特殊人才要给予特殊待遇；二是企业要为创新人才提供良好的工作条件、科研设备，使之能有效地进行研究，使人才有用武之地；三是企业要加强对员工的培训，积极引导鼓励员工进行创新，激发员工的创新激情。

第一章
2019年湖南经济发展概况及2020年展望

2019年，湖南全省上下坚持以习近平新时代中国特色社会主义思想为指导，认真贯彻落实党中央、国务院各项决策部署，扎实做好"六稳"工作、全面落实"六保"任务，沉着应对经济持续下行压力，努力推进动能转换和结构升级，主动防范化解重大风险，持续推进产业项目建设。全省经济运行保持总体平稳、稳中有进、稳中向好的发展势头，为全面建成小康社会和"十三五"规划圆满收官打下了坚实基础。

第一节 2019年湖南经济发展总体情况

2019年，湖南省完成地区生产总值39752.1亿元，比上年增长7.6%。人均地区生产总值57540元，增长7.1%。其中，第一产业增加值3646.9亿元，增长3.2%；第二产业增加值14947.0亿元，增长7.8%；第三产业增加值21158.2亿元，增长8.1%。湖南省三次产业结构为9.2∶37.6∶53.2，第一、二、三产业对经济增长的贡献率分别为3.6%、44.4%和52.0%。

一、农业生产整体平稳

农业经济继续保持平稳增长。2019年农林牧渔业实现增加值3850.19亿元，同比增长3.5%，增速高于全国水平0.3个百分点。其中，农业增加值2123.97亿元，增长3.6%；林业增加值319.16亿元，增长9.4%；渔业增加值287.51亿元，增长7.1%。

粮食种植结构不断优化。粮食播种面积和总产量保持稳定，超级杂交稻亩产再创新高。全年粮食总播种面积6924.6万亩，同比下降2.8%。但种植结构由"双季稻"向"稻+油""稻+经"转变，种植品种由普通稻向高档优质稻转变，高档优质稻面积增长11.8%。2019年，湖南省粮食总产量2974.8万吨，下降1.6%，但仍属于历史较好年份。

肉类禽蛋产量保持增长。受环保政策调控和非洲猪瘟疫情等影响，2019年湖南省生猪产量下降，牛羊和家禽产量增长明显，总体产量仍保持增长。全年生猪出栏4812.9万头，同比下降19.7%，牛出栏162.5万头，增长6.4%；羊出栏971.5万头，增长6.6%；鸡鸭鹅等家禽出笼51057.0万羽，增长

20.2%；禽蛋产量114.7万吨，增长8.8%。

二、工业生产稳中有进

工业生产保持中高速增长。2019年规模工业增加值同比增长8.3%，比全国平均水平快2.6个百分点，创2015年以来的最好水平。规模工业39个大类行业中，33个增加值实现增长，湖南省全部工业增加值占地区生产总值的37.6%，工业对经济的增长贡献率为44.4%。

企业资产规模持续壮大。湖南省规模工业企业资产总计28705.18亿元，比上年末增长7.4%。产值过10亿元的企业达509家，产值过100亿元的企业达34家，分别比2018年增加42家和2家。

运行质量持续改善。2019年规模以上工业企业实现营业收入37310.77亿元，同比增长6.1%；实现利润总额1870.81亿元，增长6.6%，增速分别比全国平均增速快2.3和9.9个百分点。湖南省39个大类行业中，29个行业营业收入保持增长，23个行业利润保持增长。规模以上工业企业营业收入利润率和资产利润率分别为5.01%和7.04%，较上年分别提高0.02和0.04个百分点。

新旧动能有序转换。2019年规模工业高加工度工业增加值同比增长13.1%，拉动规模工业增长4.8个百分点，工业产业整体向中高端延伸。高技术产业增加值增长16.3%，比规模工业增速快8个百分点。六大高耗能行业增加值增长5.4%，比规模工业增速低2.9个百分点，高耗能行业比重继续降低。

三、固定资产投资增长稳健

2019年，湖南省固定资产投资同比增长10.1%，增速比上年同期快0.1个百分点，保持在平稳较快增长区间。

产业项目建设持续发力。湖南省产业项目建设完成投资同比增长20.9%，工业内涵式发展持续发力。湖南省工业投资同比增长17.8%，增速比全部投资快7.7个百分点。工业技术改造投资增长35.7%，增速比全部工业投资快17.9个百分点。湖南省高新技术产业投资增长37.8%，增速比全部工业投资快20个百分点。

重大项目建设稳定基础。依托重大项目带动湖南全省稳投资、稳增长。其中，铁路运输业投资增长101.1；电信、广播电视和卫星传输服务业投资增长85.7%；生态保护和环境治理投资增长54.9%。湖南省基础设施投资同比下降0.1%，降幅收窄。房地产开发投资增速小幅回落，2019年房地产开发投资同比增长12.7%。

新开工项目保持增长。2019年施工项目个数较上年增长14.1%。其中，当年新开工项目增长15.6%，投产项目个数增长26.2%。

四、开放型经济稳步推进

进出口增速全国第一。2019年，湖南省进出口总额突破4000亿元，达4342.19亿元，同比增长41.2%，高于全国平均水平37.8个百分点。其中，出口3076.12亿元，同比增长51.9%；进口1266.07亿元，同比增长20.4%。

招商引资再创新高。招商引资实际到位资金首次突破8000亿元，达8376.63亿元，同比增长

18.5%。其中，实际使用外资 181.01 亿美元，同比增长 11.8%；实际到位内资 7133.34 亿元，增长 18.8%。湖南省新引进 120 家"三类 500 强"企业投资项目 201 个。

走出去步伐稳步推进。与"一带一路"沿线国家贸易额增长 55%。其中，机电和高新技术产品出口分别增长 51%、60%。客运航线覆盖五大洲，开通国际全货机航线 8 条，湘欧快线跻身全国中欧班列第一方阵。对外承包工程和劳务合作业务新签合同额 125.46 亿美元，同比增长 30.6%。新增境外企业 84 家，但实际投资额同比下降 42.4%，仅为 9.6 亿美元。

五、科技创新能力不断增强

2019 年湖南省高新技术产业增加值达到 9472.89 亿元，保持 14% 以上的增速，高出 GDP 增速 6.7 个百分点。

高新技术产业不断壮大。湖南省紧扣 20 条工业新兴优势产业链，加强信息化、智能化、清洁化、数字化技术应用，进一步延伸产业链、提升价值链，工程机械、先进轨道交通装备、航空动力等创新型产业集群发展迅速。中高端技术产品较快增长，新能源汽车增长 1.5 倍，电子计算机整机增长 51.4%，建筑工程机械增长 27.1%。

技术开发能力不断增强。2019 年研发经费投入强度接近 2%，引进高水平创新团队 70 余个。登记技术合同 9023 项，实现技术合同成交额 490.69 亿元，同比增长 74.21%。专利申请量、专利授权量、有效发明专利拥有量分别增长 12.3%、11.7% 和 14.9%。2019 年共有 31 个项目荣获国家科学技术奖，科技创新获奖项目再创新高。

第二节 2019 年湖南经济发展特点

2019 年，湖南保持战略定力，扎实埋头苦干。始终坚持推进供给侧结构性改革，着力推动经济高质量发展；坚持创新引领开放崛起，着力增强发展动力活力。经济发展速度和质量都走在全国前列。主要呈现以下特点：

一、始终保持战略定力，稳住了发展基础

按照中央"六稳""六保"工作的要求，2019 年，湖南出台系列政策措施，确保经济运行稳定在合理区间。

一是农业当好"稳定器"。全年粮食产量稳定在 300 亿公斤左右。

二是投资当好"撬动杆"。通过"产业项目建设年"加大重大产业项目招商引资，引导主要资金投入智能制造领域的补链、强链项目。全年投资增速位居全国第四。

三是金融当好"蓄水池"。2019 年湖南省高速公路集团获国家发改委核准，授权发行企业债券不超过 150 亿元。国有金融企业充分发挥融资功能，服务实体经济。湖南财信金控全年新增融资超千亿元；湖南省融资担保集团将再担保费率最低降至 1‰，进一步降低了企业融资成本。

四是工业当好"压舱石"。湖南省规模以上工业增加值连续 10 个月保持 8% 以上的增速，位居全国

第五，牢牢稳住了第二产业的基本盘。

五是出口成为"新亮点"。应对中美贸易摩擦，湖南省委、省政府审时度势、提前谋划，适时出台《促进开放型经济发展的若干政策措施》，为湖南省重点企业进出口"保驾护航"，重点企业外贸逆势"飘红"，拉动湖南全省进出口增长超过40%，增速居全国首位，其中对"一带一路"沿线国家进出口猛增了逾五成。

六是就业支持"保民生"。湖南省委、省政府出台了《湖南省进一步促进就业工作二十条措施》，开展就业政策落实服务落地专项行动。省本级安排就业项目资金额度居中部省份之首，扶持民营企业成为吸纳就业主力军。全年新增城镇就业人员80.83万人，超额完成全年计划。

二、持续推进供给侧结构性改革，培育了新兴动能

湖南经济全面落实"巩固、增强、提升、畅通"八字方针，严格落实"三去一降一补"重点任务，全省上下科学把握"加减法"。一方面以壮士断腕的勇气淘汰落后产能，3年共调整了近4000家规模企业，为转型升级"腾笼换鸟"。更重要的是大力推进供给侧结构性改革，寻找新动力、挖掘新动能。

一是大力实施大数据、人工智能、5G应用创新、超高清视频、工业App培育等三年行动计划，培育新的增长点。湘江新区获批国家智能网联汽车（长沙）测试区，长沙高新区成为全国第二家国家网络安全产业园。"马栏山"正以惊人的速度形成视频文创高地。2019年湖南省移动互联网产业营业收入达1326亿元，同比增长25.1%。

二是以智能制造为方向的产业转型升级呈"井喷"式发展。在全国制造业增速放缓的压力下，湖南制造一路逆势上扬。工程机械、先进轨道交通装备、航空航天、电子信息、新材料等20条工业新兴优势产业链不断强链、延链、补链，工业对经济增长的贡献率同比提高5.5个百分点。

三是积极应对外部环境的挑战，拓宽发展空间。长沙成功举办首届中非经贸博览会，53个非洲国家及多个国际组织参会，进一步扩大了湖南省外贸"朋友圈"。同时，跨境电商综合试验区、外贸供应链平台企业、平行汽车进口、市场采购贸易等新平台、新业态全面发力，成为拉动湖南外贸提速增长的新引擎。

第三节 现阶段湖南经济发展面临的机遇与挑战

一、湖南经济发展面对的主要机遇

根据中央对当前经济形势的总体判断，我国经济正处于转变发展方式、优化经济结构、转换增长动力的攻关期，尽管湖南省经济外部环境复杂多变，面临一系列困难和挑战，但危中有机，仍有很多新趋势、新机遇。

"新趋势"主要体现在：一是"双循环"格局形成加快。以"国内大循环为主、国内国际双循环"的新发展格局将加快形成，对内陆大省的湖南来说是利好。二是产业链、供应链本地化趋势加强。美国将加快产业链、供应链体系重构，发达国家制造业回流与湖南省招商引资的矛盾将会进一步显现，倒逼进口替代和国产备份发展提速。三是国际资金流入加大。中国预计将成为全球今年唯一正增长的主要

经济体，下半年国际金融资本加速流入中国是大概率事件，有利于改善企业融资环境，但也会对汇率带来扰动。四是经济数字化加速。经济数字化转型进一步加快，虚拟经济与实体经济、线上经济与线下经济、传统产业与高新产业的发展还将进一步融合发展。

"新机遇"主要体现在：一是宏观政策新举措不断推出。宏观政策灵活性加大，货币政策工具直达实体经济，政策红利将加速释放。二是"十四五"规划编制启动。国家"十四五"规划将绕"国之大者"布局一批重大工程和项目，"两新一重"、数字经济等迎来发展机遇，有利于湖南争取更多的项目纳入国家"笼子"。三是资本市场发展态势向好。创业板注册制首轮IPO审核已经开启，制度改革和资金宽松将有助于股市和债市更好地发挥资本功能，为湖南企业融资和经营扩张提供有利条件。四是重大优势产业发展空间扩大。在扩大内需战略牵引下，新基建和5G投入加大，有利于湖南工程机械、创信、新型电子、轨道交通等优势产业更好地发挥优势，拓展发展空间。五是重点支撑因素发力。在建和新开工重大项目逐渐恢复动工。房地产市场复苏态势初步确立。

二、湖南经济发展面对的主要挑战

随着经济全球化进程的加快和湖南经济总量的不断扩大，2020年，湖南经济面对结构性、体制性、周期性等问题交织所带来的困难和挑战仍很艰巨：

一是疫情影响深远。目前，除中国等极少数国家外，主要经济体特别是美国和欧洲的疫情还在持续发酵，新冠病毒或将与人类较长时期共存，对经济影响的长期性不可低估。

二是全球经济衰退加重。新冠肺炎疫情中断了生产网络与全球供应链，全球贸易需求萎缩，全球经济陷入衰退，世界经济系统性风险上升。在刺激政策的作用下，全球主要经济体虽可能出现边际改善，但还难以恢复。

三是中美经贸摩擦加剧。美国对我国打压趋严趋紧，经贸摩擦必会延伸到湖南相关产业和企业。特别是对香港的经济压制，对未来经济将产生难以估量的影响。

从国内和省内情况看：

一是市场需求提振乏力。民间投资明显回落，中小项目投资锐减，投资项目储备不足。2020上半年经济出现的整体下滑，对消费需求也产生了较大影响，改善性消费增长乏力。外贸面临支出成本增加、物流交通难、人员双向流动受制等问题。

二是企业生产经营困难。企业尤其是中小企业整体订单减少，供应链不稳定，成本增加，利润下降，融资难融资贵等问题较为突出。

三是经济社会风险加剧。财政收支矛盾加大，一方面今年减税降费力度加大，但同时疫情防控、"三保"、脱贫攻坚、污染治理等民生刚性支出增长加快，可用于经济支持的财政性投入明显减少。

四是实体经济信心不足风险加大。对市场整体预期不佳，对实体经济特别是民营企业家的信心造成较大打击，企业观望情绪明显扩张，扩大发展信心不足。

第四节 2020年湖南经济发展展望

2020年是全面建成小康社会和"十三五"规划收官之年，中央强调保持宏观经济政策的连续性和稳定性，继续实施积极的财政政策和稳健的货币政策，有利于保持经济稳固发展的良好势头，有利于加大对经济的支持力度。但与此同时，中国地缘政治与地缘经济面临复杂形势，全球化进程面临极大挑战。湖南经济必须切实落实以人民为中心的发展思想，贯彻落实习近平总书记治国理政的新思想新理念，抓住"发展才是硬道理"，做强、做大经济实体。根据湖南省委经济工作会议精神，2020年湖南经济工作将重点围绕以下几个方面开展：

一、不断培育新的增长点

谋划和实施5G网络、大数据中心、工业互联网、充电桩等新基建重大项目，布局一批生物医药、新材料等战略性新兴产业项目。加大工业项目的招商引资力度，推动重大项目建设，重点引进规模大、财税贡献率高、具有重大带动作用的龙头项目，为湖南工业发展注入新的活力。

二、加快优势产业链发展

坚持以20个新兴优势产业链为抓手，促进产业集群发展。重点打造工程机械、轨道交通、中小航空发动机世界级产业集群和电子信息、新材料国家级产业集群；加快推动先进制造业与互联网融合发展，抢先布局人工智能、移动互联网、智能网联汽车等新业态。

三、推进更高水平对外开放

紧紧把握中部崛起战略机遇，发挥"一带一部"区位优势，主动对接粤港澳大湾区建设、长三角区域一体化发展等国家战略。以产业配套基地建设为重点，加快湘南湘西承接产业转移示范区建设。建设自由贸易试验区，推动综合保税区、出口加工区、保税物流区等平台升级。深化对外经贸合作，加快构建更高水平的对外开放新格局。

四、大力优化营商环境

全面落实减税降费政策，着力缓解融资难融资贵问题，为更多企业减负。加大产业项目扶持力度，通过税费优惠、费用减免等方式，对产业带动、就业拉动、税收贡献明显的项目给予优惠政策，切实提振企业家信心，激发市场主体活力。

五、高标准编制"十四五"规划

科学谋划"十四五"发展目标、工作思路、重点任务，提升治理效能，推动经济社会高质量发展。紧盯国家战略部署，力争一批重大项目进入国家规划。

综上所述，2020年湖南省经济运行将延续稳中有进、稳中向好、稳中趋优的发展态势，全年经济将呈稳步复苏回升增长态势。

百强综合分析

第二章
2020 湖南企业 100 强分析报告

2019年是"十三五"规划的第四年,也是新中国成立70周年和全面建成小康社会的关键之年。本报告依托湖南企业100强在2019年所创造的实绩,重点围绕企业经营规模、地区与行业分布、自主创新能力和经营成果五大指标(营业收入、资产总额、净利润、从业人数、纳税总额)进行汇总分析,以总结经验、彰显成绩、寻找差距和探讨对策,为湖南推进供给侧结构性改革,抵御经济下行压力,抓住"一带一路"的发展机遇,加快企业新旧动能转换和提高自主创新能力等方面提供有价值的引导。

第一节 2020 湖南企业 100 强特征分析

一、2020 湖南企业 100 强榜单变化分析

(一)异军突起,9 强新秀崭露头角

相比2019湖南企业100强排行榜,入围2020湖南企业100强排行榜中的企业新秀有9家,其中国有企业6家,民营企业3家,这9家新进入湖南企业100强的行业分布广泛,其中有各类制造业企业4家,批发、零售业企业2家,金融业企业1家,租赁与商务服务业企业1家,信息传输、计算机服务和软件业企业1家,这与湖南的经济发展现状有很大关系。2020湖南企业100强新上榜名单如表2-1所示。

第二章 2020湖南企业100强分析报告

表2-1　　　　　　　　　　　　　　2020湖南企业100强新上榜名单

企业名称	营业收入（亿元）	上榜排名位次
中国烟草总公司湖南省公司	858.00	7
中国石油化工股份有限公司长岭分公司	449.00	12
湖南吉利汽车部件有限公司	147.02	27
中国联合网络通信有限公司湖南省分公司	94.04	42
中车时代电动汽车股份有限公司	50.15	75
长沙京东厚成贸易有限公司	46.45	81
广发银行股份有限公司长沙分行	44.33	84
长沙水业集团有限公司	36.87	94
红星实业集团有限公司	36.55	96

（二）壮心不已，老企业稳步发展

与2020湖南企业100强中的9家新秀企业相比，其余91家老企业则继续占据着100强排行榜的主体位置。值得注意的是，在这91家老企业中，有4家企业在经过业务调整和积累之后重回榜单，它们是长沙中兴智能技术有限公司、中国能源建设集团湖南火电建设有限公司、湖南口味王集团有限责任公司、湖南金龙电缆有限公司。回归榜单的老企业数据如表2-2所示。

表2-2　　　　　　　　　　　　2020湖南企业100强重新回归的老企业名单

企业名称	营业收入（亿元）	上榜排名位次
长沙中兴智能技术有限公司	41.36	86
中国能源建设集团湖南火电建设有限公司	38.40	91
湖南口味王集团有限责任公司	36.76	95
湖南金龙电缆有限公司	36.42	97

除了强势回归的4家老企业，剩余87家老企业则是常居榜单。因回归老企业在2019湖南企业100强中的排名数据缺失，所以在分析企业位次前进、平稳和后退的数据时都在剩余的87家老企业中进行。

与上年度数据相比，在87家老企业中，位次前移的仅有28家，位次前进了10位以上的企业有4家，与上年相比减少1家。值得注意的是，湖南省现代农业产业控股集团有限公司以42.78亿元的营业收入位居2019湖南企业100强的第78位，而在2019年，该企业通过强化战略规划，融合内部资源，突出主业实业，做强重点产业，着力构建产业基金并购、上市公司融合、科研创新驱动三大发展平台，全力打造畜牧养殖、粮油收储、食品加工、医药健康、农副产品、电商物流、国际贸易、农业金融八大业务板块，在管理创新、制度梳理、成本管控、风险防范、安全管控、工作效率提升等关键步骤上狠下功夫，取得了显著效果，因此以73.53亿元的营业收入跻身2020湖南企业100强榜单中第55位，位次前进 23 位，成为 2020 湖南企业 100 强中前进位次最多的持续在榜企业。

湖南新天地投资控股集团有限公司在 2019 湖南企业 100 强中以 47.34 亿元的营业收入位列第 91 位，在 2020 湖南企业 100 强申报中，其更改为母公司湖南湘科控股集团有限公司申报，以 52.88 亿元的营业收入位列 2020 湖南企业 100 强榜单中第 71 位，位次前进 20 位，成为前进位次第二的强势企业。此次进步与其近年来的资产整合重组密切相关。湖南湘科控股集团有限公司是在 2018 年 9 月经湖南省人民政府批准成立的，由湖南省兵器工业集团有限责任公司与湖南新天地投资控股集团有限公司两个集团重组而成，于 2019 年 10 月正式挂牌，此次资产整合标志着湖南湘科控股集团有限公司将坚持"先进制造业+现代服务业"为导向，坚持发展为第一要务，整合存量，做强增量，做大集团资产规模等为发展思路，大大增强了母、子公司的实力，使其排名大幅提升，实现了"1+1>2"的效果，成为深化改革整合发展的示范和军民融合深度发展的标兵。

同样，益丰大药房连锁股份有限公司自 2015 年上市以来，持续保持 30%左右的较快增速，以超强的运营能力和盈利能力成为主板上市公司中的佼佼者，2019 年持续稳健发展，自建、并购、加盟门店布局提速，维持以往 30%左右的高增长态势，因此 2019 年以营业收入 102.76 亿元位居 2020 湖南企业 100 强第 38 位，位次前进 16 位，实现 5 年稳健持续增长。

另外，湖南对外建设集团有限公司在上年位居 100 强榜单第 98 位，2019 年以 43.51 亿元的营业收入位列 2020 湖南企业 100 强第 85 位，位次前进 13 位；长沙银行股份有限公司的排名前进 9 位；湖南省轻工盐业集团有限公司的排名前进 8 位；蓝思科技集团和山河智能装备股份有限公司同时前进 7 位等，以上足以表明这些企业在 2019 年经济下行压力较大的情况下仍实现稳步发展。但整体而言，2020 湖南企业 100 强老企业的前进位次比上年度有所降低。2020 湖南企业 100 强位次前进详情如表 2-3 所示。

表 2-3　　　　　　　　　　2020 湖南企业 100 强位次前进企业名单

企业名称	2019 名次	2020 名次	前进位次
湖南省现代农业产业控股集团有限公司	78	55	23
湖南湘科控股集团有限公司	91	71	20
益丰大药房连锁股份有限公司	54	38	16
湖南对外建设集团有限公司	98	85	13
长沙银行股份有限公司	25	16	9
中国电建集团中南勘测设计研究院有限公司	53	44	9
湖南省轻工盐业集团有限公司	66	58	8
蓝思科技集团	15	8	7
山河智能装备股份有限公司	60	54	6
老百姓大药房连锁股份有限公司	40	34	6
国药控股湖南有限公司	47	41	6

第二章 2020湖南企业100强分析报告

续表

企业名称	2019名次	2020名次	前进位次
湖南省沙坪建设有限公司	52	46	6
长沙格力暖通制冷设备有限公司	68	62	6
绝味食品股份有限公司	77	72	5
芒果超媒股份有限公司	36	32	4
爱尔眼科医院集团股份有限公司	44	40	4
五凌电力有限公司	56	53	3
安克创新科技股份有限公司	63	59	4
金杯电工股份有限公司	70	66	4
湖南金荣企业集团有限公司	96	92	4
湖南航天有限责任公司	79	76	3
湖南科伦制药有限公司	80	77	3
湖南博深实业集团有限公司	35	33	2
湖南粮食集团有限责任公司	39	37	2
中联重科股份有限公司	14	13	1
方正证券股份有限公司	61	60	1
中华联合财产保险股份有限公司湖南分公司	83	82	1
湖南博瑞医药健康产业集团有限公司	89	88	1

2020湖南企业100强与2019湖南企业100强相比，有9家企业位次保持不变。其中排名前6位的企业位次都没有变化，说明这些企业在2019年发展相对稳健，经营状况良好。2020湖南企业100强位次没有变化的9家企业如表2-4所示。

表2-4　　　　　　　　　2020湖南企业100强位次没有变化的企业名单

企业名称	2019名次	2020名次	前进位次
湖南华菱钢铁集团有限责任公司	1	1	0
中国建筑第五工程局有限公司	2	2	0
湖南中烟工业有限责任公司	3	3	0
湖南建工集团有限公司	4	4	0
国网湖南省电力有限公司	5	5	0
三一集团有限公司	6	6	0
中国水利水电第八工程局有限公司	18	18	0
中国航发南方工业有限公司	67	67	0
道道全粮油股份有限公司	87	87	0

2020湖南企业100强中，位次后退的有50家，比上年度增加8家；且位次后退超过10位的有9家，比上年度减少2家。其中郴州市金贵银业股份有限公司后退32位，天元盛世控股集团有限公司后退26位，湖南电广传媒股份有限公司后退24位，湖南杉杉能源科技股份有限公司后退22位等，后退企业整体后退位次较上年度有所增加。这些企业位次后退的原因有：从企业自身情况来看，经营业绩提升不大，在激烈的竞争中落后；也有经营管理不善，造成营业收入增加幅度相对减少，管理成本相对增加。从宏观环境来看，2019年外部经济环境明显趋紧，国内经济下行压力加大，导致其中一些企业更加容易受到冲击。从100强企业申请的情况来看，竞争基数扩大，2020湖南企业100强榜单中出现了9家新面孔，导致位次发生变化等。需要指出的是，尽管这些企业在当前经济下行压力大的严峻形势下名次有一定退后，但它们依然保持一定的速度在发展。2020湖南企业100强位次后退情况如表2-5所示。

表2-5　　　　　　　　　　　2020湖南企业100强位次后退企业名单

企业名称	2019名次	2020名次	后退位次
郴州市金贵银业股份有限公司	31	63	32
天元盛世控股集团有限公司	48	74	26
湖南电广传媒股份有限公司	33	57	24
湖南杉杉能源科技股份有限公司	71	93	22
湘电集团有限公司	51	68	17
泰格林纸集团股份有限公司	32	48	16
长沙通程控股股份有限公司	82	98	16
特变电工衡阳变压器有限公司	65	80	15
湖南申湘汽车星沙商务广场有限公司	55	64	9
大唐华银电力股份有限公司	37	45	8
长沙中联重科环境产业有限公司	43	51	8
中国铁建重工集团股份有限公司	49	56	7
湖南望新建设集团有限公司	58	65	7
望建（集团）有限公司	76	83	7
中国石油化工股份有限公司巴陵分公司	13	19	6
湖南宇腾有色金属股份有限公司	73	79	6
中车株洲电力机车研究所有限公司	12	17	5
长沙市比亚迪汽车有限公司	21	26	5
湖南兰天集团有限公司	30	35	5
湖南佳惠百货有限责任公司	42	47	5
湖南高岭建设集团股份有限公司	64	69	5

续表

企业名称	2019 名次	2020 名次	后退位次
湖南省桂阳银星有色冶炼有限公司	84	89	5
湖南顺天建设集团有限公司	85	90	5
株洲千金药业股份有限公司	95	100	5
步步高投资集团股份有限公司	10	14	4
湖南有色金属控股集团有限公司	11	15	4
中国电信股份有限公司湖南分公司	26	30	4
湖南友谊阿波罗控股股份有限公司	45	49	4
中国邮政集团有限公司湖南省分公司	46	50	4
湖南省茶业集团股份有限公司	57	61	4
湖南新长海发展集团有限公司	74	78	4
湖南省交通水利建设集团有限公司	17	20	3
中车株洲电力机车有限公司	19	22	3
中国石化销售股份有限公司湖南石油分公司	7	9	2
湖南博长控股集团有限公司	8	10	2
大汉控股集团有限公司	9	11	2
现代投资股份有限公司	29	31	2
湖南省煤业集团有限公司	34	36	2
株洲旗滨集团股份有限公司	41	43	2
中车株洲电机有限公司	50	52	2
伟大集团	97	99	2
五矿二十三冶建设集团有限公司	20	21	1
华融湘江银行股份有限公司	22	23	1
中国石油天然气股份有限公司湖南销售分公司	23	24	1
唐人神集团股份有限公司	24	25	1
湖南黄金集团有限责任公司	27	28	1
湖南永通集团有限公司	28	29	1
中南出版传媒集团股份有限公司	38	39	1
中兵红箭股份有限公司	69	70	1
湖南邦普循环科技有限公司	72	73	1

(三)重视不够,少数企业无缘新榜单

2020 湖南企业 100 强中,有企业因营业收入下降放弃申报,或因营业收入达不到入围门槛而未申报,也有企业申报积极性不高,不愿申报,因此导致 13 家企业退出 2020 湖南企业 100 强榜单。这些企业分别是:中国移动通信集团湖南有限公司、湖南猎豹汽车股份有限公司、通号工程局集团建设工程有限公司、湖南金旺铋业股份有限公司、湖南湘江涂料集团有限公司、长沙新奥燃气有限公司、湖南省通信产业服务有限公司、吉祥人寿保险股份有限公司、株洲联诚集团控股股份有限公司、大湖产业投资集团有限公司、威胜集团有限公司、江麓机电集团有限公司、九芝堂股份有限公司。

二、2020 湖南企业 100 强规模特征分析

(一)企业总体规模有所扩大

在经济下行压力下,2020 湖南企业 100 强总体规模仍有所扩大,延续了"十三五"的良好开端。100 强企业在 2019 年的资产总额为 30477.95 亿元,比 2018 年增长 10.89%,相比上年度资产总额持续增长,且其资产总额的增长速度提升。由此可以看出,即使面对复杂多变的国内外市场环境,企业依然在抢抓机遇,谋求发展,整体规模不断攀升,发展速度不断加快。需要说明的是,2020 湖南企业 100 强资产总额统计实际上只包含了 99 家企业的数据,因企业申报原因,排名第 92 位的湖南金荣企业集团有限公司没有披露资产,完整的 100 强企业的资产总额数据应比 30477.95 亿元更高。2016—2020 湖南企业 100 强资产总额变化趋势如图 2-1 所示。

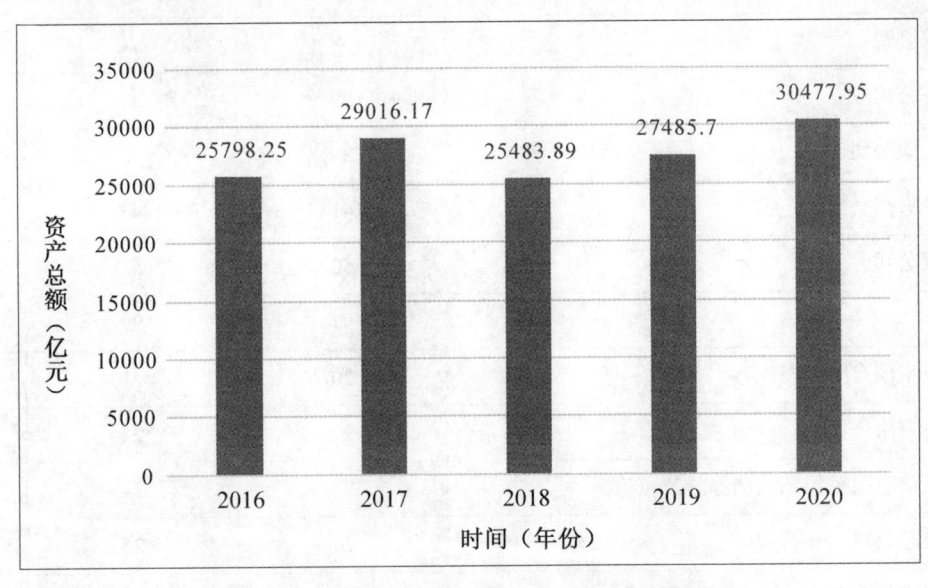

图 2-1 2016—2020 湖南企业 100 强资产总额变化对比

(二)2020 湖南 100 强入围门槛再度提高

2020 湖南企业 100 强的营业收入入围门槛为 35.25 亿元,较上年度的 31.23 亿上升 4.02 亿元,增幅为 12.9%。2020 湖南企业 100 强入围门槛上升幅度明显,这与我国坚持全面深化改革,积极适应和引领经济发展新常态,加快经济发展方式转变和经济结构调整具有一定的关系。2016—2020 湖南企业 100 强入围门槛变化如图 2-2 所示。

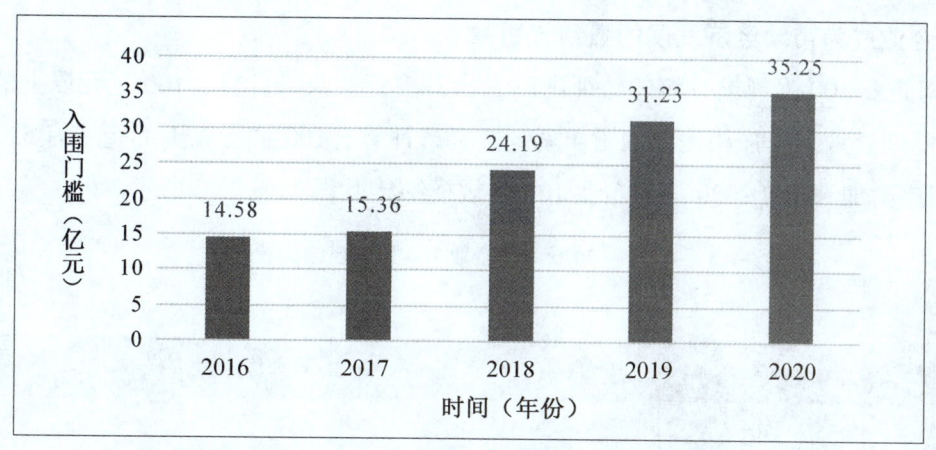

图 2-2 2016—2020 湖南企业 100 强入围门槛变化

（三）企业规模差距进一步缩小

近年来，湖南企业 100 强的整体规模差距在波动中呈缩小的趋势，但由于行业特征、自身经营等因素的影响，进入榜单中的企业依然存在较大的规模差距，但值得注意的是，2020 湖南企业 100 强规模差距相比上年度有减小的趋势。其中，排名第一的湖南华菱钢铁集团有限责任公司，年营业收入为 1330.93 亿元，而第 100 位的株洲千金药业股份有限公司，年营业收入为 35.25 亿元，相当于湖南华菱钢铁集团有限责任公司的 2.65%。将这个比例与上年度的 2.58% 相比可以看出，末位企业对首位企业的营业收入占比有所提高，说明入围企业的规模差距有所缩小，造成这种变化的主要原因是外部经济环境压力、产业结构调整以及企业本身经营策略等。榜首湖南华菱钢铁集团有限责任公司营业收入相较上年度上升了 122.09 亿元，升幅为 10.10%；末位企业的营业收入入围门槛为 35.25 亿元，较上年度末位企业的收入 31.23 亿上升 4.02 亿元，升幅为 12.9%，由于榜首企业营业收入升幅小于末位企业入围门槛的升幅，100 强企业的规模差距有所减小。2016 湖南企业 100 强中首位企业的营业收入约是末位企业的 76 倍；2017 湖南企业 100 强中首位企业的营业收入约是末位企业的 82 倍；2018 湖南企业 100 强中首位企业的营业收入约是末位企业的 42 倍；2019 湖南企业 100 强中首位企业的营业收入约是末位企业的 39 倍，2020 湖南企业 100 强中首位企业的营业收入约是末位企业的 38 倍。100 强企业规模差距虽然依旧很大，但相较于上年度 100 强企业规模差距有所减小，100 强发展不平衡的状况得到了很大改善，如表 2-6 所示。

表 2-6　2016—2020 湖南企业 100 强的企业规模分布对比

年份	首位企业营业收入 i（亿元）	末位企业营业收入 j（亿元）	i/j
2016	1109.5	14.58	76
2017	1263.6	15.36	82
2018	1025.35	24.19	42
2019	1208.85	31.23	39
2020	1330.93	35.25	38

(四)核心企业成为带动经济发展的强劲"引擎"

从2020湖南企业100强规模分布的特征可以看出,按营业收入计算,100亿元以上的超大型企业有39家,与2019湖南企业100强相比增加了4家;按资产计算,100亿元以上的企业有52家,与2019湖南企业100强相比增加6家。2020湖南企业100强规模结构状况如表2-7所示。

表2-7　　　　　　　　　　　　2020湖南企业100强规模结构状况

单位:家

项目	超过500亿元	100亿~500亿元	10亿~100亿元	10亿元以下	实报数
按营业收入计算	10	29	61	0	100
按资产计算	12	40	45	2	99

从营业收入看,规模在500亿元以上的企业有10家,比2019湖南企业100强增加3家:湖南华菱钢铁集团有限责任公司以1330.93亿元的营业收入稳居榜首;中国建筑第五工程局有限公司位列第二,营业收入总额为1262.33亿元;湖南中烟工业有限责任公司稳居第三,营业收入总额为1036.93亿元,较上年度小幅增长。营业收入总额在100亿~500亿元的企业有29家,比上年度增加1家;营业收入总额在10亿~100亿元的企业有61家,与上年度相比减少4家。2020湖南企业100强中按营业收入计算100亿元以上的超大型企业具体名单如表2-8所示。

表2-8　　　　　　　　　　　　按营业收入计算的超大型企业

排名	企业名称	营业收入(亿元)
1	湖南华菱钢铁集团有限责任公司	1330.93
2	中国建筑第五工程局有限公司	1262.33
3	湖南中烟工业有限责任公司	1036.93
4	湖南建工集团有限公司	1024.80
5	国网湖南省电力有限公司	876.17
6	三一集团有限公司	875.76
7	中国烟草总公司湖南省公司	858.00
8	蓝思科技集团	778.61
9	中国石化销售股份有限公司湖南石油分公司	553.45
10	湖南博长控股集团有限公司	510.31
11	大汉控股集团有限公司	463.22
12	中国石油化工股份有限公司长岭分公司	449.00
13	中联重科股份有限公司	433.07
14	步步高投资集团股份有限公司	415.26

续表

排名	企业名称	营业收入（亿元）
15	湖南有色金属控股集团有限公司	329.75
16	长沙银行股份有限公司	303.67
17	中车株洲电力机车研究所有限公司	301.80
18	中国水利水电第八工程局有限公司	273.26
19	中国石油化工股份有限公司巴陵分公司	266.26
20	湖南省交通水利建设集团有限公司	257.41
21	五矿二十三冶建设集团有限公司	245.95
22	中车株洲电力机车有限公司	230.61
23	华融湘江银行股份有限公司	192.47
24	中国石油天然气股份有限公司湖南销售分公司	163.81
25	唐人神集团股份有限公司	153.55
26	长沙市比亚迪汽车有限公司	153.30
27	湖南吉利汽车部件有限公司	147.02
28	湖南黄金集团有限责任公司	142.39
29	湖南永通集团有限公司	140.10
30	中国电信股份有限公司湖南分公司	136.31
31	现代投资股份有限公司	125.58
32	芒果超媒股份有限公司	125.01
33	湖南博深实业集团有限公司	121.20
34	老百姓大药房连锁股份有限公司	116.63
35	湖南兰天集团有限公司	112.60
36	湖南省煤业集团有限公司	110.67
37	湖南粮食集团有限责任公司	108.30
38	益丰大药房连锁股份有限公司	102.76
39	中南出版传媒集团股份有限公司	102.61

从资产总额看，规模在500亿元以上的企业有12家，比上年增加1家；长沙银行股份有限公司以6019.98亿元的资产规模持续稳居第一的宝座；华融湘江银行股份有限公司位列第二，资产总额为3667.77亿元；三一集团有限公司替代2019湖南企业100强中的方正证券股份有限公司成为第三名，资产总额为1572.66亿元；资产总额前三强企业与上年相比，总体资产规模大幅增加，共增加1157.36亿

元,说明资产更加聚集。资产总额规模在100亿~500亿元的企业有40家,比上年度增加5家;规模在10亿~100亿元的企业有45家,比上年度减少7家;规模在10亿元以下的企业有2家,比上年度增加2家。其中,2020湖南企业100强中按资产总额计算100亿元以上的超大型企业具体名单如表2-9所示。

表2-9　　按资产总额计算的超大型企业

排名	企业名称	资产总额(亿元)
1	长沙银行股份有限公司	6019.98
2	华融湘江银行股份有限公司	3667.77
3	三一集团有限公司	1572.66
4	中国建筑第五工程局有限公司	1494.05
5	方正证券股份有限公司	1365.95
6	国网湖南省电力有限公司	1094.32
7	湖南华菱钢铁集团有限责任公司	1059.53
8	中联重科股份有限公司	920.68
9	湖南中烟工业有限责任公司	902.20
10	蓝思科技集团	869.91
11	中车株洲电力机车研究所有限公司	586.72
12	湖南建工集团有限公司	570.05
13	五凌电力有限公司	492.71
14	中国烟草总公司湖南省公司	442.14
15	中国水利水电第八工程局有限公司	401.90
16	现代投资股份有限公司	355.48
17	湖南有色金属控股集团有限公司	333.05
18	广发银行有限公司长沙分行	316.32
19	中车株洲电力机车有限公司	290.75
20	湖南省交通水利建设集团有限公司	253.88
21	步步高投资集团股份有限公司	243.78
22	中国电信股份有限公司湖南分公司	239.55
23	长沙水业集团有限公司	225.14
24	湖南电广传媒股份有限公司	223.99

续表

排名	企业名称	资产总额（亿元）
25	中南出版传媒集团股份有限公司	218.06
26	中国石化销售股份有限公司湖南石油分公司	213.96
27	湖南友谊阿波罗控股股份有限公司	209.12
28	泰格林纸集团股份有限公司	206.81
29	湘电集团有限公司	203.98
30	大汉控股集团有限公司	198.91
31	大唐华银电力股份有限公司	193.62
32	五矿二十三冶建设集团有限公司	189.67
33	芒果超媒股份有限公司	170.78
34	湖南粮食集团有限责任公司	169.83
35	山河智能装备股份有限公司	157.03
36	中国铁建重工集团股份有限公司	151.56
37	湖南省轻工盐业集团有限公司	146.51
38	中国电建集团中南勘测设计研究院有限公司	138.47
39	中国联合网络通信有限公司湖南省分公司	136.31
40	中国航发南方工业有限公司	136.16
41	株洲旗滨集团股份有限公司	130.65
42	湖南博长控股集团有限公司	128.51
43	中车时代电动汽车股份有限公司	124.25
44	湖南省煤业集团有限公司	123.06
45	爱尔眼科医院集团股份有限公司	118.95
46	长沙中联重科环境产业有限公司	114.63
47	湖南航天有限责任公司	114.40
48	中兵红箭股份有限公司	110.11
49	长沙市比亚迪汽车有限公司	109.99
50	中国石油化工股份有限公司巴陵分公司	104.12
51	湖南黄金集团有限责任公司	103.72
52	郴州市金贵银业股份有限公司	101.33

三、2020 湖南企业 100 强地区分布分析

2020 湖南企业 100 强与往年一样都相对集中在经济发达地区。从入围企业数量可看出，长沙市作为湖南省政治经济文化中心，入围湖南企业 100 强的企业数量最多，达到 77 家，营业收入占比 84.67%。2020 湖南企业 100 强的地区分布特征与 2019 湖南企业 100 强相比变化不大，长沙、株洲两市仍集中了全省大部分的 100 强企业，分别有 77 家、8 家 100 强企业，湘潭市、岳阳市各 4 家，并列第三。2019 年，长、株、潭三市共占据 100 强企业中的 89 席，共实现营业收入 17319.2 亿元，拥有资产 29797.83 亿元，分别占全省 100 强企业总量的 91.36% 和 97.77%，相比上年度营业收入增加 0.51%，资产总额增加 1.15%。2020 湖南企业 100 强的其他 11 家企业分布在 6 个地级市，分别是：岳阳市 4 家，郴州市 3 家，娄底市 1 家，益阳市 1 家，衡阳市 1 家，怀化市 1 家。常德市在 2019 湖南企业 100 强排名中有 2 家企业，均无缘 2020 湖南企业 100 强榜单，而永州市、湘西自治州、邵阳市和张家界市也均无企业入围。2020 湖南企业 100 强的地区分布结构状况如表 2-10 所示。

表 2-10　　　　　　　　　　2020 湖南企业 100 强地区分布结构状况

地区	企业个数	营业收入（亿元）	比重（%）	资产总额（亿元）	比重（%）
长沙	77	16051.82	84.67	27932.96	91.65
株洲	8	958.99	5.06	1415.79	4.65
湘潭	4	308.39	1.63	449.08	1.47
岳阳	4	805.57	4.25	244.38	0.80
郴州	3	149.86	0.79	166.38	0.55
娄底	1	510.30	2.69	128.51	0.42
益阳	1	36.76	0.19	43.94	0.14
衡阳	1	47.83	0.25	74.52	0.24
怀化	1	88.56	0.47	22.40	0.07
全省	100	18958.08	100	30477.95	100

从营业收入看，2020 湖南企业 100 强超过 90% 的收入都来自长株潭地区，这与该地区的经济发达程度相一致。2016—2020 湖南企业 100 强营业收入总额中，经济较发达的长株潭地区所占比重一直保持在 90% 以上，虽有所波动，但波动幅度较小；与上年度相比，长沙市得益于其省会城市的优势地位，营业收入所占比重上升 1.56 个百分点，株洲市下降 1.2 个百分点，湘潭市上升 0.17 个百分点，岳阳市上升 1.19 个百分点，衡阳市下降 0.08 个百分点，郴州市下降 0.72 个百分点，怀化市下降 0.06 个百分点，娄底市下降 0.39 个百分点。其余地区基本不变，如表 2-11 所示。

表 2-11　　2016—2020 湖南企业 100 强营业收入在各地域的分布

单位:%

地区	2016	2017	2018	2019	2020
长沙	78.62	81.21	82.41	83.11	84.67
株洲	7.16	5.95	6.05	6.26	5.06
湘潭	5.19	4.14	1.60	1.46	1.63
岳阳	1.88	2.27	3.47	3.06	4.25
衡阳	0.46	0.37	0.33	0.33	0.25
郴州	1.25	1.16	1.80	1.51	0.79
怀化	0.92	0.91	1.33	0.53	0.47
娄底	3.98	3.41	2.69	3.08	2.69
益阳	0.18	0.14	—	—	0.19
常德	0.36	0.26	0.32	0.66	—
永州	—	0.18	—	—	—
自治州	—	—	—	—	—
邵阳	—	—	—	—	—
张家界	—	—	—	—	—

湖南企业 100 强营业收入中，长株潭地区所占比例在 2015 年到 2019 年总体在 90%以上，占绝对优势地位，说明长株潭一体化发展所形成的综合经济中心增强了长株潭地区的整体经济实力，从经济一体化、交通一体化、通信一体化等多方面为企业提供了更加优越的发展环境。2016—2020 湖南企业 100 强长株潭地区营业收入占总营业收入占比的分布趋势，如图 2-3 所示。

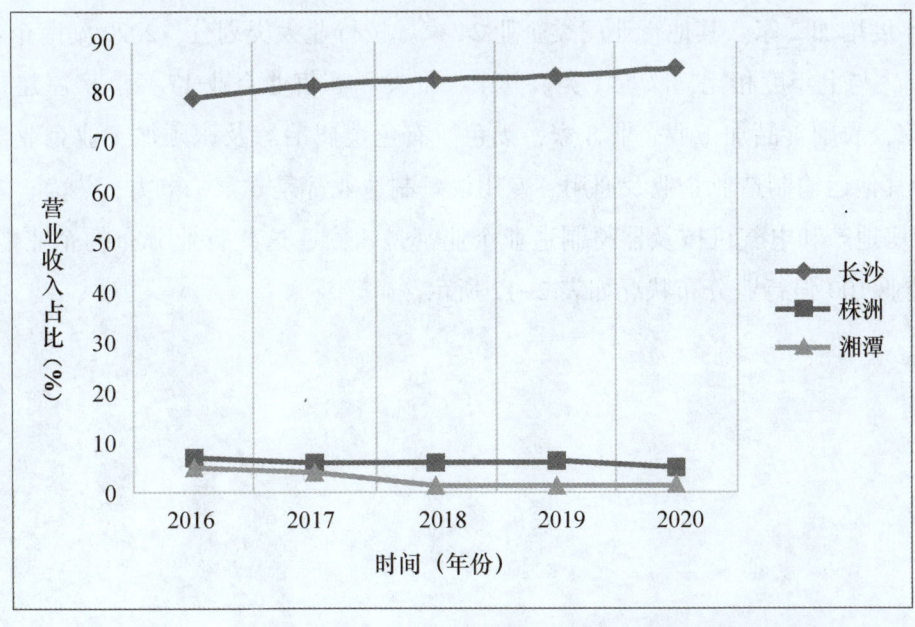

图 2-3　2016—2020 湖南企业 100 强营业收入在长株潭地区的分布趋势

长株潭地区入围湖南企业100强的企业数量从2015年到2019年一直维持在80家左右，浮动范围较小，从入围数量的变化上看，长株潭地区保持着较为稳定的经济增长，可见长株潭一体化经济政策的实施加强了该地区的经济发展实力和综合竞争力，优化了企业的经营发展环境。2016—2020湖南企业100强在长株潭地区的数量分布趋势，如图2-4所示。

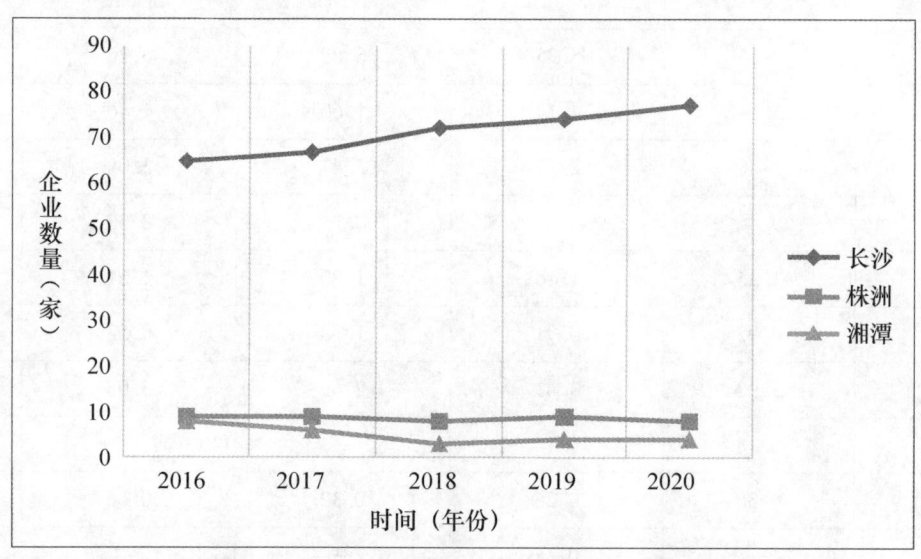

图2-4　2016—2020湖南企业100强在长株潭地区的数量分布趋势

四、2020湖南企业100强行业分布分析

（一）2020湖南企业100强行业分布总体分析

按行业门类划分，2020湖南企业100强涉及12个行业门类，与上年度不同的是，租赁和商务服务业有企业进入榜单，而农、林、牧、渔业和卫生与社会工作行业门类没有企业进入。总体来看，在12个行业门类中，制造业企业、建筑业企业、批发和零售业企业仍占100强席位的大多数，总共76家。其中，制造业企业48家，比上年度增加1家；建筑业企业11家，比上年度减少1家；批发和零售业企业17家，比上年度增加2家。其他行业门类企业24家。按行业大类划分，2020湖南企业100强分布于26个大类行业中，与上年度相比，减少1类。其中，批发和零售业企业17家，房屋建筑、土木建筑及其他建筑业11家，农副食品加工业企业8家，黑色、有色金属冶炼及压延加工业企业7家，铁路、船舶、航空航天和其他运输制造业企业及通用、专用设备制造业都是6家，电力、热力、燃气及水的生产和供应业5家，房地产和电气机械及器材制造业企业都是4家，这些行业分布的企业数量较多，共68家。2020湖南企业100强行业分布状况如表2-12所示。

表 2-12　　2020 湖南企业 100 强行业分布状况

行业门类	行业大类	计数	企业总数
采矿业	煤炭采掘及采选业	1	1
制造业	农副食品加工业	8	48
	烟草制品业	2	
	造纸及包装	1	
	非金属矿物制品业	1	
	石油加工炼焦及核燃料加工业	2	
	化学原料及化学制品制造业	3	
	黑色、有色金属冶炼及压延加工业	7	
	医药制造	3	
	通用、专用设备制造业	6	
	汽车制造业	2	
	铁路、船舶、航空航天和其他运输制造业企业	6	
	电气机械及器材制造业	4	
	通信设备、计算机及其他电子设备制造业	3	
电气、热力、燃气及水的生产和供应业	电力、热力、燃气及水的生产和供应业	5	5
建筑业	房屋建筑、土木建筑及其他建筑业	11	11
交通运输、仓储、邮政业	邮政业	1	2
	城市公共交通业	1	
信息传输、计算机服务和软件业	电信、广播电视和卫星传输服务	2	2
批发和零售业	批发、零售	17	17
金融业	银行业	3	5
	其他金融业	2	
房地产业	房地产业	4	4
水利、环境和公共设施管理业	水利、环境和公共设施管理业	1	1
文化、体育和娱乐业	广播、电视、电影和音像业	3	3
租赁与商务服务	综合服务业	1	1

（二）2020 湖南企业 100 强分行业门类的相对规模分析

从营业收入看，2020 湖南企业 100 强分行业门类的相对规模占比在 5%以上的有 4 个，和上年度持平：①制造业，营业收入总额9933.92亿元，相对规模占比52.40%，同比上年度增加了5.11%，增幅较大；②建筑业，营业收入总额3396.88亿元，相对规模占比17.92%，营业收入总额比上年度略有减少；③批发和零售业，营业收入总额2684.55亿元，相对规模占比14.16%，营业收入总额与上年度相比增长略有减少，占比下降；④电力、热力、燃气及水的生产和供应业，营业收入总额1140.00亿元，相对规模占比6.01%。以上4个门类合计的营业收入总额达到17155.35亿元，相对营业收入总规模达到90.50%，同比上年营业收入总额相对规模占比增加2.54%，增幅较大，说明营业收入的行业集聚效应越来越突出。从资产看，2020湖南企业100强分行业门类相对规模占比在5%以上的门类有5个，比上年度增加1类：①金融业，资产总额11416.33亿元，相对规模占比37.46%，与上年度基本持平；②制造业，资产总额10294.00亿元，相对规模占比33.78%，与上年相比略有减少；③建筑业，资产总额3092.63亿元，相对规模占比10.15%；④电力、热力、燃气及水的生产和供应业，资产总额2023.95亿元，相对规模占比6.64%；⑤批发和零售业，资产总额1572.81亿元，相对规模占比5.16%，与上年相比略有增加。以上5个门类合计的资产总额为28399.72亿元，相对资产规模占比93.18%。值得注意的是，排名靠前的行业门类营业收入和资产总额相比上年度有大幅提升，详细数据如表2-13所示。

表2-13　　　　　　　　　　2020湖南企业100强分行业门类相对规模及占比

行业门类	营业收入（亿元）	占比（%）	资产（亿元）	占比（%）
采矿业	110.67	0.58	123.06	0.40
制造业	9933.92	52.40	10294.00	33.78
电气、热力、燃气及水的生产和供应业	1140.00	6.02	2023.95	6.64
建筑业	3396.88	17.92	3092.63	10.15
交通运输、仓储、邮政业	211.35	1.11	412.04	1.35
信息传输、计算机服务和软件业	230.34	1.22	375.86	1.23
批发和零售业	2684.55	14.16	1572.81	5.16
金融业	651.27	3.44	11416.33	37.46
房地产业	173.86	0.92	190.83	0.63
水利、环境和公共设施管理业	89.98	0.47	138.47	0.45
文化、体育和娱乐业	298.39	1.57	612.83	2.01
租赁与商务服务	36.87	0.19	225.14	0.74
总计	18958.08	100	30477.95	100

2020湖南企业100强分布在26个行业大类中。从营业收入看，相对规模占比超过5%的大类行业有6个，和上年度持平，它们是：①房屋建筑、土木建筑及其他建筑业，营业收入总额3396.88亿元，相对规模占比17.92%；②批发、零售业，营业收入总额2684.55亿元，相对规模占比14.16%；③黑色、有色金属冶炼及压延加工业，营业收入总额2463.24亿元，相对规模占比12.99%；④烟草制品业，

营业收入总额1894.93亿元，相对规模占比9.99%；⑤通用、专用设备制造业，营业收入总额1600.84亿元，相对规模占比8.44%；⑥电力、热力及水的生产和供应业，营业收入总额1140.00亿元，相对规模占比6.02%。以上6个行业大类合计的营业收入总额达到13180.44亿元，相对营业收入总规模占比69.52%，同比上年的营业收入有所上升，而相对规模占比有小幅下降。从资产总额看，相对资产占比超过5%的大类行业有6个，与上年度持平，它们是：①银行业，资产总额10004.07亿元，相对规模占比32.82%；②房屋建筑、土木建筑及其他建筑业，资产总额3092.63亿元，相对规模占比10.15%；③批发、零售业，资产总额2960.96亿元，相对规模比9.72%；④黑色、有色金属冶炼及压延加工业，资产总额2023.95亿元，相对规模占比6.64%；⑤通用、专用设备制造业，资产总额1791.17亿元，相对规模占比5.88%；⑥电力、热力、燃气及水的生产和供应业，资产总额1572.81亿元，相对规模占比5.16%。以上6个行业大类合计的资产总额达到21445.59亿元，相对资产规模达到70.36%。

从以上分析可以看出，与上年度相比，2020湖南企业100强的行业集聚特征仍非常明显，6个行业大类在营业总收入和资产总额上具有绝对的规模优势。表2-14展示了2020湖南企业100强分行业大类的相对规模及占比。

表2-14　　　　　　　　　　　2020湖南企业100强分行业大类的相对规模及占比

行业大类	营业收入（亿元）	占比（%）	资产（亿元）	占比（%）
煤炭采掘及采选业	110.67	0.58	123.06	0.40
农副食品加工业	597.29	3.15	617.80	2.03
电力、热力、燃气及水的生产和供应业	1140.00	6.01	1572.81	5.16
造纸及包装	88.49	0.47	206.81	0.68
非金属矿物制品业	93.06	0.49	130.65	0.43
石油加工炼焦及核燃料加工业	715.26	3.77	185.68	0.61
化学原料及化学制品制造业	141.63	0.75	191.88	0.63
通用、专用设备制造业	1600.84	8.44	1791.17	5.88
医药制造	184.30	0.97	188.75	0.62
烟草制品业	1894.93	9.99	1344.34	4.41
汽车制造业	300.32	1.59	171.63	0.56
铁路、船舶、航空航天和其他运输制造业企业	744.29	3.93	1362.39	4.47
电气机械及器材制造业	223.77	1.18	216.39	0.71
通信设备、计算机及其他电子设备制造业	886.51	4.68	925.53	3.04
黑色、有色金属冶炼及压延加工业	2463.24	12.99	2023.95	6.64
批发、零售业	2684.55	14.16	2960.96	9.72

续表

行业大类	营业收入（亿元）	占比（%）	资产（亿元）	占比（%）
邮政业	85.79	0.45	56.55	0.19
城市公共交通业	125.58	0.66	355.48	1.17
电信、广播电视和卫星传输服务	230.34	1.22	375.86	1.23
房屋建筑、土木建筑及其他建筑业	3396.88	17.92	3092.63	10.15
银行业	540.47	2.85	10004.07	32.82
其他金融业	110.80	0.58	1412.28	4.63
房地产业	173.86	0.92	190.83	0.63
水利、环境和公共设施管理业	89.98	0.47	138.47	0.45
广播、电视、电影和音像业	298.39	1.58	612.83	2.01
综合服务业	36.87	0.19	225.14	0.74
总计	18958.08	100	30477.95	100

五、2020湖南企业100强所有制性质分布分析

2020湖南企业100强所有制性质分布见表2-15，其中，国有企业51家，民营企业49家。国有企业营业收入合计为12263.42亿元，占100强企业营业收入的64.69%；资产总额为23619.77亿元，占100强企业资产总额的77.50%；净利润498.93亿元，占100强企业净利润的59.67%；纳税合计为1336.48亿元，占100强企业纳税总额（实报94家企业数据）的85.36%。由此可见，2020湖南企业100强国有企业在湖南省经济发展中具有举足轻重的作用。49家民营企业的营业收入总计为6694.66亿元，占100强企业营业收入总额的35.31%；资产总额合计为6858.18亿元，占100强企业资产总额的22.50%；净利润337.15亿元，占100强企业净利润的40.33%；纳税额合计229.26亿元，占100强企业纳税总额的14.64%，由上分析可知，民营企业在经济发展中发挥的作用越来越重要，但民营企业发展速度缓慢，2020湖南企业100强所有制性质分布状况，如表2-15所示。

表2-15　　　　　　　　　2020湖南企业100强所有制性质分布状况

单位：亿元

所有制类别	上榜数（家）	营业收入	净利润	纳税总额	资产总额
国有	51	12263.42	498.93	1336.48	23619.77
民营	49	6694.66	337.15	229.25	6858.18
总计	100	18958.08	836.08	1565.74	30477.95

第二章 2020 湖南企业 100 强分析报告

六、2020 湖南企业 100 强创新投入比较分析

（一）研发投入比较分析

2020 湖南企业 100 强中有研发活动并填报研发费用的企业有 72 家，与上年度持平，合计研发费用为 311.93 亿元，平均研发费用 4.33 亿元，平均研发费用比上年度增加 0.34 亿元。在上述 72 家企业中，有 69 家企业填报了研发费用增长率指标，没有申报这项指标的企业有红星实业集团有限公司、中国电信股份有限公司湖南分公司、湖南友谊阿波罗控股股份有限公司。与上年相比，研发费用减少 30% 以上的企业有 4 家，其中老百姓大药房连锁股份有限公司研发费用减少了 78.17%，成为研发费用增长率减少最多的企业；研发费用增长率在 -30% 到 0 之间的有 18 家；增长率位于 0 到 30% 之间的企业有 27 家；增长率位于 30% 到 60% 之间的有 8 家；增长率在 60% 到 90% 之间的企业有 6 家。值得注意的是，有 6 家企业的研发费用增长率大于 90%，其中湖南省沙坪建设有限公司和湖南高岭建设集团股份有限公司研发费用增加了 1331.78% 和 1360.87%，成为研发费用增长率最高的企业，充分说明这两家企业对创新的重视程度和创新突破的决心。

在上述 72 家 100 强企业中，有 69 家企业填报了研发费用占营业收入比率指标，没有填报此项指标的企业有湖南口味王集团有限责任公司、天元盛世控股集团有限公司、中国铁建重工集团股份有限公司。研发费用占营业收入比率超过 10% 的企业数目为 0；研发投入占比在 5% 到 10% 之间的企业有 5 家，分别是三一集团有限公司、中车株洲电力机车研究所有限公司、中车株洲电力机车有限公司、长沙市比亚迪汽车有限公司、安克创新科技股份有限公司，比上年度减少 5 家；研发投入占比在 3% 到 5% 的企业有 19 家，比上年度增加 2 家；研发投入占比在 1% 到 3% 之间的有 20 家，比上年度增加 4 家；研发费用占营业收入比率小于 1% 的企业有 25 家。在 69 家申报了研发费用占营业收入比率指标的 100 强企业中只有 24 家企业的研发投入达到省政府提出的 3% 的要求，占填报企业数的 34.78%，同比上年减少 4.11 个百分点，虽然企业的研发投入情况在持续改善，但是还有超六成的企业未达标，如表 2-16 所示。

表 2-16　　　　　　　　　　　2020 湖南企业 100 强研发投入状况分布表

项目	超过 10%	5%~10%	3%~5%	1%~3%	1% 以下	总数
按研发投入分类（家）	0	5	19	20	25	69
企业数目比例（%）	0	7.25	27.54	28.99	36.23	100

（二）研发效果分析

企业专利获得情况体现企业自主创新能力和知识产权保护意识的强弱。数据显示，2020 湖南企业 100 强中有 73 家填报了拥有的专利项数。2020 湖南企业 100 强共拥有专利 44323 项，其中发明专利 21717 项，占全部拥有专利数量 49.00%；从平均数来看，73 家企业平均每家拥有专利 607 项。2020 年申报的企业中拥有专利数最多的企业是中国联合网络通信有限公司湖南省分公司，拥有 8534 项专利，相比上年有所增加。拥有发明专利最多的企业也是中国联合网络通信有限公司湖南省分公司，拥有 8515 项发明专利。

从以上的数据分析中我们可以看出，100强企业中大多数企业都填报了专利项数，说明在"大众创业、万众创新"的号召下，企业对创新成果和知识产权的保护意识在不断加强，企业的自主创新能力在不断提高。

第二节 2020湖南企业100强利税分析

一、2020湖南企业100强经济效益状况分析

（一）盈利水平小幅提升

值得关注的是，与2019湖南企业100强相比，2020湖南企业100强在营业收入总体规模继续扩大的同时，净利润也在增长。2019湖南企业100强的净利润总额为725.9亿元，2020湖南企业100强的净利润总额为836.08亿元（实报100家企业数据），同比上年增长了15.18%。其中盈利企业92家，利润总额为913.01亿元，与2019湖南企业100强相比，盈利企业利润总额增加82.26亿元，增幅为9.9%；亏损企业8家，亏损总额76.94亿元，亏损企业亏损总额比上年减少27.91亿元，减幅为26.62%。2016—2020湖南企业100强净利润及其增长速度如表2-17所示。

表2-17 2016—2020湖南企业100强净利润及增长率比较

年份	净利润（亿元）	年增长率（%）
2016	309.25	-39.95
2017	566.52	83.19
2018	627.44	10.75
2019	725.9	15.69
2020	836.08	15.18

湖南企业100强的盈利水平自2016年突破连续四年的下降趋势，开始大幅回升以后，2019年仍然保持了这个上升趋势，企业净利润相比于上一年有较大幅度增加，亏损总额有所减小，这在一定程度上反映了湖南省不断推进经济结构优化、新旧动能转换所带来的初步成效。

（二）盈利大户和小户均略有增加，企业盈利差距拉大

2020湖南企业100强中，有21家企业的净利润在10亿元以上，相比上一年增加2家，利润总额达到690.92亿元，这21家超级盈利大户占100强中92家盈利企业利润总额的75.67%。与2019湖南企业100强19家10亿元以上的盈利大户相比，利润总额增加了107.4亿元，增幅为18.41%。其余在2019年盈利的71家企业中，净利润为5亿~10亿元的企业有16家，与上年相比减少1家；净利润为1亿~5亿元的企业有42家，与上年相比减少6家；净利润在1000万元~1亿元的企业有12家，与上年相比增加6家；净利润低于1000万元的企业有1家，与上年相比增加1家。在2019年亏损的企业中，湘电集团有限公司（亏损18.52亿元）、国网湖南省电力有限公司（亏损3.13亿元）和中国石油天然气股份

第二章 2020 湖南企业 100 强分析报告

有限公司湖南销售分公司（亏损 1.3 亿元）这三家企业在上年的基础上持续亏损；郴州市金贵银业股份有限公司由 2018 年盈利 1.75 亿元变为 2019 年亏损 43.49 亿元，这与有色金属铅、铜、锑、铋等市场价依旧处于低位，以及公司部分供应商出现严重资金流动性困难而无法及时偿还资金，公司因此计提大量坏账准备等有关；其余亏损企业还包括新增的长沙市比亚迪汽车有限公司、湖南粮食集团有限责任公司、泰格林纸集团股份有限公司。与上年相比，亏损企业榜单有所变化，但三家国家控股的老牌国企仍持续亏损，这与国家供给侧改革、产业结构调整的战略实施紧密相关，同时这也更加警醒国企要加快企业经济和制度的革新。

排在利润榜前 21 位的盈利大户有：三一集团有限公司（123.76 亿元）、中国烟草总公司湖南省公司（80.92 亿元）、湖南中烟工业有限责任公司（69.01 亿元）、湖南华菱钢铁集团有限责任公司（68.68 亿元）、长沙银行股份有限公司（52.59 亿元）、中联重科股份有限公司（42.75 亿元）、中国建筑第五工程局有限公司（33.57 亿元）、华融湘江银行股份有限公司（30.16 亿元）、蓝思科技集团（25.43 亿元）、中车株洲电力机车研究所有限公司（24.39 亿元）、湖南建工集团有限公司（14.87 亿元）、中国铁建重工集团股份有限公司（14.60 亿元）、中南出版传媒集团股份有限公司（14.07 亿元）、爱尔眼科医院集团股份有限公司（13.79 亿元）、株洲旗滨集团股份有限公司（13.64 亿元）、长沙中联重科环境产业有限公司（13.25 亿元）、中车株洲电力机车有限公司（12.26 亿元）、芒果超媒股份有限公司（11.58 亿元）、大汉控股集团有限公司（10.81 亿元）、五凌电力有限公司（10.66 亿元）和湖南吉利汽车部件有限公司（10.31 亿元）。2020 湖南企业 100 强盈利大户与 2019 湖南企业 100 强盈利大户的比较，如表 2-18 所示。

表 2-18　　　　2020 湖南企业 100 强盈利大户与 2019 湖南企业 100 强盈利大户比较

单位：亿元

2020 湖南企业 100 强盈利大户名称	净利润	2019 湖南企业 100 强盈利大户名称	净利润
三一集团有限公司	123.76	湖南华菱钢铁集团有限责任公司	79.05
中国烟草总公司湖南省公司	80.92	湖南中烟工业有限责任公司	75.14
湖南中烟工业有限责任公司	69.01	三一集团有限公司	68.57
湖南华菱钢铁集团有限责任公司	68.68	中国移动通信集团湖南有限公司	60.11
长沙银行股份有限公司	52.59	长沙银行股份有限公司	56.05
中联重科股份有限公司	42.75	华融湘江银行股份有限公司	27.16
中国建筑第五工程局有限公司	33.57	中联重科股份有限公司	26.39
华融湘江银行股份有限公司	30.16	中国建筑第五工程局有限公司	24.92
蓝思科技集团	25.43	中车株洲电力机车研究所有限公司	23.51
中车株洲电力机车研究所有限公司	24.39	湖南博长控股集团有限公司	19.38
湖南建工集团有限公司	14.87	中国铁建重工集团股份有限公司	16.79
中国铁建重工集团股份有限公司	14.60	湖南建工集团有限公司	15.36

续表

2020湖南企业100强盈利大户名称	净利润	2019湖南企业100强盈利大户名称	净利润
中南出版传媒集团股份有限公司	14.07	中南出版传媒集团股份有限公司	14.06
爱尔眼科医院集团股份有限公司	13.79	长沙中联重科环境产业有限公司	13.81
株洲旗滨集团股份有限公司	13.64	爱尔眼科医院集团股份有限公司	13.8
长沙中联重科环境产业有限公司	13.25	株洲旗滨集团股份有限公司	13.47
中车株洲电力机车有限公司	12.26	现代投资股份有限公司	12.34
芒果超媒股份有限公司	11.58	中车株洲电力机车有限公司	12.2
大汉控股集团有限公司	10.81	大汉控股集团有限公司	11.41
五凌电力有限公司	10.66	—	—
湖南吉利汽车部件有限公司	10.31	—	—

（三）收入盈利能力小幅下降但资产利用效率提升，盈利能力差距依然较大

2020湖南企业100强中盈利企业92家，亏损企业8家。从收入利润率来看，与上年相比，2020湖南企业100强整体的收入盈利能力有小幅下降；从资产利润率和资产周转率来看，2020湖南企业100强整体的资产盈利能力有小幅的提升，100强企业的资产利用效率有所提高，经营管理有所改善；2020湖南企业100强之间的盈利能力差距仍然较大。

1. 收入盈利能力分析

从收入利润率看，2020湖南企业100强中没有企业达到50%以上的收入利润率，也没有企业收入利润率达到30%~50%，比上年减少1家；收入利润率达到10%~30%的企业有14家，与上年相比减少8家；收入利润率在0~10%的企业有78家，比上年增加9家；收入利润率为负的企业有8家，与上年持平。从100强企业的收入利润率分布情况来看，2020湖南企业100强的收入盈利能力较上年有所下降，中高收入利润率的企业数减少，收入利润率为负的企业数保持不变，如图2-5所示。另一方面，

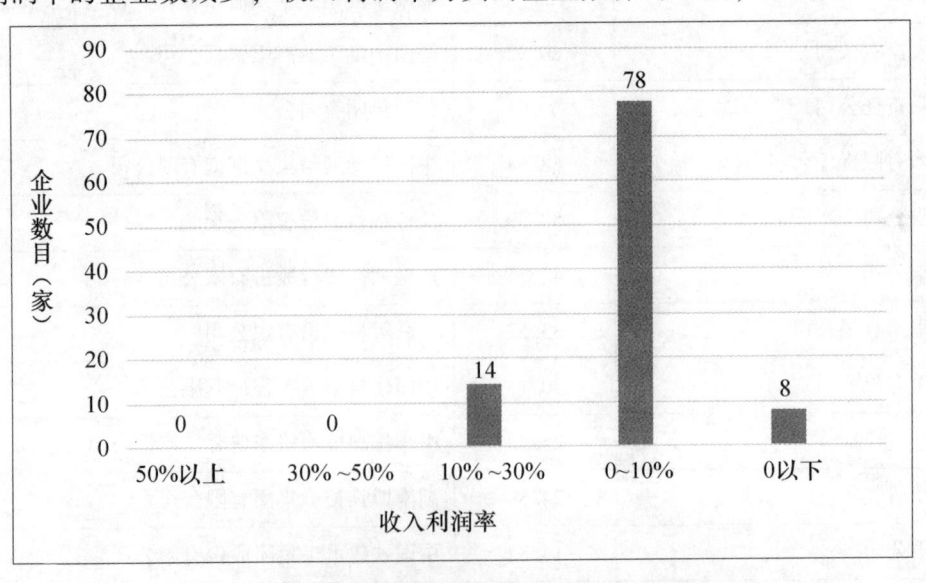

图2-5 2020湖南企业100强收入利润率分布状况

2020湖南企业100强的整体收入利润率为4.41%，同比上年减少0.25%，减幅为5.36%，因此从收入利润率为正的企业数来看，与上年相比，2020湖南企业100强整体的收入盈利能力有小幅下降。

其中，中国铁建重工集团股份有限公司以20.05%的收入利润率位居榜首；2020湖南企业100强的平均收入利润率为4.02%，较上年的5.78%有所减小，只有47家企业的收入利润率超过平均水平，由此可看出2020湖南企业100强收入利润率还存在较大的差距。2020湖南企业100强收入利润率排名前10名的企业如表2-19所示。

表2-19　　　　　　　　　2020湖南企业100强收入利润率前10名

排名	企业名称	利润率（%）
55	中国铁建重工集团股份有限公司	20.05
16	长沙银行股份有限公司	17.32
50	长沙中联重科环境产业有限公司	16.22
23	华融湘江银行股份有限公司	15.67
72	绝味食品股份有限公司	15.49
60	方正证券股份有限公司	14.90
78	湖南新长海发展集团有限公司	14.53
43	株洲旗滨集团股份有限公司	14.47
6	三一集团有限公司	14.13
40	爱尔眼科医院集团股份有限公司	13.80

2. 资产盈利能力分析

从提供了资产与利润数据的97家企业的资产利润率看，2020湖南企业100强中没有企业达到资产利润率在50%以上，与上年相同；资产利润率达到30%~50%的企业有2家，比上年增加1家；资产利润率达到10%~30%的企业有16家，比上年减少2家；资产利润率在0~10%的企业有72家，比上年增加1家；资产利润率为负的企业有7家，比上年减少1家。从100强企业的资产利润率分布情况可看出，2020湖南企业100强的资产利润率依然不高，只有极少数企业获得高资产利润率，但是较上年有小幅改善，资产利润率较高的企业数量有所增加而资产利润率为负的企业数有所减少，如图2-6所示。另一方面，2020湖南企业100强的整体资产利润率为3.39%，同比上年增加0.76%，增幅为28.90%，因此从平均资产利润率数据来看，2020湖南企业100强整体的资产盈利能力有小幅的提升，100强企业的资产利用效率有所提高，经营管理有所改善。

其中，湖南申湘汽车星沙商务广场有限公司以39.30%的资产利润率位居榜首；而2020湖南企业100强平均资产利润率为5.55%，比上年的5.43%有小幅提高。只有35家企业超过平均资产利润率，比上年减少2家，100强企业间的资产盈利能力仍存在较大的差距。2020湖南企业100强资产利润率排名前10的企业如表2-20所示。

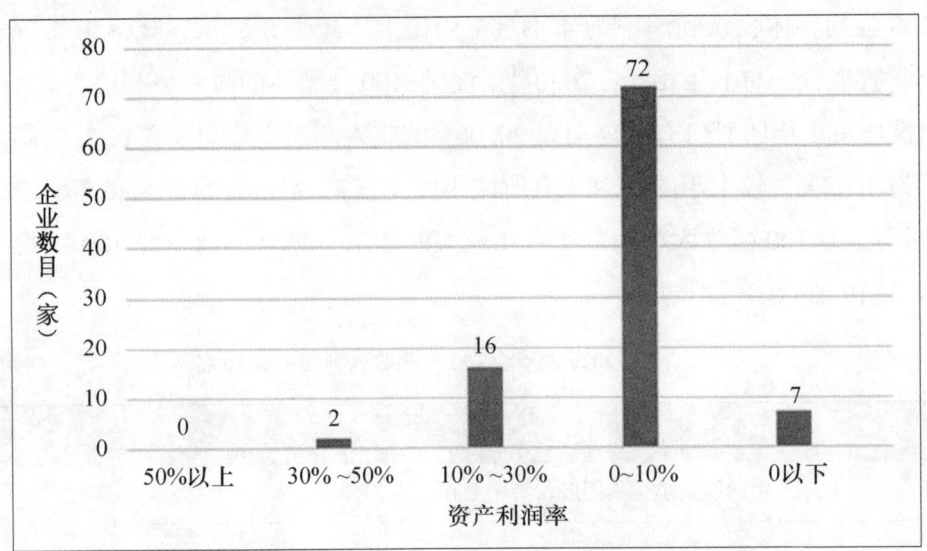

图 2-6 2020 湖南企业 100 强资产利润率分布状况

表 2-20　　　　　　　　　　2020 湖南企业 100 强资产利润率前 10 名

排名	企业名称	资产利润率（%）
64	湖南申湘汽车星沙商务广场有限公司	39.30
65	湖南望新建设集团股份有限公司	33.25
59	安克创新科技股份有限公司	26.54
7	中国烟草总公司湖南省公司	25.07
27	湖南吉利汽车部件有限公司	19.47
85	湖南对外建设集团有限公司	16.55
61	湖南省茶业集团股份有限公司	15.94
40	爱尔眼科医院集团股份有限公司	15.47
73	湖南邦普循环科技有限公司	15.14
62	长沙格力暖通制冷设备有限公司	14.36

3. 资产周转率

从资产周转率来看（实报 85 家数据），2020 湖南企业 100 强平均资产周转率为 225.28%，与 2019 湖南企业 100 强平均资产周转率 116.24% 相比大幅上升。这表明 2020 湖南企业 100 强整体对于资产的管理质量和利用效率有了提高。

其中，有 7 家企业的资产周转率超过平均数，同比上年减少 24 家，这反映出 2020 湖南企业 100 强对于资产的经营效率存在着较大的差距。2020 湖南企业 100 强新申报企业中，长沙京东厚成贸易有限公司以 8650.61% 的资产周转率高居榜首；湖南申湘汽车星沙商务广场有限公司以 621.88% 的资产周转率排在第 2 名；中国石油化工股份有限公司长岭分公司以 550.51% 的资产周转率排在第 3 名；此外，湖南省茶业集团股份有限公司和湖南博长控股集团有限公司的资产周转率排名与上年相比有所变化，但仍以资产周转率403.86%和397.11%稳居前5名之中，分别为第4名和第5名，资产周转率排名前5的企业有较大变动。2020湖南企业100强资产周转率排名前5的企业如表2-21所示。

表2-21　　　　　　　　　　　　2020湖南企业100强资产周转率前5名

排名	企业名称	资产周转率（%）
81	长沙京东厚成贸易有限公司	8650.61
64	湖南申湘汽车星沙商务广场有限公司	621.88
12	中国石油化工股份有限公司长岭分公司	550.51
61	湖南省茶业集团股份有限公司	403.86
10	湖南博长控股集团有限公司	397.11

二、2020湖南企业100强纳税状况分析

2020湖南企业100强纳税总额为1565.74亿元（实报94家企业的数据），相比上年的1308.87亿元增加256.87亿元，增幅为19.63%，占2019年湖南省税收收入总额4120.3亿元的38.00%，相比上年有较大幅度的增加。2016—2018湖南企业100强的纳税总额均稳定增长，2019湖南企业100强的纳税总额首次出现了降低，2020湖南企业100强的纳税总额有所回升。主要原因有在经济新常态下坚持稳中求进，贯彻新发展理念，坚持以提高发展质量和效益为中心，使得企业的盈利水平不断提高，纳税总额不断增加；2019年湖南省继续推进"营改增"以及多项结构性减税政策，由此带来税收减收效应显著。2016—2020湖南企业100强的纳税情况，如表2-22所示。

表2-22　　　　　　　　　　　　2016—2020湖南企业100强的纳税情况

指标	2016	2017	2018	2019	2020
纳税总额（亿元）	636.31	1204.68	1538.00	1308.87	1565.74
占全省税收收入比重（%）	23.9	38.79	43.11	33.20	38.00
纳税额增长率（%）	8.77	89.32	27.67	-14.90	19.63

2020湖南企业100强中纳税大户贡献突出，年纳税额在5亿元以上的纳税大户有30家，其纳税总额达到1477.23亿元，相比上年增加276.74亿元，占100强企业年纳税总额的94.35%，同比上年占比上升。纳税额居首位的是湖南中烟工业有限责任公司，年纳税额达到687.16亿元。位列第2位至第10位的分别是：中国烟草总公司湖南省公司（171.06亿元）、中国石油化工股份有限公司长岭分公司（84.76亿元）、湖南华菱钢铁集团有限责任公司（58.14亿元）、三一集团有限公司（49.22亿元）、湖南建工集团有限公司（42.22亿元）、国网湖南省电力有限公司（41.89亿元）、中国建筑第五工程局有限公司（40.62亿元）、长沙银行股份有限公司（30.15亿元）和中联重科股份有限公司（27.35亿元）。位列前10位的纳税大户合计纳税1232.56亿元，占2020湖南企业100强纳税总额的78.72%，同比上年占比有小幅上升。2020湖南企业100强纳税金额排名前10的企业，如表2-23所示。

表 2-23　　2020 湖南企业 100 强纳税金额前 10 名

排名	企业名称	纳税金额（亿元）
3	湖南中烟工业有限责任公司	687.16
7	中国烟草总公司湖南省公司	171.06
12	中国石油化工股份有限公司长岭分公司	84.76
1	湖南华菱钢铁集团有限责任公司	58.14
6	三一集团有限公司	49.22
4	湖南建工集团有限公司	42.22
5	国网湖南省电力有限公司	41.89
2	中国建筑第五工程局有限公司	40.62
16	长沙银行股份有限公司	30.15
13	中联重科股份有限公司	27.35

从行业分布看，2020 湖南企业 100 强在 26 个大类行业中有分布。其中有 20 个行业的纳税额在 5 亿元以上，与上年相同。湖南中烟工业有限责任公司仍然以 687.16 亿元的纳税实绩，位居各行业之首。纳税额第 2 位至第 5 位的大类行业依次是：房屋建筑、土木建筑及其他建筑业（113.95 亿元），石油加工、炼焦及核燃料加工业（109.91 亿元），通用、专用设备制造业（91.14 亿元），黑色、有色金属冶炼及压延加工业（79.11 亿元），前 5 位的纳税额比上年都有所增加。

三、2020 湖南企业 100 强平均经济指标变化趋势

（一）2020 湖南企业 100 强平均营业收入变化趋势

2020 湖南企业 100 强平均营业收入为 189.58 亿元，相比上年 155.89 亿元增加 21.61%。2016—2020 湖南企业 100 强平均营业收入呈稳定增长趋势，2020 湖南企业 100 强平均营业收入有较大幅度增长，如表 2-24 和图 2-7 所示。

表 2-24　　2016—2020 湖南企业 100 强平均营业收入指标

指标	2016	2017	2018	2019	2020
平均营业收入（亿元）	123.95	145.61	150.88	155.89	189.58
平均营业收入增长率（%）	0.77	17.47	3.62	3.32	21.61

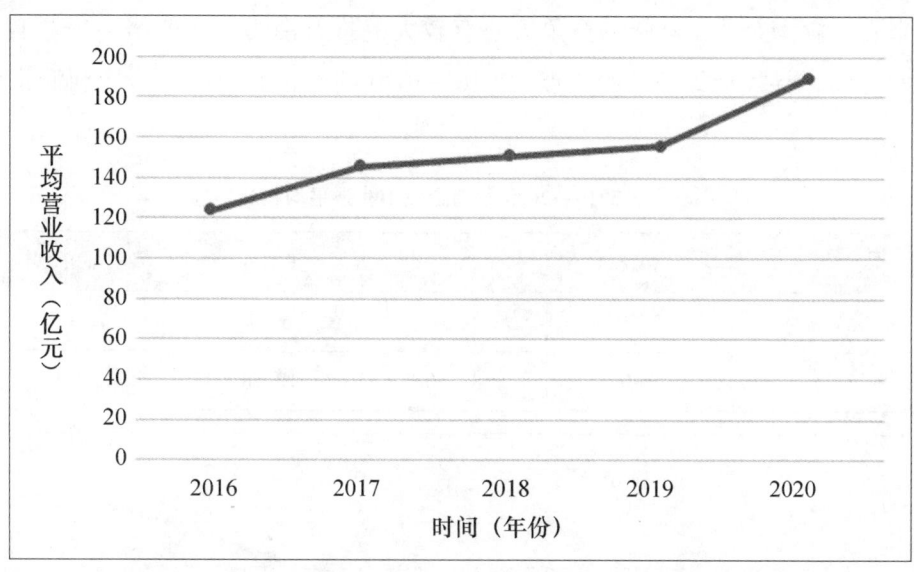

图 2-7　2016—2020 湖南企业 100 强平均营业收入变化趋势图

(二) 2020 湖南企业 100 强平均资产变化趋势

2020 湖南企业 100 强平均资产为 307.86 亿元（实报 99 家数据），较上年 100 强企业平均资产增加 27.39 亿元，湖南 100 强企业的平均资产在上年回升的基础上继续实现了增长，增幅为 9.77%。2016—2020 湖南企业 100 强平均资产变化趋势如表 2-25 和图 2-8 所示。

表 2-25　　　　　　　　　　2016—2020 湖南企业 100 强平均资产指标

指标	2016	2017	2018	2019	2020
平均资产（亿元）	260.59	290.16	254.84	280.47	307.86
平均资产净增长率（%）	15.47	11.35	-12.17	10.06	9.77

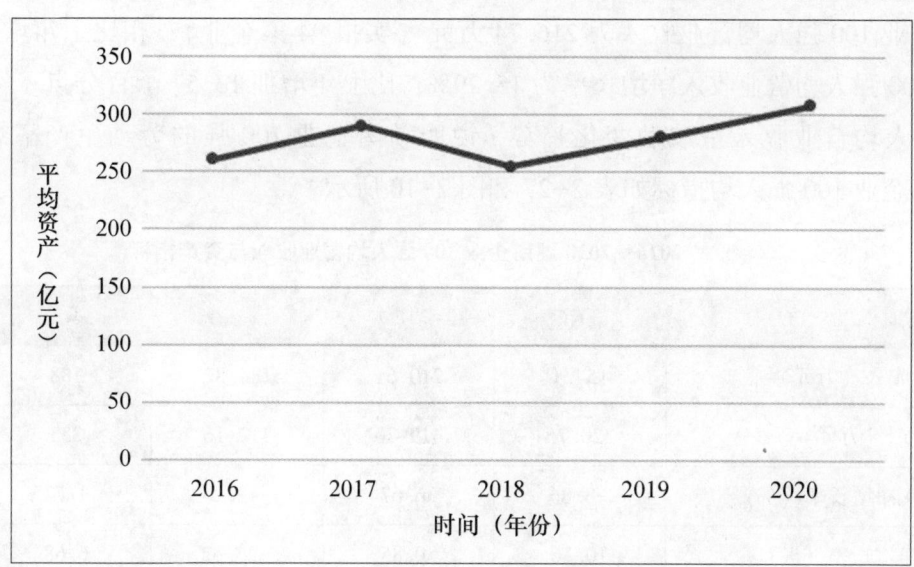

图 2-8　2016—2020 湖南企业 100 强平均资产变化趋势图

(三) 2020 湖南企业 100 强平均利润变化趋势

2020 湖南企业 100 强平均利润为 8.36 亿元，同比上年 7.26 亿元增加了 15.15%，保持稳速增长。

从平均利润指标来看，湖南企业100强的竞争力还有较大的提升潜力，需要努力提高自身的盈利能力，充分发掘市场利润空间，寻找新的利润增长点。2016—2020湖南企业100强平均利润指标如表2-26和图2-9所示。

表2-26　　　　　　　　　　　2016—2020湖南企业100强平均利润指标

指标	2016	2017	2018	2019	2020
平均利润（亿元）	3.09	5.67	6.27	7.26	8.36
平均利润增长率（%）	-40	83.50	10.58	15.79	15.15

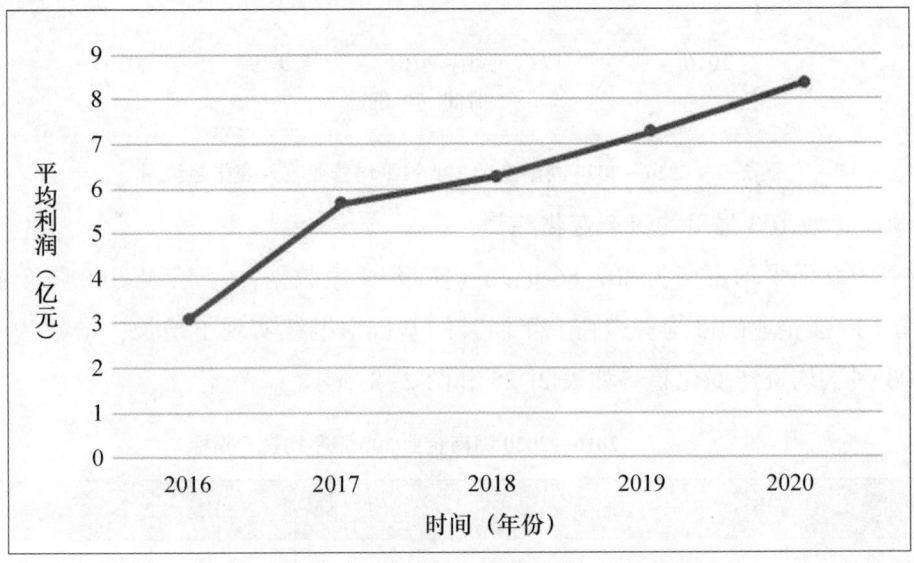

图2-9　2016—2020湖南企业100强平均利润变化趋势图

（四）2020湖南企业100强人均营业收入与资产变化趋势

2020湖南企业100强人均营业收入为216.74万元（实报94家企业），相比上年增加28.74万元。2020湖南企业100强人均营业收入净增长率为15.29%，比上年增加13.57个百分点。从2016年开始，湖南企业100强人均营业收入呈波动变化趋势，说明湖南企业100强的劳动生产率总体并不稳定。2016—2020湖南企业100强人均指标如表2-27和图2-10所示。

表2-27　　　　　　　　　　　2016—2020湖南企业100强人均营业收入与资产指标

指标	2016	2017	2018	2019	2020
人均营业收入（万元）	154.1	210.61	184.82	188	216.74
人均资产（万元）	320.75	419.70	312.16	333	360.75
人均营业收入净增长率（%）	-3.86	36.67	-12.24	1.72	15.29
人均资产净增长率（%）	10.16	30.85	-25.62	6.68	8.33

第二章 2020湖南企业100强分析报告

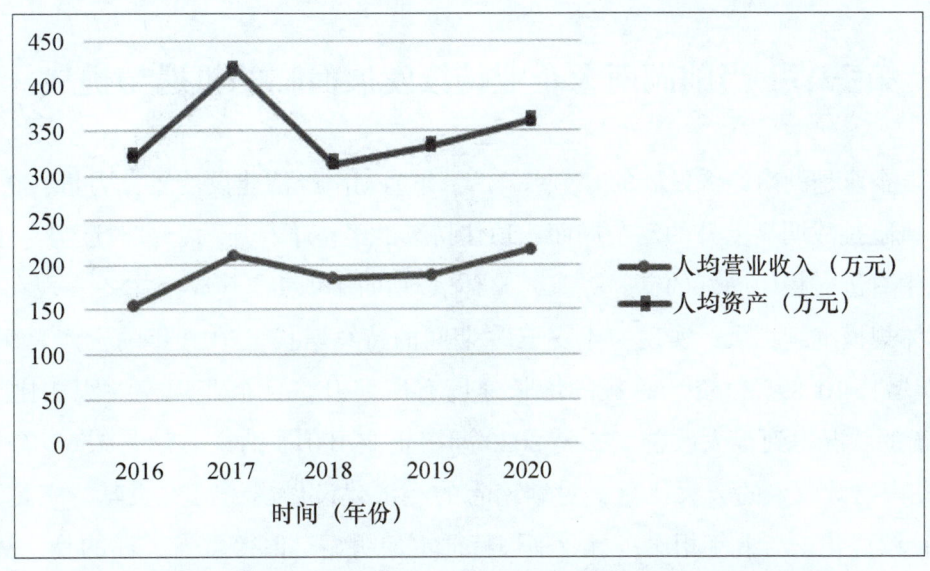

图2-10 2016—2020湖南企业100强人均营业收入与资产变化趋势图

湖南企业100强人均资产从2016年的320.75万元上升到2020年的360.75万元（实报84家企业），增长12.47%，从2016年开始呈逐年波动上升趋势。2020湖南企业100强人均资产为360.75万元，相比上年净增长率为8.33%，高于上年净增长率1.65个百分点。2020湖南企业100强人均营业收入和人均资产的净增长率的变化趋势说明了企业人均指标的增长速度呈现持续回升的趋势，企业的劳动生产率有所改善，应继续保持。如图2-11所示。

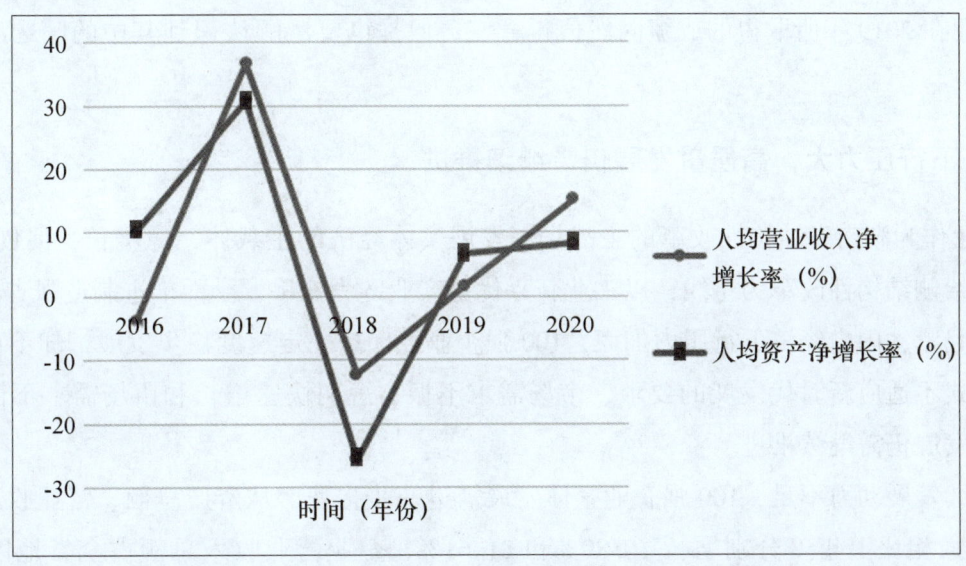

图2-11 2016—2020湖南企业100强人均营业收入与人均资产净增长率变化趋势图

第三节 当前湖南大企业持续发展面临的机遇与挑战

湖南省100强企业是湖南经济发展的"领头羊",作为湖南经济建设的支撑力量,在过去的2019年中,面对国内外风险挑战明显上升的复杂局面,顶住持续的经济下行压力,审时度势、主动作为,总体上保持平稳、稳中有进、稳中向好的良好势头,整体表现可圈可点。其成绩主要表现在:一是2020湖南企业100强总体规模继续扩大,实现"十三五"期间的持续增长。2019年的资产总额达到30477.95亿元,比2018年增长10.89%,资产总额的增长速度有所回升,且企业规模差距相比上年有所减小,100强发展不平衡的状况得到很大改善。二是2020湖南企业100强纳税总额为1565.74亿元(实报94家企业),占据湖南财政收入的较大比重,对湖南省的经济建设做出了巨大贡献。三是2020湖南企业100强产业结构持续优化,与上年相比,行业集聚特征更加明显。值得重点关注的是,从资产规模上来看,金融业等服务业仍排名第一,在整个行业门类和行业大类里占有一席之地,这在一定程度上体现了产业结构的转型升级。四是2020湖南企业100强盈利水平提高且资产利用效益有所提高。2019湖南企业100强的净利润总额为725.9亿元,2020湖南企业100强的净利润总额为836.08亿元(实报100家企业数据),同比增长15.18%。五是千亿级企业明显增加,兼并重组焕发活力。2020湖南企业100强中,有2家新进千亿企业行列,分别是湖南中烟工业有限责任公司和湖南建工集团有限公司,加上原湖南华菱钢铁集团有限责任公司、中国建筑第五工程局有限公司,今年一共有4家千亿企业。

100强企业在2019年所取得的成绩固然值得肯定,但是也要清醒认识到其中的问题和所面临的机遇与挑战。

一、经济下行压力大,高质量发展仍需继续推进

100强企业作为湖南省结构性改革的主战场,发展实体经济的主载体,稳增长、促创新的主抓手,一直坚持以供给侧结构性改革为主线,以工业新兴优势产业链为抓手,全面推进制造强省战略,但外部经济环境明显趋紧,国内经济下行压力加大,100强企业虽保持一定速度稳步发展,却不可避免受到传统产业发展模式不适应新时代发展的要求、市场需求不振、短期快速增长和市场需求不协调等问题的影响,高质量发展仍需继续推进。

第一,持续发展动力不足,100强企业整体发展需进一步提速。从资产总额、营业收入来看,2020湖南企业100强相比上年度分别增长10.89%和21.61%,企业营业收入总额占全省地区生产总值的47.69%,同比上年的42.80%增加了4.89个百分点,成效显著。从净利润来看,2020湖南企业100强的净利润同比上年上升15.18%,其中盈利企业92家,利润总额为913.01亿元,同比上年增加82.26亿元,增幅为9.9%;亏损企业8家,亏损总额76.94亿元,亏损企业亏损总额比上年减少27.91亿元,减幅为26.62%。企业净利润相比上年有较大幅度增加,亏损总额有所减小,这是湖南省促进新旧动能转换取得的初步成效。相比而言,100强企业的整体发展中还存在以下不足:从盈利能力来看,100强企业的收入利润率的分布情况不太乐观,2020湖南企业100强的收入盈利能力较上年有所下降,中高收入利润率的企业数减少而收入利润率为负的企业数保持不变;2020湖南企业100强的整体收入利润率

为4.41%，同比上年减少0.25%，减幅为5.36%；从收入利润率为正的企业数来看，与上年相比，2020湖南企业100强整体的收入盈利能力有小幅下降；从100强企业的资产利润率分布情况来看，2020湖南企业100强的资产利润率依然不高，只有极少数企业获得高资产利润率。

第二，老企业经营效率降低，利润增速下滑。2020湖南企业100强中，除了9家企业新秀和重新回归的4家老企业外，其余87家是连续入围湖南企业100强排行榜的老企业。87家老企业中位次前移的有28家，而上年85家老企业中位次前移的有38家，减少10家；位次没有变化的企业有9家，与上年相比减少4家，9家企业分别为第1名湖南华菱钢铁集团有限责任公司、第2名中国建筑第五工程局有限公司、第3名湖南中烟工业有限责任公司、第4名湖南建工集团有限公司、第5名国网湖南省电力有限公司、第6名三一集团有限公司、第18名中国水利水电第八工程局有限公司、第67名中国航发南方工业有限公司和第87名道道全粮油股份有限公司；位次后退的企业有50家，较上年增加8家。因此，从老企业在100强排行榜中的位次变化看，发展情况较为不佳，退步程度比进步程度要大。除此以外，87家老企业在2018年的平均收入利润率为3.92%，平均资产率利润率为5.25%，100强企业在2019年的平均收入利润率为4.02%，平均资产率利润率为5.55%（实报84家数据），分别上升了0.1%和0.3%，涨幅缓慢，反映了老企业产品成本和产品结构不佳；老企业资产利用的综合效率较低，在增收节支和节约资金使用等方面未能取得良好效果，拉低了100强企业的整体盈利水平。

二、要素配置失衡，地区与行业发展分化严重

湖南省100强企业区域发展、行业发展不平衡的问题仍较为突出，各项差距有待缩小，主要表现为地区发展不平衡、行业分布不平衡、企业转型升级缓慢。虽然湖南省出台了各项政策来扶持新兴产业的发展，但没有产生与投入相对等的效果，发展过程中还存在许多问题。总体而言，因要素配比失衡，地区和行业发展分化严重，100强企业发展差距较大。具体体现在以下方面：

第一，地区发展不平衡，聚集效应更加明显。截至2019年12月31日，全省辖13个地级市、1个自治州，共14个地级行政区划，而入围2020湖南企业100强的企业中有77家企业集中在湖南省的政治经济文化中心——长沙市，相比上年增加了3家，占据84.67%的营业收入，相比上年增加1.56%，只有23家企业分布在湖南省的其他8个市，占据15.33%的营业收入，而常德市、永州市和邵阳市等5个市没有企业入围，其中湘西土家族苗族自治州、邵阳市、张家界市近五年来没有企业入围湖南100强企业榜单，充分说明了地级行政区域发展的不平衡。同样，从地区发展来看，长株潭一体化综合经济中心是湖南省重点支持发展的区域，这一区域凭借优越的地理区位、经济基础和政策倾斜扶持力度，且其服务业和高新技术产业比重较高，房地产市场比较活跃等多方面的优势，整体营业收入占比一直保持在90%以上，2019年营业收入再度增加，2020湖南100强企业有89家企业产生于此，比上年增加2家。而湖南省的其他三个区域——洞庭湖板块、大湘南板块、大湘西板块仅有11家企业上榜，能够引领区域经济增长的龙头企业较少。三大区域内工业、农业等传统产业所占的比重较高，经济基础薄弱导致相关政策无法落实到位，承接产业转移的能力较弱，产业结构调整和优化不到位，整体营业收入占湖南企业100强总营业收入的比重不到10%。湖南省100强企业极不均衡的区域分布状况，反映出省内整体经济发展不全面，区域规划实施不到位，区域合作机制不健全，合作内容的广度和深度不够，合作的

约束力不强，以致经济发达地区尚无法有效通过辐射作用带动其他各市经济协调发展。

第二，行业发展不平衡，结构化矛盾突出。一方面，传统制造业和服务业仍占主导地位，与其他行业的差距仍在扩大。从湖南企业 100 强行业分布来看，制造业、建筑业、批发和零售业企业分别有 48 家、11 家和 17 家，共占据 100 强企业数量的 76%。三大产业的营业收入为 16015.35 亿元，占比 84.48%，与上年度相比，三大主导产业在 2019 年的发展更加理想，但经济下行及产业转型压力较大，传统行业占据主导，其他行业的利润空间受挤压。从营业收入看，相对规模占比超过 5% 的大类行业有 6 个，营业收入总额达 13180.44 亿元，相对营业收入规模占比 69.52%；从资产总额看，相对资产占比超过 5% 的大类行业有 6 个，资产总额达 21445.60 亿元，相对资产规模达到 70.36%。同比上年，2020 湖南企业 100 强的行业集聚特征仍非常明显，6 个行业大类在营业总收入和资产总额上具有绝对的规模优势，更加印证了 100 强企业行业发展不平衡，结构性矛盾突出。

第三，企业转型升级缓慢，产业层次低。2020 湖南企业 100 强中新兴产业所占比重较低且增速缓慢，仍是制造业、建筑业、批发和零售业等占据主导。制造业企业占据半壁江山，共 47 家，批发和零售业企业 17 家，建筑业企业 11 家，传统行业占据主导，而数字经济、人工智能、5G 技术等新兴企业占比很少，通信设备、计算机及其他电子设备制造业，信息传输、计算机服务和软件业等新兴产业企业数量和营业收入占比均小于 5%，且通信设备、计算机及其他电子设备制造业企业的营业收入同比上年减少 16.90%，规模大幅减少。新兴产业发展缓慢，原因有三：一是传统思维定式和发展路径的限制，大规模、线性控制的旧有发展模式难以适应不确定性发展环境，政府部门和企业对于新兴产业应如何发展还存在着认识上的偏差和误区，阻碍市场主体健康发展的体制性障碍仍然存在；二是新兴产业的长期发展将更加依赖于投资拉动，而短期的高速发展将更加依赖于市场需求，市场有效需求不足正成为制约新兴产业短期快速增长的关键；三是社会信用体系不健全阻碍未来持续发展。总体而言，湖南省仍需持续坚持以供给侧结构性改革为主线，以工业新兴优势产业链为抓手，培育出新兴产业中的龙头企业。

三、民营企业受限规模和融资瓶颈，持续发展进程受阻

改革开放以来，湖南民营企业快速发展，在支撑发展、促进创新、扩大就业、增加税收等方面发挥了重要作用。2020 湖南企业 100 强中，民营企业有 49 家。此外，9 家新入围榜单的企业中民营企业有 3 家，在一定程度上增强了经济发展的活力。但与国有企业相比，民营企业发展环境还不完善，相关制度不健全，加上需求增长放缓、融资困难等问题，民营企业做大做强还有很大上升空间。具体而言：

第一，民营企业规模优势不突出。从企业数量上看，2020 湖南企业 100 强中，民营企业有 49 家，其营业收入总计为 6694.66 亿元，占 100 强企业营业收入总额的 35.31%；资产总额合计为 6858.18 亿元，占 100 强企业资产总额的 22.50%。这说明，民营企业在经济发展中发挥的作用越来越重要，但民营企业发展速度缓慢，整体实力与国有企业相比还存在较大差距。

第二，民营企业行业进入受限严重。从近几年的数据可以看出，湖南企业 100 强中的民营企业大都集中在批发零售、制造业等传统行业，如批发零售业中的步步高投资集团股份有限公司，制造业中的三一集团有限公司、湖南博长控股集团有限公司等，而一些高回报率的垄断行业、社会事业、基础设施和公共服务领域，民营企业难以进入。

第三，民营企业融资困难。许多民营企业都存在着融资难度大、融资成本高、融资渠道有限等问题，导致民营企业因缺乏资金投入而使得具有市场潜力的创新方案或研发结果难以面市，甚至难以维持企业的正常经营运转。一方面，有部分贷款企业故意或恶意逃废银行债务破坏了银企之间的信任；另一方面，部分银行机构出于自身管理考核的压力，不顾企业实际经营发展情况而抽贷、压贷、断贷，极大影响了企业的正常运行，阻碍了民营企业的发展。此外，民营企业还存在着难以引进和留住专业性高、技术能力强的人才问题，而高素质的人才是推动企业创新和可持续发展必不可缺的中坚力量。

四、研发投入亟须提高，创新重视程度差距较大

从研发投入来看，2020湖南企业100强总体投入资金少，多数企业不达标。上榜企业中，有72家填报了研发费用，合计研发费用为311.93亿元，平均研发费用为4.33亿元，平均研发费用投入增加0.34亿元。其次，从研发投入占营业收入比来看，有69家企业填报了研发投入占营业收入比指标，只有24家企业的研发投入比达到了省政府提出的3%的基本要求，占填报企业数的34.78%，仍有超六成的企业研发投入占比在3%以下，研发投入较低可能与企业对创新的积极性和重视程度有关；从研发投入增长率来看，更能反映出企业对研发投入和科技创新的积极性和重视程度，研发投入增长率最高的企业高达1360.87%，而有的企业研发投入不仅没有增加，反而减少78.17%，二者的差距更能体现出不同企业对创新的积极性和重视程度的差距。

从研发效果看，100强企业申报专利积极性不高，发明专利占比有待提高。数据显示，2020湖南企业100强中仅有73家填报了专利项数，比上年增加2家。100强企业共拥有专利44323项，其中发明专利21717项，占全部拥有专利数量49.00%，虽然比上年增加2.35%，但是发明专利数量和占比仍低于沿海省份甚至一些中部省份。今年申报的企业中拥有专利数最多和拥有发明专利最多的企业是中国联合网络通信有限公司湖南省分公司，拥有8534项专利和8515项发明专利，相比上年度有所增加。但大多数企业的专利数占比低于1%，100强企业拥有的专利数量差距很大，企业间的自主创新能力差距较大。另外，一些企业的研发费用虽然比较高，但专利数量并不多，研发投入与产出不成正比，这可能是由于创新成果的转化需要经历一定的阶段，但也反映出其转化过程阻力巨大，动力不足以及创新转化能力有待提高。

第四节 促进湖南大企业高质量发展的对策与建议

2019年是决定"十三五"规划在2020年能否成功达标的关键一年，承担着最后"加速跑"的角色，同时也是贯彻落实十九大精神的攻坚之年，湖南省经济运行整体稳中向好、稳中趋优，在发展质量、转型升级、创新活力和全面改革等方面同比上年都有了一定的进步。2020年将是决胜全面小康的关键之年，同时也是进入"十四五"规划发展的起步之年，这一年不仅面临着新冠肺炎疫情等严峻挑战，还担负着决胜全面建成小康社会的重要任务，对准确做好全省经济布局工作、正确引领全省企业可持续发展意义重大。湖南企业100强作为湖南经济发展的排头兵，一方面，在未来发展过程中要牢牢把握企业发展的条件与机遇，推动产品转型升级，提高管理效率，以创新驱发展；另一方面，面临着未来经济发展中的疫情挑战等不确定因素，100强企业也要警惕风险，居安思危，寻求发展新机遇。

一、把握内外部环境新变化，迎接风险与挑战

当今世界正经历百年未有之大变局，大国博弈加剧、保护主义蔓延，近年来，美国对我国的打压遏制不断升级是影响我国经济发展的最大外部不确定因素，不仅对我国外贸、外资、金融市场产生直接冲击，也进一步加大对供应链、产业链、创新链的冲击。此外，2019年年末突如其来的新冠肺炎疫情虽然对本年度产生的影响较小，但持续的疫情必将对我国未来经济发展产生较大的影响。因此，应全面分析内外部环境的深刻变化，科学把握重要战略机遇新内涵，沉着应对各种风险与挑战，加快我国经济高质量发展步伐，为全面建成小康社会收官打下决定性基础。

一方面，对2020湖南企业100强中拥有海外业务的企业来说，尤其是外贸类的企业，会面临更加严峻的挑战。2020湖南企业100强有31家企业填报了海外业务，而有14家企业填报了相对完整的海外规模和经营效果数据，实际数据应比此更高。对这些拥有海外业务的100强企业来说，近年来发生的贸易摩擦事件告诫企业需要自查并加强合规能力，依赖特定海外市场的企业要提升在其他国家或地区的业务能力以分散市场风险，严重依赖从美国进口核心技术的企业也需要考虑其他替代解决方案，同时提升其自身研发能力。

另一方面，除了制造行业的企业等，湖南100强中一些涉及服务和出口的企业将最为直接地受到新冠肺炎疫情的冲击，政府应制定更多帮扶政策来支持这些企业的发展。但从长期来看，过多依靠外来救助渡过难关的路径是不可持续的，企业最终还得靠自身竞争力去发展。面对疫情，企业自身应树立自保自救的主体意识，把发挥自身主观能动性、提升自身管理经营能力放在第一位，积极筹划、主动作为，在战略、管理、技术、市场、产品、服务、客户、渠道、质量、效率和创新等方面寻求渡过难关的可行之策和有效突破。

二、推进产业转型升级，坚持高质量发展

根据湖南省统计局发布的相关数据，全省三次产业结构由2012年的13.4∶47.7∶38.9演变为2019年的9.2∶37.6∶53.2，湖南高质量发展的势头初步形成，一系列指标好转，产业结构逐渐"由重变轻"，服务业主导特征已非常明显。产业转型升级是产业从价值链中低端向中高端的上升过程，是经济竞争力全面提升和迈上新台阶的关键。湖南省近些年来一直致力于企业的转型升级，也取得了一定的成效，但是2020湖南企业100强当中，传统行业企业比重仍然较大，高技术制造业企业、现代服务业企业比重较低且增速缓慢，战略性新兴产业布局速度待提高，在传统行业发展乏力和突发疫情挑战的情况下，许多企业经营效益不甚理想，急需转型升级，培育新的经济增长点。

第一，坚持以20个新兴优势产业链为抓手，促进产业集群发展。2019年长沙市展开22条产业链的建设，引进了116个计划投资过亿项目，在"营商环境优化年"和"产业项目建设年"活动的推动下，长沙的22条产业链已逐渐成为经济发展的主旋律，产业链企业成为新旧动能转换的主力军，产业链生态圈成为构建现代产业体系的主阵地。未来要继续加速转换新旧动能，优化升级经济结构，构建以实体经济为本体、新产业培育和传统产业改造为支撑的"一体两翼"产业发展新格局，同时要放眼长远，提升站位，紧紧围绕高质量发展，在重大战略措施落实上持续用力。首先，从各级政府到各个企

业，要充分认识到动能转换和转型升级对于新常态下我国经济发展与企业自身可持续发展的重要性。其次，围绕新兴优势产业链，进一步加大推进工作力度，重点引进具有技术优势的企业，继续落实好省领导联系新兴优势产业链制度，努力培育新的增长引擎。

第二，以数字经济助推经济结构调整和新旧动能转换。大力发展数字经济，是深化供给侧结构性改革、加快新旧动能转换、建设现代化经济体系、推动高质量发展的重要举措。2019年年末开始的新冠肺炎疫情对产业发展既是挑战也是机遇。一些传统行业受冲击较大，而智能制造、无人配送、在线消费、医疗健康等新兴产业展现出强大成长潜力，要以此为契机，改造提升传统产业，培育壮大新兴产业。因此，要大力发展智能制造、数字经济，加快推进智慧城市建设，不断完善大数据基础设施和创新服务平台，提高大数据应用能力，引导和推动互联网、大数据、人工智能等与实体经济深度融合，进一步释放大数据生产力，为经济高质量发展培育新动能、注入新活力。

第三，从企业角度出发，推进自身转型升级。第一，需要企业自身从思想意识上抛弃旧的观念，适应新发展的需要，意识到转型升级的必要性和重要性；第二，企业应继续实施"+互联网"行动，推动网络协同制造、流程制造、个性化定制等模式，积极利用工业互联网、云服务、大数据技术，努力将企业建设成为智能制造示范企业和符合绿色环保要求的企业；第三，企业应注重内部劳动者综合素质的提高，致力于引进和留住拥有专业技能和高新技术的人才及拥有先进管理理念的领导班子，为企业变革和转型注入源源不断的活水资源，保证企业转型升级可实施、能推进、会"结果"。

三、优化空间布局，塑造区域协调发展新格局

2019年湖南省整体经济发展水平虽然取得了很大的成绩，但是仍然存在不少问题。其中，区域经济发展不平衡就是一个突出的问题。与经济发达的长株潭地区相比，湖南省其他三个区域——洞庭湖板块、大湘南板块、大湘西板块缺乏能够引领区域经济增长的龙头企业，三大区域内工业、农业等传统产业所占的比重较高，经济基础薄弱导致相关政策无法落实到位，承接产业转移的能力较弱，产业结构调整和优化不到位。而长株潭地区凭借其优越的地理区位、经济基础和政策倾斜扶持力度，与发展较落后的湘西自治州、邵阳等拉开了较大的差距。发展较好的长株潭经济综合体虽对全省的经济贡献大，但辐射带动周围区域经济发展的能力太弱；发展较差的区域闲置了诸多生产要素和资源，优势企业发展有心无力、后劲不足。为了构建协调发展新格局，充分发挥区域优势，合理有效配置资源要素，就需要不断调整和优化产业空间布局，着力推进区域协同发展。

第一，释放融合共进发展潜力。在促进区域协调发展的过程中，推进长株潭一体化，着力推动长株潭城市群高质量发展，提升城市群辐射带动能力，打造高质量发展示范区、基本实现现代化建设先行区、区域一体化发展样板区；推动湘江新区拓展新片区，加快"三干两轨"项目建设，共建"一网、一环、一江"综合立体交通体系，打造长株潭半小时经济圈；推进医疗、教育、养老等公共服务共建共享和生态环境共护共治；支持益阳、娄底、岳阳等城市在交通、产业方面与长株潭协同协作发展；支持洞庭湖区绿色发展，引导洞庭湖生态经济区产业转型，加快创建长江经济带绿色发展先行区，建好城陵矶新港，建设综合立体交通走廊，积极参与长江黄金水道建设与发展；加快湘南湘西承接产业转移示范区建设，加快完善基础设施与配套政策，大力引进创新型企业和先进制造业企业，打造粤港澳重要的

科技产业配套基地、制造业转移承接基地等。

第二，因地制宜确定各区域优先发展的主导产业。从省内分区域来看，空间布局应该根据各区域的现实条件、资源优势、产业基础等因素，例如，长沙市可以重点发展智能制造业、汽车产业、精准与高端医疗产业、"+互联网"等相关产业；株洲市可以推动现代物流、高端装备制造和符合绿色环保理念的节能与新能源汽车等产业的发展；湘潭市则可以重点发展新材料、食品、现代物流和高端装备制造业等。此外，还可以支持特色小城镇规范化发展，加快海绵城市、地下综合管廊建设，支持湘南地区对接粤港澳大湾区，加速融合大湘西地区文化生态旅游，深入推进文化生态旅游精品线路等。在因地制宜地确定各区域主导产业的同时，还应进一步通过强化区域分工协作，推进区域产业联动发展、错位发展与产业配套，提高资源吸纳与辐射能力，扩大城市群集聚效应，整体提升各区域发展水平。

四、激发民营企业活力，推动民营经济快速发展

民营经济是我国国民经济的重要组成部分，是推动我国经济发展的重要力量。2020湖南企业100强中，民营企业仍存在着规模优势不突出、行业进入受限严重和融资困难等问题，与国有企业相比，民营企业发展环境还不完善，相关制度不健全，企业做大做强还有很大上升空间。因此，需要激发民营企业活力，推动民营经济快速发展。

第一，多方共同努力，解决融资难题。许多民营企业都存在融资难度大、融资成本高、融资渠道有限等问题。相关数据显示，民营企业在GDP中所占的比重高于国有企业，但在获批贷款总额中仅占不到三成，而且贷款利率往往也高于国有企业。解决民营企业融资难的问题，可以从以下几个方面着手：一是改善融资环境，对民营企业予以税收优惠、财政补贴、贷款贴息等各方面的政策优待。二是搭建融资平台解决企业和金融机构信息不对称的问题，有效地将企业和金融机构联系起来。金融机构要改进金融服务，制定符合民营企业要求的信用等级评定标准，建立民营企业信息库，实现数据资源信息共享。民营企业要加强自身发展，增强企业的信誉度，优化完善现有发展模式，提升银行信用等级，为融资活动奠定基础。三是完善企业的财务信息系统，积极拓展有效的融资方式与渠道，提升企业的管理质量与水平，以实际工作为基础，不断强化专业技能，完善税务、财务信息管理，积极探究分析现阶段的市场发展状况，规避风险。

第二，运用科学方法解决人才难题。对企业而言，市场竞争的核心就是人才竞争。作为市场竞争主体的国有企业也纷纷打出了"人才是第一资源的口号"，所以民营企业更应该重视人才的培养，用科学的方法招人、用人、留人。具体举措如下：（1）加大人才引进力度。在引进人才的过程中充分调动人们的故乡情怀，因势利导，制定优惠政策吸引他们回来，同时解决他们的后顾之忧，使他们能安心工作。（2）建立完善的绩效考核机制。行之有效的绩效考核机制对企业的用人、留人至关重要，很多员工离职的主要原因在于他们认为企业赏罚不明。绩效考核应根据企业的实际情况，注重企业的长期效益和短期效益、精神利益和物质利益的结合。（3）建立完善的职业生涯规划。随着社会物质生活水平的提高，追求自我实现的员工越来越多。民营企业要想留住优秀人才，必须给予他们足够的信任和个人发展空间。民营企业可以通过对员工的潜能开发、技能开发等，使员工的工作内容受重视、工作业绩受肯定、工资待遇得到改善、职务职称得到升迁，帮助员工找到职业生涯发展和企业发展的结合点，从而

使企业能吸引人才、留住人才。

目前，我国促进民营企业发展的利好政策不断出台，民营经济发展环境不断优化，但也要清醒地认识到，营商环境和市场环境只是企业发展的外因，即使在十分优良的营商环境和市场环境中，企业也会面临激烈的市场竞争和各种风险挑战，不同企业的发展结果也会有好有坏。民营企业自身应清醒认识到当前发展面临的机遇与挑战，继续发扬艰苦奋斗、敢闯敢干、聚焦实业、做精主业的精神，努力把企业做强做优。

五、以创新驱动发展，增强科技创新引领优势

创新是引领发展的第一动力，是建设现代化经济体系的战略支撑。当前的国内外形势严峻，除了面临新冠肺炎疫情等各种未来不确定性因素以外，资源约束、生态失衡、劳动力成本上升、同质化竞争等时代性制约因素也使企业发展的"老套路"变成了"死胡同"，以互联网、物联网、云计算、大数据等为代表的信息技术正在全面变革企业传统管理和运营范式，为企业的发展实施商业模式创新提供了各种潜在的可能性。2020湖南企业100强当中，一些企业已经认识到了创新对于企业发展的重要性，但是只有24家企业的研发投入比达到了省政府提出的3%的基本要求，仍有超六成的企业研发投入占比在3%以下，100强企业对创新的积极性和重视程度不够。整体来说，100强企业总体研发投入资金少，多数企业不达标，企业的创新意识、创新积极性以及创新转化能力仍然有待提高。

第一，重视企业的技术创新工作，通过多种方式提升企业技术创新能力。在技术飞速发展的今天，一个企业要持续发展，就要不断地利用各种渠道，发展或引进各种适合于企业发展的技术和管理经验。湖南企业100强中传统制造业、传统服务业等占多数，而传统产业持续发展的重要途径是进行技术的创新。企业实现技术创新一方面要充分发挥自己的优势，利用已有的资源、技术、人才进行自主的研发和创新，根据市场和消费者需求，创造新技术，研发新产品，这样才能拥有核心技术，巩固自身实力；另一方面，单个企业的能力是有限的，实现技术的创新不能仅仅依靠自身的能力，还需要与其他企业、科研机构等合作，借助外部资源，弥补企业创新能力的不足。

第二，完善企业的创新管理模式，提升管理质量。创新管理模式是建立和完善鼓励创新的制度和机制，目的是激发内生增长的活力和创新驱动的能力，是一种综合性的创新实践，涉及多项制度联体创新。其中包括建立企业的创新文化、创新决策程序和研发投入机制。2020湖南企业100强中的绝大多数企业的研发投入占营业收入的比重较低，研发投入的转化效率低，所以企业要加大对研发的投入，提高技术能力，高效转化研究成果。

第三，人是创新创造的关键，要加强企业的创新人才培养。"得人才者得天下"，这是古代先哲们的睿见，也是现代企业竞争的法则，由此，人力资源被现代企业不约而同地提升至核心竞争力的地位。创新人才不仅仅是指重大技术研发的领军人物、持续创新的企业家和高级经营管理人才，实际上企业的每个员工都蕴藏着创新潜能。为了吸引和留住以及培养人才，一是企业要完成创新人才培养的顶层设计，对特殊人才要给予特殊待遇；二是企业要为创新人才提供良好的工作条件、科研设备，使之能有效地进行研究，使人才有用武之地；三是企业要加强对员工的培训，积极引导鼓励员工进行创新，激发员工的创新激情。

第三章
2020 湖南制造业企业 100 强分析报告

制造业是国民经济的主体,是立国之本、兴国之器、强国之基,是经济高质量发展的主战场,也是湖南省经济发展的主攻方向。近年来,湖南深入实施创新引领开放崛起战略,加快推进"制造强省"建设,推动湖南工业和信息化发展不断迸发新活力。2019 年,制造业增加值占全省规模工业增加值比重达 91.3%,已建成万亿产业 3 个、千亿产业 11 个。这其中,一批大企业、大公司做出了突出贡献,它们不仅是湖南制造业的主导力量,而且还肩负着优化产业结构、引领经济发展、推动高质量发展的重任,是经济社会发展当之无愧的主力军、排头兵和突击队。湖南拥有全国最大的工程机械产业制造基地,电力机车市场占有率居世界第一,"湖南制造"正在向"湖南智造"转变。这是第二年在全省组织开展申报、评选和发布湖南制造业企业 100 强排行榜,为此,本报告拟重点对 2020 湖南制造业企业 100 强的基本特征、效益纳税情况及存在的主要问题做一分析,并从湖南制造业转型升级发展的要求和现实情况出发,有针对性地提出对策和建议,供企业、社会组织和有关部门参考。

第一节 2020 湖南制造业企业 100 强特征分析

一、2020 湖南制造业企业 100 强总体规模状况及分布特征

(一)入围门槛持续提高,营业收入总额增长较快

2019 年湖南省坚决落实习近平总书记对湖南工作的"三个着力""守护好一江碧水"等重要批示指示精神,坚持"巩固、增强、提升、畅通"八字方针,深入推进供给侧结构性改革,促进产业发展新旧动能转换,为迈向经济高质量发展夯实了基础。2020 湖南制造业企业 100 强的入围门槛为年营业收入额 9 亿元,较上年度提高 1 亿元;100 强企业实现营业收入总额为 10901.21 亿元,比上年增长 8.89%,说明在过去一年中湖南省不断推进经济结构优化、新旧动能转换所带来的成效显著。其中,以湖南华菱钢铁集团有限责任公司为首的前 10 名企业营业收入总额达 6904.16 亿元,占 100 强企业营业收入总额的 63.33%,较上年度提高 2.2 个百分点;10 家企业的营业收入增长率为 10.77%(上年度营

业收入总额为 6232.71 亿元），比 100 强企业的平均增长速度高 1.88 个百分点。有关详情如图 3-1、表 3-1 所示。

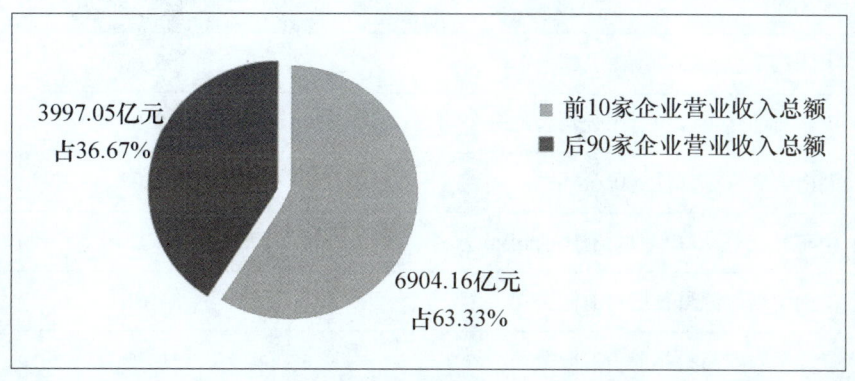

图 3-1　2020 湖南制造业企业 100 强前 10 家与后 90 家企业营业收入总额占比示意图

表 3-1　　　　　　　　　　2020 湖南制造业 100 强营业收入排名前 10 位企业

企业名称	营业收入（亿元）	占比（%）	排名
湖南华菱钢铁集团有限责任公司	1330.93	12.21	1
湖南中烟工业有限责任公司	1036.93	9.51	2
三一集团有限公司	875.76	8.03	3
中国烟草总公司湖南省公司	858.00	7.87	4
蓝思科技集团	778.61	7.14	5
湖南博长控股集团有限公司	510.31	4.68	6
中国石油化工股份有限公司长岭分公司	449.00	4.12	7
中联重科股份有限公司	433.07	3.97	8
湖南有色金属控股集团有限公司	329.75	3.02	9
中车株洲电力机车研究所有限公司	301.80	2.77	10
总计	6904.16	63.33	—

（二）新入围企业平均营业收入突破百亿元

2019 年是"湖南制造业 50 强企业"升级为"湖南制造业企业 100 强"的第二年，与上年度相比，2020 湖南制造业企业 100 强中有 15 家企业是首次新入围上榜。这 15 家企业营业收入总额为 1719.66 亿元，占 100 强企业的 15.77%，平均营业收入为 114.64 亿元。其中，年营业收入 100 亿元以上的企业有 3 家，两家进入 10 强，中国烟草总公司湖南省公司营业收入达 858.00 亿元，在 100 强企业中位列第 4，中国石油化工股份有限公司长岭分公司营业收入达 448.99 亿元，位列第 7；年营业收入 20 亿~50 亿元的企业有 5 家；年营业收入 20 亿元以下的企业有 7 家。15 家新入围上榜企业的营业收入规模及排名情况详见表 3-2。

表 3-2　　　　　　　2020 湖南制造业企业 100 强中新入围上榜企业营业收入规模状况

排名	企业名称	营业收入（亿元）	比上年增长（%）
4	中国烟草总公司湖南省公司	858.00	9.3
7	中国石油化工股份有限公司长岭分公司	448.99	-6.47
15	湖南吉利汽车部件有限公司	147.02	63.34
36	中车时代电动汽车股份有限公司	50.15	1.22
54	湖南宇新能源科技股份有限公司	31.61	-5.13
55	袁隆平农业高科技股份有限公司	31.30	-12.58
62	中车株洲车辆有限公司	25.67	5.00
64	澳优乳业（中国）有限公司	23.70	25.28
72	湖南丽臣实业股份有限公司	19.93	8.66
74	湖南湘佳牧业股份有限公司	18.78	24.02
76	株洲钻切削刀具股份有限公司	18.01	-3.89
80	湖南伍子醉食品有限公司	15.72	101.22
97	湖南东亿电气股份有限公司	10.61	37.34
98	湖南南新制药有限公司	10.14	44.78
99	湖南机油泵股份有限公司	10.02	10.76

（三）企业规模分布差异显著

从营业收入规模来看，营业收入额超过 500 亿元的企业有 6 家，即湖南华菱钢铁集团有限责任公司、湖南中烟工业有限责任公司、三一集团有限公司、中国烟草总公司湖南省公司、蓝思科技集团、湖南博长控股集团有限公司，较上年度增加 3 家，这 6 家企业的营业收入总额为 5390.54 亿元，占 100 强企业的 49.4%，较上年度提高 15 个百分点；营业收入额在 100 亿~500 亿元之间的企业有 11 家，营业收入总额为 2715.05 亿元，占 24.9%；其余 83 家企业营业收入额在 100 亿元以下，营业收入总额为 2795.62 亿元，占 25.7%。其中，营业收入最高的是湖南华菱钢铁集团有限责任公司，达 1330.93 亿元；营业收入最低的是湖南华联瓷业股份有限公司，为 9.49 亿元，前者是后者的 140 倍。

从资产规模来看，资产总额在 500 亿元以上的企业有 6 家，即三一集团有限公司、湖南华菱钢铁集团有限责任公司、中联重科股份有限公司、湖南中烟工业有限责任公司、蓝思科技集团、中车株洲电力机车研究所有限公司，这 6 家企业的资产总计为 5911.69 亿元，占 100 强企业的 48.7%；资产总额在 100 亿~500 亿元的企业有 22 家，资产总计 3650.86 亿元，占 30.0%；资产总额在 100 亿元以下的企业有 72 家，资产总计为 2589.7 亿元，占 21.3%。其中，资产规模最大的是三一集团有限公司，为 1572.66 亿元；资产规模最小的是永兴贵研资源有限公司，为 2.93 亿元，前者是后者的 537 倍。根据上面的对比分析，无论是从营业收入还是从资产总额来看，排名前 6 位的企业合在一起均约占 100 强企业

第三章 2020湖南制造业企业100强分析报告

的半壁江山，说明2020湖南制造业100强企业之间规模差距显著。

表3-3　　2020湖南制造业企业100强规模分布状况

项目	500亿元以上	100亿~500亿元	100亿元以下
按营收总额分类的企业数（家）	6	11	83
营业收入总额（亿元）	5390.54	2715.05	2795.62
按资产总额分类的企业数（家）	6	22	72
资产总额（亿元）	5911.69	3650.86	2589.7

（四）大部分进入2020中国制造业500强的企业排名较上年有提升

在2020中国制造业企业500强排行榜中，湖南有6家企业上榜，较上年度减少2家。减少的2家企业，一家没有申报（蓝思科技股份有限公司），另一家（郴州市金贵银业股份有限公司）因营业收入低于100.72亿元的门槛而未能延续入围。在6家上榜企业中，有4家的排名较上年有所提升。其中，中联重科股份有限公司的排名提升了67名，三一集团有限公司的排名提升了18名，湖南黄金集团有限责任公司的排名提升了11名，说明湖南制造业发展势头良好，转型升级加快。2019—2020中国制造业企业500强排行榜湖南上榜企业排名情况如表3-4所示。

表3-4　　2019—2020中国制造业企业500强榜单上湖南企业排名情况

企业名称	2020	2019	位次
湖南华菱钢铁集团有限责任公司	60	59	-1
三一集团有限公司	106	124	+18
湖南博长控股集团有限公司	167	168	+1
中联重科股份有限公司	198	265	+67
唐人神集团股份有限公司	404	399	-5
湖南黄金集团有限责任公司	417	428	+11
郴州市金贵银业股份有限公司	落榜	467	—

二、2020湖南制造业企业100强地域分布特征分析

2020湖南制造业企业100强表现出明显的区域分布集中特点，主要集中在长沙、株洲、湘潭、岳阳、益阳、郴州6市，张家界、怀化、永州3市无企业入围。数据显示，长沙市已成为全省的制造业中心，其规模居绝对领先地位，有53家企业上榜，比2019年增加4家，说明100强企业倾向大城市聚集的特征显著。这53家企业的年营业收入总额为7627亿元，占100强企业总量的69.96%；53家企业的资产总额为8921.33亿元，占100强企业总量的73.4%。株洲市有12家上榜，湘潭市有10家上榜，长株潭3市共75家上榜，较上年度增加6家，这既反映了长株潭创建国家装备制造业创新中心、打造长株潭先进制造高地的良好基础和优势，也是推动湖南制造业产业链向高端延伸和发展取得实效的表现。

岳阳市的上榜企业数达9家，名列第4位，较上年度减少2家；邵阳市实现零的突破，上榜企业1家。统计数据显示，长、株、潭、岳4市84家企业的营业总收入总额为9954.2亿元，占91.31%；资产总额为11375.07亿元，占93.59%。长、株、潭、岳4市吸纳了全省制造业绝大部分的资本投入，拥有强大的生产能力和产出规模，是湖南制造业的主体和核心增长极。2020湖南制造业企业100强地域分布状况如表3-5所示。

表3-5　　　　　　　　　　　2020湖南制造业企业100强地域分布状况

地区	企业数	营业收入		资产总额	
		总额（亿元）	占比（%）	总额（亿元）	占比（%）
长沙市	53	7627	69.96	8921.33	73.4
株洲市	12	1023.48	9.39	1501.87	12.36
湘潭市	10	398.06	3.65	615.42	5.06
岳阳市	9	905.66	8.31	336.45	2.77
郴州市	5	195.96	1.8	189.96	1.56
益阳市	4	104.12	0.96	194.19	1.6
衡阳市	2	57.84	0.53	92.57	0.76
常德市	2	53.06	0.49	129.74	1.07
娄底市	1	510.31	4.68	128.51	1.06
邵阳市	1	10.61	0.1	9.92	0.08
湘西州	1	15.12	0.14	32.29	0.27
怀化市	—	—	—	—	—
永州市	—	—	—	—	—
张家界市	—	—	—	—	—

三、2020湖南制造业企业100强按行业分类的规模结构及分布特征

（一）2020湖南制造业企业100强行业规模结构特征总括

2020湖南制造业企业100强的行业分布涉及18个大类行业，表3-6列出了各行业企业规模总体状况。从表中可以看出，综合制造业（煤、电生产等）、农副产品加工业、药品制造业3个大类行业集中了制造业100强中近七成的企业，其中企业数最多的是综合制造业，达53家。按营业收入规模分类，500亿元以上的大行业有3个，它们分别是：①综合制造业6454.28亿元，占100强企业的59.21%；②烟草制品业1894.93亿元，占100强企业的17.38%；③农副产品加工业531.75亿元，占100强企业的4.88%。这3个行业64家企业年营业收入总额达8880.96亿元，占100强企业营业收入总额的81.47%。按资产规模分类，500亿元以上的大行业有2个，它们分别是：①综合制造业7839.91亿元，占100强

企业的 64.51%；②烟草制品业 1344.34 亿元，占 100 强企业的 11.06%。这两个行业 55 家企业资产总额为 9184.25 亿元，占 100 强企业资产总额的 75.58%。

需要说明的是，2020 报告中制造业行业的划分及数据是根据中国企业联合会对行业的重新划分统计的。2020 湖南制造业企业 100 强按行业分类的规模结构详情如表 3-6 所示。

表 3-6　　2020 湖南制造业企业 100 强按行业分类的规模结构

行业	企业数（家）	营业收入总额（亿元）	占比（%）	资产总额（亿元）	占比（%）
农副产品加工业	9	531.75	4.88	463.37	3.81
食品制造业	3	89.41	0.82	109.88	0.9
酒类制造业	1	15.12	0.14	32.29	0.27
烟草制品业	2	1894.93	17.38	1344.34	11.06
纺织印染业	1	26.04	0.24	34.74	0.29
服装及其他纺织业	1	11.93	0.11	17.26	0.14
造纸及包装业	1	88.49	0.81	206.81	1.7
轮胎及橡胶制品业	1	34.65	0.32	15.84	0.13
药品制造业	9	178.25	1.64	251.93	2.07
一般有色加工业	2	344.62	3.16	353.69	2.91
贵金属加工业	4	292.25	2.68	270.1	2.22
工程机械及零部件制造业	1	12.95	0.12	46.16	0.38
工程机械及设备制造业	2	111.48	1.02	209.17	1.72
电力电气设备制造业	1	81.08	0.74	84.01	0.69
电线电缆制造业	2	94.86	0.87	57.86	0.48
汽车及零配件制造业	4	344.15	3.15	208.59	1.72
航空航天制造业	3	125.43	1.15	285.19	2.35
综合制造业（煤、电生产等）	53	6454.28	59.21	7839.91	64.51

（二）多数行业营业收入实现正增长，高技术制造业和食品工业保持较快发展速度

从 2020 湖南制造业企业 100 强分行业的发展情况看，在 18 个大类行业中，有 14 个行业营业收入实现正增长，营业收入增长率在 10% 以上的行业有 7 个，占 18 个大类行业的 38.89%。表 3-7 列出了 2020 湖南制造业企业 100 强分行业营业收入增长率排名情况，从中可以看出，新兴的、技术含量较高的产业（企业）和与老百姓日常生活密切相关的食品制造业、酒类制造业等传统产业的发展速度相对更快。营业收入增长率居第 3 位的食品业，其 3 家企业均实现了高速增长。其中盐津铺子食品股份有限公司营业收入增长率达到 26.34%。盐津铺子食品股份有限公司在产品研发、生产制造、品质保障、渠道精耕、品牌传播等方面达到了行业领先水平，是国家农业产业化重点龙头企业。

表 3-7 2020 湖南制造业企业 100 强按行业分类营业收入增长率排名

行业	本年度营业收入（亿元）	上年度营业收入（亿元）	增长率（%）	排名
轮胎及橡胶制品业	34.65	21.22	63.26	1
酒类制造业	15.12	11.87	27.38	2
食品制造业	89.41	73.67	21.36	3
航空航天制造业	125.43	106.69	17.56	4
电线电缆制造业	94.86	81.72	16.08	5
纺织印染业	26.04	23.09	12.8	6
综合制造业（煤、电生产等）	6454.28	5779.26	11.68	7
电力电气设备制造业	81.08	73.86	9.77	8
农副产品加工业	531.75	493.37	7.78	9
工程机械及设备制造业	111.48	104.24	6.95	10
服装及其他纺织业	11.93	11.18	6.69	11
烟草制品业	1894.93	1783.97	6.22	12
汽车及零配件制造业	344.15	329.9	4.32	13
药品制造业	178.25	173.72	2.61	14
工程机械及零部件制造业	12.95	13.31	-2.73	15
一般有色加工业	344.62	373.69	-7.78	16
贵金属加工业	292.25	317.90	-8.07	17
造纸及包装业	88.49	105.45	-16.08	18

四、2020 湖南制造业企业 100 强按所有制分类的规模结构及分布特征

（一）国有及国有控股企业资产规模略有下降，但仍保持主导地位

2020 湖南制造业企业 100 强中，有国有及国有控股企业 39 家，民营企业 61 家。从营业收入规模来看，39 家国有企业的总额为 5986.08 亿元，占 100 强企业总量的 54.9%；61 家民营企业的总额为 4915.14 亿元，占 100 强企业总量的 45.1%。从资产规模来看，39 家国有企业的总额为 5606.32 亿元，占 100 强企业资产总额的 46.1%；61 家民营企业的总额为 6545.94 亿元，占 100 强企业资产总额的 53.9%。与上年度相比，国有及国有控股企业的资产规模占比下降 11.5 个百分点，低于民营企业，但总体规模仍保持主导地位，100 强企业总体规模扩张速度放缓。

表 3-8 2019—2020 湖南制造业企业 100 强按所有制分类主要经济规模指标

所有制类别		企业数（家）	营业收入总额（亿元）	占比（%）	资产总额（亿元）	占比（%）
国有及控股企业	2020	39	5986.08	54.9	5606.32	46.1
	2019	35	4866.49	58.5	6197.67	57.6
民营企业	2020	61	4915.14	45.1	6545.94	53.9
	2019	65	3451.38	41.5	4561.26	42.4
制造业企业 100 强	2020	100	10901.21	100	12152.25	100
	2019	100	8317.87	100	10758.92	100

（二）民营企业生产发展速度远高于国有企业

2020 湖南制造业企业 100 强中，39 家国有及国有控股企业的营业收入总额为 5986.08 亿元，比上年的 4866.49 亿元增长 23.0%；61 家民营企业的营业收入总额为 4915.14 亿元，比上年的 3451.38 亿元增长 42.41%，民营企业的增长率比国有企业高 19.41 个百分点。从平均营业收入增长率来看，国有及国有控股企业平均增长 5.64%，民营企业平均增长 13.11%（见图 3-2）。从单个企业的营业收入增长率来看，民营企业的状况也明显优于国有及国有控股企业。39 家国有及国有控股企业中，有 29 家实现营业收入正增长，其中增长率在 8.89%（即 2020 湖南制造业企业 100 强营业收入平均增长率）以上的企业有 19 家，占 65.5%；增长率最高的企业是湖南省现代农业产业控股集团有限公司，为 71.89%。61 家民营企业中，有 46 家实现营业收入正增长，其中增长率在 8.89%以上的企业有 29 家，占 63.0%；增长率最高的企业是湖南伍子醉食品有限公司，高达 101.22%。由此可见，国有及国有控股企业在湖南省经济发展中具有举足轻重的带动辐射作用，同时民营企业在经济发展中发挥的作用越来越重要，彰显湖南制造业良好的投资环境和民营企业自身具有的强大竞争力。

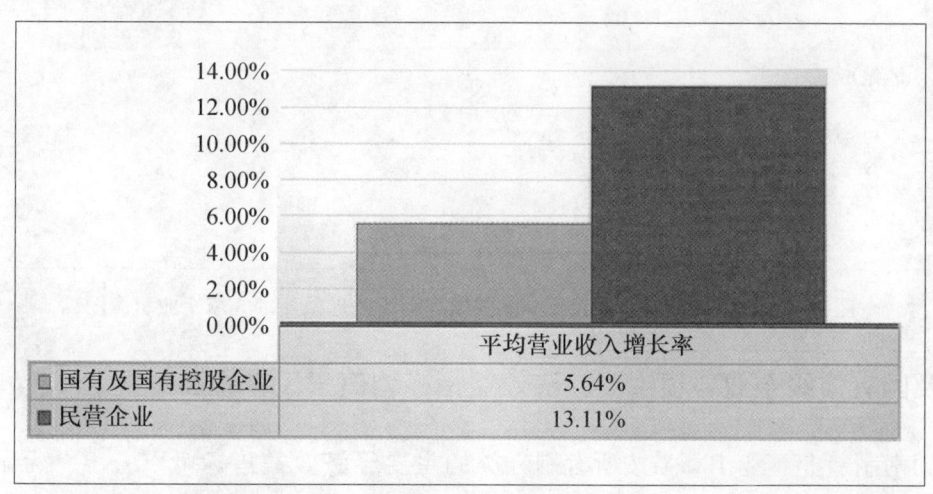

图 3-2 2020 湖南制造业企业 100 强按所有制分类平均营业收入增长率示意图

第二节 2020 湖南制造业企业 100 强利税分析

一、2020 湖南制造业企业 100 强企业总体利润稳步增长

2020 湖南制造业企业 100 强共实现利润 374.86 亿元，相比上年度增长 9.54%，这主要得益于 2016 年以来湖南省重点培育发展 20 个工业新兴优势产业链，建立了省委、省政府领导联系产业链制度，分产业链制定发展规划和具体实施方案，出台轨道交通装备、航空航天、信息安全等专项政策。2019 年，省委、省政府强调"抓产业链口号不要变、方向不能变"，进一步汇聚起全省上下抓工业新兴优势产业链的高度共识和强大合力，营造出"以产业比实力，以项目论英雄"的浓厚氛围，持续开展"产业项目建设年"活动，集中制造强省等专项资金支持产业链重大项目。一批企业在全球经济贸易增速显著放缓、中美经贸摩擦不断加剧的情势下，通过不断创新、拓展市场以及扩大销售等途径，实现经济效益逆势增长。蓝思科技集团、三一集团有限公司、中联重科股份有限公司、长沙中兴智能技术有限公司等 12 家企业利润相比上年度均增长 50% 以上，共实现利润 244.99 亿元，占制造业 100 强企业利润总额的 65.36%。其中利润增长率在 100% 以上的企业有 5 家，即长沙中兴智能技术有限公司、湖南口味王集团有限责任公司、江南工业集团有限公司、蓝思科技集团和三一集团有限公司，其实现利润及增长情况如图 3-3 所示。

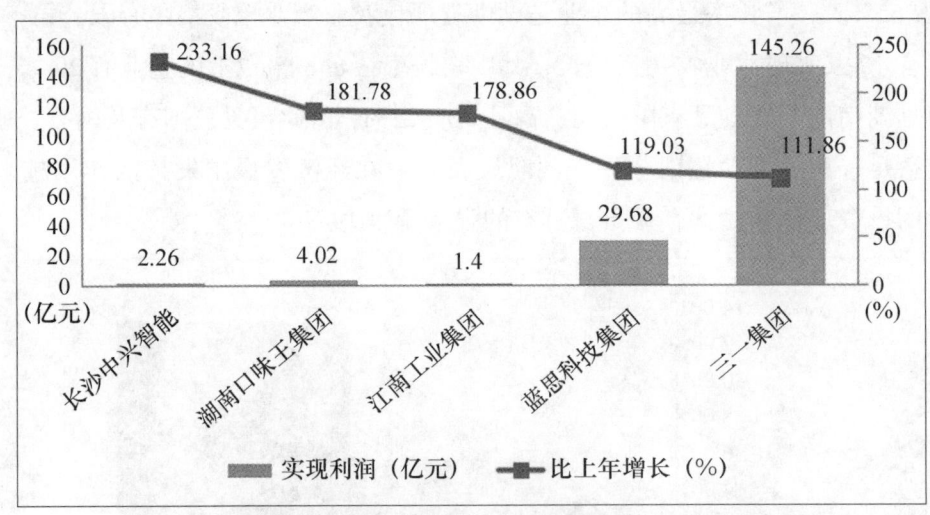

图 3-3 2020 湖南制造业企业 100 强中利润增长率最高的 5 家企业示意图

二、国有及国有控股企业各项主要经济效益指标均高于民营企业

通过 2020 湖南制造业企业 100 强按所有制分类的主要经济效益指标可以看出，无论是利润总额还是营业收入利润率、资产利润率，国有及国有控股企业都明显高于民营企业。详情如表 3-9 所示。

表 3-9　　2020 湖南制造业企业 100 强按所有制分类主要经济效益指标

所有制类别	实现利润总额（亿元）	利润增长率（%）	收入利润率（%）	资产利润率（%）
国有及国有控股企业	225.16	23.36	3.76	4.02
民营企业	149.7	-36.3	3.05	2.29

从实现利润总额来看，国有企业为 225.16 亿元，占 60.07%；民营企业为 149.7 亿元，占 39.93%，国有企业仍占据主导地位。从营业收入利润率来看，国有企业为 3.76%，民营企业为 3.05%，国有企业比民营企业高 0.71 个百分点。从资产利润率来看，国有企业为 4.02%，民营企业为 2.29%，国有企业比民营企业高 1.73 个百分点。说明在中美贸易摩擦持续，经济下行压力加大的情况下，湖南制造业 100 强中的国有企业比民营企业抗风险的能力要强。

三、2020 湖南制造业企业 100 强纳税分析

（一）国有企业纳税总额多但增幅较小，民营企业纳税总额少但增幅较大

2020 湖南制造业企业 100 强共纳税 1253.34 亿元，与上年的纳税总额 1031.12 亿元相比增长 222.22 亿元，增幅为 21.6%。分所有制形式看，30 家国有及国有控股企业共纳税 1069.19 亿元，占 85.3%，相比上年度增长 156.69 亿元，增幅为 17.2%，其中纳税额最高的 3 家国有企业依次是：湖南中烟工业有限责任公司（687.16 亿元）、中国烟草总公司湖南省公司（171.06 亿元）、中国石油化工股份有限公司长岭分公司（84.76 亿元）。44 家民营企业共纳税 184.15 亿元，占 14.7%，相比上年度增长 65.53 亿元，增幅为 55.2%，其中纳税额最高的 3 家民营企业依次是：三一集团有限公司（49.22 亿元）、蓝思科技集团（20.33 亿元）、湖南博长控股集团有限公司（9.51 亿元）。由此可以看出，国有及国有控股企业的纳税贡献力仍显著高于民营企业，但民营企业增幅较大，展现出了生机与活力。2020 湖南制造业企业 100 强按所有制分类的纳税情况如表 3-10 所示。

表 3-10　　2019—2020 湖南制造业企业 100 强按所有制分类纳税情况

所有制类别	2020 纳税总额（亿元）	2019 纳税总额（亿元）	增长率（%）
国有及国有控股企业	1069.19	912.50	17.2
民营企业	184.15	118.62	55.2
总计	1253.34	1031.12	21.6

（二）2020 湖南制造业企业 100 强按行业分类的纳税情况

2019 年，湖南省认真贯彻落实国家减税降费政策，新增减税超过 460 亿元，企业社保缴费减负 60 亿元，出台促进中小企业健康发展、降低企业经营成本等政策措施，规模工业企业每百元营业收入成本下降 1.6% 左右。从 2020 湖南制造业企业 100 强按行业分类的纳税情况来看，纳税额最多的行业是农副产品加工业，达 867.11 亿元，占 100 强企业纳税总额的 69.2%，这主要是因为 2020 湖南制造业企业 100 强的行业按新标准划分，湖南中烟工业有限责任公司和中国烟草总公司湖南省公司均划入农副产品加工业。详情如表 3-11 所示。

表 3-11　　2020 湖南制造业企业 100 强按行业分类的纳税情况

行业	纳税总额（亿元）	排名
农副产品加工业	867.11	1
综合制造业（煤、电生产等）	326.86	2
汽车及零配件制造业	8.72	3
一般有色制造业	8.21	4
药品制造业	7.85	5
电线电缆制造业	4.66	6
贵金属制造业	3.34	7
造纸及包装业	3.22	8
工程机械及设备业	3.06	9
航空航天业	2.93	10
电力电气设备制造业	2.76	11
食品加工业	1.62	12
轮胎及橡胶制品业	0.57	13
工程机械及零部件业	0.43	14
服装及其他纺织品业	0.26	15

（三）企业地域分布极不均衡

表 3-12 列出了 2020 湖南制造业企业 100 强按地域分类的纳税情况，从中可以看出，长沙、岳阳、株洲 3 市位列前三，共纳税 1228.44 亿元，占实报 74 家企业纳税总额的 98.0%。这种纳税高度集中的情势得益于长沙作为省会城市具有良好的市场环境、基础设施和经济基础，岳阳、株洲的大企业较多且发展势头良好。长沙、岳阳、株洲 3 市作为湖南制造业纳税中心的地位将会一直延续下去。

表 3-12　　2020 湖南制造业企业 100 强按地域分类的纳税情况

地区	实报纳税企业数（家）	纳税总额（亿元）
长沙市	53	1080.01
衡阳市	2	1.56
株洲市	12	32.07
湘潭市	10	8.43
邵阳市	1	0.37
岳阳市	9	116.36

续表

地区	实报纳税企业数（家）	纳税总额（亿元）
常德市	2	—
益阳市	4	4.08
郴州市	5	0.94
娄底市	1	9.51
湘西自治州	1	—
合计	100	1253.34

第三节 2020湖南制造业企业100强创新投入与产出分析

一、企业总体研发投入稳步增长，平均研发投入强度较上年略有下降

研发投入经费规模和研发投入强度是衡量一个国家或地区科技创新水平的两个比较直观的指标。就制造业而言，企业的研究与试验发展（R&D）经费投入强度直接反映了其创新能力和核心竞争力。2020湖南制造业100强企业的研发投入总额为248.53亿元（实报62家企业有效数据），平均的研究与试验发展（R&D）经费投入强度为2.43%。其中，研发投入强度超过3%的企业有36家，主要集中在综合制造业（22家）、航空航天（2家）、农副产品加工业（2家）、药品制造业（2家）、汽车及零配件制造业（1家）、电力电气设备制造业（1家）、一般有色制造业（1家）、贵金属制造业（1家）、食品加工业（1家）、工程机械及设备制造业（1家）、造纸及包装制造业（1家）以及电线电缆制造业（1家）。研发投入强度排名前3的企业依次是：中航飞机起落架有限责任公司（13.61%）、中车株洲电力机车研究所有限公司（7.58%）、株洲钻石切削刀具股份有限公司（6.43%）。从总体上看，2020湖南制造业企业100强的研发投入偏低，仍有超过30%的企业在过去一年中没有或很少开展研发活动（这些企业均未填报研发经费有关数据）。按照高技术制造业企业研发投入强度不低于3%的要求来对照检查，2020湖南制造业企业100强中只有36家企业达标。详情请参看表3-13。

表3-13　　2020湖南制造业100强中62家填报数据企业研发投入强度统计表

项目	10%以上	5%~10%	3%~5%	1%~3%	1%以下	总数
企业数（家）	1	7	28	16	10	62
占比（%）	1.6	11.3	45.2	25.8	16.1	100
研发经费支出（亿元）	2.3	95.49	59.41	75.37	5.76	238.33
占比（%）	0.9	40.1	24.9	31.6	2.5	100

二、高技术制造行业研发经费投入较多，研发投入增长较快

2020湖南制造业企业100强按行业分类的研发投入分属17个大类行业（实报62家企业有效数据）如表3-14所示。从中可以看出，研发经费投入较多、研发投入增长较快的行业多属高技术制造行业。按平均研发经费投入多少排序，列前3位的行业依次是：综合制造业（煤、电生产等）10.21亿元；汽车及零配件制造业9.38亿元；一般有色加工业5.19亿元。按平均研发投入增长率排名，列前3位的行业依次是：药品制造业93.63%；一般有色加工业57.99%；电力电气设备制造业53.09%。

表3-14　　　　　　　　2020湖南制造业企业100强按行业分类的研发投入状况

行业	平均研发经费（亿元）	平均研发经费增长率（%）
农副产品加工业	1.18	13.58
食品制造业	—	—
酒类制造业	—	—
纺织印染业	—	—
服装及其他纺织业	—	—
造纸及包装业	2.93	1.74
轮胎及橡胶制品业	—	—
药品制造业	1.95	93.63
一般有色加工业	5.19	57.99
贵金属加工业	1.52	—
工程机械及零部件制造业	—	—
工程机械及设备制造业	1.72	28.39
电力电气设备制造业	3.27	53.09
电线电缆制造业	1.25	23.19
汽车及零配件制造业	9.38	52.16
航空航天制造业	1.65	—
综合制造业（煤、电生产等）	10.21	26.32
总计	40.25	38.90

三、研发投入强度超高的典型企业选介

在2020湖南制造业企业100强中，一批先进企业坚持把创新驱动作为发展的第一动力，不断加大研发投入，以新产品、新技术引领市场，取得突出成绩。本书选择3家有代表性的企业做简要介绍，以

说明研发投入可以带来良好的经营绩效。它们是三一集团有限公司、中车株洲电力机车研究所有限公司和株洲钻石切削刀具股份有限公司。表3-15展示了这3家企业2017—2019年研发投入的有关数据，从中可以看出，这3家企业的研发经费投入保持了逐年稳定上升趋势，研发投入强度均超过5%。高投入实现了高收入，2019年，三一集团有限公司实现营业收入875.76亿元，净利润123.76亿元，分别比上年增长36.42%和111.7%；中车株洲电力机车研究所有限公司实现营业收入301.80亿元，净利润24.39亿元，分别比上年增长6.03%和20.6%；株洲钻石切削刀具股份有限公司实现营业收入18.01亿元，净利润2.01亿元，分别比上年增长-3.89%和5.85%。

表3-15　　　　　　　　　　部分创新型企业近年来的研发经费投入强度一览表

企业名称	2017		2018		2019	
	研发经费投入（亿元）	研发投入强度（%）	研发经费投入（亿元）	研发投入强度（%）	研发经费投入（亿元）	研发投入强度（%）
三一集团有限公司	38.6518	6.16	33.2313	5.18	48.3024	5.52
中车株洲电力机车研究所有限公司	—	—	20.8107	7.05	22.8886	7.58
株洲钻石切削刀具股份有限公司	—	—	0.9011	4.81	1.1582	6.43

第四节　湖南制造业发展面临的机遇与挑战

湖南工业基础雄厚、门类齐全，制造业31个大类在湖南均有分布。近年来，湖南坚持先进制造业发展不动摇，深入实施创新引领开放崛起战略，大力推进制造强省建设，着力打造工业新兴优势产业链，全省制造业发展取得了显著成效。2019年，制造业增加值占全省规模工业增加值的比达91.3%，拥有装备制造、农产品加工、材料等3个万亿产业，电子信息、医药、机械等11个千亿产业，工程机械、先进轨道交通装备两大优势产业集群已成为中国制造的亮丽名片。但湖南制造业的一些深层次问题、行业短板仍亟待解决，在世界百年未有之大变局、不稳定性不确定性明显增强的背景下，湖南制造业发展也面临着诸多新的机遇和挑战。

一、全球开启制造向智造发展的新时代，为制造业高质量发展增添新动力

进入21世纪以来，以"智造"为主要特征的制造业数字化浪潮正在席卷全球，伴随着信息技术产业和制造业的深度融合，互联网进入工业领域，工业互联网是数字浪潮下工业体系和互联网体系深度融合的产物，是新一轮工业革命的关键支撑，当前世界各国对工业互联网的发展重视程度在不断提升，中国也明确提出要深入实施工业互联网创新发展战略，要加快制造业技术改造和设备更新，加快5G的商业应用，加快人工智能、工业互联网、物联网等基础设施的建设，并专门出台了发展工业互联网的指导性文件。工业信息化领域的巨头企业也通过战略合作、投资并购模式加快互联网应用和发展，全球迎来了制造向智造发展的新时代。我国正抓住"新基建"机遇，加大对产业链、供应链的整合，推动制

造业升级和新兴产业发展，这也为企业赶上这一次工业革命发展浪潮，实现制造业高质量发展提供了重要机遇。

二、构建畅通国内国际双循环新格局，为制造业企业提供更广阔的市场

"逐步形成以国内大循环为主体、国内国际双循环相互促进的新发展格局"，是立足世界正经历百年未有之大变局、新一轮科技革命和产业变革蓬勃兴起的大背景，基于中华民族伟大复兴的战略全局提出的。我国具有最完整、规模最大的工业供应体系，是全世界唯一拥有联合国产业分类中全部工业门类的国家。同时，我国具有规模广阔、需求多样的国内消费市场，有形成超大规模消费市场的人口基础。超大规模消费市场形成的超大规模内需，会成为我国未来经济增长的巨大潜力所在。以国内经济循环为主体，强调通过供给侧结构性改革，提高国内经济的供给质量，在提高经济自我循环能力的同时，促进更高水平的对外开放，实现国内国际双循环。这为三一集团、中联重科、铁建重工、山河智能等全球工程机械制造商以及中车株机、中车株洲所等轨道交通装备制造企业更好地开拓国内国际市场指明了方向。

三、相继推出的一系列规划措施，为湖南制造业转型升级释放政策红利

近年来，湖南省抢抓数字经济发展机遇，大力推进制造业高质量发展，已经出台《湖南省5G应用创新发展三年行动计划（2019—2021年）》，并建成了一批5G典型应用场景，湘江新区打造基于5G-V2X车路协同的智能网联汽车应用示范区，助力经济社会的数字化转型。在我国加速推进工业互联网发展的背景下，湖南省加快实施"智能制造工程"专项行动，在全国率先实施首台套重大装备和首批次重点新材料产品应用示范认定奖励制度，形成智能制造湖南模式、长沙现象，在工程机械、轨道交通、汽车、电工电器、电子信息、食品医药、新材料等重点领域产生了一批样板。湖南省坚决贯彻落实国务院出台的一系列稳企业、稳就业政策和省政府《应对新冠肺炎疫情影响促进企业健康发展的若干政策措施》，将各项政策红利和帮扶措施转化为企业降低经营成本、应对不利影响的"助力器"。面对新一轮科技革命和产业变革的全球趋势，湖南省委提出了"创新引领，开放崛起"的战略，省政府出台了《湖南省科学技术奖励办法》，鼓励湖南制造破茧成蝶、原始创新。

四、疫情持续蔓延与中美摩擦加剧，增加了企业发展的不确定性

新冠肺炎疫情的爆发，让全人类遭遇了一场前所未有的公共卫生危机，对全球社会与经济造成了巨大冲击。世界银行发布的2020年第6期《全球经济展望》预测全球GDP将在2020年缩水5.2%，新冠肺炎疫情或将使全球经济陷入二战以来最严重的衰退。区域化合作和国内化生产趋势可能因各国促进制造业回归的政策而有所加强，即出现"地区转移"和"国内替代"，全球产业链或将面临断裂后的重构。新冠肺炎疫情和美国总统换届大选的到来，舆论战、政治战、选举战、贸易战等相互交织，越来越多的中国企业，被美国列入了"实体清单"，对中国高科技企业的发展实施"卡脖子"和"断供"，一些严重依赖进口的高端芯片、基础软件、关键零部件面临着断供的风险，严重制约了企业的自主发展、安全发展和高质量发展。

五、企业创新投入与创新效益仍待进一步激活

据湖南省统计局2018年湖南省创新调查数据显示,与高等学校开展创新合作的比例仅占全部企业的6.6%,与研究机构开展创新合作的比例仅占全部企业的4.1%,企业与科研机构、大学之间缺乏有效的产学研联合创新机制,难以形成研究机构、高校科研创新与企业发展相结合的整体效应。企业技术中心建设步伐不快,科技成果转化不足,且国家级企业技术中心数量在中部地区较为落后。2019年,湖南省有国家级企业技术中心54家,在中部地区低于河南(91家)、安徽(90家)和湖北(69家)。前面我们已经分析了2020湖南制造业企业100强研发投入的基本情况,62家有研发活动的企业中只有36家真正达到创新型企业研发投入强度3%的要求,因此,湖南省自主创新仍有必要进一步提高激活。

第五节 新形势促进湖南制造业大企业发展的对策与建议

湖南加快推进"制造强省"建设,取得了显著成效,为决战全面建成小康社会、全面完成脱贫攻坚和"十三五"圆满收官奠定了坚实基础。"十四五"时期,我国将在进入高质量发展阶段的基础上开启全面建成社会主义现代化强国的新征程。站在这一新的历史起点上,必须深刻认识建设现代化经济体系对于建设社会主义现代化强国的支撑作用,深刻认识新发展理念对于高质量发展的引领作用。作为引领"湖南制造"向"湖南智造"跨越的制造业大企业,要全力推进湖南"中国智造"的国际化水平。借助新一代5G、AI等信息技术为"中国智造"赋能,加速企业数字化、智能化转型,加快推动湖南制造业与服务业的融合与协同发展,发掘发挥企业间的协同放大效益,打造传统制造业数字化转型的新生态,为建设富饶美丽幸福新湖南做出贡献。

一、聚力智能制造,推动制造业企业高质量发展

智能制造,是新一代信息技术与制造业深度融合互促的产物,是制造业生产方式现代化升级的集中体现,对于制造业发展理念、动能、结构、效率、形态和生态转换有着不可替代的价值和意义。面对5G时代制造业加速数字化、网络化、智能化转型升级的现实,湖南制造业只有进一步提升企业数字化与智能化水平,打通企业内部的全数据链,才能更好地实现高质量发展。一是强化企业数字化转型意识。全面协同配置企业内各生产要素,构建全环节、全产业链数据平台,提升企业数字化水平,更好地实现5G与工业企业的深度融合应用。加强对中小制造企业的人才培训和技术指导,强化企业员工数字化转型意识,促进制造业转型升级,为经济发展提供新动能,并进一步以数据为资产,以技术为手段,构建能够支撑业务持续创新的技术平台体系。二是夯实工业互联网支撑平台。利用新一代数字信息技术,强化区域型、行业型、企业型数字化转型,促进工业互联网的建设,大力发展行业和园区工业互联网平台和供应链体系,建立制造资源在线化、产能柔性化、产业链协同化的"智慧产业集群"和"智慧园区",打造工业互联网示范基地,并加大对湖南制造业企业智能化改造的支持力度,特别是要推进人工智能和实体经济的深度融合。企业上云,应成为推进企业数字化转型的重要抓手。三是推动制造与服务融合共享。依托大数据和用户基础等优势,转变以制造业为中心的发展思路,深度融合工业化和信

息化，坚持服务与生产"双轮驱动"。充分利用智能化、信息化生产方式，开拓服务层次和规模。创新商业模式、优化生产组织和运营管理，不断增加服务要素在投入和产出中的比重，从以生产型制造为主向"制造+服务"转型，从单纯提供产品向提供"产品+服务"整体解决方案转变，从而延伸价值链，提高企业的市场占有率和国际竞争力。

二、坚持创新驱动，推进产业链与创新链融合发展

创新驱动是产业发展的源泉。要素投入和科技创新是经济发展最重要的两个驱动力，而要素驱动空间有限，创新驱动潜力无穷。因此，要跳出大规模要素投入驱动的传统老路，实现以创新为第一动力、人才为第一资源的导向，实现从"要素驱动""投资驱动"向"创新驱动""效率驱动"转变，推动企业高质量发展。一是打造跨界协同的创新生态系统。推动创新载体从单个企业向跨领域多主体协同创新网络转变，创新流程从线性链式向协同并行转变，创新模式由单一技术创新向技术创新与商业模式创新相结合转变，形成具有跨界、融合、协同特征的新型创新载体为核心的产业创新生态系统。推进由政府引导、企业主导、高校和科研院所参与的协作创新联盟，进行联合攻关，大力加强对基础技术、关键共性技术、前沿引领技术、颠覆性技术创新的研发。加强功能性平台建设，打造开放共享的科技创新平台。二是推动创新链、产业链和资金链深度融合。围绕产业链部署创新链，围绕创新链完善资金链，加快整合创新资源，围绕优势产业布局创新链，围绕创新链不同阶段的创新主体、创新技术，合理布局创新资金，构建科学合理的资金支持链条。健全"创新链+产业链"的"双链互补"特色发展机制，形成"技术创新—成果转化—规模化应用并获利—投入资金再创新"的良性循环。三是优化激发创新人才的体制机制。着力破除束缚人才发展的思想观念，积极推进体制机制改革和政策创新，特别是国有企业应充分激发各类人才的创造活力，更加充分地尊重科技人员创新，以科技创新与体制机制创新"双轮驱动"，推动知识价值导向分配机制的落实。推进人才管理体制改革，完善人才培养机制、人才创新创业激励机制，健全人才流动机制等，构建激发创新人才创新创业的体制机制。

三、培育龙头企业，打造世界级先进制造业集群

党的十九大报告明确指出，要加快建设制造强国，促进我国产业迈向全球价值链中高端，培育若干世界级先进制造业集群。国务院《关于依托黄金水道推动长江经济带发展的指导意见》也明确提出，推动沿江产业结构优化升级，打造世界级产业集群。湖南作为制造业大省，始终以工业新兴优势产业链为突出重点，不断建链、强链、延链、补链，提高相关产业在全球竞争中的话语权、定价权和比较优势，着力打造工程机械、先进轨道交通装备、航空航天三大世界级产业集群。一是营造创一流营商环境。应着力打造先进、便捷的政务服务和数字政府，利用大数据、"互联网+政务"推动政务服务流程再造，理顺跨区跨部门跨层级政府业务办理机制，构建全省统一的在线服务平台，提升政务服务标准化、智能化、便民化水平。加强信用体系建设，健全守信激励和失信惩戒机制，健全以信用为核心的新型市场监管机制，逐步建立主要以信用为核心、充分运用大数据监管的方式，以此改变过去的被动监管和运动式监管，推进治理体系和治理能力现代化。通过建立公平开放透明的市场规则和法治化营商环境，激发和保护企业家精神，搭建政企沟通、政商交流的制度化平台，为增强微观主体活力，发挥企业和企业家主

观能动性打下坚实基础，着力构建一流营商环境。二是落实各项政策。全面落实减税降费政策，加大产业项目扶持力度，通过税费优惠、费用减免等方式，对产业带动、就业拉动、税收贡献明显的项目给予优惠政策。落实支持企业发展的各类专项资金，充分发挥引导和放大作用。鼓励和支持进入良性发展的大企业通过兼并、收购、控股、联合、协作等形式，实行强强联合，打造行业领军企业。三是深化开放合作。牢牢把握构建以国内大循环为主体、国内国际双循环相互促进的新发展格局，推动我国开放型经济向更高层次发展的重大战略部署，充分发挥湖南工程机械、轨道交通、电子信息、乘用汽车等重点领域的市场与产业优势，精准承接粤港澳大湾区、长三角产业转移，深化与长三角先进制造业集群的合作。鼓励和支持湖南制造业大企业向海外市场拓展发展空间。通过企业"抱团出海""借船出海"，推动优势产业、优秀企业、优质产品"走出去"，支持龙头企业开展跨国经营，深度融入全球产业链、价值链、物流链。鼓励优势企业发展国际总承包、总集成，带动包括装备、技术、标准、品牌等在内的产业输出，更好地融入全球创新和产业分工体系。

第四章
2020 湖南服务业企业 50 强分析报告[①]

2019 年,在世界经济增长低迷、中美经贸摩擦加剧等复杂背景下,我国政府继续致力于推动服务业高质量发展,出台一系列降低税收、增加财政支持和优化市场环境的政策与行动方案。湖南省坚持以习近平新时代中国特色社会主义思想为指导,认真贯彻党的十九届三中全会、四中全会精神和党中央国务院各项决策部署,对标高质量发展要求,充分发挥政府的领导作用,深化产业供给侧结构性改革和跨界融合,引领服务业企业不断提质增效。2019 年湖南省生产总值 39752.1 亿元,同比增长 7.6%,高于全国平均水平 1.5 个百分点;第三产业营业收入 21158.2 亿元,增长 8.1%。其中,1—11 月,规模以上服务业营业收入增长 12%,高于全国平均水平 2.6 个百分点,其他营利性服务业营业收入增长 18.6%。全省服务业转型升级步伐加快,新兴服务业发展势头向好,成为全省经济迈向高质量发展的重要推动力。

当前,服务业已经成为我国国民经济第一大产业,服务业的发展直接关系着整体经济的表现。在党和政府的高度重视下,我国服务业不断推陈出新,以满足人民日益增长的消费需求为目标,以不断深化内部改革、升级换代为手段,以高新信息技术为工具,以政府政策为指导,以响应政府财政政策和完善内部监管体制为保障,以数字经济、共享经济和平台经济等新兴服务业为重点领域,逐步实现可持续稳定发展。2019 年《湖南省服务业高质量发展三年行动方案(2020—2022 年)》指出,为深入贯彻落实创新引领开放崛起战略,推动新时代服务业高质量发展,湖南省将依托省内产业优势,聚焦服务业关键领域和薄弱环节,加快推动服务业质量变革、效率变革、动力变革,大力提升服务业对经济增长、税收贡献、民生改善的作用,构建优质高效、特色鲜明、竞争力强的服务业高质量发展体系,建设全国服务业强省。为此,湖南省企业和工业经济联合会向社会发布了"2020 湖南服务业企业 50 强"年度排行榜,该统计数据以企业申报为主,申报企业必须是独立法人,中央在湘企业、区域性连锁企业允许参加

[①] 2020 湖南服务业企业 50 强共有 50 家企业入榜,中国移动通信集团湖南有限公司、长沙新奥燃气有限公司、湖南省通信产业服务有限公司、湖南一力股份有限公司、湖南津湘药业有限公司、湖南苏宁易购有限公司、湖南怀仁大健康产业发展有限公司等 7 家企业因营业收入下降等原因放弃申报。2020 湖南服务业企业 50 强新增上榜企业有 8 家,分别是中国联合网络通信有限公司湖南省分公司、长沙京东厚成贸易有限公司、广发银行股份有限公司长沙分行、长沙水业集团有限公司、红星实业集团有限公司、湖南滴滴出行科技有限公司、湖南机场管理集团有限公司、湖南省有线电视网络(集团)股份有限公司。本报告所有数值均以 2020 年度入榜的 50 家企业及 2019 年度入榜的 50 家企业申报数据为依据。

本省排序，但不选送国家级排序。本报告拟重点对 2020 湖南服务业企业 50 强的基本特征、效益纳税情况及存在的主要问题进行简要分析，并结合湖南省服务业发展实际，有针对性地提出对策和建议，供企业、社会组织和有关部门参考。

第一节　2020 湖南服务业企业 50 强特征分析

一、2020 湖南服务业企业 50 强的规模及分布特征

（一）2020 湖南服务业企业 50 强总体规模持续扩大，但增速放缓

2020 湖南服务业企业 50 强营业收入总额达 5724.43 亿元，平均营业收入为 114.49 亿元，较上年度增长 8.92%；总资产达到 16801.97 亿元，平均资产为 342.90 亿元[①]，较上年度增长 8.71%；所有者权益总额为 2927.18 亿元，平均所有者权益为 79.11 亿元[②]，平均增长率为 27.82%；利润总额为 229.39 亿元，利润平均值为 5.88 亿元[③]，平均增长率达 1.91%。从上述指标来看，平均资产增长率和平均所有者权益增长率指标较上年度都有一定的提升，特别是平均所有者权益增长率实现大幅增长，但平均营业收入增长率和平均利润增长率均比上年度要低，说明 50 强企业总体规模扩张速度放缓。2014—2020 湖南服务业企业 50 强总体规模情况如表 4-1、图 4-1 所示，平均营业收入、平均资产、平均所有者权益与利润平均值对比情况详见表 4-2、图 4-2。

表 4-1　　　　　　2014—2020 湖南服务业企业 50 强总体规模情况对比表

单位：亿元

年份	总营业收入	总资产	所有者权益总额	利润总额
2020	5724.43	16801.97	2927.18	229.39
2019	5255.37	15140.79	2846.73	282.96
2018	4586.21	14653.86	2880.74	212.02
2017	4591.47	18727.38	2698.26	342.40
2016	4435.78	16458.89	2296.84	314.27
2015	4687.45	14216.99	2428.82	352.62
2014	4471.14	12525.02	2107.11	318.66

---

① 因湖南金荣企业集团有限公司缺少本年度资产数据，故此处以 49 家为有效统计。
② 因湖南兰天集团有限公司、湖南申湘汽车星沙商务广场有限公司、湖南新长海发展集团有限公司、长沙京东厚成贸易有限公司、中华联合财产保险股份有限公司湖南分公司、湖南金荣企业集团有限公司、太平人寿保险有限公司湖南分公司、吉祥人寿保险股份有限公司、湖南滴滴出行科技有限公司、湖南红海人力资源有限公司、湖南达嘉维康医药有限公司、湖南省蓝马车业集团有限公司、株洲百货股份有限公司缺少本年度所有者权益数据，故此处以 37 家为有效统计。
③ 因湖南兰天集团有限公司、爱尔眼科医院集团股份有限公司、湖南新长海发展集团有限公司、中华联合财产保险股份有限公司湖南分公司、太平人寿保险有限公司湖南分公司、吉祥人寿保险股份有限公司、湖南红海人力资源有限公司、湖南达嘉维康医药有限公司、湖南省有线电视网络（集团）股份有限公司、湖南省蓝马车业集团有限公司、株洲百货股份有限公司缺少本年度利润数据，故此处以 39 家为有效统计。

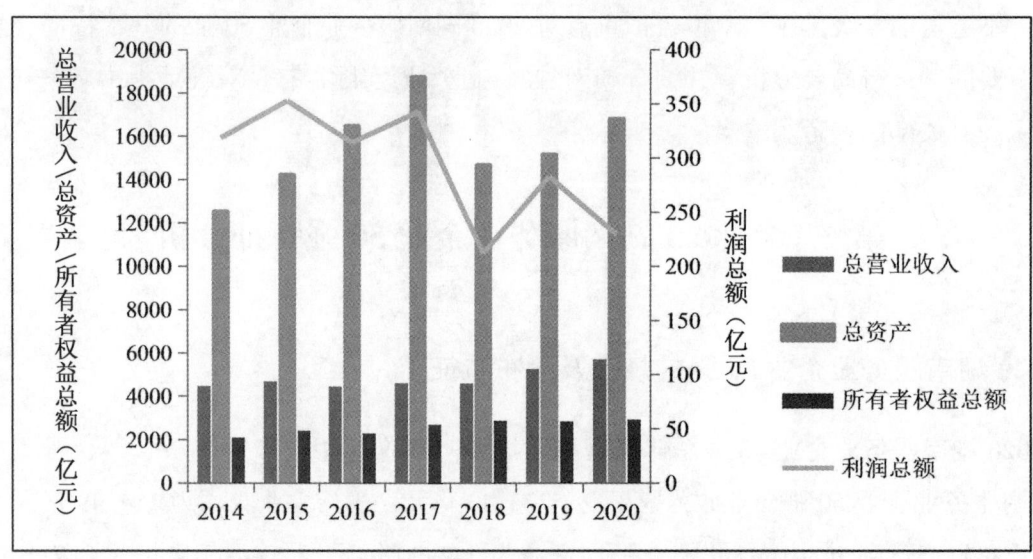

图 4-1 2014—2020 湖南服务业企业 50 强总体规模对比图

表 4-2   2014—2020 湖南服务业企业 50 强平均规模情况对比表

单位：亿元

年份	平均营业收入	平均资产	平均所有者权益	利润平均值
2020	114.49	342.90	79.11	5.88
2019	105.11	315.43	61.89	5.77
2018	91.72	293.07	62.62	4.33
2017	99.81	407.12	59.96	7.44
2016	96.43	357.80	52.20	6.83
2015	93.75	284.34	48.58	7.05
2014	89.42	250.50	42.14	6.37

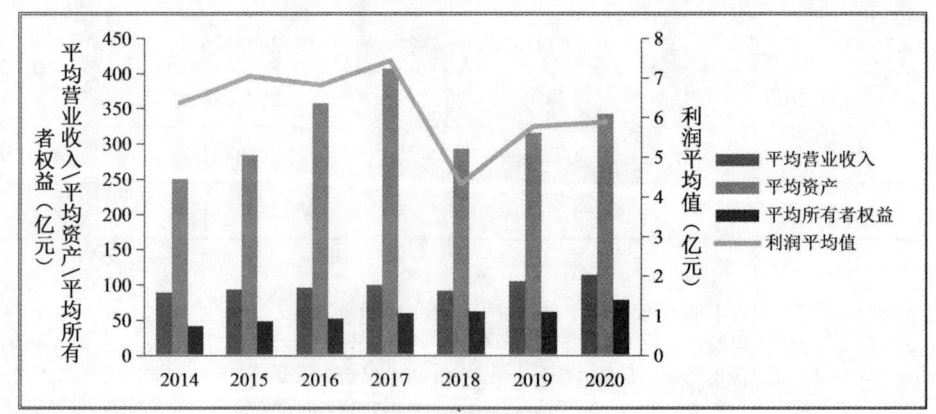

图 4-2 2014—2020 湖南服务业企业 50 强平均规模情况对比图

（二）2020 湖南服务业企业 50 强间规模差距仍然存在

2020 湖南服务业企业 50 强的总体规模和平均规模均有所扩大，但企业之间差距显著。排名首位的国网湖南省电力有限公司和排名末位的株洲百货股份有限公司的资产总额分别为1094.32亿元和10.74亿元，营业收入分别为876.17亿元和19.74亿元；排名末位的资产总额和营业收入分别占排名首位的0.98%和2.25%，与上年度的22.81%和1.90%相比，规模差距显著，中美贸易摩擦的再度升级和我国经济结构的转型升级是导致企业规模差距再次拉大的重要诱因。

从营业收入来看，2020湖南服务业企业50强前三位企业的营业收入总额为1892.84亿元，是后三位的31.32倍（后三位企业的营业收入总额为60.43亿元）。从资产总额来看，前三位企业的资产总额为1507.20亿元，是后三位的13.91倍（后三位企业的资产总额为108.32亿元）。从所有者权益来看，前三位企业的所有者权益总额为528.34亿元，是后三位的3.97倍（后三位企业的所有者权益总额为133.09亿元）。相较于上年度前三位企业和后三位企业资产总额的5.61倍，规模差距进一步拉大。2020湖南服务业企业50强前三位与后三位的规模比较如表4-3所示。

表4-3   2020湖南服务业企业50强前三位与后三位的规模比较表

指标	前三位（亿元）	后三位（亿元）	前三位/后三位
营业收入总额	1892.84	60.43	31.32
资产总额	1507.20	108.32	13.91
所有者权益总额	528.34	133.09	3.97

（三）2020湖南服务业企业50强规模分布不均衡

从营业收入来看，2020湖南服务业企业50强中超过700亿元的有1家，200亿~700亿元的有4家，100亿~200亿元的有11家，70亿~100亿元的有8家，50亿~70亿元的有4家，低于50亿元的有22家，营业收入差距依然存在。与上年度相比，100亿~200亿元的企业减少2家，70亿~100亿元的企业增加2家，其余企业数与上年度保持一致，大多数企业仍集中在10亿~50亿元和100亿~200亿元两个区间。其中，国网湖南省电力有限公司以876.17亿元稳居企业营业收入的第1位，排在第2位和第3位的分别是中国石化销售股份有限公司湖南石油分公司和大汉控股集团有限公司。

从所有者权益来看，湖南服务业企业50强平均所有者权益为79.11亿元。所有者权益超过200亿元的有4家，100亿~200亿元的有5家，50亿~100亿元的有8家，低于50亿元的有20家（占总数的一半以上①）。可见，50强的所有者权益仍呈现明显的金字塔分布，只有极少数企业的所有者权益超过200亿元，大多数企业的所有者权益均集中在50亿元以下的区间，分布不均衡问题仍然突出。其中，长沙银行股份有限公司以406.32亿元稳居第1位，方正证券股份有限公司和国网湖南省电力有限公司分别以385.52亿元和334.17亿元居第2位和第3位。2020湖南服务业企业50强营业收入和所有者权益具体的规模差异情况如表4-4、图4-3所示。

---

① 由于湖南兰天集团有限公司、湖南申湘汽车星沙商务广场有限公司、湖南新长海发展集团有限公司、长沙京东厚成贸易有限公司、中华联合财产保险股份有限公司湖南分公司、湖南金荣企业集团有限公司、太平人寿保险有限公司湖南分公司、吉祥人寿保险股份有限公司、湖南滴滴出行科技有限公司、湖南红海人力资源有限公司、湖南达嘉维康医药有限公司、湖南省蓝马车业集团有限公司、株洲百货股份有限公司的所有者权益数据不详，故按所有者权益分类的企业数目共37家。

表 4-4　　2020 湖南服务业企业 50 强营业收入和所有者权益分布表

项目	>700（亿元）	400~700（亿元）	200~400（亿元）	100~200（亿元）	70~100（亿元）	50~70（亿元）	30~50（亿元）	10~30（亿元）	<10（亿元）	合计
按营业收入分类的企业数目（家）	1	3	1	11	8	4	13	9	0	50
企业数目比例（%）	2	6	2	22	16	8	26	18	0	100
按所有者权益分类的企业数目（家）	0	0	4	5	3	5	5	12	3	37
企业数目比例（%）	0	0	10.81	13.51	8.11	13.51	13.51	32.43	8.11	100

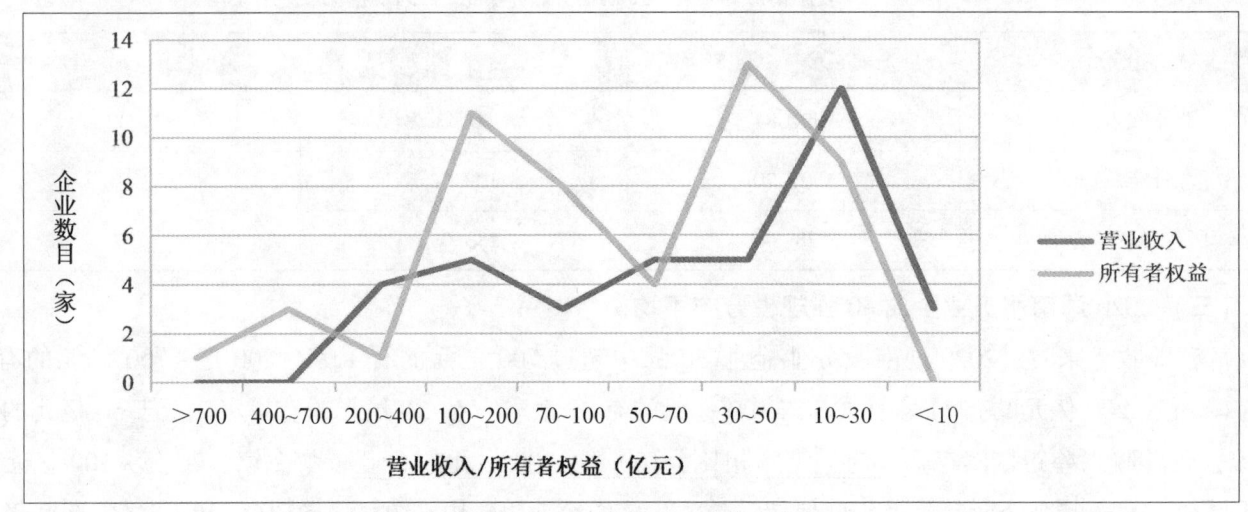

图 4-3　2020 湖南服务业企业 50 强营业收入和所有者权益分布图

从资产规模来看，2020 服务业企业 50 强中共有 4 家企业的资产达到 1000 亿元以上，其中，长沙银行股份有限公司以 6019.98 亿元的资产总额位居第一，远超其他企业。资产总额在 100 亿~1000 亿元的企业有 17 家，较上年度增加 4 家；10 亿~100 亿元的有 23 家，较上年度减少 4 家；低于 10 亿元的有 5 家，排名靠后的 50 强在全球经济疲软面前正砥砺前行。① 可见，50 强的资产规模主要集中在 10 亿~100 亿元区间，超过 1000 亿元的企业数目极少，分布不均衡现象依旧突出。2020 湖南服务业企业 50 强资产规模差异情况如表 4-5、图 4-4 所示。

表 4-5　　2020 湖南服务业企业 50 强资产规模分布表

项目	大于 1000 亿元	100 亿~1000 亿元	10 亿~100 亿元	小于 10 亿元	合计
按资产分类的企业数目（家）	4	17	23	5	49
企业数目比例（%）	8.16	34.69	46.94	10.21	100

---

① 由于湖南金荣企业集团有限公司的资产数据不详，故按资产分类的企业数目共有 49 家。

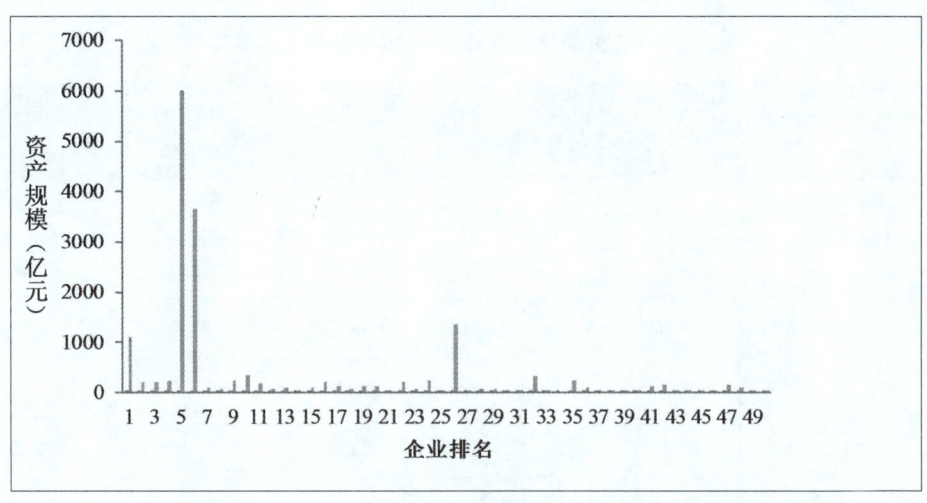

图 4-4 2020 湖南服务业企业 50 强资产规模分布图

综上,在全球经济增速放缓和中美贸易摩擦加剧的情况下,2020 湖南服务业企业 50 强规模扩张速度放缓,企业间规模差距仍然存在,规模分布状态不均匀问题仍然突出。大多数企业仍处于相对较低的水平,但都在迎头赶上。

二、2020 湖南服务业企业 50 强的行业分布特征

(一) 2020 湖南服务业企业 50 强的行业分布相对集中

2020 湖南服务业企业 50 强共分布在 19 个行业,比上年度减少了 3 个行业,分别是科技研发和规划设计业、人力资源服务业和电网行业,说明与其他行业相比,以上行业在全球经济下行的影响下整体竞争力和抗风险能力较弱。首先,综合服务行业入围 50 强的数量最多,为 15 家,占 30%。其次,50 强分布在汽车摩托车零售、医药及医药器材零售两类行业的各有 4 家,分布在互联网服务等 4 类行业的各有 3 家,分布在电讯服务等 3 类行业的各有 2 家,分布在公路运输等 9 类行业的各有 1 家。最后,今年新入选的 8 家企业分别分布于综合服务业、商业银行和农产品及食品批发等 6 种行业类别,占比 31.58%。其中,公路运输、电讯服务、互联网服务、农产品及食品批发、商业银行业各新入围 1 家企业,综合服务业新入围 3 家企业,势头良好。总的来说,50 强的行业划分相对集中,各个行业间入选 50 强的数量差距进一步缩小。2020 湖南服务业企业 50 强主要总指标、分行业主要指标、分行业规模结构情况如表 4-6、表 4-7、表 4-8 所示。

表 4-6　　　　　　　　　　　　　2020 湖南服务业企业 50 强主要总指标

营业收入(亿元)	利润(亿元)	纳税总额(亿元)	资产(亿元)	从业人数(人)
5724.43	229.39	205.92	16801.97	350137

表 4-7　　2020 湖南服务业企业 50 强分行业主要指标

行业	企业数（家）	新入选企业数（家）	平均营业收入（亿元）	平均利润（亿元）	平均纳税总额（亿元）	平均资产（亿元）	平均从业人数（人）
全省	50	8	114.49	5.88	4.20	342.90	7146
综合商贸	3	0	333.23	3.85	6.30	169.08	11860
商业银行	3	1	180.16	28.38	15.57	3334.69	4263
综合服务业	15	3	148.83	4.01	4.74	186.27	8694
文化娱乐	1	0	125.00	11.56	1.99	170.78	4185
医疗卫生健康服务	1	0	99.90	—	—	118.95	—
医药及医药器材零售	4	0	89.82	2.91	4.19	71.55	13684
邮政	1	0	85.79	3.78	0.79	56.55	21179
汽车摩托车零售	4	0	83.44	0.53	0.88	29.88	2361
电讯服务	2	1	78.35	4.36	0.65	163.16	12303
广播电视服务	1	0	70.77	1.11	2.09	223.99	11094
证券业	1	0	65.95	10.08	13.63	1365.96	8184
互联网服务	3	1	63.73	5.11	4.04	56.43	2639
农产品及食品批发	2	1	62.56	1.81	1.57	56.01	8200
连锁超市及百货	2	0	53.30	1.03	2.59	109.93	3054
住宅地产业	1	0	51.02	1.51	3.16	73.34	800
保险业	3	0	35.22	—	1.27	69.07	1925
公路运输	1	1	26.66	0.09	0.80	3.25	392
金属品商贸	1	0	26.18	0.86	0.27	23.86	218
物流及供用链	1	0	22.31	—	0.64	19.46	328

表 4-8　　2020 湖南服务业企业 50 强分行业规模结构

单位：%

行业	企业数	营业收入	利润	纳税	资产	从业人数
综合服务业	30	39.00	2.62	3.45	16.63	3.72
综合商贸	6	17.46	5.04	9.18	3.02	10.16
商业银行	6	9.44	37.12	22.68	59.54	3.65
医药及医药器材零售	8	6.28	5.07	8.15	1.70	15.63

续表

行业	企业数	营业收入	利润	纳税	资产	从业人数
汽车摩托车零售	8	5.83	0.93	1.71	0.71	2.70
互联网服务	6	3.34	6.68	5.88	1.01	2.26
电讯服务	4	2.74	3.81	0.63	1.94	7.03
农产品及食品批发	4	2.19	1.58	1.53	0.67	4.68
文化娱乐	2	2.18	5.04	0.97	1.02	1.20
连锁超市及百货	4	1.86	0.90	2.52	1.31	1.74
保险业	6	1.85	—	1.84	1.23	1.65
医疗卫生健康服务	2	1.75	—		0.71	—
邮政	2	1.50	1.65	0.38	0.34	6.04
广播电视服务	2	1.24	0.48	1.01	1.33	3.17
证券业	2	1.15	4.39	6.62	8.13	2.34
住宅地产业	2	0.89	0.66	1.54	0.44	0.23
公路运输	2	0.47	0.04	0.4	0.02	0.11
金属品商贸	2	0.46	0.38	0.13	0.14	0.06
物流及供应链	2	0.39	—	0.31	0.12	0.09

（二）行业间的盈利能力和效益差异进一步增大

2020湖南服务业企业50强分布于19个行业中，共实现营业收入5724.43亿元，平均营业收入为114.49亿元，综合服务业、综合商贸、商业银行、医药及医药器材零售4个行业的营业收入占50强营业收入总额的72.18%，高于50强的平均值。其中，与上年度相比，综合服务业是湖南服务业50强的新增行业，占比39.00%，位列第一，这说明全球经济增速放缓加之数字经济与产业融合的快速发展促使更多行业转型，更多企业趋向多元化经营，跨细分行业融合趋势明显。而在上年度，电网、综合商贸、公路运输等7个行业的营业收入占50强营业收入总额的71.68%，电网行业位列第一，占比15.51%。可以看出，本年度各行业间营业收入的差距进一步拉大，全球经济疲软的影响不可避免。

从利润实现上看，50强实现利润总额共计229.39亿元，平均利润为5.88亿元。其中，商业银行平均利润最大，为28.38亿元，比上年度下降13.08亿元，贸易紧张局势持续升级的影响显而易见；公路运输行业平均利润最小，为0.09亿元，相比于上年度电网行业的负利润，公路运输行业承受住了压力；商业银行、医药及医药器材零售、文化娱乐和互联网服务行业四者利润总额占50强利润总额一半以上，占比高达53.91%。相比上年度商业银行和电讯服务行业二者占总利润的54.25%，50强的利润空间缩减。

从资产规模上看，商业银行依旧处于领先位置，占总额的59.54%，公路运输和物流及供应链行业分别仅占 0.02% 和 0.12%。可见，运输行业发展规模较小，50 强所在行业的资产比例结构严重失衡，资产高度集中在商业银行业，而公路运输和物流及供应链行业等生产性服务业拥有较少的资产。相较于上年度金融行业资产规模占比 56.94%，50 强的资产规模差距扩大趋势明显。

从纳税额度和从业人数看，商业银行的纳税总额最高，为 46.70 亿元，占行业的 22.68%；邮政行业从业人数最高，为 21179 人，占总行业的 6.04%；金属品商贸行业的纳税总额和从业人数最低，分别占总行业的 0.13% 和 0.06%，且物流及供用链、金属品商贸和公路运输 3 个行业的纳税占比和从业人数占比均低于 1%。可见，在纳税和从业人数上，50 强的行业分布依旧有较大差距。

三、2020 湖南服务业企业 50 强的地域分布特征

2020 湖南服务业企业 50 强表现出明显的区域分布集中特点，基本上与城市经济发展水平相一致，即经济发达的城市入围服务业 50 强的企业较多。经济最发达的省会城市长沙共有 43 家企业入围，比上年度增加 3 家；而株洲、怀化等经济发展水平相对较低的地级市仅有 4 家企业入围，比上年度减少 6 家；湘潭仅有 1 家企业入围，说明在经济发展水平相对不发达城市的企业生存压力加剧。上年度 50 强分布在湖南 7 个城市，而本年度减少 2 个城市，地域集中更为凸显。本年度新入选 8 家企业，虽比上年度减少 7 家，但 8 家新入围企业均在长沙，这说明 50 强倾向大城市聚集的特征显著。从整体上看，50 强的地域分布聚集程度更高，且长沙地区的 50 强不断增多，竞争较为激烈，中小企业的生存状况堪忧。

从主要财务指标看，长沙地区 50 强的指标值均在全省平均值以上，是湖南省服务业发展水平最高的地区。长沙地区 43 家企业的营业收入、利润、纳税额和资产总额均占全省总额的 95% 以上，与上年度指标相比略有上升，从业人数占比相比上年度上升 18.68%，可见 50 强的从业人员逐渐向长沙地区靠拢，其他地区人才流失严重导致人才市场萎缩、竞争力下降；怀化、湘潭、郴州和株洲的从业人数占比都有明显下降。从整体上看，50 强的从业人员均往经济发达的省会城市长沙聚集，其他地级市从业人数占比较上年下降明显，可看出其他经济不发达的地级市经济发展不乐观。具体数据如表 4-9、表 4-10 所示。

表 4-9　　　　　　　　　2020 湖南服务业企业 50 强分地区主要指标

地区	企业数（家）	新入选企业数（家）	平均营业收入（亿元）	平均利润（亿元）	平均纳税总额（亿元）	平均资产（亿元）	平均从业人数（人）
全省	50	8	114.49	5.88	4.20	342.90	7146
长沙	43	8	126.70	6.61	4.69	393.18	7793
怀化	1	0	88.56	1.13	1.48	22.40	14820
湘潭	1	0	51.02	4.67	3.16	73.34	800
郴州	2	0	40.49	0.46	1.10	89.77	2421
株洲	3	0	38.11	1.29	1.34	28.94	1798

表 4-10　　2020 湖南服务业企业 50 强分地区规模结构

单位：%

地区	企业数	营业收入	利润	纳税	资产	从业人数
长沙	86	95.17	97.92	95.62	98.28	93.47
怀化	2	1.55	0.57	0.75	0.13	4.23
湘潭	2	0.89	0.65	1.54	0.44	0.23
郴州	4	1.06	0.30	0.80	0.81	1.04
株洲	6	1.33	0.56	1.29	0.34	1.03

四、2020 湖南服务业企业 50 强的所有制分布特征

（一）企业所有制结构

从所有制结构来看，2020 湖南服务业企业 50 强国有企业入选 23 家，占企业总数的 46%，其中有 5 家属于新入选的企业，比上年度增加 2 家；民营企业入选 27 家，占企业总数的 54%，其中有 3 家属于新入选的企业，较上年度减少 10 家。从企业所有制结构数量分配上看，国有企业和民营企业数量均与上年度一致，多数新入选的企业为国有企业。

从经济指标来看，国有企业均优于民营企业，尤其是在资产总额上，国有企业平均资产为 660.30 亿元，占总额的 90.39%；民营企业平均资产为 62.12 亿元，占总额的 9.61%，相较于上年度的 8.57%，略有上升。从从业人数来看，全省总人数略高于上年度，服务业 50 强平均从业人数增加，国有企业的从业人数占比从上年度的 57.2%下降至 53.39%，而民营企业的从业人数占比从上年度的 42.8%上升为 46.61%[①]，相对于国有企业，民营企业的从业人数连续两年大幅增加。从其他指标来看，民营企业均有小幅度的上升，国有企业依然占绝对优势。2020 湖南服务业企业 50 强按所有制分类的主要指标和占比情况如表 4-11、表 4-12 所示。

表 4-11　　2020 湖南服务业企业 50 强按所有制分类主要指标

所有制类别	企业数（家）	新入选企业数（家）	平均营业收入（亿元）	平均利润（亿元）	平均纳税总额（亿元）	平均资产（亿元）	平均从业人数（人）
全省	50	8	114.49	5.88	4.20	342.90	7146
国有	23	5	145.41	7.80	6.36	660.30	8127
民营	27	3	88.15	3.49	2.29	62.12	6277

---

① 因爱尔眼科医院集团股份有限公司缺少本年度从业人数数据，故此处民营企业数以 26 家为有效统计。

表 4-12　　　　　　　　　　2020 湖南服务业企业 50 强主要指标所有制分布

单位：%

所有制类别	企业数	营业收入	利润	纳税	资产	从业人数
国有	46	58.43	68.04	71.06	90.39	53.39
民营	54	41.57	31.96	28.94	9.61	46.61

（二）不同所有制类型之间的经济效率与效益差距愈加明显

从经济效率和效益指标的分析来看，国有企业和民营企业之间依然存在较大差距，并且这种差距相对上年度更加大。2020 湖南服务业企业 50 强按所有制分类的经济效益与效率指标如表 4-13 所示。

表 4-13　　　　　　2020 湖南服务业企业 50 强按所有制分类的经济效益和效率指标

所有制类别	资产利润率（%）		资产周转率（%）	
	2019	2020	2019	2020
国有	1.46	1.03	21.99	22.02
民营	6.84	4.54	149.62	147.36

比较近两个年度的数据，在资产利润率上，国有企业从 1.46% 下降至 1.03%，下降 0.43 个百分点，民营企业从 6.84% 下降至 4.54%，下降 2.30 个百分点；在资产周转率上，国有企业从 21.99% 上升至 22.02%，上升 0.03 个百分点，民营企业从 149.62% 下降至 147.36%，下降 2.26 个百分点。由表 4-13 可知，国有企业和民营企业的资产利润率相对上年度有所下降，资产周转率则出现了国有企业上升、民营企业下降的情况。从资产利润率看，民营企业的资产盈利能力相对较高，国有企业相对较弱；从资产周转率看，民营企业的管理效率相对上年度有所下降。

第二节　2020 湖南服务业企业 50 强利税分析

一、2020 湖南服务业企业 50 强效益分析

（一）2020 湖南服务业企业 50 强的总体经济效益增速放缓

2020 湖南服务业企业 50 强净利润总额为 229.39 亿元[①]，平均净利润为 5.88 亿元，相比上年度增加 0.11 亿元，受中美贸易摩擦和国际金融市场动荡的影响，湖南服务业总体经济效益提升不大，平均净利润与上年度基本持平。2014—2020 湖南服务业企业 50 强平均净利润增长率分别为 15.45%、8.46%、-3.12%、8.93%、-41.80%、33.26%、1.91%，2017—2019 增长率波动剧烈，且增长率在上年度拨云见日后达至顶峰，但在本年度呈较大降幅，增速放缓，总体经济收益有小幅提升。2014—2020 湖南服务业企业 50 强效益情况、效益对比情况、平均利润增长率趋势变化分别如表 4-14、图 4-5、图 4-6

---

① 因湖南兰天集团有限公司、爱尔眼科医院集团股份有限公司、湖南新长海发展集团有限公司、中华联合财产保险股份有限公司湖南分公司、太平人寿保险有限公司湖南分公司、吉祥人寿保险股份有限公司、湖南红海人力资源有限公司、湖南达嘉维康医药有限公司、湖南省有线电视网络（集团）股份有限公司、湖南省蓝马车业集团有限公司、株洲百货股份有限公司缺少利税数据，故此处以 39 家为有效统计。

所示。

表 4-14　　2014—2020 湖南服务业企业 50 强效益情况表

年份	净利润总额（亿元）	平均净利润（亿元）
2020	229.39	5.88
2019	282.96	5.77
2018	212.02	4.33
2017	342.40	7.44
2016	314.27	6.83
2015	352.62	7.05
2014	318.66	6.50

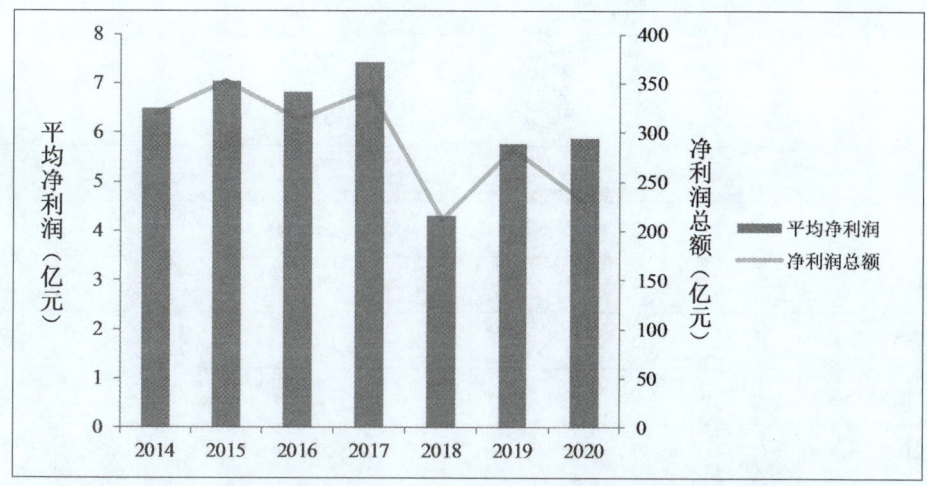

图 4-5　2014—2020 湖南服务业企业 50 强效益对比情况图

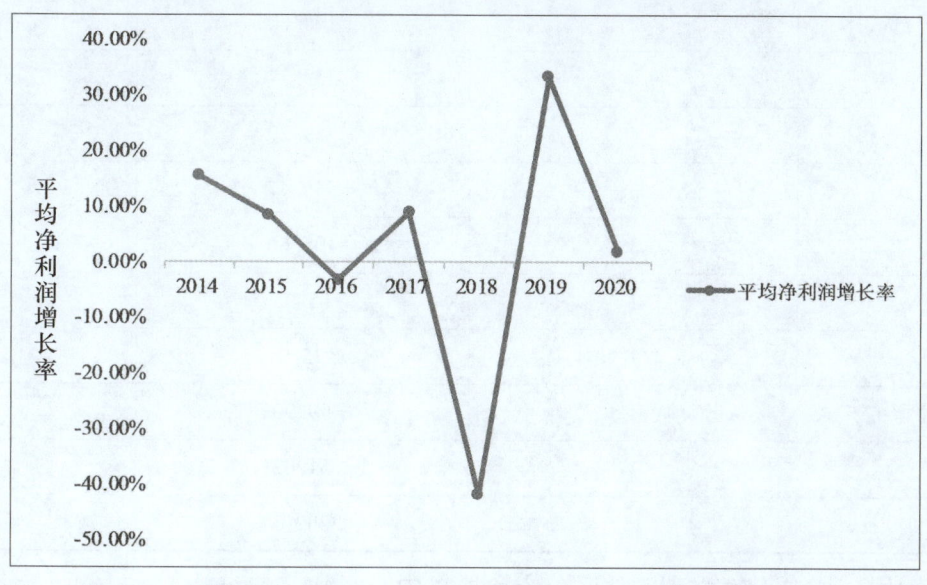

图 4-6　2014—2020 湖南服务业企业 50 强平均净利润增长率趋势变化图

(二) 2020湖南服务业企业50强的利润结构分析

1. 行业利润分布集中程度提高

2020湖南服务业企业50强分布在19个行业，综合服务业入围企业数目最多，商业银行、综合服务业、互联网服务业3个行业利润额居前三位。其中，入围的3家商业银行以85.15亿元的净利润位居行业利润额的首位；综合服务业入围的企业有15家，共实现营业收入2232.37亿元、利润60.20亿元；互联网服务业收入和利润大幅提高，共入围3家企业，实现营业收入191.18亿元、利润15.33亿元。上述3个行业企业数之和为21家，占企业总数的42%；而利润总额为160.68亿元，在企业50强总利润中占比高达70.05%，相比上年度高出6.33个百分点，可见50强的行业利润分布集中程度进一步提高。2020湖南服务业企业50强分行业主要经济指标情况如表4-15所示。

表4-15　　　　　　　　2020湖南服务业企业50强分行业主要经济指标情况

行业	企业数（家）	营业收入（亿元）	利润（亿元）
全省	50	5724.42	229.39
公路运输	1	26.66	0.09
邮政	1	85.79	3.78
物流及供用链	1	22.31	—
电讯服务	2	156.70	8.73
广播电视服务	1	70.77	1.11
互联网服务	3	191.18	15.33
农产品及食品批发	2	125.11	3.62
金属品商贸	1	26.18	0.86
综合商贸	3	999.68	11.56
连锁超市及百货	2	106.60	2.06
汽车摩托车零售	4	333.77	2.13
医药及医药器材零售	4	359.29	11.64
商业银行	3	540.47	85.15
保险业	3	105.66	—
证券业	1	65.95	10.08
文化娱乐	1	125.01	11.56
医疗卫生健康服务	1	99.90	—
住宅地产	1	51.02	1.50
综合服务业	15	2232.37	60.20

2. 2020湖南服务业企业50强利润地区分布愈加集中

从企业地区分布情况来看，2020湖南服务业企业50强利润分布地区差异进一步增大。一方面，在

第四章 2020 湖南服务业企业 50 强分析报告

入选地区和企业的数量上体现为，在全球经济下行的压力下，多个地区尤其是经济基础薄弱的地区服务业经济受到严重影响，入选企业的地区数量由上年度的 7 个地区下降为 5 个地区，其中长沙地区入围企业数量依旧最多，达 43 家企业，比上年度增加 3 家，相比之下，其他地区入围的企业数量减少，株洲和郴州分别入围 3 家和 2 家企业，怀化和湘潭各入围 1 家企业。另一方面，在企业利润上体现为，50 强中长沙地区企业利润合计达 224.61 亿元，占企业总利润的 97.92%。相比之下，株洲、郴州、怀化和湘潭 4 个地区企业利润合计分别为 1.29 亿元、0.69 亿元、1.31 亿元和 1.50 亿元，总计 4.79 亿元，仅占总利润的 2.08%。由此可见，长沙地区企业利润占据了 50 强的绝大多数，且与上年度相比，利润占比进一步提高，已超过 95%。由以上两个方面可见，50 强利润的地区分布集中程度提高，地区间发展不均衡的问题愈加显著。2020 湖南服务业企业 50 强所在地区分布情况详见表 4-16。

表 4-16　　　　　　　　　2020 湖南服务业企业 50 强所在地区分布情况

地区	企业数（家）	营业收入（亿元）	净利润（亿元）
全省	50	5724.42	229.39
长沙	43	5447.89	224.61
株洲	3	76.22	1.29
郴州	2	60.73	0.69
湘潭	1	51.02	1.50
怀化	1	88.56	1.31

（三）2020 湖南服务业企业 50 强的盈利能力分析

2020 湖南服务业企业 50 强中盈利企业 37 家，亏损企业 2 家[①]。

1. 收入盈利能力

从收入净利率看，2020 年度仅有 1 家企业达到 20%以上，与上年度相比减少 1 家；有 5 家企业达到 10%~20%，与上年度相比减少 2 家。其中，湖南金荣企业集团有限公司以 77.63%的收入净利率高居榜首，长沙银行股份有限公司（16.73%）、华融湘江银行股份有限公司（15.70%）分别列第 2 位、第 3 位。虽然位居第一的企业收入净利率与上年度相比有大幅提升，但其他企业与之差距过大，大多数企业的收入净利率下降，50 强盈利能力总体上呈现下降趋势。

2. 资产盈利能力

从总资产利润率[②]看，有 3 家企业的总资产利润率达到 20%以上，与上年度相比，增加了 2 家[③]，

[①] 因湖南兰天集团有限公司、爱尔眼科医院集团股份有限公司、湖南新长海发展集团有限公司、中华联合财产保险股份有限公司湖南分公司、太平人寿保险有限公司湖南分公司、吉祥人寿保险股份有限公司、湖南红海人力资源有限公司、湖南达嘉维康医药有限公司、湖南省有线电视网络（集团）股份有限公司、湖南省蓝马车业集团有限公司、株洲百货股份有限公司缺少利润数据，故此处以 39 家为有效统计。

[②] 由于数据的限制，计算总资产利润率时资产未取平均数，下面的总资产周转率也是如此。

[③] 因湖南金荣企业集团有限公司缺少本年总资产数据，湖南兰天集团有限公司、爱尔眼科医院集团股份有限公司、湖南新长海发展集团有限公司、中华联合财产保险股份有限公司湖南分公司、太平人寿保险有限公司湖南分公司、吉祥人寿保险股份有限公司、湖南红海人力资源有限公司、湖南达嘉维康医药有限公司、湖南省有线电视网络（集团）股份有限公司、湖南省蓝马车业集团有限公司、株洲百货股份有限公司缺少利润数据，故此处以 38 家为有效统计。

分别为长沙京东厚成贸易有限公司（174.95%）、安克创新科技股份有限公司（27.43%）和湖南滴滴出行科技有限公司（27.23%）。益丰大药房连锁股份有限公司以14.63%的总资产利润率居第4位。

从总资产周转率①看，企业50强资产周转率平均为3.65，仅有7家企业资产周转率超过平均值，由于部分排位靠前的企业的拉动，资产周转率均值较上年度大幅提高，但超过均值的企业数量大幅减少，因此本年度50强中资产周转率超过均值的企业数量远低于上年度的41家。在资产周转率超过均值的公司中，长沙京东厚成贸易有限公司以86.51的资产周转率居于首位。湖南红海人力资源有限公司（17.88）、湖南马上银电子商务有限公司（10.78）、湖南滴滴出行科技有限公司（8.20）、湖南申湘汽车星沙商务广场有限公司（6.22）依次列第2至第5位。

从净资产利润率②看，50强中有3家企业达到20%以上，9家企业位于10%~20%区间，与上年度相比两个区间内的企业数量均有所减少，说明受全球经济形势低迷影响，行业整体盈利能力和活动效率下降。50强中净资产利润率排名前五位的企业依次为：中国联合网络通信有限公司湖南省分公司（41.18%）、安克创新科技股份有限公司（36.71%）、中国邮政集团有限公司湖南省分公司（21.80%）、老百姓大药房连锁股份有限公司（14.59%）和芒果超媒股份有限公司（13.16%）。

3. 资本保值能力

从资本保值增值率③看，2020服务业企业50强中指标值在100%以上的企业达到33家，相比上年度减少6家，且排名前五的企业资本保值率均低于2019年度的前五名企业。其中，芒果超媒股份有限公司以155.76%的资本保值增值率位居榜首。列第2至第5位的企业分别是：安克创新科技股份有限公司（146.12%）、长沙银行股份有限公司（131.09%）、中国邮政集团有限公司湖南省分公司（129.61%）和大汉控股集团有限公司（117.47%）。而2019年度排名第5位的企业资本保值率尚高达158.7%，说明50强的经济效益和资本保全状况普遍下降，全球经济下行和中美贸易摩擦升级等因素对50强造成了一定的冲击。

二、2020湖南服务业企业50强纳税分析

（一）2020湖南服务业企业50强对湖南省税收收入贡献力仍未回暖

2020湖南服务业企业50强合计纳税总额为205.92亿元④，平均纳税额为4.20亿元，本年度50强的总纳税额比上年度略高，增加12.8亿元，但平均纳税额比上年度减少0.09亿元，因此可以看出，50强对湖南省税收收入贡献情况没有明显改善，但下降幅度减小。2014—2020服务业企业50强纳税平均

---

① 因湖南金荣企业集团有限公司缺少本年总资产数据，故此处以49家为有效统计。
② 因湖南兰天集团有限公司、湖南申湘汽车星沙商务广场有限公司、湖南新长海发展集团有限公司、长沙京东厚成贸易有限公司、中华联合财产保险股份有限公司湖南分公司、湖南金荣企业集团有限公司、太平人寿保险有限公司湖南分公司、吉祥人寿保险股份有限公司、湖南滴滴出行科技有限公司、湖南红海人力资源有限公司、湖南达嘉维康医药有限公司、湖南省蓝马车业集团有限公司、株洲百货股份有限公司、广发银行有限公司长沙分行缺少本年度所有者权益数据，爱尔眼科医院集团股份有限公司、湖南省有线电视网络（集团）股份有限公司缺少利润数据，故此处以34家为有效统计。
③ 因湖南兰天集团有限公司、湖南申湘汽车星沙商务广场有限公司、湖南新长海发展集团有限公司、长沙京东厚成贸易有限公司、中华联合财产保险股份有限公司湖南分公司、湖南金荣企业集团有限公司、太平人寿保险有限公司湖南分公司、吉祥人寿保险股份有限公司、湖南滴滴出行科技有限公司、湖南红海人力资源有限公司、湖南达嘉维康医药有限公司、湖南省蓝马车业集团有限公司、株洲百货股份有限公司、广发银行有限公司长沙分行缺少相关所有者权益数据，故此处以36家为有效统计。
④ 因爱尔眼科医院集团股份有限公司缺少相关纳税数据，故此处以49家为有效统计。

额增长率分别为 25.62%、9.59%、35.14%、8.43%、-16.21%、-51.47%、-2.10%，前四年度 50 强对湖南省税收的贡献力度总体呈上升趋势，2018 年度开始下降，2019 年度降至最低，本年度降幅出现明显放缓，但受限于整体经济下行大环境，增长率仍未达到正增长，50 强对当地的税收贡献力有待提升。2014—2020 湖南服务业企业 50 强的纳税情况详见表 4-17，对比情况详见图 4-7。

表 4-17　　　　　　　　　　2014—2020 湖南服务业企业 50 强纳税情况表

年份	纳税总额（亿元）	纳税平均额（亿元）
2020	205.92	4.20
2019	193.12	4.29
2018	380.05	8.84
2017	316.57	10.55
2016	330.74	9.73
2015	302.34	7.20
2014	262.89	6.57

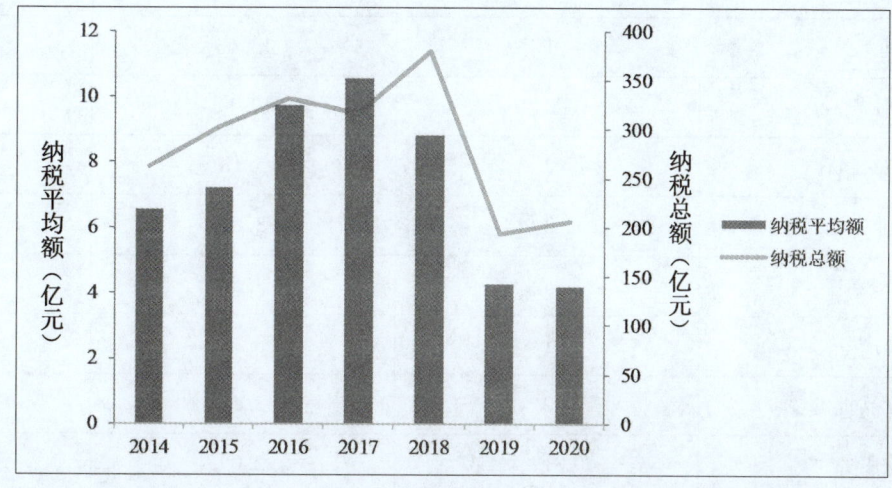

图 4-7　2014—2020 湖南服务业企业 50 强纳税情况变化图

国网湖南省电力有限公司以 41.88 亿元的纳税额居 50 强缴纳税款的首位，列第 2 至第 5 位的企业分别为长沙银行股份有限公司（30.15 亿元）、华融湘江银行股份有限公司（15.35 亿元）、方正证券股份有限公司（13.63 亿元）和中国联合网络通信有限公司湖南省分公司（11.01 亿元）。前 5 位共纳税 112.02 亿元，占 50 强纳税总额的 54.40%。

（二）2020 湖南服务业企业 50 强的纳税结构分析

1. 行业分布不均衡程度愈加凸显，现代服务业显现税收贡献潜力

2020 湖南服务业企业 50 强分布在 19 个行业，相比上年度减少了 3 个行业，其中，综合服务业、商业银行、综合商贸、医药及医药器材零售和证券业 5 类行业的纳税总额居前五位。① 其中，综合服务业有 15 家企业入围，共实现营业收入 2232.37 亿元，净利润 60.20 亿元，纳税总额 71.12 亿元；商业银行

---

① 因医疗卫生健康服务业缺少相关纳税数据，故此处以 18 个行业共 49 家企业为有效统计。

有3家企业入围,共实现营业收入540.47亿元,净利润85.15亿元,缴纳税款46.70亿元;综合商贸有3家企业入围,共实现营业收入999.68亿元,净利润11.56亿元,缴纳税款18.90亿元。这3个行业企业数之和为21家,占企业总数的42%,而合计纳税总额达136.72亿元,占50强纳税总额的66.39%,与上年度的50.03%相比,纳税行业分布不均衡程度再次提高。本年度以国网湖南省电力有限公司为首的综合服务业的税收贡献力度位列榜首,以商业银行为代表的现代服务业对税收的支撑作用也在逐渐增强。2020湖南服务业企业50强纳税行业分布情况详见表4-18。

表4-18　　　　　　　　　2020湖南服务业企业50强纳税行业分布情况

行业	企业数(家)	纳税总额(亿元)	占比(%)
全省	49	205.92	100
综合服务业	15	71.12	34.54
商业银行	3	46.70	22.68
综合商贸	3	18.90	9.18
医药及医药器材零售	4	16.77	8.15
证券业	1	13.63	6.62
互联网服务	3	12.11	5.88
连锁超市及百货	2	5.18	2.51
保险业	3	3.80	1.84
汽车摩托车零售	4	3.53	1.71
住宅地产	1	3.16	1.54
农产品及食品批发	2	3.14	1.53
广播电视服务	1	2.09	1.01
文化娱乐	1	1.99	0.97
电讯服务	2	1.29	0.63
公路运输	1	0.80	0.39
邮政	1	0.79	0.38
物流及供用链	1	0.64	0.31
金属品商贸	1	0.27	0.13

2. 5个地区纳税额均超亿元,长沙地区占总量的95%以上

从企业的地区分布来看,2020湖南服务业企业50强涉及5个地区,纳税额均在亿元以上。其中,长沙地区入围企业的纳税总额为196.89亿元,占50强纳税总额的95.61%,相比上年度提高4.52%;湘潭地区纳税总额虽然仅次于长沙地区,但纳税总额只有3.16亿元,占50强纳税总额的1.53%,相比

上年度的 4.62 亿元有所下降；株洲地区以 2.68 亿元的纳税总额居第 3 位，占 50 强纳税总额的 1.30%；郴州地区和怀化地区占比均未超过 1%。由此可见，税收贡献度在地区之间的差距进一步拉大，湖南省服务业的税收贡献基本靠长沙地区的企业支撑，其他地区服务业企业的贡献力甚微。2014—2020 湖南服务业企业 50 强所在地区的纳税额及占比情况如表 4-19、表 4-20 所示。

表 4-19　　2014—2020 湖南服务业企业 50 强所在地区的纳税额

单位：亿元

地区	2014	2015	2016	2017	2018	2019	2020
长沙	249.34	291.89	319.75	301.87	341.92	175.91	196.89
郴州	6.33	6.49	—	—	34.23	2.05	1.65
株洲	4.66	2.40	1.30	1.50	2.00	2.33	2.68
怀化	0.58	—	0.73	1.29	1.80	2.32	1.54
湘潭	0.65	0.65	8.28	9.79	0.11	4.62	3.16
常德	—	—	—	—	—	5.23	—
益阳	—	—	—	1.55	—	0.66	—
娄底	0.98	0.87	0.68	0.57	—	—	—

表 4-20　　2014—2020 湖南服务业企业 50 强所在地区的纳税额占比情况

单位：%

地区	2014	2015	2016	2017	2018	2019	2020
长沙	94.85	96.54	96.68	95.36	89.97	91.09	95.61
郴州	2.41	2.41	—	—	—	1.06	0.80
株洲	1.77	0.79	0.40	0.47	0.55	1.21	1.30
怀化	0.22	—	0.22	0.41	0.47	1.20	0.75
湘潭	0.25	0.21	2.50	3.09	0.03	2.39	1.53
常德	—	—	—	—	—	2.71	—
益阳	—	—	—	0.49	—	0.34	—
娄底	0.73	0.28	0.20	0.18	—	—	—

第三节　湖南服务业大企业发展面临的挑战与机遇

一、湖南服务业大企业发展面临的挑战

（一）大企业规模两极分化，发展瓶颈亟待突破

2020湖南服务业企业50强规模虽然不断扩大，但增速放缓，且发展仍不均衡。从收入规模来看，末位企业营业收入仅占首位企业的2.25%，排名前三位的资产总额是排名后三位的31.32倍，而上年度该项指标是37.96倍。仅从营收总额和资产总额来看，50强入围门槛降低，少数企业依旧在营业收入和资产规模上遥遥领先。从企业规模及其分布来看，企业规模差距愈加明显，总体上仍处于艰难的扩张期；规模分布依然延续往年，规模大的企业占极少数，而规模小的企业占绝大多数，分布不均衡问题加重。

2020湖南服务业企业50强总体平均利润增幅较小，且仅有个别细分行业发展前景较好，优势企业集中分布在长沙，其余大部分行业和地区利润极低，盈利能力亟待突破发展瓶颈，寻找新的发展契机。从行业分布来看，利润高度集中在商业银行、综合服务业、互联网服务、医药及医药器材零售4个行业，其在50强中的企业数占比仅50%，利润总额占比却高达75.12%，其他15个行业利润总额仅占24.88%，利润水平有待提高。从地区分布来看，利润高度集中在经济发达的省会城市长沙地区，其利润总额占50强总利润的97.92%，其他地区利润总额仅占2.08%，差距显著。一方面，在中美贸易摩擦与全球经济增速放缓的双重夹击之下，全球服务业、交通运输业、旅游业等行业遭受剧烈冲击，世界经济复苏疲软，中国经济企稳回升的难度与不确定性也在持续加大，企业利润整体水平较低。另一方面，湖南省服务业依然是以传统服务业为主，现代服务业和新兴服务业后劲不足，技术服务业缺乏，发展基础薄弱，未能形成支柱产业，利润分布严重失衡。

（二）行业集中程度更高，生产性服务短板明显

2020湖南服务业企业50强分布在19个行业中，总的来说，50强行业分布较上年度更为集聚，服务业内部结构仍然不合理，导致服务业转型升级受阻，总体效率不高。一方面，传统行业依然发挥其主导优势，入围的企业数较多但整体经济产量不高，如汽车摩托车零售、医药及医药器材零售、连锁超市及百货三个传统行业实现的总利润为15.83亿元，占总体的6.9%，而入围的企业数有10家，占50强的20%。另一方面，具有高附加值的现代高端服务业占比较低，如文化娱乐行业实现总利润11.56亿元，占50强的5.04%，而入围的企业数只有1家，仅占50强的2%。此外，入围50强的企业绝大多数是劳动密集型服务行业，缺乏以科技研发和规划设计为主的高附加值生产性服务业。由此可见，湖南省生产性服务业的各个门类仍较为薄弱，经济转型受到严重制约。

相比于制造业的产能过剩问题，生活性服务业发展仍然相对滞后，有效供给不足，难以满足消费变革的要求。一方面，现阶段改善型、享受型商品和服务的有效供给明显不足，导致大量中高端商品和新兴服务消费外流。另一方面，在50强中入围新兴服务消费领域的企业数屈指可数，旅游、教育医疗等新兴消费行业更是寥寥无几，知识和资本密集型服务业发展还不充分，难以满足居民当下对于价值消

费的追求，导致供给与需求严重错配。可见，湖南省服务业在生产服务领域缺乏优势，未能保持消费创新的可持续性，未能很好顺应居民消费从规模扩张向质量提升的转变以及从温饱消费向品牌消费和品质消费的过渡升级，未能充分发挥生产性服务业对于创新的催化剂作用和对于产业结构升级的促进作用。

（三）产业要素资源配置不均，区域均衡问题亟待解决

2020湖南服务业企业50强的地域分布集中程度大幅提高，且国有企业经济贡献力度仍占据主要地位，呈现产业要素资源配置不均，区域发展不均衡的态势。在地区分布方面，50强共分布在5个地区，且50强中长沙地区的企业达43家之多。从地区各项主要指标看，长沙地区的营业收入、利润、从业人数等依旧遥遥领先其他地区，其中总利润占比97.92%，从业人数占比93.47%，而其他地区各项指标占比较上年度更加微小，地区间发展不平衡问题愈加显著。从新入选企业看，50强新入选的8家企业，皆在长沙地区，可见长沙地区的50强发展迅速，而其他地区的企业发展则相对缓慢。在所有制分布方面，虽然50强中民营企业数比国有企业数多4家，但其利润占比仅31.96%、总资产占比仅9.57%，平均从业人数较国有企业少1850人，可看出国有企业虽然数量少，却占据了市场中的大部分资源，在经济效益、企业规模等方面远超民营企业。

总体来看，在地域分布上湖南服务业发展依旧以长沙地区为集中点，在所有制上国有企业仍保持相对主导地位，要素资源配置不均问题愈加明显，区域两极分化现象严重，阻碍了不同区域间服务业的交流合作以及民营企业的发展。一方面，各个地区在经济基础、市场环境、区位条件等方面存在显著差异，加之城市品牌效应、政策倾斜度有异等因素，各地区服务业发展水平差距明显，大多数企业向交通发达、市场环境优渥、人口基数大的发达地区汇聚，导致地区发展不均衡现象日益严重。另一方面，由于国有企业和民营企业在产业基础、资源占有率以及制度完善程度等方面存在较大差距，以致民营企业虽有更高的盈利能力和销售能力，但总体经济效益依旧低于国有企业，所以亟须解决资源分配不均问题，激发民营企业发展活力。

（四）贸易摩擦与经济疲软双重冲击，服务业国际化发展严重受阻

中美贸易摩擦的加剧和全球经济形势低迷严重阻碍了当前服务业的国际化发展，这对于国际交流合作本就不足的湖南服务业来说是一项严峻的挑战，将影响全省经济目标任务的完成和"十三五"的收官。从海外收入数据分析来看，2020湖南服务业企业50强有6家申报海外收入数据，海外收入共217.66亿元，除芒果超媒股份有限公司和新加入的湖南电广传媒股份有限公司外，其他企业海外收入占比均呈下降趋势，总体海外收入占比下降1.94个百分点。而且，从海外收入增长率看，多数企业的海外收入增长率大幅下降，其中，中南出版传媒集团股份有限公司的海外收入增长率由上年度的121.15%降至-55.92%。可见，受中美贸易摩擦和全球经济下行的双重冲击，50强的海外收入情况总体呈下降趋势。

湖南服务业发展迅速，但是国际化程度依旧不高，加之中美贸易摩擦和全球供应链受阻的影响，资源和产业链受到极大限制，严重阻碍了湖南省内企业"走出去"。一方面，近年来全球经济疲软，行业各经济指标整体呈现增速放缓的趋势，随后而来的中美贸易战更是让本就疲软的全球经济雪上加霜，企业可获取的国际资源减少，很多国际化产业链出现断层，甚至很多传统服务业企业因此而倒闭。因

此，如何在低迷的经济形势下重新获取国际资源和重整产业链成为 50 强企业国际化发展的首要难题。另一方面，很多企业在中美贸易摩擦和全球经济疲软的不利形势下选择通过减少海外业务的方法来降低企业风险，虽然在短期内效果显著，但从长远来看并不利于企业的可持续发展，不仅会降低企业的海外收入，而且可能导致企业与国际市场逐渐脱轨，将大大影响湖南服务业经济的增长和对外开放的进程。

二、湖南服务业大企业发展面临的机遇

（一）居民消费空间不断拓展，新兴服务业需求持续增长

在全球新冠肺炎疫情的剧烈冲击之下，世界经济下行压力加剧，全球需求持续萎缩，我国经济可持续发展遭遇前所未有的挑战。我国努力在危机中育新机、于变局中开新局，有效激发了市场的创新热情，加快涌现和提速发展了一大批新业态、新产品和新模式，同时也大大激发了居民消费潜力，促进了居民消费需求的增长，"宅经济""宅消费"也因此应运而生。

在疫情防控常态化背景下，大量新业态、新模式快速涌现。一是非接触性服务消费全面爆发，无人机送货、云逛街等一系列新模式依托更多、更细和更丰富的非接触式服务，不仅颠覆了居民生活、工作、接触、交流的传统模式，还使得更多人力从枯燥、重复的岗位上解放出来，倒逼劳动力转型升级，进而服务于更多新市场、新领域。二是在线消费迅速普及。疫情颠覆了传统线下零售，倒逼电商和新零售加快发展。一方面，在线购物等发展较为成熟的线上消费方式呈现高速发展，如盒马鲜生等具备在线购物功能的零售新业态走入千家万户。另一方面，新的线上消费方式孕育而起，如湖南省多位县长借助互联网平台，为农产品打开市场"直播带货"，助力"湘字号"农产品的品牌建设，弥补了线下消费的不足，起到了扩内需、促消费的作用。三是视频消费迅猛增长。抖音、哔哩哔哩等依托于智能手机等终端的众多短视频平台开启线上营销活动，实现了视频应用的小规模"垂直整合"，短视频播放平台迎来快速发展机遇；教育平台充分运用信息化手段，开发网络视频课程，实现线下转线上的教育模式，自动批改程序、课程研发学习平台等辅助教学成果也应运而生。

（二）数字经济助推企业提质增效，服务业转型与融合进程加快

当前，数字经济发展按下"快进键"，消费生活数字化趋势正在加速形成。《2020 年国务院政府工作报告》中明确提出："电商网购、在线服务等新业态在抗疫中发挥了重要作用，要继续出台支持政策，全面推进'互联网+'，打造数字经济新优势。"现代信息技术的广泛运用，提升了产品质量，降低了企业成本，促进了需求与生产的平衡，推动了服务业与其他产业的融合创新发展，大大优化了经济结构，促进社会经济高效发展。基于互联网等方式的创业创新蓬勃兴起，创新型人才实现量的增长与质的提升，社会范围内"大众创业、万众创新"氛围更加浓烈，为企业创新升级、数字经济高质量发展提供了良好的发展环境。

疫情防控期间，数字经济将有效拓展生产可能性边界。从转型与融合视角看，此次疫情对经济的冲击不言而喻，但危中藏机，这也倒逼湖南省生产性服务业加快数字化、网络化进程，加速服务业的转型与跨界融合，推进服务业、制造业与农业深度融合，促进制造业企业向研发设计、售后服务等产业链两端延伸，发展农村服务业，支持培育农村产业化联合体、田园综合体、休闲农业和乡村旅游等融合发展

新模式。从文旅投资需求视角看，湖南旅游业投资需求旺、领域广、潜力大，可发挥旅游业搭建平台促进共享、提升价值的特殊功能，利用红色文化资源优势，突出融合创新、推进开放合作，与文化、养老、健康、体育、新型城镇化等融合发展；另外，在基础设施、房地产、制造业三大投资领域全面发力，改造提升传统动能，培育发展新动能，使旅游投资项目成为拉动民间投资、吸纳和承接社会资本的主力军。

（三）政府聚焦企业创新与培育，助力服务业持续稳定发展

2020 湖南服务业企业 50 强的总体经济指标虽较上年度略有提升，但依然存在企业创新能力缺乏，创新型领军企业数量少、带动能力不足等问题。为推动湖南省服务业持续稳定发展，湖南省聚焦服务业关键领域和薄弱环节，在财税、金融、人才以及市场环境等方面强化支持力度，致力于发展现代服务业，激发企业创新活力以及培育行业领军企业。此外，湖南省政府在研究部署"十四五"规划时也明确指出要在"新"字上下功夫，抢抓政策机遇，通过数字产业化、产业数字化、跨界融合化等方式重点培育一批优势产业和产业集群，在促进产业提质增效的同时带动区域协调发展。

作为我国国民经济的第一大产业，服务业受到政府广泛而持续的关注。在财税支持方面，湖南省政府积极落实相关税收优惠政策，不断强化对服务业的财税和金融支持，激励服务业企业创新升级、扩大规模，尤其是在疫情期间，政府进一步加大减税降费力度，减轻疫情给企业带来的压力，为湖南服务业的持续稳定发展注入动力。在人才支撑方面，政府不断推进服务业人才引进机制建设，通过强化人才激励政策等方式吸引高端创新型人才，为服务业企业的创新升级和进一步发展不断提供新鲜血液。在企业培育方面，政府加大对重点领域企业和新兴创新型企业的扶持力度，通过充分发挥领军企业带动作用、促进高新信息技术与企业业务深度融合、推动现代服务业与先进制造业跨界融合等方式提高企业创新能力，加快企业转型升级。在市场环境优化方面，政府不断完善市场监管机制和市场信用体系建设，加大对知识产权的保护力度和违法行为的惩处力度，努力营造良好的营商环境，为服务业的持续稳定发展提供有效保障。

（四）疫情推动全球化格局重塑，服务业国际化发展迎机遇

新冠肺炎疫情影响的广泛性、持久性和复杂性深刻影响着全球化的进程和方向。首先，此次疫情暴露出全球化的脆弱性，倒逼全球产业链调整升级，全球主义逐步让位于区域主义，各大国会进一步加大区域内政策优惠，区域合作将持续深化发展。其次，全球化格局的变化使得美国的霸权主义影响逐渐削弱，全球化的动力源将更加多元平衡。此外，在全球抗疫过程中，我国以负责任的大国形象与更多的国家建立友好合作关系，在无形中拓宽了我国的国际化发展道路。因此，随着全球化格局的逐渐重塑和我国国际地位的提升，我国企业将拥有更多国际化交流合作机会，服务业"走出去"将迎来新的曙光。

服务业在我国国民经济中占据主导地位，其发展直接关系着我国整体经济的表现，而打通国际市场是行业实现进一步发展的关键。疫情期间，医疗健康服务业以及电商、线上教育等现代互联网服务业在需求急速增长的情况下迎来了良好的国际化发展契机。一方面，疫情暴露了很多国家医疗领域产业制造体系的短板，医疗产品和医疗服务严重短缺，我国的医疗健康服务业为世界各国提供了大量的医疗器械和医疗用品，满足了疫情期间人们在健康方面的需求，使国内服务业与国际社会建立了更多联系，大大拓宽了我国服务业的国际化发展空间。另一方面，互联网服务业借助互联网全球性、高效性、自由性等特点，满足了疫情期间各国人民在生活和工作上的需求，使其相关业务得以在全球范围内快速推广，加快了互联网服务业的国际化发展进程。

第四节　促进湖南服务业大企业发展的对策与建议

一、拓展新型消费空间，寻找盈利突破口

为应对中美贸易摩擦的进一步深化和新冠肺炎疫情的全球蔓延，我国政府充分发挥中国超大规模市场优势和内需潜力，以推进供给侧结构性改革为主线，以提高服务业供给质量和产业竞争力为核心，构建国内国际双循环相互促进的新发展格局。湖南省服务业需要不断优化消费供给结构，充分释放国内市场潜力，借助新一代5G信息技术，大力支持原创创新和顶层设计，利用红色文化优势，打造属于湖南的专属产业品牌，加快推动服务业动力变革、质量变革、效率变革，为建设富饶美丽新湖南做出贡献。

第一，优化社会供给服务，提升居民消费质量。首先，着力提升现代物流、现代金融、信息服务产业支撑能力，增强文化旅游、健康养老服务供给能力，优化供给结构，引领带动湖南省服务业全面发展。其次，加快发展家庭服务、科技服务等新兴产业供给，以供给开发需求，以需求推动供给，拉动内需经济增长。最后，加速提升产业供给能力，扩大消费覆盖范围，营造良好的消费环境，确保服务业供给质量，激发和释放市场主体活力。

第二，坚持技术创新驱动，打造服务新增长点。一是改善创新发展环境，创新先进管理理念，加快关键核心技术自主创新和颠覆性技术创新，抢占科技竞争和未来发展制高点，创造更多竞争优势。二是大力培育服务新业态和新模式，推动以分享、信息、生物、绿色、创意、智能等为特点的新兴经济业态成为增长新引擎，借助互联网、大数据等先进技术推动服务业向数字化、智能化、信息化、多元化方向发展。三是实施"湖湘服务"品牌战略，充分发挥湖湘文化的价值理念和文化优势，将"湘"文化元素融入服务产品的设计和创新之中，着力打造具有湖南特色的服务优势品牌，不断提升湖湘文化的影响力，提高企业核心竞争力。

第三，加强产业间良性互动，推动产业高质量发展。一方面，统筹推进产业间协作，形成产业发展"合力"，聚焦主责主业，大企业要带动配套小企业共同发展，催生更多"独角兽企业"，加快新动能培育和新旧动能转换。另一方面，鼓励企业利用人工智能、虚拟现实、大数据、移动互联网、云计算及区块链等先进数字技术和手段与传统产业深度融合，加速产业数字化和数字产业化，带动上下游企业共同发展，推动"互联网+"服务全面升级。

二、推动数字转型融合，补齐生产服务短板

在疫情防控常态化背景下，数字经济赋能产业转型升级优势凸显，湖南省应结合自身优势，贯彻创新驱动发展战略，利用云计算、物联网等技术推动现代服务业、工业和农业深度融合发展，打造信息化、智能化等数字化融合场景，驱动传统产业转型升级，加强服务业交叉融合，培育数字化转型生态，

以冲抵经济下行压力，让数字经济新引擎持续输出强劲动力，发挥好驱动作用。湖南省服务业应抓住新常态下调整期的机遇，抢占中部制高点，实现经济高质量发展。

第一，加速传统企业数字化转型步伐。一是应用先进理念、现代技术和新型商业模式，培育服务业竞争新优势，推动商贸流通等传统产业转型升级，鼓励养老、旅游、设计、物流等服务业跨界融合发展，打造服务产业生态圈。二是依托大数据、人工智能等数字技术，以智能制造为核心，加快发展现代金融、工业设计、技术研发等高附加值和高技术含量服务业，推进服务平台和传统制造业进行数字化转型。三是加强对传统产业数字化转型的政策支持，不仅在财政上给予补助，还要建立自由平等、公平法治的市场环境和标准的市场进入准则。

第二，强化以生产性为主的产业结构。一是增强第三产业尤其是生产性服务业的技术、管理和商业模式创新能力，从而提高生产性服务业的服务能力和水平。二是推动生活服务业数字化向全链条扩散覆盖，加大文化、医疗、旅游等服务供给，使生活性、生产性服务业协同并进，为经济社会持续健康发展打造新引擎。三是鼓励新兴技术与生产性服务业融合，最大化程度发挥现代新兴技术对生产性服务业发展的推动作用，不断优化产业结构。

第三，全面开展产业跨界融合行动。一是发挥制造强省的优势，推动制造业服务化和服务业制造化交叉融合，借助制造业基础优势，补齐现代服务业发展短板，在打破两个行业间的隔阂与壁垒中探索商业模式创新和业态创新。二是提升文化旅游内涵与服务精细化管理水平，加快人文旅游、智慧旅游服务建设，推进文化与旅游的深度融合，让文化和旅游改革发展再上新台阶。三是支持培育农村产业化联合体，建立农业现代化、农业产业化服务体系，引领产业向价值链高端提升，实现服务业与农业在更高水平上有机融合，推动经济提质增效升级。

三、整合产业要素资源，规划协同发展蓝图

湖南省服务业总体发展趋势稳定，但资源配置不均、区域发展不协调等问题使湖南省服务业的整体质量难以提升。习近平总书记在《推动形成优势互补高质量发展的区域经济布局》中强调指出，我国经济发展的空间结构正在发生深刻变化，中心城市和城市群正在成为承载发展要素的主要空间形式。下一阶段的经济发展要进一步以中心城市和城市群作为主要空间载体，促进区域间要素流动，形成优势互补、高质量发展的区域经济布局。湖南省服务业要以习近平总书记相关重要思想和《湖南省"十三五"服务业发展规划》为指导，进一步统筹推进"一核三极四带多点"区域产业联动发展、错位发展，建立更有效的区域协调发展机制，确保"十三五"规划顺利收官。

第一，以中心城市为核心，辐射带动周边区域发展。产业和人口向优势区域集中，形成以城市群为主要形态的增长动力源，进而带动经济总体效率提高。一是要重点打造长株潭、岳阳、怀化和郴州四个中心区域的服务业龙头企业，提高"一核三极"的辐射带动能力。二是要以"一核三极"为中心，加强中心城市企业与周边区域企业的合作交流，带动周边地区服务业发展，同时，政府要加大对落后地区服务业的政策支持力度，引导人才、资金、技术等要素加速集聚，为区域协调发展注入活力。

第二，整合产业要素资源，加快企业融合发展进程。一是政府要充分发挥引导作用，引导高素质人才和金融机构投身于民营企业发展和相对落后地区的服务业建设，加大对相关人才的政策补贴力度。

二是要重点推进落后地区的交通、通信和环保等基础设施建设，为湖南服务业全方位均衡发展注入活力。三是要加快服务业落后领域企业的转型升级和融合发展，形成企业要素资源共享、优势企业带动弱势企业发展和发达地区带动落后地区发展的区域协调新格局。

第三，充分利用区位优势，发展地区特色服务业。一是各地服务业发展应充分利用当地资源，创新企业服务模式，打造具有地域特色的服务业格局。例如，湖南许多经济落后地区具有很多尚未开发的自然资源，可以重点开发旅游项目，形成以旅游服务业为龙头的服务业布局。二是政府要根据各地的区位条件和经济环境进行合理化布局，实行因地制宜的差异化区域政策，绘制各地区服务业协同发展新蓝图。

四、助力企业复工复产，打造"双循环"新格局

随着经济全球化步伐的加快，服务业在世界经济和全球贸易中的重要性稳步提升。自 2005 年以来，服务贸易增速已逐渐超过货物贸易，服务贸易占整体贸易的比重也在日益上升。新冠肺炎疫情的爆发阻碍了现阶段湖南服务业"走出去"的步伐，但随着全球抗疫的进行和政府扶持力度的不断加大，服务业的国际化发展道路迎来了新的曙光。湖南省应抓住机遇，积极响应国家政策，在稳步推进企业复工复产工作的同时，持续提升服务业的国际竞争力，扩大对外开放水平，打造国内国外"双循环"新格局。

第一，政府企业同聚力，稳步实现复工复产。首先，各级政府要贯彻落实"一手抓疫情防控，一手抓复工复产"的政策方针，在防止疫情散播的同时，帮助企业重整产业链，为复工人员提供补贴和安全保障，加大资金支持力度，为企业复工复产提供保障。其次，企业要制定相应的复工复产方案，加快服务创新升级步伐，以满足疫情期间人们的消费需求，在推进复工复产工作的基础上抓住机遇，实现进一步发展。

第二，创新企业服务模式，提升国际竞争力。随着疫情的持续蔓延，"互联网+"线上服务模式逐渐体现出竞争优势。首先，企业要抢抓线上服务业发展机遇，重点引入高技术人才，提升创新发展能力，加快信息技术、数字经济与企业业务的融合。其次，政府要不断深化大数据、物联网和人工智能等现代科技在服务业领域的应用，加强对服务业服务模式创新的支持，借助互联网多边主义趋势，促进湖南服务业与国际社会的交流合作，在助力服务业提质升级的同时，开拓国际发展道路。

第三，改善营商环境，致力"双循环"格局构建。湖南省服务业要积极构建以国内大循环为主体、国内国际双循环相互促进的新发展格局。首先，政府要深化"放管服"改革，进一步落实疫情期间的减税降费政策，同时完善市场监管体制，打造良好的营商环境。其次，湖南服务业应拓展对外开放空间，一方面要从省内循环做起，依靠内需拉动增长，依靠自主创新提升国际竞争力。另一方面要发展国外循环，通过创新招商方式、扩大招商范围和加大外商投资政策支持力度等方式增强湖南服务业对全球资源要素的吸引力，逐步构建服务业"双循环"新格局。

第五章
2020 湖南企业 100 强横向对比分析报告

横向对比分析，可以更好地认识自身、发现问题，也能为决策提供重要参考。第二章已对 2020 湖南企业 100 强的总体发展状况进行了纵向分析比较，提出了许多有价值的意见和建议，本章拟对 2020 湖南企业 100 强再做一些横向对比分析，以期把问题看得更深、更远、更全面，在看到湖南企业 100 强亮点的同时，也认识到与竞争对手之间的差异，从而能够更加准确地进行战略定位，找出解决自身问题的途径与方法，实现高质量发展。本章横向对比分析所选参照系主要是：2020 中国企业 500 强、2020 中国企业 500 强中国内生产总值（GDP）排名前十位省份的上榜企业和 2020《财富》世界企业 500 强。

第一节　2020 中国企业 500 强榜单中的湖南亮点

一、7 家企业进入中国企业 500 强排行榜，较上年度增加 1 家

2020 中国企业 500 强排行榜中湖南省有 7 家企业，其中制造业企业 4 家：湖南华菱钢铁集团有限责任公司、三一集团有限公司、湖南博长控股集团有限公司、中联重科股份有限公司；建筑业企业 1 家：湖南建工集团有限公司；服务业企业 2 家：步步高投资集团股份有限公司、大汉控股集团有限公司。湖南华菱钢铁集团有限责任公司、三一集团有限公司、湖南建工集团有限公司是连续第 10 年上榜；大汉控股集团有限公司、湖南博长控股集团有限公司是连续第 7 年上榜；步步高集团是连续第 5 年上榜。曾连续 7 年上榜中国企业 500 强的中联重科股份有限公司重返榜单，排第 419 位。

7 家上榜企业中，3 家排名较上年度有提升，3 家排名较上年度有下降，1 家新进入。三一集团有限公司以营业收入 875.76 亿元的业绩排名第 243 位，相比上年度排名上升 38 位；大汉控股集团有限公司以营业收入 463.22 亿元的业绩居第 396 位，排名上升 34 位；湖南建工集团有限公司以营业收入 1204.80 亿元的业绩居第 211 位，排名上升 1 位。三一集团有限公司连续两年实现排名较大幅度上升。本年度排名下降较多的是步步高投资集团股份有限公司，其营业收入为 415.26 亿元，排名第 443 位，与上年度相比下降 9 位。有关详情如表 5-1 所示。

表 5-1　　2019—2020 中国企业 500 强榜单上湖南企业排名情况

企业名称	2020	2019	排名±位次
湖南华菱钢铁集团有限责任公司	154	153	-1
湖南建工集团有限公司	211	212	+1
三一集团有限公司	243	281	+38
湖南博长控股集团有限公司	364	357	-7
大汉控股集团有限公司	396	430	+34
中联重科股份有限公司	419	—	—
步步高投资集团股份有限公司	443	434	-9

从 7 家上榜企业的平均规模来看，两项经济指标相比上年度都有所扩大。①营业收入规模。7 家上榜企业共实现营业收入 5053.36 亿元，平均营收规模为 721.91 亿元；与 2019 中国企业 500 强榜单上湖南 6 家上榜企业平均营收规模相比，增加 50.16 亿元，增幅为 7.47%。②资产规模。7 家上榜企业的资产总额为 4694.10 亿元，平均规模为 670.59 亿元，与 2019 中国企业 500 强榜单上湖南 6 家上榜企业平均资产规模相比，增加 130.21 亿元，增幅为 24.1%。有关数据如表 5-2 所示。

表 5-2　　2019—2020 中国企业 500 强中湖南上榜企业总体规模

单位：亿元

指标	2019 中国企业 500 强湖南上榜企业		2020 中国企业 500 强湖南上榜企业	
	总体规模	平均规模	总体规模	平均规模
营业收入	4030.50	671.75	5053.36	721.91
资产	3242.30	540.38	4694.10	670.59

二、6 家企业进入中国制造业企业 500 强排行榜，较上年度减少 2 家

在 2020 中国制造业企业 500 强榜单上，湖南有 6 家企业上榜，较上年度减少 2 家。2019—2020 中国制造业企业 500 强榜单上湖南企业排名情况如表 5-3 所示。从中可以看出，有 4 家企业的排名较上年度有提升。其中，中联重科股份有限公司、三一集团有限公司、湖南黄金集团有限责任公司是最大的赢家，与上年度相比，排名分别提升 67 位、18 位和 11 位。2019 中国制造业企业 500 强榜单上有名的郴州市金贵银业股份有限公司，因营业收入未能达到 100.72 亿元的入围门槛而落榜。

表 5-3　2019—2020 中国制造业企业 500 强榜单上湖南企业排名情况

企业名称	2020	2019	排名±位次
湖南华菱钢铁集团有限责任公司	60	59	-1
三一集团有限公司	106	124	+18
湖南博长控股集团有限公司	167	168	+1
中联重科股份有限公司	198	265	+67
唐人神集团股份有限公司	404	399	-5
湖南黄金集团有限责任公司	417	428	+11
郴州市金贵银业股份有限公司	落榜	467	—

从上榜企业的营业收入平均规模来看，6 家制造业企业共实现营业收入 3446.02 亿元，平均规模为 574.34 亿元，与 2019 中国制造业企业 500 强榜单上 8 家湖南制造业企业的平均规模相比，提高 163.8 亿元，增幅为 39.9%，创历史新高。2016—2020 中国制造业企业 500 强榜单上湖南企业营业收入平均规模如图 5-1 所示，可以看出，平稳扩张是近年来湖南制造业发展的总趋势。

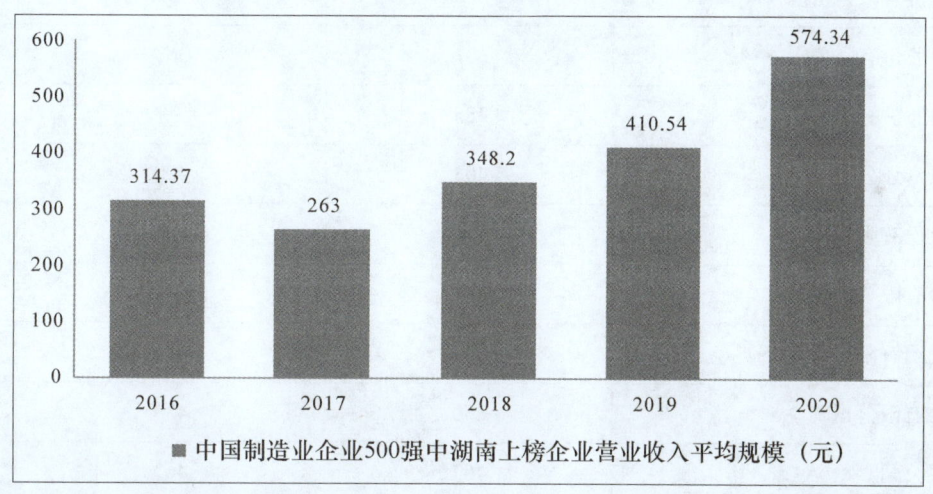

图 5-1　2016—2020 中国制造业企业 500 强中湖南上榜企业营业收入平均规模示意图

三、19 家企业进入中国服务业企业 500 强排行榜，较上年度增加 1 家

在 2020 中国服务业企业 500 强榜单上，湖南有 19 家企业上榜，较上年度增加 1 家。在 2019 中国服务业企业 500 强榜单上有名的天元盛世控股集团有限公司，因营业收入未能达到 2020 中国服务业企业 500 强 54.8 亿元的入围门槛而落榜，故 19 家上榜企业中有 2 家是"新面孔"，分别是爱尔眼科医院集团股份有限公司和湖南电广传媒股份有限公司。长沙银行股份有限公司以营业收入 303.67 亿元的业绩排名 2020 中国服务业企业第 205 位，较上年度提升 98 位，在湖南上榜企业中位次提升最大。中南出版传媒集团股份有限公司的排名后退 13 位，由上年度的第 368 名下降至本年度的第 381 名。2019—2020 中国服务业企业 500 强榜单上湖南企业的排名情况如表 5-4 所示。

表 5-4　2019—2020 中国服务业企业 500 强榜单上湖南企业排名情况

企业名称	2020	2019	排名±位次
大汉控股集团有限公司	149	150	+1
步步高投资集团股份有限公司	164	152	-12
长沙银行股份有限公司	205	303	+98
湖南永通集团有限公司	316	329	+13
现代投资股份有限公司	331	334	+3
芒果超媒股份有限公司	333	364	+31
湖南博深实业集团有限公司	339	360	+21
老百姓大药房连锁股份有限公司	351	371	+20
湖南兰天集团有限公司	358	346	-12
湖南粮食集团有限责任公司	365	369	+4
益丰大药房连锁股份有限公司	380	433	+53
中南出版传媒集团股份有限公司	381	368	-13
爱尔眼科医院集团股份有限公司	385	—	—
湖南佳惠百货有限责任公司	403	400	-3
湖南友谊阿波罗股份有限公司	408	404	-4
湖南电广传媒股份有限公司	447	—	—
湖南省轻工盐业集团有限公司	459	491	+32
安克创新科技股份有限公司	460	483	+23
方正证券股份有限公司	463	463	—
天元盛世控股集团有限公司	落榜	421	—

从上榜企业的营业收入平均规模来看，19 家服务业企业共实现营业收入 2782.32 亿元，平均规模为 146.44 亿元，与 2019 中国服务业企业 500 强榜单上 18 家湖南服务业企业的平均规模相比，增加 22.89 亿元，增幅高达 18.5%，说明湖南省服务业企业在全球经济形势下行的大环境下实现逆势增长，展现蓬勃活力。总体来看，湖南省服务业实现稳步发展，在企业排名、企业营业收入和企业规模等方面都有较大提升，从侧面体现出服务业的经济活力和在经济发展中的重要地位。2016—2020 中国服务业企业 500 强榜单上湖南服务业企业的营业收入平均规模如图 5-2 所示。

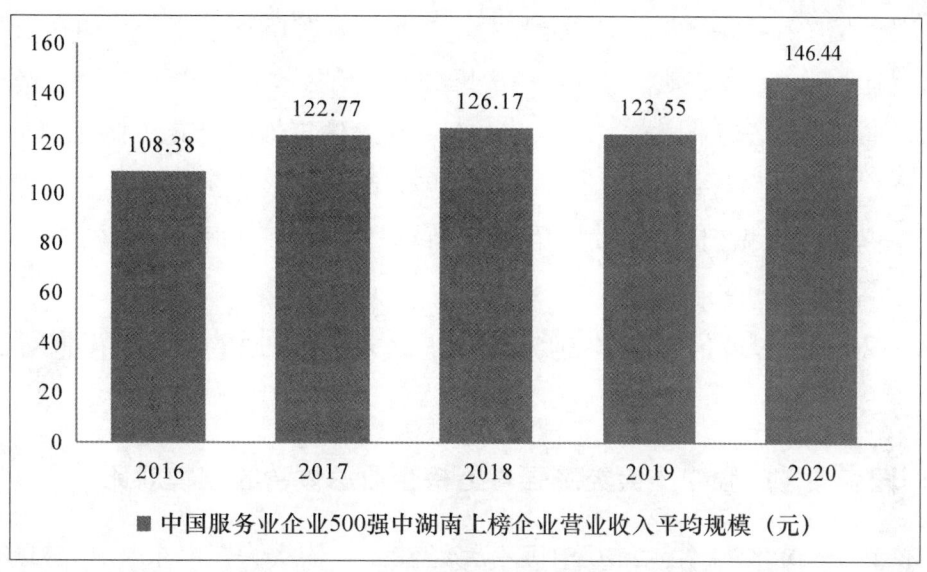

图 5-2　2016—2020 中国服务业企业 500 强中湖南上榜企业营业收入平均规模示意图

四、湖南上榜企业的其他亮点

在第二次推出的 2020 中国战略性新兴产业领军企业 100 强排行榜中，中联重科股份有限公司以战略性新兴产业（高端装备制造领域）业务总收入 433.1 亿元的业绩，列排行榜第 39 名。在 2020 中国跨国公司 100 大及跨国指数排行榜中，湖南有 1 家企业上榜：三一集团有限公司连续第二次上榜，以海外资产 468.13 亿元的实绩列第 47 名，跨国指数为 21.02%。详情见表 5-5。

表 5-5　　2020 中国跨国公司 100 大排行榜中三一集团有限公司主要数据

指标	三一集团有限公司
跨国指数（%）	21.02
企业资产总额（亿元）	1572.6559
海外资产（亿元）	468.1258
海外资产规模在中国企业 500 强中的排名	47
企业营业收入总额（亿元）	875.7632
海外收入（亿元）	158.9374
企业员工总数（人）	23966
海外员工（人）	3628

近年来，公司致力于由单一国内市场向国际化转型，不断强化双聚战略，聚焦重点国家、聚焦重点产品，通过组团出海、国际产能合作和大项目输出实现国际化运营模式的升级，同时将国内的服务理念复制到海外，逐步建立了强大的服务配件保障能力，不断取得新成绩。2012 年，三一集团与中信产业基金共同出资 3.6 亿欧元，并购德国普茨迈斯特集团公司 100% 股权，其中三一方面支付 3.24 亿欧元，拥有其 90% 的股权。2013 年，又从中信产业手中收购剩余 10% 的股份，实现 100% 控股。三一集团并购的普茨迈斯特有"大象"之称，尤其在混凝土机械方面更是全球闻名。在随后几年中，三一集团在混

凝土机械领域实现营业收入稳定增长，保持全球第一的地位。2015年，三一集团在俄罗斯、德国、印度、印尼等国都设有工厂或研发基地，海外业务增长25%，销售收入超过百亿元，占公司业绩的35%，出口量占行业的近三成，稳居行业之首。2019年，三一海外销售创历史最好业绩，国际化事业沿"一带一路"走深走实。近三年，三一出口复合增长率、年利润增长率都在30%以上，销售额连续6年过百亿，已在24个国家和地区做到了市场份额第一，出口规模、增速稳居行业头名。

第二节 2020中国企业500强榜单中十大经济强省上榜企业对比分析

一、2020中国企业500强中十大经济强省上榜企业总体营收规模对比

按国内生产总值（GDP）排名，2020中国十大经济强省依次为：广东（107671.07亿元）、江苏（99631.52亿元）、山东（71067.5亿元）、浙江（62352亿元）、河南（54259.2亿元）、四川（46615.82亿元）、湖北（45828.31亿元）、福建（42395亿元）、湖南（39752.12亿元）和上海（38155.32亿元）。这十省共有282家企业荣登2020中国企业500强排行榜。其中，广东、山东、江苏、浙江4省是"第一梯队"，上榜企业数分别达57家、47家、45家和43家，总计192家；其营业收入合计达359877.17亿元，占中国企业500强总量的41.85%。表5-6列出了十大经济强省在2020中国企业500强中的企业数、营业收入总额及占比情况，从中可以看出，各省上榜企业营业收入总体规模与GDP排名基本吻合，大体相同。相比之下，湖南上榜企业个数、上榜企业营业收入总额均较上年度有所增加，但仍为最低，想要达到"第一梯队"现在的经济规模还有很长的路要走。

表5-6   2020中国企业500强十大经济强省上榜企业总体营收规模对比

	上榜企业数（家）	上榜企业营业收入总额（亿元）	在中国500强中的占比（%）
广东	57	103959.18	12.09
江苏	45	52966.50	6.16
山东	47	42602.87	4.95
浙江	43	48560.46	5.65
河南	10	8325.21	0.97
四川	15	11401.20	1.33
湖北	11	11517.01	1.34
福建	17	22208.49	2.58
湖南	7	5053.36	0.59
上海	30	53282.89	6.19
合计	282	359877.17	41.85

从2020中国企业500强十大经济强省上榜企业营业收入的平均规模来看，超千亿元的省份有6个，

即广东省（1823.85 亿元）、上海市（1776.1 亿元）、福建省（1306.38 亿元）、江苏省（1177.03 亿元）、浙江省（1129.31 亿元）和湖北省（1047 亿元），其余 4 省均在 720 亿~910 亿元之间。湖南省 7 家上榜企业营业收入平均规模为 721.91 亿元，排第 10 位。详情如图 5-3 所示。

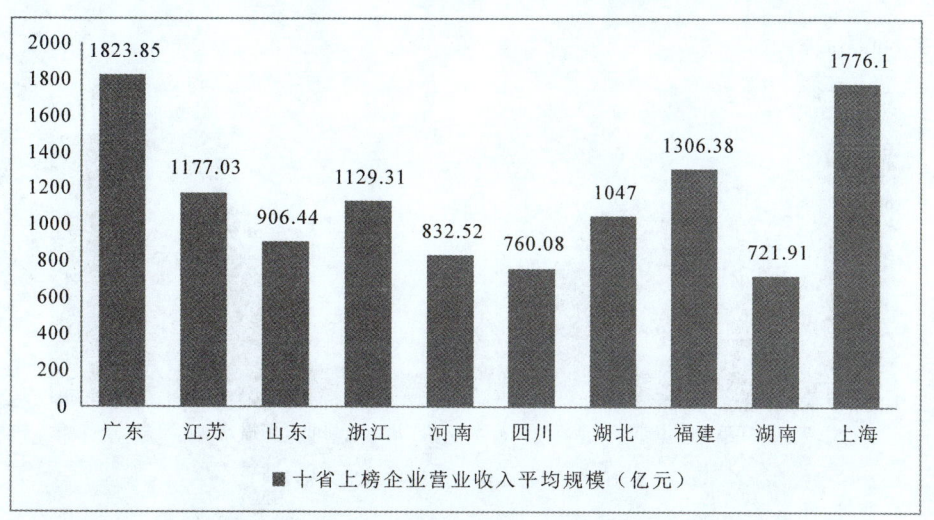

图 5-3　2020 中国企业 500 强十大经济强省上榜企业营收平均规模示意图

二、2020 中国企业 500 强中十大经济强省上榜企业总体盈利水平对比

2020 中国企业 500 强十大经济强省 282 家上榜企业共实现净利润 16583.96 亿元，占 500 强净利润总额的 42.60%。其中，净利润总额超 1000 亿元的省份有 4 个，即广东省（7333.92 亿元）、上海市（3152.96 亿元）、浙江省（2299.49 亿元）、江苏省（1194.54 亿元）；山东、福建 2 个省份净利润在 900 亿元以上，其余 4 省净利润在 100 亿元以上。湖南上榜企业数量最少，净利润总额只有 149.15 亿元。十大经济强省在 2020 中国企业 500 强中的企业数、净利润总额及占比情况，如表 5-7 所示。

表 5-7　　　　　　　　2020 中国企业 500 强中十大经济强省上榜企业总体盈利水平对比

省份	上榜企业个数（家）	上榜企业净利润总额（亿元）	在中国 500 强中的占比（%）
广东	57	7333.92	18.84
江苏	45	1194.54	3.07
山东	47	934.61	2.40
浙江	43	2299.49	5.91
河南	10	163.36	0.42
四川	15	193.34	0.50
湖北	11	172.59	0.44
福建	17	990.01	2.54
湖南	7	149.15	0.38
上海	30	3152.96	8.10
合计	282	16583.97	42.60

2020 中国企业 500 强中十大经济强省 282 家上榜企业的平均净利润为 58.81 亿元，超过这一平均水平的省份有两个，即广东省（128.67 亿元）和上海市（105.1 亿元）；湖南省 7 家上榜企业的平均净利润为 21.31 亿元，居第 6 位。详情如图 5-4 所示。

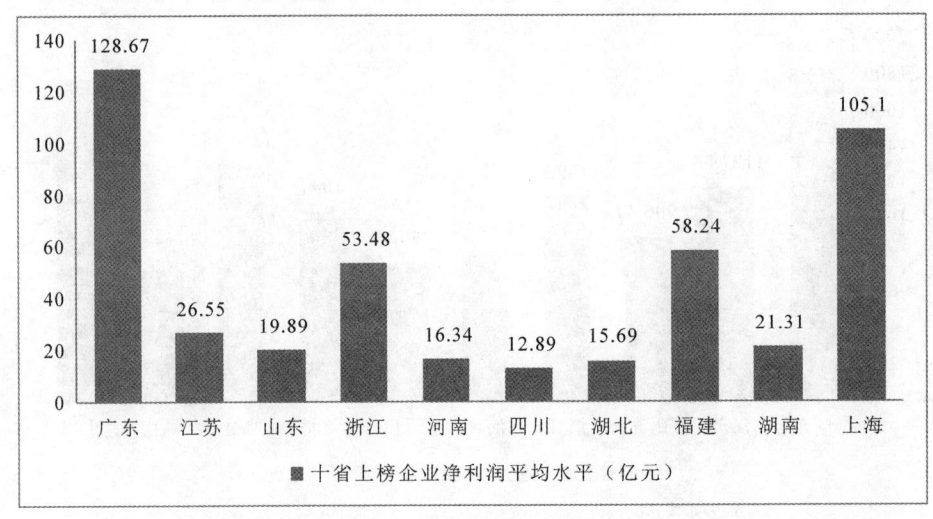

图 5-4　2020 中国企业 500 强十大经济强省上榜企业净利润平均水平示意图

三、湖南、江苏两家工程机械企业对比：三一集团有限公司 VS 徐州工程机械集团有限公司

工程机械行业自 2016 年复苏以来，行业高速增长，整体收入规模、盈利能力、资产质量大幅提升。2019 年，我国工程机械行业集中度进一步提高，龙头企业优势明显，市场逐渐向规模大、实力强的企业靠拢；且各企业产品之间开始相互渗透，竞争程度有加强的趋势。我国部分工程机械企业已经初步具备了成为全球顶级工程机械制造商的核心竞争力。湖南的三一集团有限公司和江苏的徐州工程机械集团有限公司同属大型工程机械企业，都连续多年进入中国企业 500 强和中国制造业企业 500 强榜单。

三一集团有限公司（以下简称三一集团）始创于 1989 年，是总部设于湖南长沙的跨国集团，是中国最大、全球第五的工程机械制造商，是世界较大的混凝土机械制造商。自成立以来，始终秉持"创建一流企业，造就一流人才，做出一流贡献"的愿景，打造了知名的"三一"品牌。三一集团旗下拥有两家上市公司，分别是在 A 股上市的三一重工股份有限公司（600031.SH，三一重工）和在香港上市的三一重装国际控股有限公司（00631.HK，三一国际），其主导产品为混凝土机械、挖掘机械、起重机械、筑路机械、桩工机械、风电设备、港口机械、石油装备、煤炭设备、精密机床等全系列产品，其中挖掘机械、桩工机械、履带起重机械、移动港口机械、路面机械、煤炭掘进机械为中国主流品牌，混凝土机械为全球品牌。公司研发费用高达年销售收入的 5%~7%，三次获得"国家科技进步奖"，两次荣获"国家技术发明奖"。

近年来，三一集团一方面实施"转型"战略，尤其是"数字化的转型"，着力发展智能制造，在智能制造和物联网的改革中占据先机，再次成为行业的领头羊；另一方面将核心业务全部转移线上，并在行业率先启动 6 座"灯塔工厂"建设，全面引入了三现数据集控、柔性生产岛等新生产方式。其中，三一泵送 18 号智能车间经改造后，生产效率提升 50%，成为引领行业智能制造的"新灯塔"。2019 年，

第五章 2020湖南企业100强横向对比分析报告

三一集团实现高质量发展，销售收入、净利润升至行业全球第三，公司现金流、盈利水平为历史最佳，相继荣获《人民日报》"中国品牌100强"、CCTV"70周年70品牌"、《财富》"2019最受赞赏中国公司"第二名等荣誉，品牌影响力大幅攀升。三一挖掘机全年实现销售超60000台，创历史新高，国内市场连续第9年成为销量冠军，全球总销量累计达到25万台，挺进行业前三。

徐州工程机械集团有限公司（以下简称徐工集团）前身是1943年诞生的华兴铁工厂（八路军鲁南第八兵工厂），徐工集团于1989年正式成立，总部位于江苏省徐州市。徐工集团秉承"担大任、行大道、成大器"的核心价值观和"严格、踏实、上进、创新"的企业精神，先后获得中国工业领域的最高奖"中国工业大奖表彰奖"等荣誉。公司累计拥有专利授权7000余件，其中发明专利1500余件、PCT（专利合作条约）国际专利30余件，主要产品有工程起重机械、路面机械、压实机械、铲土运输机械、混凝土机械、高空消防设备、建筑机械、特种专用车辆、液压件、工程机械专用底盘、驱动桥、回转支承、驾驶室、柴油机、齿轮箱、齿轮泵、工程轮胎等系列工程机械主机和基础零部件产品。其产品远销183个国家和地区，且拥有巴西制造基地等15个全球制造基地、KD（散件组装）工厂及合资企业，并购德国施维英等3家欧洲企业，年出口总额持续多年居中国工程机械行业前列。"高端、世界级"品牌战略，"三高一大"的产品战略和"技术领先、用不毁"的产品理念，是徐工集团多年坚持创新驱动高质量发展和可持续发展的核心关键。通过创新驱动和卓越品质管理，徐工集团不断转型升级、创造新的增长点，加快向高端产品、高端市场和价值链高端迈进。徐工集团本年度实现毛利率24.51%，净利率4.76%，而同期三一重工毛利率和净利率分别为32.69%、15.19%，中联重科毛利率和净利率分为30%、9.87%，徐工集团显著低于同行。

表5-8 　　　　2020三一集团有限公司VS徐州工程机械集团有限公司主要经济指标对比

项目	三一集团有限公司	徐州工程机械集团有限公司
在2020中国企业500强中排名	243	241
在2019中国制造业企业500强中排名	124	123
在2020中国制造业企业500强中排名	106	104
营业收入总额（亿元）	875.76	878.14
资产总额（亿元）	1572.66	1383.15
净利润总额（亿元）	42.1	5.22
收入利润率（%）	4.81	0.59
资产收益率（%）	2.68	0.38

第三节 2020 湖南企业 100 强与中国 500 强对比分析

一、成长性指标对比

2020 湖南企业 100 强的营业收入总额为 18958.08 亿元，同口径相比增加 1815.27 亿元，增幅为 10.59%，与上年度相比营业收入增加 3368.61 亿元，增幅为 21.61%；净利润总额为 836.08 亿元，相比上年度增加 110.18 亿元，增幅为 15.18%；资产总额为 30477.95 亿元，相比上年度增加 2992.25 亿元，增幅为 10.89%。

2020 中国企业 500 强共实现营业收入 86.02 万亿元，同口径相比增加 8.73 万亿元，增幅为 12.41%；与上年度相比，营业收入增加 6.92 万亿元，增幅为 8.75%。利润总额为 55705.76 亿元，实现归属母公司的净利润 38924.14 亿元，利润总额、净利润分别比上年度增长 20.02%、10.20%。资产总额为 312.35 万亿元，相比上年度增加 13.20 万亿元，增幅为 4.41%。

从以上 3 项成长性指标看，湖南企业 100 强的发展状况均好于中国企业 500 强。2019—2020 湖南企业 100 强与中国企业 500 强主要成长性指标如表 5-9 所示。

表 5-9 2019—2020 湖南企业 100 强与中国企业 500 强主要成长性指标对比

指标	湖南企业 100 强		中国企业 500 强	
	2019	2020	2019	2020
营业收入总额增长率（%）	10.61	21.61	12.41	8.75
净利润总额增长率（%）	-0.21	15.18	20.70	10.20
资产总额增长率（%）	6.45	10.89	9.08	4.41

从各自设立的企业排行榜入围门槛提高幅度来看，湖南企业 100 强高于中国企业 500 强。2020 湖南企业 100 强的入围门槛为 35.25 亿元，比上年度 100 强的入围门槛提高 4.02 亿元，升幅为 12.9%。2020 中国企业 500 强的入围门槛为 359.61 亿元，比上年度提高 36.36 亿元，升幅为 11.25%。自 2002 年以来，中国企业 500 强入围门槛已经实现连续 18 年提升，从入围门槛增加值看，2020 中国企业 500 强门槛增加值相比上年度实现大幅提升，扭转了前两年中国企业 500 强入围门槛增加值持续回落的态势。

二、按所有制类别对比分析

2020 湖南企业 100 强中国有企业有 51 家，民营企业有 49 家，与上年度相比，国有企业增加 1 家，民营企业减少 1 家。从营业收入总额来看，国有企业共实现营业收入 12263.42 亿元，占比 64.69%；民营企业共实现营业收入 6694.66 亿元，占比 35.31%。从资产总额来看，国有企业资产总额为 23619.77 亿元，占比 77.50%；而民营企业资产总额为 6858.18 亿，仅占比 22.50%。从净利润总额来看，国有企业共实现净利润 498.93 亿元，占比 59.67%；民营企业共实现净利润 337.15 亿元，占比 40.33%。

2020 中国企业 500 强中，国有企业为 265 家，民营企业为 235 家，均与上年度持平，其中国有企业、民营企业分别占53%、47%。从营业收入占比来看，2020中国企业500强中，国有企业的营业收入总额为59.26万亿元，占全部500强营业收入的68.89%；民营企业的营业收入总额为26.76万亿元，占比31.11%。从资产总额来看，2020中国企业500强中，国有企业的资产总额为259.15万亿元，占全部500强的82.97%；民营企业的资产总额为53.2万亿元，占比为17.03%。从净利润总额来看，2020中国企业500强中，国有企业共实现净利润2.51万亿元，占全部500强的64.52%；民营企业共实现净利润1.38万亿元，占比为35.48%。从以上湖南企业100强和中国企业500强的数据分析中可以看出，国有企业在市场中仍占据主导地位，依旧是我国经济发展的主要支撑，而且从营业收入总额、资产总额和净利润总额三个指标来看，中国企业500强的国有企业占比皆高于湖南企业100强，分别高出4.20、5.47和4.85个百分点。有关数据详见表5-10。

表5-10　　2020湖南企业100强与中国企业500强按所有制类别分的经济指标对比

2020湖南企业100强按所有制类别分主要经济指标占比情况				
	上榜企业数（%）	营业收入总额（%）	资产总额（%）	净利润总额（%）
国有	51	64.69	77.50	59.67
民营	49	35.31	22.50	40.33
2020中国企业500强按所有制类别分主要经济指标占比情况				
	上榜企业数（%）	营业收入总额（%）	资产总额（%）	净利润总额（%）
国有	53	68.89	82.97	64.52
民营	47	31.11	17.03	35.48

从主要效率效益指标来看，2020中国企业500强中，民营企业的营业收入利润率和资产利润率分别为5.16%、2.59%，人均营业收入为302.66万元，人均净利润为15.61万元；国有企业的营业收入利润率和资产利润率分别为4.24%、0.97%，人均营业收入为243.9万元，人均净利润为10.33万元。相比之下，2020湖南企业100强中，民营企业的营业收入利润率和资产利润率分别为5.03%、4.94%，人均营业收入为174.84万元，人均净利润为5.46万元；国有企业的营业收入利润率和资产利润率分别为3.66%、1.90%，人均营业收入为261.87万元，人均净利润为9.46万元。

表5-11　　2020湖南企业100强与中国企业500强按所有制类别分的效率效益指标对比

	2020湖南企业100强		2020中国企业500强	
	人均营业收入（万元）	人均净利润（万元）	人均营业收入（万元）	人均净利润（万元）
国有企业	261.87	9.46	243.9	10.33
民营企业	174.84	5.46	302.66	15.61
	2020湖南企业100强		2020中国企业500强	
	营业收入利润率（%）	资产利润率（%）	营业收入利润率（%）	资产利润率（%）
国有企业	3.66	1.90	4.24	0.97
民营企业	5.03	4.94	5.16	2.59

三、企业规模分布状况分析比较

2020 湖南企业 100 强中首席为湖南华菱钢铁集团有限责任公司,年营业收入总额 1330.93 亿元,是末席株洲千金药业股份有限公司营业收入 35.25 亿元的 37.8 倍,与 2019 湖南企业 100 强的情况相比,差距进一步缩小,但与中国企业 500 强相比悬殊仍然很大。2020 中国企业 500 强中首席企业中国石油化工集团有限公司的营业收入为 28117.99 亿元,是第 100 席企业冀中能源集团有限责任公司营业收入 2118.55 亿元的 13.27 倍。如表 5-12 所示。

表 5-12　　　　　　　2020 湖南企业 100 强与中国企业 500 强规模分布差异对比

	首席企业营业收入（I）	第 100 席企业营业收入（J）	I/J
2020 湖南企业 100 强	1330.93 亿元	35.25 亿元	37.76
2020 中国企业 500 强	28117.99 亿元	2118.55 亿元	13.27

四、劳动生产率及盈利能力指标分析比较

2020 湖南企业 100 强的人均营业收入为 216.74 万元,人均净利润为 9.81 万元,与 2019 湖南企业 100 强相比,人均营业收入增加 28.74 万元,人均净利润增加 0.74 万元。2020 中国企业 500 强人均营业收入为 259.65 万元,人均净利润为 11.75 万元,为 10 年来的最高值；与 2019 中国企业 500 强相比,人均营业收入增加 24.18 万元,增幅为 10.27%；人均净利润增加 1.24 万元,增幅为 11.80%。2020 中国企业 500 强的这两项指标均好于湖南企业 100 强。如图 5-5 所示。

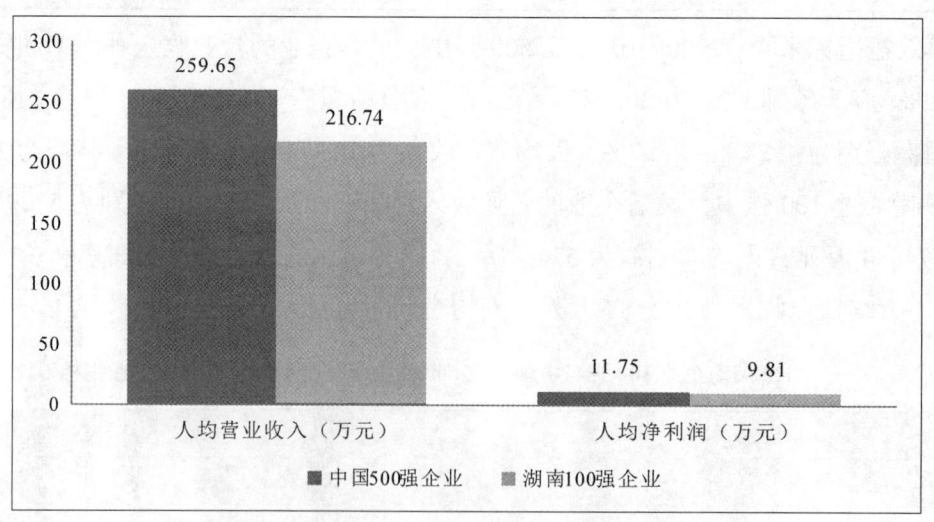

图 5-5　2020 湖南企业 100 强与中国企业 500 强劳动生产率指标对比

以平均营业收入利润率和平均资产收益率为主要指标来分析两者的盈利能力。2020 湖南企业 100 强的平均营业收入利润率为 4.02%,相比上年度下降 0.64 个百分点；平均资产收益率为 3.39%,相比上年度提高 0.76 个百分点。2020 中国企业 500 强的平均营业收入利润率为 4.53%,平均资产收益率为 1.25%,相比上年度分别提高 0.03 和 0.07 个百分点。如图 5-6 所示。

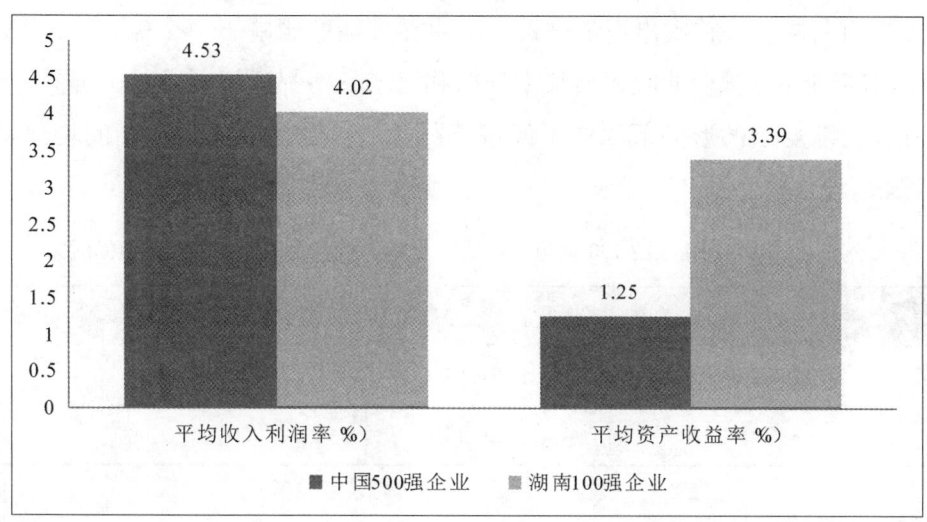

图 5-6　2020 湖南企业 100 强与中国企业 500 强盈利能力指标对比

第四节　2020 湖南企业 100 强与《财富》世界 500 强企业对比分析

一、成长性指标对比分析

2019 年，世界经济增速放缓至近十年来的最低水平，主要经济体经济呈现同步减速趋势。全球制造业活动普遍疲弱，国际贸易增长近乎停滞。据联合国发布的《2020 年世界经济形势与展望》报告指出，受长期贸易争端影响，2019 年全球经济增长率降至 2.3%，为十年来最低水平。其中，由于贸易局势高度紧张和政策高度不确定性导致出口和国内需求下降，东亚地区的国内生产总值（GDP）增速显著放缓，从 2018 年的 5.7% 降至 2019 年的 5.2%，全球贸易增长率降至十年来最低的 0.3%。美国与中国的双边贸易直线下降，国际供应链严重中断，各行业尤其是拥有广泛跨国生产网络的全球电子和汽车行业受到重大冲击。据国际货币基金组织（IMF）4 月 14 日发布的《世界经济展望报告》，预计 2020 年全球 GDP 增速为 -3%，为 20 世纪 30 年代大萧条以来最严重的经济衰退。

从湖南的情况来看，2019 年实现地区生产总值（GDP）39752.1 亿元，比上年度增长 7.6%，比世界平均增长水平高 5.3 个百分点。其中，第一产业增长 3.2%，第二产业增长 7.8%，第三产业增长 8.1%，经济发展形势总体稳中有进。表 5-13 披露了 2020 湖南企业 100 强与《财富》世界 500 强企业部分成长性指标。2020 湖南企业 100 强的营业收入总额为 18958.08 亿元，同口径相比增长 10.59%，与上年度相比大幅增长，增长率为 21.61%；净利润总额为 836.08 亿元，比上年度增长 15.18%。

《财富》世界 500 强排行榜的历史始于 1955 年，2020 年是《财富》杂志连续第 26 年发布全球大公司排行榜。2020 年排行榜最引人注目的是中国大陆公司实现了历史性跨越：中国大陆（含香港）公司数量达到 124 家，历史上第一次超过美国（121 家），加上台湾地区企业，中国共有 133 家公司上榜。2020《财富》世界 500 强企业的营业收入共计 33.3 万亿美元，达到近 5 年营业收入峰值，但与上年度世界 500 强的总营业收入相比增幅出现大幅下滑，增长率为 1.96%，相比上年度下降 6.93 个百分点；

净利润总额较上年度有所减少,首次出现负增长,说明在疫情的影响下,全球经济增长预期萎缩严重。相比之下,2020湖南企业100强营业收入增长率、净利润增长率都远超世界500强企业的平均水平,说明湖南企业100强在错综复杂的形势下顶住了经济下行压力,营业收入、净利润均保持两位数增长水平,总体发展状况较好。

表5-13　　　　2020湖南企业100强与《财富》世界500强企业部分成长性指标对比

指标	湖南企业100强		《财富》世界500强企业	
营业收入总额	18958.08亿元	增长21.61%	33.3万亿美元	增长1.96%
净利润总额	836.08亿元	增长28.11%	2.06万亿美元	下降4.18%

二、企业规模分布状况比较

如表5-14所示,2020湖南企业100强中排在首位的湖南华菱钢铁集团有限责任公司的年营业收入总额为1330.93亿元,是排在末位的株洲千金药业股份有限公司的37.76倍;2020《财富》世界500强企业中首席企业美国沃尔玛公司的营业收入为5239.64亿美元,是第100席企业中国东风汽车公司的6.23倍。湖南企业100强与《财富》世界500强企业前100强相比,企业规模分布差异更加显著。2020《财富》世界500强企业的入围门槛为253.86亿美元,比上年度的162.39亿美元提高91.47亿美元,增幅达56.33%。2020湖南企业100强的入围门槛为35.25亿元,比上年度的31.23亿元提高4.02亿元,增幅为12.9%。总体来说,与世界500强企业相比湖南企业100强的入围门槛增幅较低,企业规模分布仍旧呈现出严重不均衡的态势。

表5-14　　　　2020湖南企业100强与《财富》世界500强企业规模分布状况对比

	首席企业营业收入(I)	第100席企业营业收入(J)	I/J
湖南企业100强	1330.93亿元	35.25亿元	37.76
《财富》世界500强企业	5239.64亿美元	840.49亿美元	6.23

2014—2020湖南企业100强的I/J值分别为:90.5、81.6、76.09、82.27、42.39、38.71和37.76,缩小趋势明显。反观2014—2020《财富》世界500强企业前100席企业的I/J值则呈波动趋势,I/J值分别为:5.97、5.74、6.74、6.82、6.54、5.98和6.23。

三、企业总体盈利能力指标比较

从收入净利润率和净资产收益率来看,2020湖南企业100强的收入净利润率为4.41%,相比《财富》世界500强企业6.19%的收入净利润率低1.78个百分点。在净资产收益率方面,2020湖南企业100强的净资产收益率为6.78%,比世界500强企业低3.68个百分点。如图5-7所示。

第五章 2020 湖南企业 100 强横向对比分析报告

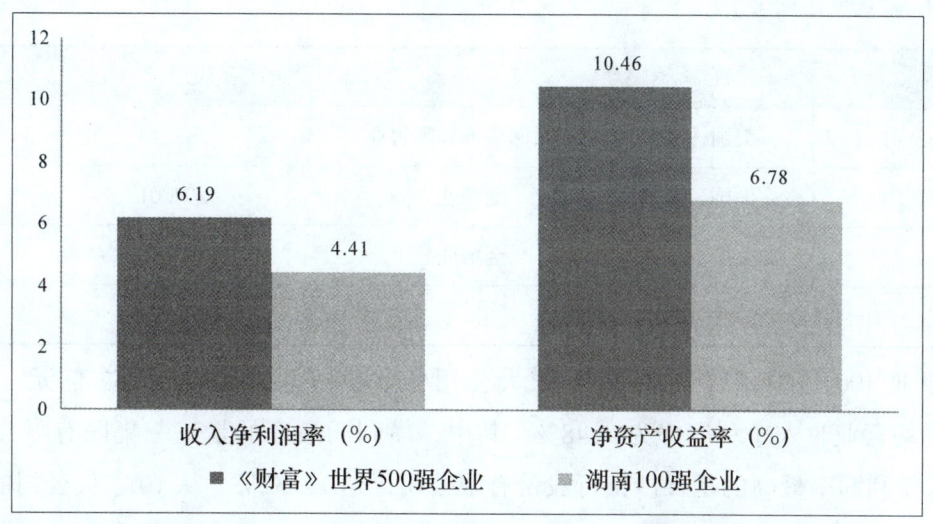

图 5-7 2020 湖南企业 100 强与《财富》世界 500 强企业盈利能力指标对比

四、赚钱最多的 10 家大公司分析比较

从表 5-15 中可以看出，2020《财富》世界 500 强企业中赚钱最多的 10 家大公司营业收入总额为 18715.52 亿美元，净利润总额为 4768.34 亿美元，平均营业收入利润率为 25.5%。其中，净利润最多的是沙特阿美公司，达 882.11 亿美元；营业收入利润率最高的是美国的伯克希尔-哈撒韦公司，高达 31.9%。从 10 家大公司的行业分布情况来看，主要集中在金融业、互联网服务业、石油勘探开采加工运输业和电子电器设备制造业，其中服务业企业占到八成，由此可以看出发展服务业已经成为中国乃至世界多数国家调整经济结构、实现经济社会现代化的重要措施。在 2020《财富》世界 500 强 10 家赚钱最多的大公司中，中国占 3 家，均为国有商业银行，这说明中国的金融企业盈利能力较强，但也说明其他生产性服务业的发展与世界先进相比仍存在一定差距。加快发展生产性服务业，对促进我国产业转型升级、推动服务业结构转型、完善服务业功能、提升服务业竞争力、转变经济发展方式有着重要的现实意义。

表 5-15　　　　　　　　2020《财富》世界 500 强企业中赚钱最多的 10 家公司

企业名称	国别	所属行业	净利润（亿美元）	收入净利润率（%）
沙特阿美公司	沙特阿拉伯	石油勘探开采加工与运输业	882.11	26.7
伯克希尔-哈撒韦公司	美国	财产和意外保险业	814.17	31.9
苹果公司	美国	电子电器设备制造业	552.56	21.2
中国工商银行	中国	金融业	451.95	25.5
微软公司	美国	互联网服务和零售业	392.4	31.2
中国建设银行	中国	金融业	386.1	24.3
摩根大通公司	美国	金融业	364.31	25.6

续表

企业名称	国别	所属行业	净利润（亿美元）	收入净利润率（%）
Alphabet 阿尔法特公司	美国	互联网服务和零售业	343.43	21.2
中国农业银行	中国	金融业	307.01	20.8
美国银行	美国	金融业	274.3	24.1
净利润合计数/平均收入净利润率			4768.34	25.5

2020 湖南企业 100 强中赚钱最多的 10 家大公司营业收入总额为 7373.57 亿元，净利润总额为 551.26 亿元，平均营业收入净利润率为 7.48%。其中，净利润最高的是三一集团有限公司，为 123.76 亿元；营业收入净利润率最高的是长沙银行股份有限公司，达 17.32%。从 10 家大公司的行业分布情况看，主要集中在通用、专用设备制造业，黑色金属冶炼和压延加工业，烟草制品业，金融服务、信息服务业和建筑业。与世界 500 强企业中赚钱最多的 10 家大公司相比，湖南企业 100 强赚钱最多的 10 家大公司中，服务业企业的占比较少，相关数据如表 5-16 所示。从表中可以看出，2020 湖南企业 100 强中赚钱最多的 10 家公司的行业分布状况是：制造业 7 家，服务业 2 家，建筑业 1 家。2 家服务业企业营业收入总额为 496.14 亿元，净利润总额为 82.75 亿元，平均营业收入净利润率为 16.68%，与世界 500 强中赚钱最多的服务业企业差距较小。而 7 家制造业企业营业收入总额为 6877.43 亿元，净利润总额为 468.51 亿元，平均营业收入净利润率仅有 6.81%，远低于世界 500 强中赚钱最多的制造业企业。由此来看，湖南制造业发展动力严重不足，应把创新作为制造业转型升级的第一动力，以智能制造为主攻方向，促进先进制造业与现代服务业融合发展，着力提升企业的竞争力和盈利水平。

表 5-16　　　　　　　　　2020 湖南企业 100 强中赚钱最多的 10 家公司

企业名称	行业	净利润（亿元）	收入净利润率（%）
三一集团有限公司	专用设备制造业	123.76	14.13
中国烟草总公司湖南省公司	烟草制品业	80.92	9.43
湖南中烟工业有限责任公司	烟草制品业	69.01	6.66
湖南华菱钢铁集团有限责任公司	黑色金属冶炼和压延加工业	68.68	5.16
长沙银行股份有限公司	金融业	52.59	17.32
中联重科股份有限公司	专用设备制造业	42.75	9.87
中国建筑第五工程局有限公司	建筑业	33.57	2.66
华融湘江银行股份有限公司	金融业	30.16	15.67
蓝思科技集团	计算机、通信和其他电子设备制造业	25.43	3.27
中车株洲电力机车研究所有限公司	铁路、船舶、航空航天和其他运输设备制造业	24.39	8.08
净利润合计数/平均收入净利润率		551.26	7.48

中外企业排行榜

第六章
湖南企业排行榜

第一节　2020 湖南企业 100 强排行榜

名次	企业名称	营业收入（万元）
1	湖南华菱钢铁集团有限责任公司	13309331
2	中国建筑第五工程局有限公司	12623251
3	湖南中烟工业有限责任公司	10369274
4	湖南建工集团有限公司	10248028
5	国网湖南省电力有限公司	8761667
6	三一集团有限公司	8757632
7	中国烟草总公司湖南省公司	8579983
8	蓝思科技集团	7786080
9	中国石化销售股份有限公司湖南石油分公司	5534484
10	湖南博长控股集团有限公司	5103093
11	大汉控股集团有限公司	4632228
12	中国石油化工股份有限公司长岭分公司	4489984
13	中联重科股份有限公司	4330739

续表

名次	企业名称	营业收入（万元）
14	步步高投资集团股份有限公司	4152575
15	湖南有色金属控股集团有限公司	3297466
16	长沙银行股份有限公司	3036712
17	中车株洲电力机车研究所有限公司	3018037
18	中国水利水电第八工程局有限公司	2732632
19	中国石油化工股份有限公司巴陵分公司	2662604
20	湖南省交通水利建设集团有限公司	2574107
21	五矿二十三冶建设集团有限公司	2459538
22	中车株洲电力机车有限公司	2306091
23	华融湘江银行股份有限公司	1924703
24	中国石油天然气股份有限公司湖南销售分公司	1638137
25	唐人神集团股份有限公司	1535505
26	长沙市比亚迪汽车有限公司	1532974
27	湖南吉利汽车部件有限公司	1470213
28	湖南黄金集团有限责任公司	1423916
29	湖南永通集团有限公司	1401000
30	中国电信股份有限公司湖南分公司	1363051
31	现代投资股份有限公司	1255783
32	芒果超媒股份有限公司	1250066
33	湖南博深实业集团有限公司	1212033
34	老百姓大药房连锁股份有限公司	1166318
35	湖南兰天集团有限公司	1126029
36	湖南省煤业集团有限公司	1106711
37	湖南粮食集团有限责任公司	1082958
38	益丰大药房连锁股份有限公司	1027617
39	中南出版传媒集团股份有限公司	1026086
40	爱尔眼科医院集团股份有限公司	999010
41	国药控股湖南有限公司	998308

续表

名次	企业名称	营业收入（万元）
42	中国联合网络通信有限公司湖南省分公司	940361
43	株洲旗滨集团股份有限公司	930576
44	中国电建集团中南勘测设计研究院有限公司	899798
45	大唐华银电力股份有限公司	899316
46	湖南省沙坪建设有限公司	890168
47	湖南佳惠百货有限责任公司	885580
48	泰格林纸集团股份有限公司	884870
49	湖南友谊阿波罗控股股份有限公司	868657
50	中国邮政集团有限公司湖南省分公司	857936
51	长沙中联重科环境产业有限公司	817325
52	中车株洲电机有限公司	810766
53	五凌电力有限公司	783584
54	山河智能装备股份有限公司	742736
55	湖南省现代农业产业控股集团有限公司	735327
56	中国铁建重工集团股份有限公司	728167
57	湖南电广传媒股份有限公司	707702
58	湖南省轻工盐业集团有限公司	667844
59	安克创新科技股份有限公司	665474
60	方正证券股份有限公司	659494
61	湖南省茶业集团股份有限公司	654841
62	长沙格力暖通制冷设备有限公司	631850
63	郴州市金贵银业股份有限公司	619920
64	湖南申湘汽车星沙商务广场有限公司	607773
65	湖南望新建设集团股份有限公司	601862
66	金杯电工股份有限公司	584432
67	中国航发南方工业有限公司	583763
68	湘电集团有限公司	571381
69	湖南高岭建设集团股份有限公司	560816

续表

名次	企业名称	营业收入（万元）
70	中兵红箭股份有限公司	532163
71	湖南湘科控股集团有限公司	528786
72	绝味食品股份有限公司	517196
73	湖南邦普循环科技有限公司	515492
74	天元盛世控股集团有限公司	510190
75	中车时代电动汽车股份有限公司	501512
76	湖南航天有限责任公司	501373
77	湖南科伦制药有限公司	491421
78	湖南新长海发展集团有限公司	486568
79	湖南宇腾有色金属股份有限公司	478525
80	特变电工衡阳变压器有限公司	478268
81	长沙京东厚成贸易有限公司	464538
82	中华联合财产保险股份有限公司湖南分公司	448493
83	望建（集团）有限公司	448365
84	广发银行股份有限公司长沙分行	443323
85	湖南对外建设集团有限公司	435135
86	长沙中兴智能技术有限公司	413555
87	道道全粮油股份有限公司	411673
88	湖南博瑞医药健康产业集团有限公司	400690
89	湖南省桂阳银星有色冶炼有限公司	400107
90	湖南顺天建设集团有限公司	394574
91	中国能源建设集团湖南火电建设有限公司	384046
92	湖南金荣企业集团有限公司	380000
93	湖南杉杉能源科技股份有限公司	372029
94	长沙水业集团有限公司	368745
95	湖南口味王集团有限责任公司	367600
96	红星实业集团有限公司	365529
97	湖南金龙电缆有限公司	364215

续表

名次	企业名称	营业收入（万元）
98	长沙通程控股股份有限公司	364020
99	伟大集团	361888
100	株洲千金药业股份有限公司	352524

第二节 2020湖南企业100强主要经济技术指标前50排序

1. 按营业收入增长率排序

排名	企业名称	营业收入增长率（%）
1	长沙京东厚成贸易有限公司	327.59
2	湖南省现代农业产业控股集团有限公司	71.89
3	湖南吉利汽车部件有限公司	63.34
4	长沙中兴智能技术有限公司	58.37
5	长沙水业集团有限公司	56.39
6	中联重科股份有限公司	50.92
7	益丰大药房连锁股份有限公司	48.66
8	三一集团有限公司	36.42
9	湖南对外建设集团有限公司	36.05
10	国药控股湖南有限公司	34.19
11	湖南口味王集团有限责任公司	31.62
12	湖南省轻工盐业集团有限公司	30.61
13	芒果超媒股份有限公司	29.40
14	山河智能装备股份有限公司	29.05
15	中国电建集团中南勘测设计研究院有限公司	28.20
16	中国能源建设集团湖南火电建设有限公司	27.34
17	安克创新科技股份有限公司	27.19
18	长沙格力暖通制冷设备有限公司	26.14
19	湖南省沙坪建设有限公司	25.25

续表

排名	企业名称	营业收入增长率（%）
20	爱尔眼科医院集团股份有限公司	24.74
21	金杯电工股份有限公司	23.33
22	中国建筑第五工程局有限公司	23.00
23	老百姓大药房连锁股份有限公司	22.97
24	中国水利水电第八工程局有限公司	22.10
25	长沙银行股份有限公司	21.09
26	五矿二十三冶建设集团有限公司	21.06
27	湖南博深实业集团有限公司	20.64
28	中国航发南方工业有限公司	18.86
29	湖南航天有限责任公司	18.84
30	五凌电力有限公司	18.43
31	绝味食品股份有限公司	18.41
32	湖南科伦制药有限公司	17.32
33	中国邮政集团有限公司湖南省分公司	17.29
34	大汉控股集团有限公司	16.11
35	方正证券股份有限公司	15.24
36	湖南金荣企业集团有限公司	15.15
37	道道全粮油股份有限公司	14.34
38	湖南永通集团有限公司	14.27
39	中华联合财产保险股份有限公司湖南分公司	14.23
40	湖南粮食集团有限责任公司	13.40
41	湖南博瑞医药健康产业集团有限公司	13.27
42	湖南建工集团有限公司	12.64
43	湖南湘科控股集团有限公司	11.69
44	蓝思科技集团	11.64
45	湖南黄金集团有限责任公司	11.47
46	湖南友谊阿波罗控股股份有限公司	11.08
47	株洲旗滨集团股份有限公司	11.07

续表

排名	企业名称	营业收入增长率（%）
48	湖南邦普循环科技有限公司	10.49
49	伟大集团	10.27
50	湖南省交通水利建设集团有限公司	10.21

2. 按资产周转率排序

排名	企业名称	资产周转率（%）
1	长沙京东厚成贸易有限公司	8650.61
2	湖南申湘汽车星沙商务广场有限公司	6218.90
3	中国石油化工股份有限公司长岭分公司	550.51
4	湖南省茶业集团股份有限公司	403.86
5	湖南博长控股集团有限公司	397.11
6	湖南佳惠百货有限责任公司	395.40
7	湖南金龙电缆有限公司	311.16
8	中国石化销售股份有限公司湖南石油分公司	258.66
9	中国石油化工股份有限公司巴陵分公司	255.73
10	湖南吉利汽车部件有限公司	238.50
11	大汉控股集团有限公司	232.88
12	安克创新科技股份有限公司	220.91
13	唐人神集团股份有限公司	210.89
14	湖南省沙坪建设有限公司	198.04
15	中国烟草总公司湖南省公司	194.06
16	湖南永通集团有限公司	191.27
17	湖南博深实业集团有限公司	187.75
18	湖南高岭建设集团股份有限公司	183.56
19	湖南建工集团有限公司	179.78
20	中国石油天然气股份有限公司湖南销售分公司	176.60
21	湖南博瑞医药健康产业集团有限公司	173.60
22	步步高投资集团股份有限公司	170.34

续表

排名	企业名称	资产周转率（%）
23	湖南省桂阳银星有色冶炼有限公司	167.26
24	长沙中兴智能技术有限公司	162.25
25	湖南科伦制药有限公司	155.10
26	道道全粮油股份有限公司	152.37
27	长沙格力暖通制冷设备有限公司	142.27
28	国药控股湖南有限公司	138.42
29	湖南黄金集团有限责任公司	137.29
30	五矿二十三冶建设集团有限公司	129.68
31	中国邮政集团有限公司湖南省分公司	126.69
32	金杯电工股份有限公司	126.61
33	湖南华菱钢铁集团有限责任公司	125.62
34	老百姓大药房连锁股份有限公司	117.52
35	湖南中烟工业有限责任公司	114.93
36	益丰大药房连锁股份有限公司	112.00
37	湖南邦普循环科技有限公司	105.97
38	湖南省交通水利建设集团有限公司	101.39
39	伟大集团	99.60
40	湖南有色金属控股集团有限公司	99.01
41	中国能源建设集团湖南火电建设有限公司	97.67
42	中车株洲电机有限公司	96.51
43	湖南省煤业集团有限公司	89.93
44	蓝思科技集团	89.50
45	湖南省现代农业产业控股集团有限公司	84.66
46	中国建筑第五工程局有限公司	84.49
47	国网湖南省电力有限公司	80.06
48	中车株洲电力机车有限公司	79.32
49	芒果超媒股份有限公司	73.20
50	长沙通程控股股份有限公司	71.35

3. 按资产总额排序

排名	公司名称	资产（亿元）
1	长沙银行股份有限公司	6019.98
2	华融湘江银行股份有限公司	3667.77
3	三一集团有限公司	1572.66
4	中国建筑第五工程局有限公司	1494.05
5	方正证券股份有限公司	1365.95
6	国网湖南省电力有限公司	1094.32
7	湖南华菱钢铁集团有限责任公司	1059.53
8	中联重科股份有限公司	920.68
9	湖南中烟工业有限责任公司	902.2
10	蓝思科技集团	869.91
11	中车株洲电力机车研究所有限公司	586.72
12	湖南建工集团有限公司	570.05
13	五凌电力有限公司	492.71
14	中国烟草总公司湖南省公司	442.14
15	中国水利水电第八工程局有限公司	401.9
16	现代投资股份有限公司	355.48
17	湖南有色金属控股集团有限公司	333.05
18	广发银行有限公司长沙分行	316.32
19	中车株洲电力机车有限公司	290.75
20	湖南省交通水利建设集团有限公司	253.88
21	步步高投资集团股份有限公司	243.78
22	中国电信股份有限公司湖南分公司	239.55
23	长沙水业集团有限公司	225.14
24	湖南电广传媒股份有限公司	223.99
25	中南出版传媒集团股份有限公司	218.06
26	中国石化销售股份有限公司湖南石油分公司	213.96
27	湖南友谊阿波罗控股股份有限公司	209.12

续表

排名	公司名称	资产（亿元）
28	泰格林纸集团股份有限公司	206.81
29	湘电集团有限公司	203.98
30	大汉控股集团有限公司	198.91
31	大唐华银电力股份有限公司	193.62
32	五矿二十三冶建设集团有限公司	189.67
33	芒果超媒股份有限公司	170.78
34	湖南粮食集团有限责任公司	169.82
35	山河智能装备股份有限公司	157.03
36	中国铁建重工集团股份有限公司	151.56
37	湖南省轻工盐业集团有限公司	146.51
38	中国电建集团中南勘测设计研究院有限公司	138.47
39	中国联合网络通信有限公司湖南省分公司	136.31
40	中国航发南方工业有限公司	136.16
41	株洲旗滨集团股份有限公司	130.65
42	湖南博长控股集团有限公司	128.51
43	中车时代电动汽车股份有限公司	124.25
44	湖南省煤业集团有限公司	123.06
45	爱尔眼科医院集团股份有限公司	118.95
46	长沙中联重科环境产业有限公司	114.63
47	湖南航天有限责任公司	114.4
48	中兵红箭股份有限公司	110.11
49	长沙市比亚迪汽车有限公司	109.99
50	中国石油化工股份有限公司巴陵分公司	104.12

4. 按资产增长率排序

排名	企业名称	资产增长率（%）
1	湖南申湘汽车星沙商务广场有限公司	813.13
2	长沙中兴智能技术有限公司	103.12

续表

排名	企业名称	资产增长率（%）
3	湖南省现代农业产业控股集团有限公司	57.55
4	长沙格力暖通制冷设备有限公司	47.15
5	安克创新科技股份有限公司	46.9
6	湖南航天有限责任公司	46.03
7	国药控股湖南有限公司	45.22
8	现代投资股份有限公司	43.88
9	绝味食品股份有限公司	42.95
10	芒果超媒股份有限公司	41.01
11	湖南省沙坪建设有限公司	40.72
12	湖南邦普循环科技有限公司	38.08
13	湖南建工集团有限公司	32.28
14	三一集团有限公司	30.27
15	湖南佳惠百货有限责任公司	28.16
16	长沙水业集团有限公司	27.08
17	湖南望新建设集团股份有限公司	25.91
18	中国航发南方工业有限公司	24.79
19	爱尔眼科医院集团股份有限公司	23.56
20	中国电建集团中南勘测设计研究院有限公司	20.51
21	湖南金龙电缆有限公司	19.92
22	伟大集团	18.93
23	中国能源建设集团湖南火电建设有限公司	18.61
24	中国建筑第五工程局有限公司	18.02
25	老百姓大药房连锁股份有限公司	16.97
26	湖南省轻工盐业集团有限公司	16.66
27	益丰大药房连锁股份有限公司	16.61
28	步步高投资集团股份有限公司	16.58
29	五矿二十三冶建设集团有限公司	15.78
30	中车株洲电力机车研究所有限公司	14.38

续表

排名	企业名称	资产增长率（%）
31	长沙银行股份有限公司	14.31
32	中国水利水电第八工程局有限公司	14.06
33	湖南博长控股集团有限公司	13.55
34	中国邮政集团有限公司湖南省分公司	13.39
35	长沙中联重科环境产业有限公司	13.23
36	湖南省交通水利建设集团有限公司	12.74
37	广发银行有限公司长沙分行	12.52
38	五凌电力有限公司	12.51
39	湖南新长海发展集团有限公司	11.84
40	唐人神集团股份有限公司	11.49
41	湖南对外建设集团有限公司	11.34
42	湖南科伦制药有限公司	11
43	金杯电工股份有限公司	10.56
44	山河智能装备股份有限公司	9.91
45	中国石油化工股份有限公司巴陵分公司	9.88
46	株洲千金药业股份有限公司	9.78
47	大唐华银电力股份有限公司	9.72
48	中车株洲电机有限公司	9.61
49	中华联合财产保险股份有限公司湖南分公司	9.56
50	华融湘江银行股份有限公司	9.34

5. 按收入利润率排序

排名	企业名称	收入利润率（%）
1	中国铁建重工集团股份有限公司	22.43
2	长沙银行股份有限公司	21.24
3	华融湘江银行股份有限公司	19.60
4	长沙中联重科环境产业有限公司	19.29
5	爱尔眼科医院集团股份有限公司	18.42

续表

排名	企业名称	收入利润率（%）
6	五凌电力有限公司	17.26
7	方正证券股份有限公司	17.12
8	株洲旗滨集团股份有限公司	16.85
9	三一集团有限公司	16.59
10	湖南新长海发展集团有限公司	15.45
11	湖南邦普循环科技有限公司	14.29
12	中南出版传媒集团股份有限公司	14.02
13	中国烟草总公司湖南省公司	12.92
14	广发银行有限公司长沙分行	12.44
15	株洲千金药业股份有限公司	12.19
16	安克创新科技股份有限公司	12.01
17	中联重科股份有限公司	11.62
18	湖南口味王集团有限责任公司	10.94
19	长沙格力暖通制冷设备有限公司	10.09
20	现代投资股份有限公司	10.02
21	芒果超媒股份有限公司	9.42
22	中车株洲电力机车研究所有限公司	9.40
23	湖南中烟工业有限责任公司	9.29
24	中国电信股份有限公司湖南分公司	8.80
25	湖南望新建设集团股份有限公司	8.69
26	中国联合网络通信有限公司湖南省分公司	8.53
27	山河智能装备股份有限公司	8.32
28	湖南吉利汽车部件有限公司	8.17
29	湖南杉杉能源科技股份有限公司	8.03
30	益丰大药房连锁股份有限公司	7.92
31	红星实业集团有限公司	7.61
32	湖南科伦制药有限公司	7.59
33	湖南航天有限责任公司	7.39

续表

排名	企业名称	收入利润率（%）
34	湖南对外建设集团有限公司	7.25
35	湖南电广传媒股份有限公司	7.11
36	湖南友谊阿波罗控股股份有限公司	7.07
37	长沙通程控股股份有限公司	7.07
38	中国航发南方工业有限公司	7.00
39	老百姓大药房连锁股份有限公司	6.61
40	湖南华菱钢铁集团有限责任公司	6.36
41	中车株洲电力机车有限公司	5.96
42	中兵红箭股份有限公司	5.82
43	湖南省沙坪建设有限公司	5.52
44	长沙中兴智能技术有限公司	5.48
45	中车株洲电机有限公司	5.17
46	中国电建集团中南勘测设计研究院有限公司	4.44
47	金杯电工股份有限公司	4.20
48	湖南顺天建设集团有限公司	4.10
49	道道全粮油股份有限公司	4.03
50	天元盛世控股集团有限公司	4.01

6. 按人均营业收入排序

排名	企业名称	人均营业收入（万元）
1	中国石油化工股份有限公司长岭分公司	1858
2	望建（集团）有限公司	1568
3	湖南博深实业集团有限公司	1134
4	大汉控股集团有限公司	904
5	湖南博瑞医药健康产业集团有限公司	805
6	中国烟草总公司湖南省公司	792
7	湖南金龙电缆有限公司	723
8	湖南博长控股集团有限公司	718

续表

排名	企业名称	人均营业收入（万元）
9	湖南中烟工业有限责任公司	675
10	长沙京东厚成贸易有限公司	666
11	广发银行有限公司长沙分行	653
12	天元盛世控股集团有限公司	638
13	五矿二十三冶建设集团有限公司	584
14	湖南宇腾有色金属股份有限公司	522
15	中国建筑第五工程局有限公司	496
16	国药控股湖南有限公司	494
17	道道全粮油股份有限公司	483
18	中国石油天然气股份有限公司湖南销售分公司	476
19	中国石化销售股份有限公司湖南石油分公司	475
20	伟大集团	460
21	湖南申湘汽车星沙商务广场有限公司	452
22	湖南望新建设集团股份有限公司	446
23	中国石油化工股份有限公司巴陵分公司	441
24	郴州市金贵银业股份有限公司	436
25	安克创新科技股份有限公司	432
26	湖南金荣企业集团有限公司	415
27	长沙银行股份有限公司	410
28	华融湘江银行股份有限公司	410
29	湖南华菱钢铁集团有限责任公司	386
30	湖南建工集团有限公司	384
31	中国电建集团中南勘测设计研究院有限公司	379
32	三一集团有限公司	365
33	湖南兰天集团有限公司	360
34	现代投资股份有限公司	359
35	湖南省桂阳银星有色冶炼有限公司	357
36	湖南省交通水利建设集团有限公司	351

续表

排名	企业名称	人均营业收入（万元）
37	湖南永通集团有限公司	340
38	湖南杉杉能源科技股份有限公司	326
39	湖南邦普循环科技有限公司	305
40	芒果超媒股份有限公司	299
41	长沙中联重科环境产业有限公司	286
42	五凌电力有限公司	272
43	中车时代电动汽车股份有限公司	269
44	湖南粮食集团有限责任公司	263
45	湖南新长海发展集团有限公司	260
46	湖南省沙坪建设有限公司	254
47	中国水利水电第八工程局有限公司	249
48	红星实业集团有限公司	231
49	中联重科股份有限公司	228
50	湖南科伦制药有限公司	215

7. 按人均资产排序

排名	企业名称	人均资产（万元）
1	长沙银行股份有限公司	8123
2	华融湘江银行股份有限公司	7807
3	广发银行有限公司长沙分行	4659
4	五凌电力有限公司	1709
5	方正证券股份有限公司	1669
6	现代投资股份有限公司	1016
7	天元盛世控股集团有限公司	917
8	郴州市金贵银业股份有限公司	712
9	中车时代电动汽车股份有限公司	667
10	三一集团有限公司	656
11	湖南博深实业集团有限公司	604

续表

排名	企业名称	人均资产（万元）
12	中国建筑第五工程局有限公司	588
13	湖南中烟工业有限责任公司	587
14	中国电建集团中南勘测设计研究院有限公司	583
15	长沙水业集团有限公司	570
16	红星实业集团有限公司	567
17	湖南友谊阿波罗控股股份有限公司	503
18	中联重科股份有限公司	484
19	湖南博瑞医药健康产业集团有限公司	463
20	伟大集团	462
21	湖南杉杉能源科技股份有限公司	457
22	五矿二十三冶建设集团有限公司	450
23	泰格林纸集团股份有限公司	432
24	湖南粮食集团有限责任公司	413
25	中国烟草总公司湖南省公司	408
26	芒果超媒股份有限公司	408
27	长沙中联重科环境产业有限公司	401
28	大汉控股集团有限公司	388
29	中国水利水电第八工程局有限公司	367
30	国药控股湖南有限公司	357
31	大唐华银电力股份有限公司	349
32	湖南省交通水利建设集团有限公司	347
33	中国石油化工股份有限公司长岭分公司	337
34	中车株洲电力机车研究所有限公司	332
35	道道全粮油股份有限公司	317
36	山河智能装备股份有限公司	317
37	湖南华菱钢铁集团有限责任公司	307
38	湖南邦普循环科技有限公司	288
39	湖南航天有限责任公司	279

续表

排名	企业名称	人均资产（万元）
40	中国石油天然气股份有限公司湖南销售分公司	269
41	国网湖南省电力有限公司	254
42	特变电工衡阳变压器有限公司	253
43	湘电集团有限公司	252
44	中车株洲电力机车有限公司	240
45	中国铁建重工集团股份有限公司	238
46	湖南金龙电缆有限公司	232
47	中国联合网络通信有限公司湖南省分公司	216
48	湖南省桂阳银星有色冶炼有限公司	214
49	湖南建工集团有限公司	213
50	中车株洲电机有限公司	210

8. 按研发费用排序

排名	企业名称	研发费用（万元）
1	三一集团有限公司	483024
2	湖南华菱钢铁集团有限责任公司	344752
3	湖南建工集团有限公司	299670
4	中车株洲电力机车研究所有限公司	228886
5	中联重科股份有限公司	209161
6	中国建筑第五工程局有限公司	177320
7	蓝思科技集团	164923
8	中车株洲电力机车有限公司	115953
9	长沙市比亚迪汽车有限公司	93847
10	中国水利水电第八工程局有限公司	83316
11	湖南省交通水利建设集团有限公司	77434
12	湖南博长控股集团有限公司	54765
13	湖南有色金属控股集团有限公司	51900
14	中国铁建重工集团股份有限公司	46811

续表

排名	企业名称	研发费用（万元）
15	安克创新科技股份有限公司	39367
16	湖南中烟工业有限责任公司	36724
17	中车株洲电机有限公司	32690
18	中国电建集团中南勘测设计研究院有限公司	29654
19	泰格林纸集团股份有限公司	29270
20	湖南省沙坪建设有限公司	26087
21	长沙银行股份有限公司	25356
22	湖南黄金集团有限责任公司	24277
23	芒果超媒股份有限公司	23930
24	山河智能装备股份有限公司	22094
25	长沙格力暖通制冷设备有限公司	20043
26	中车时代电动汽车股份有限公司	19858
27	湖南省茶业集团股份有限公司	19743
28	湖南科伦制药有限公司	19497
29	湖南航天有限责任公司	19400
30	金杯电工股份有限公司	18131
31	湖南湘科控股集团有限公司	17243
32	中国能源建设集团湖南火电建设有限公司	17235
33	湘电集团有限公司	17166
34	特变电工衡阳变压器有限公司	16955
35	唐人神集团股份有限公司	16377
36	湖南邦普循环科技有限公司	16168
37	国网湖南省电力有限公司	14380
38	湖南省桂阳银星有色冶炼有限公司	13698
39	中国航发南方工业有限公司	13693
40	湖南杉杉能源科技股份有限公司	12311
41	郴州市金贵银业股份有限公司	11810
42	湖南口味王集团有限责任公司	11277

续表

排名	企业名称	研发费用（万元）
43	湖南宇腾有色金属股份有限公司	11084
44	长沙中联重科环境产业有限公司	9846
45	湖南省轻工盐业集团有限公司	9221
46	五凌电力有限公司	8125
47	中国石油化工股份有限公司巴陵分公司	7831
48	湖南电广传媒股份有限公司	7587
49	湖南金龙电缆有限公司	6882
50	步步高投资集团股份有限公司	6137

9. 按研发费用增长率排序

排名	企业名称	研发费用增长率（%）
1	湖南高岭建设集团股份有限公司	1360.87
2	湖南省沙坪建设有限公司	1331.78
3	长沙水业集团有限公司	599.76
4	湖南金龙电缆有限公司	109.56
5	湖南科伦制药有限公司	93.63
6	中联重科股份有限公司	93.62
7	湖南省现代农业产业控股集团有限公司	87.64
8	中国石化销售股份有限公司湖南石油分公司	84.21
9	山河智能装备股份有限公司	78.9
10	唐人神集团股份有限公司	76.82
11	中国能源建设集团湖南火电建设有限公司	71.17
12	益丰大药房连锁股份有限公司	65.74
13	湖南有色金属控股集团有限公司	57.99
14	长沙市比亚迪汽车有限公司	52.16
15	五凌电力有限公司	51.22
16	湖南建工集团有限公司	51.18
17	中国烟草总公司湖南省公司	49.16

续表

排名	企业名称	研发费用增长率（%）
18	三一集团有限公司	45.35
19	安克创新科技股份有限公司	37.34
20	湖南省煤业集团有限公司	36.94
21	湖南口味王集团有限责任公司	29.74
22	中车株洲电力机车有限公司	27.59
23	步步高投资集团股份有限公司	26.17
24	国网湖南省电力有限公司	24.69
25	中国石油化工股份有限公司巴陵分公司	23.48
26	道道全粮油股份有限公司	21.22
27	湖南湘科控股集团有限公司	19.73
28	中国电建集团中南勘测设计研究院有限公司	16.74
29	湖南华菱钢铁集团有限责任公司	16.26
30	湖南省桂阳银星有色冶炼有限公司	15.35
31	中车株洲电机有限公司	14.2
32	中国水利水电第八工程局有限公司	14.16
33	中国铁建重工集团股份有限公司	13.84
34	湖南邦普循环科技有限公司	12.81
35	湖南省交通水利建设集团有限公司	11.82
36	蓝思科技集团	11.36
37	中车株洲电力机车研究所有限公司	9.98
38	长沙中联重科环境产业有限公司	9.45
39	芒果超媒股份有限公司	8.34
40	湖南省茶业集团股份有限公司	8.09
41	金杯电工股份有限公司	6.52
42	湖南电广传媒股份有限公司	5.52
43	大汉控股集团有限公司	5.03
44	湖南顺天建设集团有限公司	3.1
45	泰格林纸集团股份有限公司	1.74

续表

排名	企业名称	研发费用增长率（%）
46	湘电集团有限公司	1.15
47	湖南中烟工业有限责任公司	0.43
48	长沙银行股份有限公司	-0.82
49	湖南博长控股集团有限公司	-2.32
50	湖南黄金集团有限责任公司	-2.99

10. 按纳税总额排序

排名	企业名称	纳税总额（亿元）
1	湖南中烟工业有限责任公司	687.16
2	中国烟草总公司湖南省公司	171.06
3	中国石油化工股份有限公司长岭分公司	84.76
4	湖南华菱钢铁集团有限责任公司	58.14
5	三一集团有限公司	49.22
6	湖南建工集团有限公司	42.22
7	国网湖南省电力有限公司	41.88
8	中国建筑第五工程局有限公司	40.62
9	长沙银行股份有限公司	30.15
10	中联重科股份有限公司	27.35
11	中国石油化工股份有限公司巴陵分公司	25.14
12	中车株洲电力机车研究所有限公司	22.89
13	蓝思科技集团	20.33
14	华融湘江银行股份有限公司	15.35
15	方正证券股份有限公司	13.63
16	五凌电力有限公司	12.08
17	中国联合网络通信有限公司湖南省分公司	11.01
18	步步高投资集团股份有限公司	10.66
19	湖南博长控股集团有限公司	9.51
20	五矿二十三冶建设集团有限公司	8.49

续表

排名	企业名称	纳税总额（亿元）
21	湖南有色金属控股集团有限公司	8.12
22	益丰大药房连锁股份有限公司	7.98
23	大汉控股集团有限公司	6.98
24	中国水利水电第八工程局有限公司	6.97
25	湖南省煤业集团有限公司	6.58
26	大唐华银电力股份有限公司	6.36
27	长沙中联重科环境产业有限公司	6.16
28	老百姓大药房连锁股份有限公司	5.72
29	湖南省交通水利建设集团有限公司	5.38
30	中国石化销售股份有限公司湖南石油分公司	5.32
31	湖南吉利汽车部件有限公司	5
32	中国铁建重工集团股份有限公司	4.98
33	现代投资股份有限公司	4.6
34	湖南友谊阿波罗控股股份有限公司	4.28
35	中华联合财产保险股份有限公司湖南分公司	3.27
36	泰格林纸集团股份有限公司	3.22
37	天元盛世控股集团有限公司	3.16
38	湖南金龙电缆有限公司	2.98
39	中车株洲电机有限公司	2.76
40	长沙市比亚迪汽车有限公司	2.74
41	湖南科伦制药有限公司	2.69
42	湖南黄金集团有限责任公司	2.62
43	湖南对外建设集团有限公司	2.56
44	湖南省轻工盐业集团有限公司	2.55
45	湖南望新建设集团股份有限公司	2.46
46	唐人神集团股份有限公司	2.45
47	湖南湘科控股集团有限公司	2.44
48	湖南新长海发展集团有限公司	2.44

续表

排名	企业名称	纳税总额（亿元）
49	中国石油天然气股份有限公司湖南销售分公司	2.34
50	长沙水业集团有限公司	2.29

11. 按纳税额增长率排序

排名	企业名称	纳税额增长率（%）
1	长沙京东厚成贸易有限公司	284.45
2	长沙中兴智能技术有限公司	150.55
3	蓝思科技集团	95.63
4	中国石油天然气股份有限公司湖南销售分公司	82.27
5	国药控股湖南有限公司	74.44
6	安克创新科技股份有限公司	68.55
7	中联重科股份有限公司	65.44
8	湖南对外建设集团有限公司	50.97
9	唐人神集团股份有限公司	47.77
10	湖南永通集团有限公司	46.21
11	长沙格力暖通制冷设备有限公司	45.46
12	中国航发南方工业有限公司	39.08
13	湖南航天有限责任公司	38.94
14	益丰大药房连锁股份有限公司	37.42
15	三一集团有限公司	34.99
16	湖南建工集团有限公司	32.41
17	中国邮政集团有限公司湖南省分公司	30.43
18	中国能源建设集团湖南火电建设有限公司	30.18
19	五矿二十三冶建设集团有限公司	28.28
20	中国水利水电第八工程局有限公司	26.24
21	湖南杉杉能源科技股份有限公司	24.57
22	中国电建集团中南勘测设计研究院有限公司	22.85
23	长沙银行股份有限公司	22.56

续表

排名	企业名称	纳税额增长率（%）
24	湖南高岭建设集团股份有限公司	21.54
25	大汉控股集团有限公司	20.05
26	湖南口味王集团有限责任公司	19.56
27	伟大集团	19.53
28	中国建筑第五工程局有限公司	18.78
29	大唐华银电力股份有限公司	18.62
30	湖南顺天建设集团有限公司	16.02
31	湖南博深实业集团有限公司	14.67
32	湖南省茶业集团股份有限公司	13.90
33	湖南金荣企业集团有限公司	12.96
34	湖南省交通水利建设集团有限公司	10.93
35	湖南博瑞医药健康产业集团有限公司	9.92
36	华融湘江银行股份有限公司	8.71
37	步步高投资集团股份有限公司	8.12
38	长沙中联重科环境产业有限公司	8.11
39	湖南新长海发展集团有限公司	7.39
40	湖南粮食集团有限责任公司	7.19
41	中车时代电动汽车股份有限公司	6.98
42	五凌电力有限公司	6.55
43	中国烟草总公司湖南省公司	6.13
44	湖南望新建设集团股份有限公司	5.67
45	湖南佳惠百货有限责任公司	3.94
46	现代投资股份有限公司	3.75
47	湖南邦普循环科技有限公司	3.14
48	中国联合网络通信有限公司湖南省分公司	3.01
49	国网湖南省电力有限公司	1.87
50	湖南湘科控股集团有限公司	0.08

12. 按净利润排序

排名	企业名称	净利润（万元）
1	三一集团有限公司	1237614
2	中国烟草总公司湖南省公司	809189
3	湖南中烟工业有限责任公司	690142
4	湖南华菱钢铁集团有限责任公司	686774
5	长沙银行股份有限公司	525856
6	中联重科股份有限公司	427511
7	中国建筑第五工程局有限公司	335746
8	华融湘江银行股份有限公司	301614
9	蓝思科技集团	254262
10	中车株洲电力机车研究所有限公司	243861
11	湖南建工集团有限公司	148742
12	中国铁建重工集团股份有限公司	146006
13	中南出版传媒集团股份有限公司	140733
14	爱尔眼科医院集团股份有限公司	137892
15	株洲旗滨集团股份有限公司	134643
16	长沙中联重科环境产业有限公司	132547
17	中车株洲电力机车有限公司	122562
18	芒果超媒股份有限公司	115750
19	大汉控股集团有限公司	108134
20	五凌电力有限公司	106590
21	湖南吉利汽车部件有限公司	103079
22	方正证券股份有限公司	98287
23	现代投资股份有限公司	96754
24	中国电信股份有限公司湖南分公司	87292
25	绝味食品股份有限公司	80120
26	中国联合网络通信有限公司湖南省分公司	79863
27	湖南博长控股集团有限公司	72839

续表

排名	企业名称	净利润（万元）
28	安克创新科技股份有限公司	72173
29	湖南新长海发展集团有限公司	70686
30	湖南邦普循环科技有限公司	63863
31	老百姓大药房连锁股份有限公司	61498
32	益丰大药房连锁股份有限公司	60888
33	五矿二十三冶建设集团有限公司	60226
34	长沙格力暖通制冷设备有限公司	55785
35	中国水利水电第八工程局有限公司	52901
36	山河智能装备股份有限公司	51733
37	湖南省交通水利建设集团有限公司	50393
38	中国石油化工股份有限公司长岭分公司	46885
39	中国石化销售股份有限公司湖南石油分公司	45504
40	湖南友谊阿波罗控股股份有限公司	41761
41	广发银行有限公司长沙分行	41208
42	湖南望新建设集团股份有限公司	39220
43	中国邮政集团有限公司湖南省分公司	37854
44	中车株洲电机有限公司	36982
45	湖南省沙坪建设有限公司	36851
46	中国电建集团中南勘测设计研究院有限公司	36020
47	中国航发南方工业有限公司	35433
48	湖南航天有限责任公司	34258
49	湖南口味王集团有限责任公司	34189
50	湖南科伦制药有限公司	32721

13. 按净利润增长率排序

排名	企业名称	净利润增长率（%）
1	中国石化销售股份有限公司湖南石油分公司	6551.85
2	长沙中兴智能技术有限公司	233.16

续表

排名	企业名称	净利润增长率（%）
3	湖南口味王集团有限责任公司	181.78
4	蓝思科技集团	119.03
5	三一集团有限公司	111.86
6	五凌电力有限公司	98.41
7	中联重科股份有限公司	90.78
8	五矿二十三冶建设集团有限公司	79.66
9	大唐华银电力股份有限公司	74.13
10	安克创新科技股份有限公司	59.80
11	金杯电工股份有限公司	59.11
12	湖南航天有限责任公司	53.87
13	方正证券股份有限公司	49.82
14	中国电信股份有限公司湖南分公司	45.67
15	益丰大药房连锁股份有限公司	40.09
16	中国建筑第五工程局有限公司	35.14
17	湖南永通集团有限公司	34.57
18	爱尔眼科医院集团股份有限公司	33.33
19	湖南湘科控股集团有限公司	30.40
20	湖南对外建设集团有限公司	27.43
21	大汉控股集团有限公司	26.43
22	湖南省沙坪建设有限公司	26.17
23	芒果超媒股份有限公司	24.34
24	唐人神集团股份有限公司	23.82
25	湖南金荣企业集团有限公司	23.66
26	株洲千金药业股份有限公司	21.97
27	湖南兰天集团有限公司	21.85
28	老百姓大药房连锁股份有限公司	21.08
29	湖南友谊阿波罗控股股份有限公司	20.93
30	中车株洲电力机车研究所有限公司	20.60

续表

排名	企业名称	净利润增长率（%）
31	红星实业集团有限公司	20.38
32	中国电建集团中南勘测设计研究院有限公司	20.11
33	湖南邦普循环科技有限公司	18.41
34	中国水利水电第八工程局有限公司	17.88
35	湖南佳惠百货有限责任公司	16.88
36	株洲旗滨集团股份有限公司	16.38
37	长沙通程控股股份有限公司	16.27
38	中国烟草总公司湖南省公司	16.17
39	湖南建工集团有限公司	15.52
40	长沙银行股份有限公司	15.08
41	长沙格力暖通制冷设备有限公司	13.59
42	中车株洲电力机车有限公司	12.63
43	湖南省交通水利建设集团有限公司	12.27
44	湖南省轻工盐业集团有限公司	11.92
45	华融湘江银行股份有限公司	11.50
46	长沙中联重科环境产业有限公司	10.58
47	湖南顺天建设集团有限公司	9.72
48	湖南博深实业集团有限公司	9.47
49	湖南高岭建设集团股份有限公司	8.37
50	湖南省茶业集团股份有限公司	8.28

14. 按资产利润率排序

排名	企业名称	资产利润率（%）
1	湖南申湘汽车星沙商务广场有限公司	39.30
2	湖南望新建设集团股份有限公司	33.25
3	安克创新科技股份有限公司	26.54
4	中国烟草总公司湖南省公司	25.07
5	湖南吉利汽车部件有限公司	19.47

续表

排名	企业名称	资产利润率（%）
6	湖南对外建设集团有限公司	16.55
7	湖南省茶业集团股份有限公司	15.94
8	爱尔眼科医院集团股份有限公司	15.47
9	湖南邦普循环科技有限公司	15.14
10	长沙格力暖通制冷设备有限公司	14.36
11	长沙中联重科环境产业有限公司	13.76
12	株洲旗滨集团股份有限公司	12.00
13	湖南科伦制药有限公司	11.77
14	株洲千金药业股份有限公司	11.27
15	湖南省沙坪建设有限公司	10.93
16	中国铁建重工集团股份有限公司	10.78
17	湖南中烟工业有限责任公司	10.68
18	长沙京东厚成贸易有限公司	10.22
19	湖南新长海发展集团有限公司	9.27
20	三一集团有限公司	9.24
21	湖南口味王集团有限责任公司	9.15
22	长沙中兴智能技术有限公司	8.89
23	益丰大药房连锁股份有限公司	8.87
24	望建（集团）有限公司	8.36
25	湖南华菱钢铁集团有限责任公司	7.99
26	老百姓大药房连锁股份有限公司	7.76
27	湖南佳惠百货有限责任公司	7.70
28	中国石油化工股份有限公司长岭分公司	7.59
29	大汉控股集团有限公司	7.25
30	芒果超媒股份有限公司	6.89
31	中南出版传媒集团股份有限公司	6.60
32	湖南博长控股集团有限公司	6.55
33	道道全粮油股份有限公司	6.13

续表

排名	企业名称	资产利润率（%）
34	中国联合网络通信有限公司湖南省分公司	5.88
35	湖南杉杉能源科技股份有限公司	5.73
36	中联重科股份有限公司	5.47
37	湖南博瑞医药健康产业集团有限公司	5.36
38	金杯电工股份有限公司	5.32
39	长沙通程控股股份有限公司	5.04
40	湖南省桂阳银星有色冶炼有限公司	5.03
41	中国电信股份有限公司湖南分公司	5.01
42	中车株洲电机有限公司	4.99
43	中车株洲电力机车研究所有限公司	4.83
44	中车株洲电力机车有限公司	4.73
45	唐人神集团股份有限公司	4.52
46	湖南高岭建设集团股份有限公司	4.35
47	山河智能装备股份有限公司	3.94
48	五矿二十三冶建设集团有限公司	3.82
49	湖南金龙电缆有限公司	3.77
50	伟大集团	3.73

15. 按人均利润排序

排名	企业名称	人均利润（万元）
1	中国烟草总公司湖南省公司	102
2	长沙银行股份有限公司	87
3	广发银行有限公司长沙分行	81
4	华融湘江银行股份有限公司	80
5	湖南中烟工业有限责任公司	63
6	三一集团有限公司	61
7	长沙中联重科环境产业有限公司	55
8	安克创新科技股份有限公司	52

续表

排名	企业名称	人均利润（万元）
9	望建（集团）有限公司	48
10	五凌电力有限公司	47
11	湖南邦普循环科技有限公司	44
12	湖南新长海发展集团有限公司	40
13	湖南望新建设集团股份有限公司	39
14	现代投资股份有限公司	36
15	芒果超媒股份有限公司	28
16	大汉控股集团有限公司	28
17	中联重科股份有限公司	26
18	湖南杉杉能源科技股份有限公司	26
19	天元盛世控股集团有限公司	26
20	中国石油化工股份有限公司长岭分公司	26
21	中国铁建重工集团股份有限公司	26
22	湖南博瑞医药健康产业集团有限公司	25
23	湖南华菱钢铁集团有限责任公司	25
24	道道全粮油股份有限公司	19
25	长沙格力暖通制冷设备有限公司	19
26	红星实业集团有限公司	18
27	五矿二十三冶建设集团有限公司	17
28	伟大集团	17
29	中国电建集团中南勘测设计研究院有限公司	17
30	湖南科伦制药有限公司	16
31	中车株洲电力机车研究所有限公司	16
32	湖南宇腾有色金属股份有限公司	16
33	中国建筑第五工程局有限公司	15
34	湖南友谊阿波罗控股股份有限公司	15
35	湖南省沙坪建设有限公司	14
36	方正证券股份有限公司	14

续表

排名	企业名称	人均利润（万元）
37	湖南博深实业集团有限公司	14
38	中国联合网络通信有限公司湖南省分公司	13
39	湖南金荣企业集团有限公司	13
40	山河智能装备股份有限公司	12
41	湖南博长控股集团有限公司	12
42	中车株洲电力机车有限公司	11
43	中南出版传媒集团股份有限公司	11
44	湖南省桂阳银星有色冶炼有限公司	11
45	中车株洲电机有限公司	11
46	长沙通程控股股份有限公司	9
47	长沙中兴智能技术有限公司	9
48	湖南航天有限责任公司	9
49	金杯电工股份有限公司	9
50	湖南金龙电缆有限公司	9

16. 按所有者权益排序

排名	企业名称	所有者权益（万元）
1	湖南中烟工业有限责任公司	7561219
2	长沙银行股份有限公司	4063270
3	中国烟草总公司湖南省公司	3974164
4	中联重科股份有限公司	3886323
5	方正证券股份有限公司	3855181
6	三一集团有限公司	3592286
7	蓝思科技集团	3526010
8	国网湖南省电力有限公司	3341689
9	华融湘江银行股份有限公司	2391950
10	湖南华菱钢铁集团有限责任公司	2383375
11	中国建筑第五工程局有限公司	2240831

续表

排名	企业名称	所有者权益（万元）
12	中车株洲电力机车研究所有限公司	1776405
13	中国电信股份有限公司湖南分公司	1415727
14	中南出版传媒集团股份有限公司	1366954
15	湖南建工集团有限公司	1317204
16	中国石化销售股份有限公司湖南石油分公司	1198202
17	湖南电广传媒股份有限公司	1105453
18	现代投资股份有限公司	1010061
19	五凌电力有限公司	971371
20	中车株洲电力机车有限公司	917823
21	芒果超媒股份有限公司	878386
22	步步高投资集团股份有限公司	792546
23	中国水利水电第八工程局有限公司	766431
24	大汉控股集团有限公司	743505
25	中国航发南方工业有限公司	718622
26	中国铁建重工集团股份有限公司	712228
27	湖南有色金属控股集团有限公司	610548
28	湖南博深实业集团有限公司	556656
29	长沙中联重科环境产业有限公司	537308
30	中国石油天然气股份有限公司湖南销售分公司	522829
31	山河智能装备股份有限公司	497522
32	湖南省轻工盐业集团有限公司	494220
33	益丰大药房连锁股份有限公司	450831
34	湖南省交通水利建设集团有限公司	450380
35	特变电工衡阳变压器有限公司	417784
36	湖南博长控股集团有限公司	394427
37	中车时代电动汽车股份有限公司	385854
38	中国石油化工股份有限公司长岭分公司	384418
39	湖南杉杉能源科技股份有限公司	381282

续表

排名	企业名称	所有者权益（万元）
40	湖南航天有限责任公司	371458
41	五矿二十三冶建设集团有限公司	358255
42	湖南永通集团有限公司	350528
43	老百姓大药房连锁股份有限公司	348715
44	中国电建集团中南勘测设计研究院有限公司	341905
45	唐人神集团股份有限公司	332565
46	大唐华银电力股份有限公司	307422
47	中车株洲电机有限公司	296785
48	长沙通程控股股份有限公司	291359
49	红星实业集团有限公司	284155
50	湖南省煤业集团有限公司	277774

17. 按人均所有者权益排序

排名	企业名称	人均所有者权益（万元）
1	湖南博深实业集团有限公司	838.53
2	长沙银行股份有限公司	564.47
3	望建（集团）有限公司	516.48
4	华融湘江银行股份有限公司	510.45
5	湖南中烟工业有限责任公司	497.41
6	五凌电力有限公司	489.08
7	方正证券股份有限公司	482.41
8	中国烟草总公司湖南省公司	378.38
9	湖南新长海发展集团有限公司	356.63
10	天元盛世控股集团有限公司	344.94
11	湖南杉杉能源科技股份有限公司	333.87
12	现代投资股份有限公司	310.21
13	湖南博瑞医药健康产业集团有限公司	296.83
14	三一集团有限公司	251.71

续表

排名	企业名称	人均所有者权益（万元）
15	道道全粮油股份有限公司	237.73
16	中车时代电动汽车股份有限公司	234.14
17	芒果超媒股份有限公司	210.75
18	中联重科股份有限公司	207.89
19	红星实业集团有限公司	206.51
20	湖南宇腾有色金属股份有限公司	196.27
21	长沙中联重科环境产业有限公司	189.35
22	湖南友谊阿波罗控股股份有限公司	187.48
23	中车株洲电力机车研究所有限公司	180.7
24	伟大集团	177.08
25	大汉控股集团有限公司	169.31
26	中国石油化工股份有限公司长岭分公司	159.05
27	泰格林纸集团股份有限公司	154.19
28	中国石油天然气股份有限公司湖南销售分公司	151.93
29	中国电建集团中南勘测设计研究院有限公司	146.22
30	特变电工衡阳变压器有限公司	143.75
31	安克创新科技股份有限公司	128.95
32	湖南邦普循环科技有限公司	122.96
33	湖南航天有限责任公司	116.09
34	长沙通程控股股份有限公司	113.71
35	湖南华菱钢铁集团有限责任公司	112.92
36	中国建筑第五工程局有限公司	112.53
37	中国铁建重工集团股份有限公司	111.93
38	湖南电广传媒股份有限公司	110.67
39	中南出版传媒集团股份有限公司	108.29
40	湖南省桂阳银星有色冶炼有限公司	106.56
41	中国石化销售股份有限公司湖南石油分公司	103.64
42	山河智能装备股份有限公司	101.75

续表

排名	企业名称	人均所有者权益（万元）
43	湖南金龙电缆有限公司	101.53
44	中国航发南方工业有限公司	99.6
45	金杯电工股份有限公司	94.83
46	五矿二十三冶建设集团有限公司	90.47
47	中国电信股份有限公司湖南分公司	90.32
48	湖南望新建设集团股份有限公司	89.97
49	湖南永通集团有限公司	87.8
50	中车株洲电力机车有限公司	86.36

18. 按净资产利润率排序

排名	企业名称	净资产利润率（%）
1	广发银行有限公司长沙分行	2372.37
2	长沙格力暖通制冷设备有限公司	73.12
3	中国联合网络通信有限公司湖南省分公司	41.18
4	安克创新科技股份有限公司	36.71
5	长沙中兴智能技术有限公司	31.8
6	湖南邦普循环科技有限公司	30.77
7	湖南省茶业集团股份有限公司	25.92
8	长沙中联重科环境产业有限公司	24.59
9	中国邮政集团有限公司湖南省分公司	21.8
10	中国铁建重工集团股份有限公司	20.5
11	中国烟草总公司湖南省公司	20.34
12	湖南科伦制药有限公司	19.8
13	湖南省沙坪建设有限公司	19.64
14	五矿二十三冶建设集团有限公司	16.81
15	老百姓大药房连锁股份有限公司	14.59
16	湖南华菱钢铁集团有限责任公司	13.85
17	芒果超媒股份有限公司	13.16

续表

排名	企业名称	净资产利润率（%）
18	湖南博长控股集团有限公司	13.05
19	中车株洲电力机车有限公司	12.78
20	华融湘江银行股份有限公司	12.64
21	长沙银行股份有限公司	12.5
22	中车株洲电机有限公司	12.45
23	湖南佳惠百货有限责任公司	12.39
24	中国石油化工股份有限公司长岭分公司	12.2
25	中国建筑第五工程局有限公司	12.2
26	益丰大药房连锁股份有限公司	12.06
27	大汉控股集团有限公司	11.97
28	湖南省交通水利建设集团有限公司	11.73
29	三一集团有限公司	11.72
30	中联重科股份有限公司	11.25
31	湖南建工集团有限公司	11.01
32	中国电建集团中南勘测设计研究院有限公司	10.49
33	山河智能装备股份有限公司	10.11
34	中国能源建设集团湖南火电建设有限公司	9.87
35	现代投资股份有限公司	9.66
36	湖南友谊阿波罗控股股份有限公司	9.58
37	中南出版传媒集团股份有限公司	9.33
38	伟大集团	9.22
39	五凌电力有限公司	9.02
40	湖南中烟工业有限责任公司	9.01
41	红星实业集团有限公司	8.13
42	金杯电工股份有限公司	7.95
43	湖南杉杉能源科技股份有限公司	7.35
44	蓝思科技集团	7.32
45	湖南博瑞医药健康产业集团有限公司	7.11

续表

排名	企业名称	净资产利润率（%）
46	湖南航天有限责任公司	6.99
47	湖南金龙电缆有限公司	6.83
48	湖南省现代农业产业控股集团有限公司	6.57
49	道道全粮油股份有限公司	6.55
50	天元盛世控股集团有限公司	6.42

19. 按资产负债率排序

排名	企业名称	资产负债率（%）
1	湖南申湘汽车星沙商务广场有限公司	-295.21
2	湖南博深实业集团有限公司	-38.86
3	中国烟草总公司湖南省公司	7.32
4	望建（集团）有限公司	9.71
5	湖南对外建设集团有限公司	11.46
6	湖南中烟工业有限责任公司	15.29
7	绝味食品股份有限公司	16.43
8	湖南新长海发展集团有限公司	17.6
9	湖南望新建设集团股份有限公司	22.78
10	道道全粮油股份有限公司	24.95
11	中兵红箭股份有限公司	25.64
12	湖南杉杉能源科技股份有限公司	26.88
13	株洲千金药业股份有限公司	31.02
14	中南出版传媒集团股份有限公司	33.72
15	安克创新科技股份有限公司	34.08
16	湖南高岭建设集团股份有限公司	34.68
17	湖南博瑞医药健康产业集团有限公司	35.96
18	株洲旗滨集团股份有限公司	36.9
19	长沙通程控股股份有限公司	37.44
20	湖南吉利汽车部件有限公司	39.11

续表

排名	企业名称	资产负债率（%）
21	中国电信股份有限公司湖南分公司	40.9
22	爱尔眼科医院集团股份有限公司	40.96
23	特变电工衡阳变压器有限公司	43.23
24	金杯电工股份有限公司	43.32
25	中国石化销售股份有限公司湖南石油分公司	43.58
26	中国石油天然气股份有限公司湖南销售分公司	43.59
27	中国航发南方工业有限公司	45.19
28	湖南电广传媒股份有限公司	45.19
29	中车株洲电力机车研究所有限公司	45.56
30	唐人神集团股份有限公司	47.81
31	湖南省茶业集团股份有限公司	47.84
32	湖南科伦制药有限公司	47.84
33	芒果超媒股份有限公司	48.36
34	湖南黄金集团有限责任公司	48.57
35	益丰大药房连锁股份有限公司	48.68
36	湖南省桂阳银星有色冶炼有限公司	50.11
37	湖南永通集团有限公司	50.67
38	湖南省轻工盐业集团有限公司	51.87
39	长沙中联重科环境产业有限公司	52.77
40	中国石油化工股份有限公司长岭分公司	52.87
41	中国铁建重工集团股份有限公司	52.87
42	湖南佳惠百货有限责任公司	52.94
43	湖南博长控股集团有限公司	56.05
44	湖南宇腾有色金属股份有限公司	56.24
45	湖南金龙电缆有限公司	56.28
46	大汉控股集团有限公司	56.37
47	中联重科股份有限公司	57.06
48	湖南邦普循环科技有限公司	57.33

续表

排名	企业名称	资产负债率（%）
49	湖南省沙坪建设有限公司	58.26
50	湖南航天有限责任公司	58.38

20. 按资产积累率排序

排名	企业名称	资产积累率（%）
1	长沙京东厚成贸易有限公司	206.17
2	长沙水业集团有限公司	160.77
3	湖南口味王集团有限责任公司	132.52
4	湖南航天有限责任公司	65.18
5	芒果超媒股份有限公司	55.44
6	绝味食品股份有限公司	50.81
7	安克创新科技股份有限公司	45.66
8	湖南邦普循环科技有限公司	44.34
9	湖南吉利汽车部件有限公司	37.86
10	长沙中联重科环境产业有限公司	32.99
11	长沙银行股份有限公司	31.63
12	中国邮政集团有限公司湖南省分公司	29.6
13	蓝思科技集团	28.9
14	中车时代电动汽车股份有限公司	28
15	三一集团有限公司	27.8
16	中国建筑第五工程局有限公司	27.56
17	湖南省沙坪建设有限公司	24.44
18	湖南科伦制药有限公司	23.38
19	中华联合财产保险股份有限公司湖南分公司	21.97
20	湖南建工集团有限公司	21.69
21	国药控股湖南有限公司	19.63
22	爱尔眼科医院集团股份有限公司	17.62
23	五矿二十三冶建设集团有限公司	15.69

续表

排名	企业名称	资产积累率(%)
24	中国航发南方工业有限公司	15.54
25	湖南省煤业集团有限公司	15.03
26	老百姓大药房连锁股份有限公司	15
27	湖南省轻工盐业集团有限公司	14.57
28	湖南兰天集团有限公司	14.43
29	湖南佳惠百货有限责任公司	14.14
30	五凌电力有限公司	13.05
31	益丰大药房连锁股份有限公司	12.93
32	红星实业集团有限公司	12.69
33	中国能源建设集团湖南火电建设有限公司	12.26
34	现代投资股份有限公司	12.08
35	湖南新长海发展集团有限公司	11.88
36	湖南省桂阳银星有色冶炼有限公司	11.55
37	中国水利水电第八工程局有限公司	11.25
38	湖南电广传媒股份有限公司	10.67
39	大汉控股集团有限公司	10.06
40	国网湖南省电力有限公司	9.8
41	湖南宇腾有色金属股份有限公司	9.29
42	华融湘江银行股份有限公司	9.2
43	中车株洲电机有限公司	9.11
44	株洲旗滨集团股份有限公司	8.91
45	中国电建集团中南勘测设计研究院有限公司	8.65
46	湖南博长控股集团有限公司	8.58
47	中车株洲电力机车有限公司	8.55
48	长沙中兴智能技术有限公司	8.39
49	株洲千金药业股份有限公司	8.21
50	湖南对外建设集团有限公司	8.21

21. 按资产保值增值率排序

排名	企业名称	资产保值增值率（%）
1	湖南航天有限责任公司	189.78
2	湘电集团有限公司	156.31
3	芒果超媒股份有限公司	155.76
4	安克创新科技股份有限公司	146.12
5	湖南省煤业集团有限公司	145.85
6	湖南邦普循环科技有限公司	144.34
7	长沙中联重科环境产业有限公司	132.65
8	中车时代电动汽车股份有限公司	131.65
9	长沙银行股份有限公司	131.09
10	中国邮政集团有限公司湖南省分公司	129.61
11	蓝思科技集团	128.77
12	湖南省沙坪建设有限公司	124.44
13	湖南建工集团有限公司	124.44
14	湖南科伦制药有限公司	123.38
15	三一集团有限公司	122.81
16	大汉控股集团有限公司	117.47
17	中国航发南方工业有限公司	116.11
18	爱尔眼科医院集团股份有限公司	115.83
19	湖南省现代农业产业控股集团有限公司	115.46
20	老百姓大药房连锁股份有限公司	114.48
21	湖南佳惠百货有限责任公司	114.14
22	红星实业集团有限公司	113.33
23	中国能源建设集团湖南火电建设有限公司	112.26
24	益丰大药房连锁股份有限公司	111.08
25	中国水利水电第八工程局有限公司	111.04
26	湖南友谊阿波罗控股股份有限公司	109.84
27	国网湖南省电力有限公司	109.8
28	五矿二十三冶建设集团有限公司	109.7
29	中车株洲电力机车有限公司	109.37

续表

排名	企业名称	资产保值增值率（%）
30	中车株洲电机有限公司	109.36
31	湖南电广传媒股份有限公司	109.35
32	华融湘江银行股份有限公司	109.27
33	中国建筑第五工程局有限公司	109.07
34	株洲旗滨集团股份有限公司	108.81
35	中国电建集团中南勘测设计研究院有限公司	108.75
36	现代投资股份有限公司	108.59
37	长沙中兴智能技术有限公司	108.39
38	湖南博长控股集团有限公司	108.36
39	山河智能装备股份有限公司	107.73
40	株洲千金药业股份有限公司	107.36
41	中国电信股份有限公司湖南分公司	106.5
42	中国石化销售股份有限公司湖南石油分公司	106.21
43	中车株洲电力机车研究所有限公司	106.2
44	湖南永通集团有限公司	106.16
45	湖南顺天建设集团有限公司	106.04
46	金杯电工股份有限公司	105.9
47	步步高投资集团股份有限公司	105.77
48	五凌电力有限公司	105.53
49	中国烟草总公司湖南省公司	105.42
50	长沙通程控股股份有限公司	105.39

第三节　2020湖南制造业企业100强排行榜

名次	企业名称	营业收入（万元）
1	湖南华菱钢铁集团有限责任公司	13309331
2	湖南中烟工业有限责任公司	10369274
3	三一集团有限公司	8757632
4	中国烟草总公司湖南省公司	8579983

续表

名次	企业名称	营业收入（万元）
5	蓝思科技集团	7786080
6	湖南博长控股集团有限公司	5103093
7	中国石油化工股份有限公司长岭分公司	4489984
8	中联重科股份有限公司	4330739
9	湖南有色金属控股集团有限公司	3297466
10	中车株洲电力机车研究所有限公司	3018037
11	中国石油化工股份有限公司巴陵分公司	2662604
12	中车株洲电力机车有限公司	2306091
13	唐人神集团股份有限公司	1535505
14	长沙市比亚迪汽车有限公司	1532974
15	湖南吉利汽车部件有限公司	1470213
16	湖南黄金集团有限责任公司	1423916
17	湖南粮食集团有限责任公司	1082958
18	株洲旗滨集团股份有限公司	930576
19	泰格林纸集团股份有限公司	884870
20	长沙中联重科环境产业有限公司	817325
21	中车株洲电机有限公司	810766
22	山河智能装备股份有限公司	742736
23	湖南省现代农业产业控股集团有限公司	735327
24	中国铁建重工集团股份有限公司	728167
25	湖南省轻工盐业集团有限公司	667844
26	湖南省茶业集团股份有限公司	654841
27	长沙格力暖通制冷设备有限公司	631850
28	郴州市金贵银业股份有限公司	619920
29	金杯电工股份有限公司	584432
30	中国航发南方工业有限公司	583763
31	湘电集团有限公司	571381
32	中兵红箭股份有限公司	532163

续表

名次	企业名称	营业收入（万元）
33	湖南湘科控股集团有限公司	528786
34	绝味食品股份有限公司	517196
35	湖南邦普循环科技有限公司	515492
36	中车时代电动汽车股份有限公司	501512
37	湖南航天有限责任公司	501373
38	湖南科伦制药有限公司	491421
39	湖南宇腾有色金属股份有限公司	478525
40	特变电工衡阳变压器有限公司	478268
41	长沙中兴智能技术有限公司	413555
42	道道全粮油股份有限公司	411673
43	湖南省桂阳银星有色冶炼有限公司	400107
44	湖南杉杉能源科技股份有限公司	372029
45	湖南口味王集团有限责任公司	367600
46	湖南金龙电缆有限公司	364215
47	株洲千金药业股份有限公司	352524
48	际华三五一七橡胶制品有限公司	346529
49	佳沃农业开发股份有限公司	342774
50	株洲联诚集团控股股份有限公司	341621
51	江麓机电集团有限公司	334760
52	江南工业集团有限公司	321184
53	九芝堂股份有限公司	318969
54	湖南宇新能源科技股份有限公司	316132
55	袁隆平农业高科技股份有限公司	312954
56	永兴贵研资源有限公司	312315
57	克明面业股份有限公司	303397
58	威胜集团有限公司	279102
59	湖南长远锂科股份有限公司	276586
60	湖南尔康制药股份有限公司	274434

续表

名次	企业名称	营业收入（万元）
61	湖南梦洁家纺股份有限公司	260361
62	中车株洲车辆有限公司	256707
63	御家汇股份有限公司	241212
64	澳优乳业（中国）有限公司	237021
65	益海嘉里（岳阳）粮油工业有限公司	232655
66	奥士康科技股份有限公司	227598
67	湖南艾华集团股份有限公司	225439
68	亚光科技集团股份有限公司	220559
69	湖南海利化工股份有限公司	214869
70	湖南科力远新能源股份有限公司	207970
71	加加食品集团股份有限公司	203975
72	湖南丽臣实业股份有限公司	199338
73	楚天科技股份有限公司	191597
74	湖南湘佳牧业股份有限公司	187786
75	地通工业控股集团股份有限公司	181632
76	株洲钻石切削刀具股份有限公司	180090
77	三诺生物传感股份有限公司	177821
78	岳阳东方雨虹防水技术有限责任公司	175054
79	中航飞机起落架有限责任公司	169159
80	湖南伍子醉食品有限公司	157219
81	酒鬼酒股份有限公司	151190
82	长沙开元仪器股份有限公司	148935
83	郴州丰越环保科技有限公司	148700
84	桑顿新能源科技有限公司	148283
85	华自科技股份有限公司	143886
86	湖南东信集团有限公司	142763
87	盐津铺子食品股份有限公司	139928
88	湖南红太阳光电科技有限公司	135734

续表

名次	企业名称	营业收入（万元）
89	湖南景峰医药股份有限公司	134403
90	株洲天桥起重股份有限公司	133387
91	恒天九五重工有限公司	129526
92	湘潭电化科技股份有限公司	121004
93	湖南华升集团有限公司	119251
94	湖南长高高压开关集团股份公司	115913
95	湖南正虹科技发展股份有限公司	112301
96	湖南方盛制药股份有限公司	109375
97	湖南东亿电气股份有限公司	106075
98	湖南南新制药有限公司	101422
99	湖南机油泵股份有限公司	100163
100	湖南华联瓷业股份有限公司	94957

第四节　2020湖南服务业企业50强排行榜

名次	企业名称	营业收入（万元）
1	国网湖南省电力有限公司	8761667
2	中国石化销售股份有限公司湖南石油分公司	5534484
3	大汉控股集团有限公司	4632228
4	步步高投资集团股份有限公司	4152575
5	长沙银行股份有限公司	3036712
6	华融湘江银行股份有限公司	1924703
7	中国石油天然气股份有限公司湖南销售分公司	1638137
8	湖南永通集团有限公司	1401000
9	中国电信股份有限公司湖南分公司	1363051
10	现代投资股份有限公司	1255783
11	芒果超媒股份有限公司	1250066
12	湖南博深实业集团有限公司	1212033

续表

名次	企业名称	营业收入（万元）
13	老百姓大药房连锁股份有限公司	1166318
14	湖南兰天集团有限公司	1126029
15	益丰大药房连锁股份有限公司	1027617
16	中南出版传媒集团股份有限公司	1026086
17	爱尔眼科医院集团股份有限公司	999010
18	国药控股湖南有限公司	998308
19	中国联合网络通信有限公司湖南省分公司	940361
20	中国电建集团中南勘测设计研究院有限公司	899798
21	湖南佳惠百货有限责任公司	885580
22	湖南友谊阿波罗控股股份有限公司	868657
23	中国邮政集团有限公司湖南省分公司	857936
24	湖南电广传媒股份有限公司	707702
25	安克创新科技股份有限公司	665474
26	方正证券股份有限公司	659494
27	湖南申湘汽车星沙商务广场有限公司	607773
28	天元盛世控股集团有限公司	510190
29	湖南新长海发展集团有限公司	486568
30	长沙京东厚成贸易有限公司	464538
31	中华联合财产保险股份有限公司湖南分公司	448493
32	广发银行股份有限公司长沙分行	443323
33	湖南博瑞医药健康产业集团有限公司	400690
34	湖南金荣企业集团有限公司	380000
35	长沙水业集团有限公司	368745
36	红星实业集团有限公司	365529
37	长沙通程控股股份有限公司	364020
38	伟大集团	361888
39	太平人寿保险有限公司湖南分公司	327202
40	湖南马上银电子商务有限公司	305944

续表

名次	企业名称	营业收入（万元）
41	湖南郴电国际发展股份有限公司	301352
42	吉祥人寿保险股份有限公司	280856
43	湖南滴滴出行科技有限公司	266613
44	湖南红海人力资源有限公司	264169
45	恩瑞集团有限公司	261769
46	湖南达嘉维康医药有限公司	223058
47	湖南省机场管理集团有限公司	216449
48	湖南省有线电视网络（集团）股份有限公司	203971
49	湖南省蓝马车业集团有限公司	202964
50	株洲百货股份有限公司	197363

第五节　2020 湖南企业 200 家

为了扩大湖南大企业的分析范围，更加全面地反映湖南大企业的发展状况，湖南省企业和工业经济联合会决定从 2019 年起，开展湖南企业 200 家的申报排序发布工作，2020 年继续推出 2020 湖南企业 200 家。2020 湖南企业 200 家前 100 名请见本章第一节，后 100 名如下表所示。

名次	企业名称	营业收入（万元）
101	际华三五一七橡胶制品有限公司	346529
102	佳沃农业开发股份有限公司	342774
103	株洲联诚集团控股股份有限公司	341621
104	江麓机电集团有限公司	334760
105	太平人寿保险有限公司湖南分公司	327202
106	江南工业集团有限公司	321184
107	九芝堂股份有限公司	318969
108	湖南宇新能源科技股份有限公司	316132
109	袁隆平农业高科技股份有限公司	312954
110	永兴贵研资源有限公司	312315
111	湖南马上银电子商务有限公司	305944
112	克明面业股份有限公司	303397

续表

名次	企业名称	营业收入（万元）
113	湖南郴电国际发展股份有限公司	301352
114	中冶长天国际工程有限责任公司	299678
115	吉祥人寿保险股份有限公司	280856
116	威胜集团有限公司	279102
117	湖南长远锂科股份有限公司	276586
118	湖南尔康制药股份有限公司	274434
119	湖南滴滴出行科技有限公司	266613
120	湖南红海人力资源有限公司	264169
121	恩瑞集团有限公司	261769
122	湖南梦洁家纺股份有限公司	260361
123	中车株洲车辆有限公司	256707
124	御家汇股份有限公司	241212
125	澳优乳业（中国）有限公司	237021
126	益海嘉里（岳阳）粮油工业有限公司	232655
127	奥士康科技股份有限公司	227598
128	湖南广福建筑股份有限公司	226122
129	湖南艾华集团股份有限公司	225439
130	湖南达嘉维康医药有限公司	223058
131	亚光科技集团股份有限公司	220559
132	湖南省机场管理集团有限公司	216449
133	湖南海利化工股份有限公司	214869
134	湖南黄花建设集团股份有限公司	208755
135	湖南科力远新能源股份有限公司	207970
136	加加食品集团股份有限公司	203975
137	湖南省有线电视网络（集团）股份有限公司	203971
138	湖南省蓝马车业集团有限公司	202964
139	湖南丽臣实业股份有限公司	199338
140	株洲百货股份有限公司	197363
141	湖南和顺石油股份有限公司	194015
142	楚天科技股份有限公司	191597

续表

名次	企业名称	营业收入（万元）
143	湖南湘佳牧业股份有限公司	187786
144	地通工业控股集团股份有限公司	181632
145	株洲钻石切削刀具股份有限公司	180090
146	三诺生物传感股份有限公司	177821
147	岳阳东方雨虹防水技术有限责任公司	175054
148	中航飞机起落架有限责任公司	169159
149	石长铁路有限责任公司	161250
150	湖南伍子醉食品有限公司	157219
151	中机国际工程设计研究院有限责任公司	154093
152	酒鬼酒股份有限公司	151190
153	长沙开元仪器股份有限公司	148935
154	郴州丰越环保科技有限公司	148700
155	桑顿新能源科技有限公司	148283
156	华自科技股份有限公司	143886
157	湖南东信集团有限公司	142763
158	盐津铺子食品股份有限公司	139928
159	湖南百利工程科技股份有限公司	139644
160	湖南红太阳光电科技有限公司	135734
161	湖南兴盛优选电子商务有限公司	134814
162	湖南景峰医药股份有限公司	134403
163	株洲天桥起重股份有限公司	133387
164	恒天九五重工有限公司	129526
165	拓维信息系统股份有限公司	123974
166	天舟文化股份有限公司	123971
167	湘潭电化科技股份有限公司	121004
168	湖南省水运建设投资集团有限公司	120387
169	湖南华升集团有限公司	119251
170	湖南长高高压开关集团股份有限公司	115913
171	湖南海外旅游有限公司	113481
172	湖南正虹科技发展股份有限公司	112301

续表

名次	企业名称	营业收入（万元）
173	大湖水殖股份有限公司	111249
174	湖南仁仁洁国际清洁科技股份有限公司	110750
175	湖南方盛制药股份有限公司	109375
176	湖南东亿电气股份有限公司	106075
177	湖南竞网智赢网络技术有限公司	105926
178	湖南南新制药有限公司	101422
179	湖南机油泵股份有限公司	100163
180	湖南华联瓷业股份有限公司	94957
181	湖南中科电气股份有限公司	92909
182	湖南九典制药股份有限公司	92406
183	衡阳运输机械有限公司	92008
184	湖南汉森制药股份有限公司	88749
185	株洲市水务投资集团有限公司	86448
186	长缆电工科技股份有限公司	85278
187	科力尔电机集团股份有限公司	85070
188	株洲宏达电子股份有限公司	84404
189	湖南潭州教育网络科技有限公司	79283
190	力合科技（湖南）股份有限公司	73447
191	永清环保股份有限公司	67161
192	湖南琴岛文化传播有限公司	67031
193	高斯贝尔数码科技股份有限公司	63101
194	湖南草花互动网络科技有限公司	61390
195	湖南京邦达物流科技有限公司	60576
196	湖南天润数字娱乐文化传媒股份有限公司	59560
197	湖南隆盛达钢管制造有限公司	59459
198	湖南国科微电子股份有限公司	54289
199	长沙景嘉微电子股份有限公司	53079
200	湖南天雁机械服务有限公司	50330

第七章 国内及世界企业排行榜选登

第一节 2020中国企业500强排行榜

排名	企业名称	营业收入（万元）	母公司净利润（万元）	资产总额（万元）	母公司权益（万元）	从业人数（人）
1	中国石油化工集团有限公司	281179985	4693019	221171940	75050116	582648
2	国家电网有限公司	265219573	5506044	415585039	175172188	964166
3	中国石油天然气集团有限公司	261920198	3069567	423574212	196960838	1344410
4	中国建筑股份有限公司	141983659	4188140	203445193	27719768	335038
5	中国工商银行股份有限公司	130243300	31222400	3010943600	267618600	445106
6	中国平安保险（集团）股份有限公司	116886700	14940700	822292900	67316100	372194
7	中国建设银行股份有限公司	106879800	26673300	2543626100	221625700	347156
8	中国农业银行股份有限公司	101770500	21209800	2487828800	194835500	464011
9	中国银行股份有限公司	93244400	18740500	2276974400	185170100	309384
10	中国人寿保险（集团）公司	90669060	3219564	451651254	13475686	155536
11	华为投资控股有限公司	85883300	6260500	85866100	29510600	198000
12	中国铁路工程集团有限公司	85197793	1060636	106563043	10140813	292485
13	上海汽车集团股份有限公司	84332437	2560338	84933328	24970201	153937

续表

排名	企业名称	营业收入（万元）	母公司净利润（万元）	资产总额（万元）	母公司权益（万元）	从业人数（人）
14	中国铁道建筑集团有限公司	83110141	939010	108384828	8670940	364907
15	中国海洋石油集团有限公司	75085732	4806355	128811254	56598264	92080
16	中国移动通信集团有限公司	74975548	8390397	185420203	103610351	457565
17	太平洋建设集团有限公司	67382504	2386854	44367735	20568953	453635
18	苏宁控股集团	66525890	1052389	37145231	12465865	280135
19	中国交通建设集团有限公司	65696723	920618	161641403	12787784	197309
20	中国华润有限公司	65462930	2467450	161797240	22973360	396456
21	中国第一汽车集团有限公司	61773377	1967395	49006311	19365923	133548
22	中国邮政集团有限公司	61724771	3067973	1057771356	38035481	918246
23	正威国际集团有限公司	61389924	1248581	16140102	10133897	18103
24	中国五矿集团有限公司	61041300	158998	92951501	6938645	199486
25	东风汽车集团有限公司	58064514	917686	49751333	9953365	154610
26	北京京东世纪贸易有限公司	57688848	1218415	25972370	8185597	227730
27	中国南方电网有限责任公司	56634191	1266392	93365226	36881931	282864
28	恒力集团有限公司	55673993	1434756	23525440	3621583	90555
29	国家能源投资集团有限责任公司	55611631	2945847	175028540	41763568	331373
30	中国人民保险集团股份有限公司	55551500	2240100	113277100	18313300	1089128
31	中国中化集团有限公司	55527470	327053	54889301	5309181	60049
32	中国宝武钢铁集团有限公司	55220616	2004354	86219413	27350208	175431
33	中国中信集团有限公司	51893114	2519383	748677828	36336116	304260
34	阿里巴巴集团控股有限公司	50971100	14943300	131298500	75540100	117600
35	北京汽车集团有限公司	50123000	516000	50089000	6899000	114315

续表

排名	企业名称	营业收入（万元）	母公司净利润（万元）	资产总额（万元）	母公司权益（万元）	从业人数（人）
36	中粮集团有限公司	49843634	286187	59798361	8707072	110896
37	中国医药集团有限公司	48835454	630173	39360646	7201693	148783
38	碧桂园控股有限公司	48590800	3955000	190715200	15193900	101784
39	恒大集团有限公司	47756100	1728000	220657700	35853700	133123
40	中国兵器工业集团有限公司	47471017	886821	42840254	11592078	205075
41	中国电力建设集团有限公司	46543026	533887	96881760	7851905	180416
42	中国电信集团有限公司	46539040	1245268	90096360	37702798	401965
43	交通银行股份有限公司	45988600	7728100	990560000	79324700	85324
44	中国航空工业集团有限公司	45532992	399400	100861611	19343289	417798
45	中国化工集团有限公司	45434692	-864164	84396177	-920418	145526
46	绿地控股集团股份有限公司	42782271	1474301	114570653	7890119	52576
47	中国建材集团有限公司	39810386	-72490	59619589	3863867	204936
48	招商银行股份有限公司	39716100	9286700	696023200	57835200	76046
49	中国保利集团公司	39479996	1403017	131288649	8892068	100393
50	联想控股股份有限公司	38921826	360689	62407519	6053723	87125
51	中国太平洋保险（集团）股份有限公司	38548878	2774140	152833283	17842692	117893
52	腾讯控股有限公司	37728900	9331000	95398600	43270600	62885
53	国美控股集团有限公司	37170057	193932	26917623	7529719	79100
54	广州汽车工业集团有限公司	37072213	390003	30536136	4508245	105780
55	万科企业股份有限公司	36789388	3887209	173992945	18805849	—
56	物产中大集团股份有限公司	35892248	273385	9333203	2516475	20322
57	山东能源集团有限公司	35849683	504050	31033251	6982547	153545
58	中国铝业集团有限公司	35681711	188762	65441146	12107220	158142

续表

排名	企业名称	营业收入（万元）	母公司净利润（万元）	资产总额（万元）	母公司权益（万元）	从业人数（人）
59	河钢集团有限公司	35471499	-64976	46205473	7134219	114945
60	上海浦东发展银行股份有限公司	35468100	5981100	700592900	55356100	55509
61	兴业银行股份有限公司	35195200	6586800	714568100	54136000	60455
62	厦门建发集团有限公司	33969015	461014	34134471	5180549	26732
63	招商局集团有限公司	33938447	3615278	193589455	35322282	157635
64	民生银行股份有限公司	33795100	5381900	668184100	51884500	58933
65	浙江吉利控股集团有限公司	33081765	851018	39568809	6594004	131426
66	中国光大集团有限公司	32440000	1374500	521048600	14471400	79800
67	中国远洋海运集团有限公司	30849725	750657	87702629	19645100	118243
68	陕西延长石油（集团）有限责任公司	30767419	148635	40086656	13240746	130086
69	中国华能集团有限公司	30619144	128814	112609736	9985590	130764
70	陕西煤业化工集团有限责任公司	30257504	82589	54859520	5262630	140102
71	中国机械工业集团有限公司	29790741	312464	38361111	6852642	146792
72	厦门国贸控股集团有限公司	29561335	28870	10208993	926361	15178
73	中国联合网络通信集团有限公司	29196433	184659	60236284	17998129	260058
74	海尔集团公司	29001580	769138	39774318	4720025	97477
75	兖矿集团有限公司	28548036	189947	31854802	3439499	101166
76	雪松控股集团有限公司	28515808	84318	11658389	2853632	30984
77	厦门象屿集团有限公司	28418162	151973	13936652	1999148	11635
78	中南控股集团有限公司	28214000	54575	32038303	549163	80000
79	中国航空油料集团有限公司	27970383	392859	6764797	2569904	15699

续表

排名	企业名称	营业收入（万元）	母公司净利润（万元）	资产总额（万元）	母公司权益（万元）	从业人数（人）
80	美的集团股份有限公司	27938050	2421122	30195541	10166916	134897
81	山东魏桥创业集团有限公司	27928123	547223	24269723	7120053	111121
82	国家电力投资集团有限公司	27223992	124040	119433950	10852009	125190
83	潍柴控股集团有限公司	26459705	144140	25800329	798278	88391
84	青山控股集团有限公司	26260199	570541	7050805	2173111	75061
85	中国航天科工集团有限公司	25978759	1353300	34873944	13919081	147712
86	江西铜业集团有限公司	25547222	117086	15774676	2600856	25333
87	江苏沙钢集团有限公司	25207752	495711	28911691	5910957	46581
88	中国航天科技集团有限公司	25014549	1815762	47753096	21107471	177905
89	中国能源建设集团有限公司	24946765	273083	42528152	3681877	122560
90	阳光龙净集团有限公司	24807843	424235	41831136	2616792	26363
91	中国中车集团有限公司	23975206	361462	43049762	7159649	185872
92	安徽海螺集团有限责任公司	23430999	1224857	22018127	5191359	55952
93	金川集团股份有限公司	23367452	205896	11541878	3502424	29291
94	中国华电集团有限公司	23356339	214467	82221964	8018083	107326
95	中国电子科技集团公司	22762256	1203820	40306764	15673046	177443
96	中国电子信息产业集团有限公司	22415918	95193	32751739	6224708	152499
97	中国太平保险控股有限公司	22046226	404713	82501284	3707693	65957
98	鞍钢集团有限公司	21739994	-144342	33282903	5407204	119125
99	浙江恒逸集团有限公司	21516382	142633	10419573	1136138	19807
100	冀中能源集团有限责任公司	21185546	-78985	23090691	1592875	107359
101	小米集团	20583868	1004416	18362921	8133057	16783
102	浙江荣盛控股集团有限公司	20563698	181736	20511470	2152260	15887

续表

排名	企业名称	营业收入（万元）	母公司净利润（万元）	资产总额（万元）	母公司权益（万元）	从业人数（人）
103	上海建工集团股份有限公司	20549671	393021	25728090	3305414	48335
104	泰康保险集团股份有限公司	20381406	2218640	93548707	8120041	57372
105	首钢集团有限公司	20223504	27627	49834676	12275387	97903
106	中国兵器装备集团有限公司	20078000	682400	33993800	7041500	176326
107	珠海格力电器股份有限公司	20050833	2469664	28297215	11015357	88846
108	深圳市投资控股有限公司	19933980	1101015	69950802	30554656	67518
109	新疆广汇实业投资（集团）有限责任公司	19834749	62027	27322552	3806502	77400
110	华夏人寿保险股份有限公司	19685057	84285	58634509	2228709	500000
111	盛虹控股集团有限公司	19253573	336063	9447104	1956439	30631
112	铜陵有色金属集团控股有限公司	19218894	-44546	8741133	802791	23124
113	山东钢铁集团有限公司	19174169	14984	35709758	2466979	42079
114	重庆市金科投资控股（集团）有限责任公司	19066570	1221568	32930458	1232092	29447
115	大同煤矿集团有限责任公司	19037324	-109578	36938853	4947578	152733
116	中国大唐集团有限公司	18973335	294799	75853345	11037991	95748
117	海亮集团有限公司	18797284	120842	5715734	1872064	20196
118	上海医药集团股份有限公司	18656579	408099	13702639	4165905	47778
119	中国通用技术（集团）控股有限责任公司	18348000	338162	19720204	4519257	43197
120	华晨汽车集团控股有限公司	18112951	27905	19534821	499167	39576
121	山西焦煤集团有限责任公司	18085544	146197	33953873	4295183	193835
122	河南能源化工集团有限公司	18074255	-211272	27419438	1674363	158382
123	山西潞安矿业（集团）有限责任公司	18015594	72815	24985838	3432454	106188

续表

排名	企业名称	营业收入（万元）	母公司净利润（万元）	资产总额（万元）	母公司权益（万元）	从业人数（人）
124	广西投资集团有限公司	18003288	54061	49171820	3635902	26953
125	中国核工业集团有限公司	17944624	763187	83171299	13466587	156300
126	中国中煤能源集团有限公司	17855880	212585	39593466	7051546	122827
127	阳泉煤业（集团）有限责任公司	17610166	-56288	24664681	2714671	101817
128	山西晋城无烟煤矿业集团有限责任公司	17537532	15185	29434683	4359740	127336
129	东浩兰生（集团）有限公司	17492306	103698	3530875	1349354	6316
130	新华人寿保险股份有限公司	17456600	1455900	87897000	8445100	36504
131	融创中国控股有限公司	16932000	2603000	96065000	8307000	—
132	万洲国际有限公司	16600941	1009019	12056269	6058132	101000
133	中国平煤神马能源化工集团有限责任公司	16434124	-123109	19633269	1015773	134771
134	新希望集团有限公司	16188706	262789	27349094	2314167	88845
135	光明食品（集团）有限公司	15551918	121639	27604507	6636554	122565
136	中国南方航空集团有限公司	15500239	412893	34978522	7119126	119500
137	北京建龙重工集团有限公司	15201729	389614	13325064	2855711	57800
138	龙湖集团控股有限公司	15102643	1833656	65224485	9395631	26316
139	浙江省交通投资集团有限公司	15047209	514827	48094486	9987723	38513
140	南通三建控股有限公司	14979608	448736	5833206	1988206	83553
141	华夏银行股份有限公司	14861004	2190500	320078900	26758800	38639
142	复星国际有限公司	14298213	1480091	71568119	12255234	71000
143	北京首农食品集团有限公司	14220307	249670	14536535	3709380	54934
144	国家开发投资集团有限公司	14194552	603397	63185483	8980461	51961
145	上海电气（集团）总公司	14172695	234403	32005188	3416474	51293

续表

排名	企业名称	营业收入（万元）	母公司净利润（万元）	资产总额（万元）	母公司权益（万元）	从业人数（人）
146	中国国际航空股份有限公司	14023988	642203	29420637	9345867	89824
147	天能控股集团有限公司	14013209	149173	4411754	494559	21676
148	南京钢铁集团有限公司	13731673	211598	5486434	1763114	10805
149	陕西有色金属控股集团有限责任公司	13713247	70828	13993852	3317133	44448
150	四川长虹电子控股集团有限公司	13663500	6575	8011988	118273	60667
151	紫金矿业集团股份有限公司	13609798	428396	12383095	5118597	19963
152	杭州市实业投资集团有限公司	13343296	124236	5573646	1408430	25502
153	中国东方航空集团有限公司	13340695	371626	33466016	4300518	99942
154	湖南华菱钢铁集团有限责任公司	13309331	330029	10595261	2383375	34516
155	广州医药集团有限公司	13305081	130843	5676391	803806	34218
156	云南省建设投资控股集团有限公司	13280413	222904	40560393	6530091	43874
157	中国有色矿业集团有限公司	13151977	69071	12122841	1936266	50773
158	华侨城集团有限公司	13098215	923300	55254503	7417961	62253
159	万向集团公司	13050755	253990	9441057	1606123	30361
160	冀南钢铁集团有限公司	13014264	1024646	3242670	2949913	18659
161	中天钢铁集团有限公司	13001465	206227	4699250	1670761	15785
162	北京电子控股有限责任公司	12906481	13796	39336558	1397056	77206
163	中国供销集团有限公司	12890195	16516	13772197	1458601	35789
164	云南省投资控股集团有限公司	12833226	70547	37561523	4200883	33369
165	比亚迪股份有限公司	12773852	161445	19564159	5676229	229130
166	敬业集团有限公司	12740208	564980	4373718	2325372	23500

排名	企业名称	营业收入（万元）	母公司净利润（万元）	资产总额（万元）	母公司权益（万元）	从业人数（人）
167	TCL集团股份有限公司	12732811	359230	21923403	3391520	92395
168	海信集团有限公司	12686273	70847	12307215	1177365	91069
169	东岭集团股份有限公司	12602834	64594	4246354	1059358	10292
170	北京银行股份有限公司	12564900	2144100	273704000	20712900	—
171	超威电源集团有限公司	12490654	72306	3242803	644343	18800
172	甘肃省公路航空旅游投资集团有限公司	12374797	59947	50001003	15971320	37294
173	黑龙江北大荒农垦集团总公司	12335636	-57377	19905590	3491823	585164
174	海澜集团有限公司	12322537	545429	11136057	8349281	19368
175	中国国际技术智力合作集团有限公司	12294331	74105	1386841	493094	5322
176	上海钢联电子商务股份有限公司	12257175	18059	1080416	114210	2720
177	北京城建集团有限责任公司	12100368	187558	32648580	2334323	33608
178	无锡产业发展集团有限公司	11922803	8329	10084872	962144	26467
179	浙江省兴合集团有限责任公司	11913833	24494	5084630	477066	18747
180	北京金隅集团股份有限公司	11822190	369358	28212376	6113120	49189
181	陕西建工控股集团有限公司	11779239	100568	17447086	1409541	45549
182	河北津西钢铁集团股份有限公司	11777360	258911	5693283	2342536	10610
183	中国重型汽车集团有限公司	11585399	118062	8385336	1151581	40436
184	四川省铁路产业投资集团有限责任公司	11526894	-70888	33985690	6800958	21927
185	广西建工集团有限责任公司	11301827	138364	12014872	1207689	35759
186	山东东明石化集团有限公司	11266029	190744	3220416	1352763	6353

续表

排名	企业名称	营业收入（万元）	母公司净利润（万元）	资产总额（万元）	母公司权益（万元）	从业人数（人）
187	中国华融资产管理股份有限公司	11265651	142443	170501241	12125878	10947
188	浪潮集团有限公司	11234474	330415	9362062	3365044	36156
189	云南省能源投资集团有限公司	11231307	146639	18884178	5394946	11349
190	顺丰控股股份有限公司	11219339	579650	9253538	4241971	114813
191	西安迈科金属国际集团有限公司	11218875	26369	2400426	542151	1160
192	浙江省能源集团有限公司	11180545	518771	24150783	7988499	23214
193	雅戈尔集团股份有限公司	11161447	443728	10138694	2861749	55834
194	南山集团有限公司	11117000	510855	13185717	5897503	46362
195	中国化学工程集团有限公司	11045295	153827	13024473	2506530	45884
196	中国广核集团有限公司	10985062	672090	74663180	11369043	41276
197	中国黄金集团有限公司	10965138	-55822	11470974	1443325	42677
198	江阴澄星实业集团有限公司	10852300	66691	3582002	1392570	6304
199	四川省宜宾五粮液集团有限公司	10802584	443924	15075354	3984914	43370
200	亨通集团有限公司	10791270	31005	6386922	707519	19619
201	杭州钢铁集团有限公司	10670187	107719	7255839	2570532	16218
202	上海均和集团有限公司	10604753	15304	2275796	836143	5000
203	中天控股集团有限公司	10603657	262096	9230791	1650848	8076
204	晋能集团有限公司	10580540	94002	29453660	6430865	94066
205	新华联集团有限公司	10559512	126294	15095377	1851425	70598
206	华夏幸福基业股份有限公司	10520954	1461178	45781195	5003627	24340
207	广州市建筑集团有限公司	10509851	69070	6903192	1045223	23059
208	广东鼎龙实业集团有限公司	10408353	75924	3290928	210121	3200

续表

排名	企业名称	营业收入（万元）	母公司净利润（万元）	资产总额（万元）	母公司权益（万元）	从业人数（人）
209	酒泉钢铁（集团）有限责任公司	10358036	-53787	10987493	2246923	36286
210	东方国际（集团）有限公司	10320481	82916	6646721	1721468	81295
211	湖南建工集团有限公司	10248028	145019	5700456	1317204	26721
212	阳光保险集团股份有限公司	10161977	506617	33152547	4992021	232057
213	协鑫集团有限公司	10137109	145338	18852637	3976262	21007
214	广西柳州钢铁集团有限公司	10136167	387171	8653359	2603222	24013
215	北京外企服务集团有限责任公司	10080905	40385	972618	273252	40200
216	北京控股集团有限公司	10071001	89308	36062500	3766602	81029
217	辽宁方大集团实业有限公司	10026764	590958	10199212	2492458	58325
218	九州通医药集团股份有限公司	9949708	172655	7114777	1875421	25796
219	日照钢铁控股集团有限公司	9840773	470124	9979269	3388536	16123
220	上海银行股份有限公司	9809078	2029759	223708194	17670861	12699
221	河北新华联合冶金控股集团有限公司	9760506	101776	10191020	664685	21000
222	美团点评	9752853	223876	13201291	9211244	54580
223	卓尔控股有限公司	9683865	179443	9276878	4446414	6551
224	长城汽车股份有限公司	9621069	449687	11309641	5439923	59756
225	中国信达资产管理股份有限公司	9614700	1305295	151323000	16489812	16425
226	弘阳集团有限公司	9586110	338264	12814322	2067374	8126
227	北京建工集团有限责任公司	9566794	115072	17020403	2005796	38907
228	万达控股集团有限公司	9532554	208298	6301558	1662260	14555
229	江铃汽车集团有限公司	9521848	75086	7272469	955320	40320

续表

排名	企业名称	营业收入（万元）	母公司净利润（万元）	资产总额（万元）	母公司权益（万元）	从业人数（人）
230	前海人寿保险股份有限公司	9413791	57708	27116674	2381915	3179
231	新奥控股投资股份有限公司	9281437	134383	13489953	1789422	26902
232	传化集团有限公司	9268111	104369	6417146	1058867	13355
233	宁波金田投资控股有限公司	9255700	20798	1274906	175794	6583
234	江苏悦达集团有限公司	9156183	47942	9088323	1227103	39475
235	利华益集团股份有限公司	9101527	219097	4323829	1914042	5022
236	中兴通讯股份有限公司	9073658	514788	14120214	2882687	70066
237	扬子江药业集团	9018503	611893	4798447	3700037	16100
238	内蒙古伊利实业集团股份有限公司	9000913	693376	6046126	2613102	59052
239	贵州茅台酒股份有限公司	8885434	4120647	18304237	13601035	27005
240	正邦集团有限公司	8804695	237696	1921783	1001887	61380
241	徐州工程机械集团有限公司	8781398	52228	13831549	1332561	26422
242	包头钢铁（集团）有限责任公司	8772675	29095	17716500	449313	46830
243	三一集团有限公司	8757632	421001	15726559	3592286	23966
244	神州数码集团股份有限公司	8680338	70141	2942090	437215	4070
245	唯品会（中国）有限公司	8675323	420618	1594325	1593394	26666
246	晨鸣控股有限公司	8627570	22813	10003388	376820	15191
247	中国国际海运集装箱（集团）股份有限公司	8581534	154222	17210752	3925388	54753
248	永辉超市股份有限公司	8487696	156372	5235301	2010594	110778
249	山东高速集团有限公司	8479337	374094	72175044	7268329	40910
250	荣盛控股股份有限公司	8392993	425157	27888947	2498439	27623
251	开滦（集团）有限责任公司	8293945	-3691	8554094	1293185	48905

排名	企业名称	营业收入（万元）	母公司净利润（万元）	资产总额（万元）	母公司权益（万元）	从业人数（人）
252	杭州锦江集团有限公司	8284830	97189	7000618	1679363	9711
253	内蒙古电力（集团）有限责任公司	8273048	201542	10019036	4596747	37479
254	通威集团有限公司	8122176	194334	5806612	1655532	24408
255	龙光交通集团有限公司	8066445	1548340	26646368	5046653	14166
256	正泰集团股份有限公司	8054552	185742	7208362	1458336	34290
257	太原钢铁（集团）有限公司	7971453	229457	12846804	3900021	33189
258	天津荣程祥泰投资控股集团有限公司	7933072	87864	1950227	1105540	6205
259	珠海华发集团有限公司	7926925	130167	36184050	3759846	28443
260	桐昆控股集团有限公司	7918943	133444	4633013	669774	20002
261	重庆市迪马实业股份有限公司	7890422	143208	7251175	913564	6282
262	河北普阳钢铁有限公司	7862351	337928	2493251	1908296	7300
263	百度网络技术有限公司	7809300	205700	30131600	16359900	37779
264	重庆华宇集团有限公司	7776600	906791	9960000	3884400	5476
265	富德生命人寿保险股份有限公司	7758236	20855	47316745	3217563	—
266	广厦控股集团有限公司	7739853	101113	4364498	1135680	112396
267	北京首都旅游集团有限责任公司	7735790	-43456	13180956	1997088	75542
268	陕西投资集团有限公司	7735323	187940	16741652	3460003	24977
269	山东黄金集团有限公司	7681256	17223	11624097	1169466	25948
270	上海永达控股（集团）有限公司	7638744	150392	3628560	1038652	13474
271	云南锡业集团（控股）有限责任公司	7607220	-77200	6063284	27134	21716

续表

排名	企业名称	营业收入（万元）	母公司净利润（万元）	资产总额（万元）	母公司权益（万元）	从业人数（人）
272	奇瑞控股集团有限公司	7593097	57375	20599652	1555103	34243
273	浙江省建设投资集团有限公司	7564948	83471	7933721	460247	20412
274	南通四建集团有限公司	7506970	435323	3272225	1991574	169000
275	华泰集团有限公司	7498149	104523	3275463	1017204	8953
276	陕西汽车控股集团有限公司	7401977	41809	6032182	532174	29581
277	金鼎钢铁集团有限公司	7390266	251703	1538477	880951	4516
278	奥克斯集团有限公司	7353051	105734	6329318	1222657	30000
279	温氏食品集团股份有限公司	7312041	1396720	6557892	4511189	50024
280	三房巷集团有限公司	7300384	160284	2474126	1020803	7120
281	江苏南通二建集团有限公司	7215104	337532	3450393	1721563	105275
282	红豆集团有限公司	7205495	145127	4824610	1946371	22886
283	中基宁波集团股份有限公司	7148984	20779	1161529	126081	2216
284	广西北部湾国际港务集团有限公司	7068778	13245	13168667	2979281	33186
285	盘锦北方沥青燃料有限公司	6934402	397330	4610308	1275108	3500
286	云天化集团有限责任公司	6929013	-40483	9598575	809072	19980
287	永锋集团有限公司	6918852	205511	4254697	957366	12000
288	洛阳栾川钼业集团股份有限公司	6867656	185701	11686223	4080277	11183
289	万华化学集团股份有限公司	6805066	1012998	9686532	4236409	15392
290	远大物产集团有限公司	6774851	17684	637119	234696	545
291	广州工业投资控股集团有限公司	6719103	167063	7390765	1469843	26639
292	广东省广新控股集团有限公司	6718228	87089	6321730	1218364	27477
293	双胞胎（集团）股份有限公司	6666497	175318	2242685	1109492	10000

续表

排名	企业名称	营业收入（万元）	母公司净利润（万元）	资产总额（万元）	母公司权益（万元）	从业人数（人）
294	甘肃省建设投资（控股）集团总公司	6665015	50666	8916806	2114821	55878
295	江苏新长江实业集团有限公司	6652468	151829	3434235	1223632	7825
296	山东海科控股有限公司	6600025	290214	2204546	680248	4231
297	山东招金集团有限公司	6570833	10746	6000440	697316	14260
298	中国铁路物资集团有限公司	6517881	21246	5573683	538375	8407
299	青建集团	6515076	86467	4750738	1080541	15055
300	新余钢铁集团有限公司	6513139	161505	5128240	1160793	22444
301	四川华西集团有限公司	6494563	79571	6181839	973656	20432
302	淮北矿业（集团）有限责任公司	6449170	136598	9468321	1438168	53971
303	百联集团有限公司	6426771	30332	8857918	2045368	50632
304	浙江省国际贸易集团有限公司	6392986	127701	9929485	1546868	15339
305	昆明钢铁控股有限公司	6390323	33828	6560208	1286291	17400
306	贵州磷化（集团）有限责任公司	6353026	-44577	9235504	1306121	18820
307	北京能源集团有限责任公司	6331733	198260	30268779	7542819	36054
308	成都兴城投资集团有限公司	6327914	49119	21361623	4986530	21741
309	山西建设投资集团有限公司	6319738	86987	9881185	1726991	27898
310	蓝润集团有限公司	6319460	273231	9097583	3534394	20000
311	山东如意时尚投资控股有限公司	6318159	309957	7324876	1548600	44847
312	武安市裕华钢铁有限公司	6262548	487970	2799586	2190817	10995
313	立讯精密工业股份有限公司	6251631	471382	4937791	2029662	137284
314	中天科技集团有限公司	6203496	80091	4528681	621368	17023

续表

排名	企业名称	营业收入（万元）	母公司净利润（万元）	资产总额（万元）	母公司权益（万元）	从业人数（人）
315	白银有色集团股份有限公司	6170028	5804	4855039	1406549	14479
316	宁波均胜电子股份有限公司	6169890	94006	5692483	1257819	57415
317	本钢集团有限公司	6128637	-4297	15344451	2968023	62936
318	江苏国泰国际集团股份有限公司	6122367	94505	2352261	845822	15353
319	河北新武安钢铁集团文安钢铁有限公司	6086560	223187	1062969	1062969	4120
320	山东京博控股集团有限公司	6080974	108124	3975045	707898	10150
321	深圳海王集团股份有限公司	6077614	22538	6102788	1020482	31500
322	四川省川威集团有限公司	6052034	72855	4539112	490070	14208
323	旭阳控股有限公司	6051902	196190	3583934	1178947	10095
324	江苏省苏中建设集团股份有限公司	6038927	172495	2334871	764769	141553
325	广东省广晟资产经营有限公司	6034546	126294	12812694	954897	52074
326	国能领航城市建设投资有限公司	6034447	199049	4359689	2702664	8356
327	德力西集团有限公司	5985488	91402	2139655	734626	19415
328	网易公司	5924100	2123800	11212400	6145400	20797
329	宁夏天元锰业集团有限公司	5911277	119025	18629990	11331486	20065
330	河北省物流产业集团有限公司	5902302	8083	1582036	279447	2187
331	内蒙古伊泰集团有限公司	5881302	185845	11105511	1920607	6327
332	广东省建筑工程集团有限公司	5880155	92017	8500432	1703547	31738
333	辽宁嘉晨控股集团有限公司	5862135	251832	4430679	3548512	11230
334	广州越秀集团股份有限公司	5860136	206273	63209705	4506498	24341
335	渤海银行股份有限公司	5806765	833553	111311651	8278137	9794

续表

排名	企业名称	营业收入（万元）	母公司净利润（万元）	资产总额（万元）	母公司权益（万元）	从业人数（人）
336	上海城建（集团）公司	5803079	80221	12258503	962293	22381
337	福建大东海实业集团有限公司	5733625	278164	5260360	2658945	17330
338	上海中梁企业发展有限公司	5695985	394520	22547390	901050	13322
339	山西煤炭进出口集团有限公司	5678173	12093	9335986	1511089	16881
340	四川省交通投资集团有限责任公司	5678085	94847	39247918	12781954	25303
341	福建省三钢（集团）有限责任公司	5672576	233331	4317133	1493122	16229
342	北京首都开发控股（集团）有限公司	5666596	158725	34766245	1816866	8529
343	晶科能源有限公司	5646956	182081	6905134	1958283	15000
344	重庆化医控股（集团）公司	5626144	-22937	7856973	928534	25027
345	深圳市爱施德股份有限公司	5596932	34368	1022420	495461	2228
346	上海华谊（集团）公司	5509381	164345	7889211	2002521	20371
347	中国信息通信科技集团有限公司	5419931	35486	9326311	2196928	38754
348	稻花香集团	5387861	35702	2046411	296877	13137
349	浙江前程投资股份有限公司	5344503	2584	533273	97952	412
350	上海新增鼎资产管理有限公司	5344028	-267	518976	16668	428
351	重庆建工投资控股有限责任公司	5276158	20694	7544226	478185	16248
352	山东太阳控股集团有限公司	5242491	250371	3969053	1484005	14882
353	新疆特变电工集团有限公司	5211512	251955	12854491	4564132	21514
354	振烨国际产业控股集团（深圳）有限公司	5204195	107968	1385067	372600	2200
355	欧菲光集团股份有限公司	5197412	50985	4055952	945878	36434

续表

排名	企业名称	营业收入（万元）	母公司净利润（万元）	资产总额（万元）	母公司权益（万元）	从业人数（人）
356	红狮控股集团有限公司	5184828	549022	4767102	2004583	14545
357	融信（福建）投资集团有限公司	5164651	426760	20018970	2123680	3389
358	安徽建工集团控股有限公司	5142773	27673	9438274	335625	19698
359	唐山港陆钢铁有限公司	5138907	83097	1658206	893053	8103
360	天元建设集团有限公司	5137474	92024	4047700	824361	13181
361	广州智能装备产业集团有限公司	5110062	125327	6281993	1369187	30724
362	重庆市能源投资集团有限公司	5109427	-8664	11612485	2049626	40892
363	四川省能源投资集团有限责任公司	5109138	83787	15391246	2799269	23563
364	湖南博长控股集团有限公司	5103093	51474	1285055	394427	7108
365	浙江富冶集团有限公司	5096054	33903	1065684	308380	2585
366	泸州老窖集团有限责任公司	5070958	153413	23351739	1186630	13610
367	杉杉控股有限公司	5055360	69056	5426323	924014	7169
368	恒申控股集团有限公司	5044661	462101	4335828	1933160	8210
369	隆鑫控股有限公司	5023542	10599	6780760	1016287	30021
370	福建永荣控股集团有限公司	5013949	102778	2730396	1116068	4945
371	河北新金钢铁有限公司	4992596	107371	1785133	1188648	5087
372	盛京银行股份有限公司	4987128	544322	102148080	7855553	6219
373	广东省能源集团有限公司	4969129	237077	14562495	5116040	14623
374	老凤祥股份有限公司	4962866	140801	1718100	701997	3242
375	威高集团有限公司	4959070	438809	6037726	3420818	30000
376	广东省交通集团有限公司	4911233	268805	42457625	9490226	64184

续表

排名	企业名称	营业收入（万元）	母公司净利润（万元）	资产总额（万元）	母公司权益（万元）	从业人数（人）
377	江苏南通六建建设集团有限公司	4894195	116614	1231712	828314	58974
378	中华联合保险集团股份有限公司	4887421	57700	7570121	1667815	45440
379	福建省能源集团有限责任公司	4881451	185686	13098505	2114510	31832
380	申能（集团）有限公司	4880455	421469	18905820	10208002	16668
381	奥园集团有限公司	4867451	517352	26538347	2049616	16504
382	恒信汽车集团股份有限公司	4854190	90817	1575282	439615	16659
383	重庆农村商业银行股份有限公司	4852677	975989	103023023	8821350	15371
384	安徽江淮汽车集团控股有限公司	4823417	-281	4493800	396693	28927
385	福建省福化工贸股份有限公司	4815224	1737	358223	73023	284
386	新凤祥控股集团有限责任公司	4814084	93010	2834490	961218	15773
387	武汉金融控股（集团）有限公司	4812354	79773	13111528	2013415	6760
388	广西交通投资集团有限公司	4803763	21982	38703683	10776942	15454
389	玖龙环球（中国）投资集团有限公司	4769779	352621	5990042	3976591	17000
390	广东海大集团股份有限公司	4761258	164876	1885431	910378	20774
391	北京首都创业集团有限公司	4745880	256642	35848259	2467188	34521
392	安阳钢铁集团有限责任公司	4706800	35896	5281022	739335	28011
393	山河控股集团有限公司	4701721	87371	1195207	707141	63326
394	金澳科技（湖北）化工有限公司	4691566	67563	913343	495868	4185
395	福佳集团有限公司	4669130	329100	8212698	5059983	2483
396	大汉控股集团有限公司	4632228	88972	1989127	743505	5126

续表

排名	企业名称	营业收入（万元）	母公司净利润（万元）	资产总额（万元）	母公司权益（万元）	从业人数（人）
397	天瑞集团股份有限公司	4618932	176452	7500533	3836645	13268
398	东华能源股份有限公司	4618762	110400	2808143	932685	1804
399	广西北部湾投资集团有限公司	4616343	226468	15548310	5421064	15917
400	中科电力装备集团有限公司	4615060	20986	1816122	248960	3800
401	江西省建工集团有限责任公司	4593668	76139	6071637	388335	3550
402	华西集团有限公司	4584425	28227	5504192	1454652	17853
403	四川德胜集团钒钛有限公司	4571390	189518	2660431	939785	10109
404	太极集团有限公司	4551692	−25167	1445257	143241	13545
405	人民电器集团有限公司	4538646	171038	1171337	782281	21850
406	江苏扬子江船业集团	4525138	375223	12117407	4084148	23778
407	山东金诚石化集团有限公司	4513001	55632	1182518	527434	2427
408	富通集团有限公司	4508115	148049	3092590	1087417	5893
409	通鼎集团有限公司	4502855	130365	2450362	539717	13626
410	广州轻工工贸集团有限公司	4490918	57433	2497935	891003	6874
411	天津友发钢管集团股份有限公司	4474922	86462	885533	371651	10754
412	河南豫光金铅集团有限责任公司	4466548	13787	1994937	93124	6034
413	华勤橡胶工业集团有限公司	4464823	83444	2037124	1036026	8500
414	重庆机电控股（集团）公司	4459503	63783	5534019	1176925	28635
415	淮河能源控股集团有限责任公司	4447049	277786	12584038	1113106	73981
416	金浦投资控股集团有限公司	4392681	49378	2503669	520206	9620
417	三河汇福粮油集团有限公司	4353945	66103	1269253	467984	3000

排名	企业名称	营业收入（万元）	母公司净利润（万元）	资产总额（万元）	母公司权益（万元）	从业人数（人）
418	中国大地财产保险股份有限公司	4331959	170097	7895011	2723528	64687
419	中联重科股份有限公司	4330739	437145	9206802	3886323	19016
420	山东泰山钢铁集团有限公司	4320816	75595	2192916	1078130	8218
421	兴华财富集团有限公司	4315838	225224	1683865	1057881	6552
422	浙江中成控股集团有限公司	4314472	86638	1790440	751077	52103
423	山东九羊集团有限公司	4305631	153945	1723898	1249992	7798
424	物美科技集团有限公司	4297699	237353	7349849	2760669	100000
425	山东创新金属科技有限公司	4280725	32878	2524450	225170	6238
426	汇通达网络股份有限公司	4278661	16593	1835165	489238	4860
427	南昌市政公用投资控股有限责任公司	4267800	54707	13368932	3329262	35081
428	山东中矿集团有限公司	4262888	52697	918536	299970	3264
429	深圳金雅福控股集团有限公司	4262228	16196	140382	62729	1990
430	山东渤海实业股份有限公司	4261012	17119	2013945	348113	2936
431	河北建工集团有限责任公司	4255986	10077	1669708	131265	6672
432	重庆中昂投资集团有限公司	4254075	615143	8646031	2991621	10282
433	名创优品（广州）有限责任公司	4253261	350827	2013125	503292	35126
434	天津泰达投资控股有限公司	4246755	20316	27645573	4596808	20791
435	石横特钢集团有限公司	4245040	407327	2985798	1873383	12703
436	山东汇丰石化集团有限公司	4244302	22950	1533068	71621	2018
437	福建省电子信息（集团）有限责任公司	4218884	-76826	9057915	638449	49323
438	郑州宇通企业集团	4205999	260448	10005730	1926782	34636

续表

排名	企业名称	营业收入（万元）	母公司净利润（万元）	资产总额（万元）	母公司权益（万元）	从业人数（人）
439	龙信建设集团有限公司	4204687	104987	1088519	504680	47025
440	山东省商业集团有限公司	4203381	21469	11283249	845893	38730
441	广东省广物控股集团有限公司	4178447	28392	3908828	1428914	12017
442	通州建总集团有限公司	4165058	128344	636833	213649	72000
443	步步高投资集团股份有限公司	4152575	17812	2437784	792546	29384
444	山东金岭集团有限公司	4152181	231545	1464847	1258514	3866
445	广州国资发展控股有限公司	4148991	85264	7918196	2059067	11984
446	四川科伦实业集团有限公司	4141754	93792	3601546	1385476	20238
447	河北建设集团股份有限公司	4107703	77042	6092657	572061	8062
448	广州农村商业银行股份有限公司	4099293	752034	89415429	6834669	12668
449	沂州集团有限公司	4098971	77490	1431075	544617	3250
450	广西玉柴机器集团有限公司	4098772	86143	4166276	1414660	14824
451	江苏中利控股集团有限公司	4081275	119565	4129583	1311476	8898
452	缘泰石油有限公司	4075136	43012	1373226	440683	1536
453	重庆小康控股有限公司	4052024	24045	3404971	241558	15501
454	贵州盘江煤电集团有限责任公司	4032736	75359	7793744	1060238	53751
455	宁波富邦控股集团有限公司	4013602	56333	4658038	1068250	9046
456	山东科达集团有限公司	4010299	108372	1318891	926478	8516
457	山东恒源石油化工股份有限公司	3991005	59892	1894431	651545	1908
458	法尔胜泓昇集团有限公司	3980661	38873	1955869	435548	9262
459	陕西龙记泰信房地产开发有限公司	3979102	73643	1926175	1128532	3958

续表

排名	企业名称	营业收入（万元）	母公司净利润（万元）	资产总额（万元）	母公司权益（万元）	从业人数（人）
460	双良集团有限公司	3960225	20109	2801912	781458	6996
461	森马集团有限公司	3951139	36145	2950291	1072892	6929
462	四川省商业投资集团有限公司	3942810	6545	1748519	176118	2800
463	齐鲁交通发展集团有限公司	3939196	47619	21755769	6782643	18509
464	西部矿业集团有限公司	3921928	1384	6137960	418582	7548
465	宜昌兴发集团有限责任公司	3915361	7880	3941368	426719	12534
466	江苏华宏实业集团有限公司	3895140	35142	1131247	513436	3118
467	江苏阳光集团有限公司	3882343	198564	2164176	1065230	12657
468	维维集团股份有限公司	3868037	197671	2337134	1638578	20151
469	卧龙控股集团有限公司	3851776	152435	3398112	931611	15663
470	新疆天业（集团）有限公司	3850625	21013	4286425	882234	16647
471	徐州矿务集团有限公司	3832603	37375	4664160	1478702	22773
472	上海农村商业银行股份有限公司	3831115	884564	93028730	7114988	6257
473	远东控股集团有限公司	3829169	5400	2549664	380484	9004
474	北京江南投资集团有限公司	3825654	568260	14336262	2844071	436
475	新疆金风科技股份有限公司	3824455	220985	10305708	3067512	8961
476	云南省城市建设投资集团有限公司	3803841	224323	28384470	2772364	28520
477	舜宇集团有限公司	3784870	399130	3069307	1255289	20180
478	浙江龙盛控股有限公司	3767260	511926	5472308	2589965	8032
479	厦门路桥工程物资有限公司	3759382	16750	1202129	124658	474
480	富海集团有限公司	3758793	99547	2139883	1001376	5033
481	安徽省皖北煤电集团有限责任公司	3735822	-76441	4480420	152913	35031

续表

排名	企业名称	营业收入（万元）	母公司净利润（万元）	资产总额（万元）	母公司权益（万元）	从业人数（人）
482	盛屯矿业集团股份有限公司	3731426	31950	1899544	902496	3590
483	浙江宝业建设集团有限公司	3724316	40383	1007574	372892	3998
484	山东清源集团有限公司	3722540	69628	3281974	1176000	3917
485	宏旺投资集团有限公司	3721063	42222	917965	327040	2242
486	北京金融街投资（集团）有限公司	3698782	91772	24501012	3453921	12426
487	重庆千信集团有限公司	3695145	57023	1421419	478907	811
488	远景能源有限公司	3693470	147439	7089495	1018620	2002
489	澳洋集团有限公司	3691685	33875	1937450	448120	10089
490	武汉商联（集团）股份有限公司	3689073	51507	3505552	411733	31376
491	重庆轻纺控股（集团）公司	3683239	51885	3053732	663705	25436
492	山东齐成石油化工有限公司	3680344	24151	788942	465508	920
493	深圳市中农网有限公司	3656789	2675	1253669	84851	612
494	万基控股集团有限公司	3649897	16553	2615961	190346	12139
495	石药控股集团有限公司	3645631	502785	4906022	2436123	25865
496	中铁集装箱运输有限责任公司	3642514	101410	2476058	1341739	967
497	建业控股有限公司	3626989	270086	15526106	1531334	19859
498	上海国际港务（集团）股份有限公司	3610163	906227	14217729	8205674	14650
499	广西盛隆冶金有限公司	3603360	122093	3864176	1514155	10917
500	天津银行股份有限公司	3596109	454797	66940112	5039485	6781

第二节 2020中国制造业企业500强排行榜

排名	企业名称	营业收入（万元）	母公司净利润（万元）	资产总额（万元）	母公司权益（万元）	从业人数（人）
1	中国石油化工集团有限公司	281179985	4693019	221171940	75050116	582648
2	华为投资控股有限公司	85883300	6260500	85866100	29510600	198000
3	上海汽车集团股份有限公司	84332437	2560338	84933328	24970201	153937
4	中国第一汽车集团有限公司	61773377	1967395	49006311	19365923	133548
5	正威国际集团有限公司	61389924	1248581	16140102	10133897	18103
6	中国五矿集团有限公司	61041300	158998	92951501	6938645	199486
7	东风汽车集团有限公司	58064514	917686	49751333	9953365	154610
8	恒力集团有限公司	55673993	1434756	23525440	3621583	90555
9	中国宝武钢铁集团有限公司	55220616	2004354	86219413	27350208	175431
10	北京汽车集团有限公司	50123000	516000	50089000	6899000	114315
11	中国兵器工业集团有限公司	47471017	886821	42840254	11592078	205075
12	中国航空工业集团有限公司	45532992	399400	100861611	19343289	417798
13	中国化工集团有限公司	45434692	-864164	84396177	-920418	145526
14	中国建材集团有限公司	39810386	-72490	59619589	3863867	204936
15	联想控股股份有限公司	38921826	360689	62407519	6053723	87125
16	广州汽车工业集团有限公司	37072213	390003	30536136	4508245	105780
17	中国铝业集团有限公司	35681711	188762	65441146	12107220	158142
18	河钢集团有限公司	35471499	-64976	46205473	7134219	114945
19	浙江吉利控股集团有限公司	33081765	851018	39568809	6594004	131426
20	海尔集团公司	29001580	769138	39774318	4720025	97477
21	美的集团股份有限公司	27938050	2421122	30195541	10166916	134897
22	山东魏桥创业集团有限公司	27928123	547223	24269723	7120053	111121

续表

排名	企业名称	营业收入（万元）	母公司净利润（万元）	资产总额（万元）	母公司权益（万元）	从业人数（人）
23	潍柴控股集团有限公司	26459705	144140	25800329	798278	88391
24	青山控股集团有限公司	26260199	570541	7050805	2173111	75061
25	中国航天科工集团有限公司	25978759	1353300	34873944	13919081	147712
26	江西铜业集团有限公司	25547222	117086	15774676	2600856	25333
27	江苏沙钢集团有限公司	25207752	495711	28911691	5910957	46581
28	中国航天科技集团有限公司	25014549	1815762	47753096	21107471	177905
29	中国中车集团有限公司	23975206	361462	43049762	7159649	185872
30	安徽海螺集团有限责任公司	23430999	1224857	22018127	5191359	55952
31	金川集团股份有限公司	23367452	205896	11541878	3502424	29291
32	中国电子科技集团公司	22762256	1203820	40306764	15673046	177443
33	中国电子信息产业集团有限公司	22415918	95193	32751739	6224708	152499
34	鞍钢集团有限公司	21739994	−144342	33282903	5407204	119125
35	浙江恒逸集团有限公司	21516382	142633	10419573	1136138	19807
36	小米集团	20583868	1004416	18362921	8133057	16783
37	浙江荣盛控股集团有限公司	20563698	181736	20511470	2152260	15887
38	首钢集团有限公司	20223504	27627	49834676	12275387	97903
39	中国兵器装备集团有限公司	20078000	682400	33993800	7041500	176326
40	珠海格力电器股份有限公司	20050833	2469664	28297215	11015357	88846
41	盛虹控股集团有限公司	19253573	336063	9447104	1956439	30631
42	铜陵有色金属集团控股有限公司	19218894	−44546	8741133	802791	23124
43	山东钢铁集团有限公司	19174169	14984	35709758	2466979	42079
44	海亮集团有限公司	18797284	120842	5715734	1872064	20196

续表

排名	企业名称	营业收入（万元）	母公司净利润（万元）	资产总额（万元）	母公司权益（万元）	从业人数（人）
45	上海医药集团股份有限公司	18656579	408099	13702639	4165905	47778
46	华晨汽车集团控股有限公司	18112951	27905	19534821	499167	39576
47	万洲国际有限公司	16600941	1009019	12056269	6058132	101000
48	新希望集团有限公司	16188706	262789	27349094	2314167	88845
49	光明食品（集团）有限公司	15551918	121639	27604507	6636554	122565
50	北京建龙重工集团有限公司	15201729	389614	13325064	2855711	57800
51	复星国际有限公司	14298213	1480091	71568119	12255234	71000
52	北京首农食品集团有限公司	14220307	249670	14536535	3709380	54934
53	上海电气（集团）总公司	14172695	234403	32005188	3416474	51293
54	天能控股集团有限公司	14013209	149173	4411754	494559	21676
55	南京钢铁集团有限公司	13731673	211598	5486434	1763114	10805
56	陕西有色金属控股集团有限责任公司	13713247	70828	13993852	3317133	44448
57	四川长虹电子控股集团有限公司	13663500	6575	8011988	118273	60667
58	紫金矿业集团股份有限公司	13609798	428396	12383095	5118597	19963
59	杭州市实业投资集团有限公司	13343296	124236	5573646	1408430	25502
60	湖南华菱钢铁集团有限责任公司	13309331	330029	10595261	2383375	34516
61	广州医药集团有限公司	13305081	130843	5676391	803806	34218
62	中国有色矿业集团有限公司	13151977	69071	12122841	1936266	50773
63	万向集团公司	13050755	253990	9441057	1606123	30361
64	冀南钢铁集团有限公司	13014264	1024646	3242670	2949913	18659
65	中天钢铁集团有限公司	13001465	206227	4699250	1670761	15785
66	北京电子控股有限责任公司	12906481	13796	39336558	1397056	77206

续表

排名	企业名称	营业收入（万元）	母公司净利润（万元）	资产总额（万元）	母公司权益（万元）	从业人数（人）
67	比亚迪股份有限公司	12773852	161445	19564159	5676229	229130
68	敬业集团有限公司	12740208	564980	4373718	2325372	23500
69	TCL集团股份有限公司	12732811	359230	21923403	3391520	92395
70	海信集团有限公司	12686273	70847	12307215	1177365	91069
71	超威电源集团有限公司	12490654	72306	3242803	644343	18800
72	海澜集团有限公司	12322537	545429	11136057	8349281	19368
73	无锡产业发展集团有限公司	11922803	8329	10084872	962144	26467
74	北京金隅集团股份有限公司	11822190	369358	28212376	6113120	49189
75	河北津西钢铁集团股份有限公司	11777360	258911	5693283	2342536	10610
76	中国重型汽车集团有限公司	11585399	118062	8385336	1151581	40436
77	山东东明石化集团有限公司	11266029	190744	3220416	1352763	6353
78	雅戈尔集团股份有限公司	11161447	443728	10138694	2861749	55834
79	南山集团有限公司	11117000	510855	13185717	5897503	46362
80	中国黄金集团有限公司	10965138	-55822	11470974	1443325	42677
81	江阴澄星实业集团有限公司	10852300	66691	3582002	1392570	6304
82	四川省宜宾五粮液集团有限公司	10802584	443924	15075354	3984914	43370
83	亨通集团有限公司	10791270	31005	6386922	707519	19619
84	杭州钢铁集团有限公司	10670187	107719	7255839	2570532	16218
85	新华联集团有限公司	10559512	126294	15095377	1851425	70598
86	酒泉钢铁（集团）有限责任公司	10358036	-53787	10987493	2246923	36286
87	协鑫集团有限公司	10137109	145338	18852637	3976262	21007
88	广西柳州钢铁集团有限公司	10136167	387171	8653359	2603222	24013

续表

排名	企业名称	营业收入（万元）	母公司净利润（万元）	资产总额（万元）	母公司权益（万元）	从业人数（人）
89	辽宁方大集团实业有限公司	10026764	590958	10199212	2492458	58325
90	日照钢铁控股集团有限公司	9840773	470124	9979269	3388536	16123
91	河北新华联合冶金控股集团有限公司	9760506	101776	10191020	664685	21000
92	长城汽车股份有限公司	9621069	449687	11309641	5439923	59756
93	万达控股集团有限公司	9532554	208298	6301558	1662260	14555
94	江铃汽车集团有限公司	9521848	75086	7272469	955320	40320
95	传化集团有限公司	9268111	104369	6417146	1058867	13355
96	宁波金田投资控股有限公司	9255700	20798	1274906	175794	6583
97	江苏悦达集团有限公司	9156183	47942	9088323	1227103	39475
98	利华益集团股份有限公司	9101527	219097	4323829	1914042	5022
99	中兴通讯股份有限公司	9073658	514788	14120214	2882687	70066
100	扬子江药业集团	9018503	611893	4798447	3700037	16100
101	内蒙古伊利实业集团股份有限公司	9000913	693376	6046126	2613102	59052
102	贵州茅台酒股份有限公司	8885434	4120647	18304237	13601035	27005
103	正邦集团有限公司	8804695	237696	1921783	1001887	61380
104	徐州工程机械集团有限公司	8781398	52228	13831549	1332561	26422
105	包头钢铁（集团）有限责任公司	8772675	29095	17716500	449313	46830
106	三一集团有限公司	8757632	421001	15726559	3592286	23966
107	晨鸣控股有限公司	8627570	22813	10003388	376820	15191
108	中国国际海运集装箱（集团）股份有限公司	8581534	154222	17210752	3925388	54753
109	杭州锦江集团有限公司	8284830	97189	7000618	1679363	9711

续表

排名	企业名称	营业收入（万元）	母公司净利润（万元）	资产总额（万元）	母公司权益（万元）	从业人数（人）
110	通威集团有限公司	8122176	194334	5806612	1655532	24408
111	正泰集团股份有限公司	8054552	185742	7208362	1458336	34290
112	太原钢铁（集团）有限公司	7971453	229457	12846804	3900021	33189
113	天津荣程祥泰投资控股集团有限公司	7933072	87864	1950227	1105540	6205
114	桐昆控股集团有限公司	7918943	133444	4633013	669774	20002
115	河北普阳钢铁有限公司	7862351	337928	2493251	1908296	7300
116	山东黄金集团有限公司	7681256	17223	11624097	1169466	25948
117	云南锡业集团（控股）有限责任公司	7607220	-77200	6063284	27134	21716
118	奇瑞控股集团有限公司	7593097	57375	20599652	1555103	34243
119	华泰集团有限公司	7498149	104523	3275463	1017204	8953
120	陕西汽车控股集团有限公司	7401977	41809	6032182	532174	29581
121	金鼎钢铁集团有限公司	7390266	251703	1538477	880951	4516
122	奥克斯集团有限公司	7353051	105734	6329318	1222657	30000
123	温氏食品集团股份有限公司	7312041	1396720	6557892	4511189	50024
124	三房巷集团有限公司	7300384	160284	2474126	1020803	7120
125	红豆集团有限公司	7205495	145127	4824610	1946371	22886
126	盘锦北方沥青燃料有限公司	6934402	397330	4610308	1275108	3500
127	云天化集团有限责任公司	6929013	-40483	9598575	809072	19980
128	永锋集团有限公司	6918852	205511	4254697	957366	12000
129	洛阳栾川钼业集团股份有限公司	6867656	185701	11686223	4080277	11183
130	万华化学集团股份有限公司	6805066	1012998	9686532	4236409	15392

续表

排名	企业名称	营业收入（万元）	母公司净利润（万元）	资产总额（万元）	母公司权益（万元）	从业人数（人）
131	广州工业投资控股集团有限公司	6719103	167063	7390765	1469843	26639
132	双胞胎（集团）股份有限公司	6666497	175318	2242685	1109492	10000
133	江苏新长江实业集团有限公司	6652468	151829	3434235	1223632	7825
134	山东海科控股有限公司	6600025	290214	2204546	680248	4231
135	山东招金集团有限公司	6570833	10746	6000440	697316	14260
136	新余钢铁集团有限公司	6513139	161505	5128240	1160793	22444
137	昆明钢铁控股有限公司	6390323	33828	6560208	1286291	17400
138	贵州磷化（集团）有限责任公司	6353026	-44577	9235504	1306121	18820
139	山东如意时尚投资控股有限公司	6318159	309957	7324876	1548600	44847
140	武安市裕华钢铁有限公司	6262548	487970	2799586	2190817	10995
141	立讯精密工业股份有限公司	6251631	471382	4937791	2029662	137284
142	中天科技集团有限公司	6203496	80091	4528681	621368	17023
143	白银有色集团股份有限公司	6170028	5804	4855039	1406549	14479
144	宁波均胜电子股份有限公司	6169890	94006	5692483	1257819	57415
145	本钢集团有限公司	6128637	-4297	15344451	2968023	62936
146	河北新武安钢铁集团文安钢铁有限公司	6086560	223187	1062969	1062969	4120
147	山东京博控股集团有限公司	6080974	108124	3975045	707898	10150
148	深圳海王集团股份有限公司	6077614	22538	6102788	1020482	31500
149	四川省川威集团有限公司	6052034	72855	4539112	490070	14208
150	旭阳控股有限公司	6051902	196190	3583934	1178947	10095
151	德力西集团有限公司	5985488	91402	2139655	734626	19415

续表

排名	企业名称	营业收入（万元）	母公司净利润（万元）	资产总额（万元）	母公司权益（万元）	从业人数（人）
152	宁夏天元锰业集团有限公司	5911277	119025	18629990	11331486	20065
153	辽宁嘉晨控股集团有限公司	5862135	251832	4430679	3548512	11230
154	福建大东海实业集团有限公司	5733625	278164	5260360	2658945	17330
155	福建省三钢（集团）有限责任公司	5672576	233331	4317133	1493122	16229
156	晶科能源有限公司	5646956	182081	6905134	1958283	15000
157	重庆化医控股（集团）公司	5626144	-22937	7856973	928534	25027
158	上海华谊（集团）公司	5509381	164345	7889211	2002521	20371
159	中国信息通信科技集团有限公司	5419931	35486	9326311	2196928	38754
160	稻花香集团	5387861	35702	2046411	296877	13137
161	山东太阳控股集团有限公司	5242491	250371	3969053	1484005	14882
162	新疆特变电工集团有限公司	5211512	251955	12854491	4564132	21514
163	欧菲光集团股份有限公司	5197412	50985	4055952	945878	36434
164	红狮控股集团有限公司	5184828	549022	4767102	2004583	14545
165	唐山港陆钢铁有限公司	5138907	83097	1658206	893053	8103
166	广州智能装备产业集团有限公司	5110062	125327	6281993	1369187	30724
167	湖南博长控股集团有限公司	5103093	51474	1285055	394427	7108
168	浙江富冶集团有限公司	5096054	33903	1065684	308380	2585
169	泸州老窖集团有限责任公司	5070958	153413	23351739	1186630	13610
170	杉杉控股有限公司	5055360	69056	5426323	924014	7169
171	恒申控股集团有限公司	5044661	462101	4335828	1933160	8210
172	隆鑫控股有限公司	5023542	10599	6780760	1016287	30021
173	福建永荣控股集团有限公司	5013949	102778	2730396	1116068	4945

续表

排名	企业名称	营业收入（万元）	母公司净利润（万元）	资产总额（万元）	母公司权益（万元）	从业人数（人）
174	河北新金钢铁有限公司	4992596	107371	1785133	1188648	5087
175	老凤祥股份有限公司	4962866	140801	1718100	701997	3242
176	威高集团有限公司	4959070	438809	6037726	3420818	30000
177	安徽江淮汽车集团控股有限公司	4823417	−281	4493800	396693	28927
178	新凤祥控股集团有限责任公司	4814084	93010	2834490	961218	15773
179	玖龙环球（中国）投资集团有限公司	4769779	352621	5990042	3976591	17000
180	广东海大集团股份有限公司	4761258	164876	1885431	910378	20774
181	安阳钢铁集团有限责任公司	4706800	35896	5281022	739335	28011
182	金澳科技（湖北）化工有限公司	4691566	67563	913343	495868	4185
183	天瑞集团股份有限公司	4618932	176452	7500533	3836645	13268
184	中科电力装备集团有限公司	4615060	20986	1816122	248960	3800
185	华西集团有限公司	4584425	28227	5504192	1454652	17853
186	四川德胜集团钒钛有限公司	4571390	189518	2660431	939785	10109
187	太极集团有限公司	4551692	−25167	1445257	143241	13545
188	人民电器集团有限公司	4538646	171038	1171337	782281	21850
189	江苏扬子江船业集团	4525138	375223	12117407	4084148	23778
190	山东金诚石化集团有限公司	4513001	55632	1182518	527434	2427
191	富通集团有限公司	4508115	148049	3092590	1087417	5893
192	天津友发钢管集团股份有限公司	4474922	86462	885533	371651	10754
193	河南豫光金铅集团有限责任公司	4466548	13787	1994937	93124	6034
194	华勤橡胶工业集团有限公司	4464823	83444	2037124	1036026	8500

续表

排名	企业名称	营业收入（万元）	母公司净利润（万元）	资产总额（万元）	母公司权益（万元）	从业人数（人）
195	重庆机电控股（集团）公司	4459503	63783	5534019	1176925	28635
196	金浦投资控股集团有限公司	4392681	49378	2503669	520206	9620
197	三河汇福粮油集团有限公司	4353945	66103	1269253	467984	3000
198	中联重科股份有限公司	4330739	437145	9206802	3886323	19016
199	山东泰山钢铁集团有限公司	4320816	75595	2192916	1078130	8218
200	山东九羊集团有限公司	4305631	153945	1723898	1249992	7798
201	山东创新金属科技有限公司	4280725	32878	2524450	225170	6238
202	山东渤海实业股份有限公司	4261012	17119	2013945	348113	2936
203	石横特钢集团有限公司	4245040	407327	2985798	1873383	12703
204	山东汇丰石化集团有限公司	4244302	22950	1533068	71621	2018
205	福建省电子信息（集团）有限责任公司	4218884	-76826	9057915	638449	49323
206	郑州宇通企业集团	4205999	260448	10005730	1926782	34636
207	山东金岭集团有限公司	4152181	231545	1464847	1258514	3866
208	四川科伦实业集团有限公司	4141754	93792	3601546	1385476	20238
209	沂州集团有限公司	4098971	77490	1431075	544617	3250
210	广西玉柴机器集团有限公司	4098772	86143	4166276	1414660	14824
211	重庆小康控股有限公司	4052024	24045	3404971	241558	15501
212	宁波富邦控股集团有限公司	4013602	56333	4658038	1068250	9046
213	山东恒源石油化工股份有限公司	3991005	59892	1894431	651545	1908
214	法尔胜泓昇集团有限公司	3980661	38873	1955869	435548	9262
215	双良集团有限公司	3960225	20109	2801912	781458	6996
216	森马集团有限公司	3951139	36145	2950291	1072892	6929

续表

排名	企业名称	营业收入（万元）	母公司净利润（万元）	资产总额（万元）	母公司权益（万元）	从业人数（人）
217	西部矿业集团有限公司	3921928	1384	6137960	418582	7548
218	宜昌兴发集团有限责任公司	3915361	7880	3941368	426719	12534
219	江苏华宏实业集团有限公司	3895140	35142	1131247	513436	3118
220	江苏阳光集团有限公司	3882343	198564	2164176	1065230	12657
221	维维集团股份有限公司	3868037	197671	2337134	1638578	20151
222	卧龙控股集团有限公司	3851776	152435	3398112	931611	15663
223	新疆天业（集团）有限公司	3850625	21013	4286425	882234	16647
224	远东控股集团有限公司	3829169	5400	2549664	380484	9004
225	新疆金风科技股份有限公司	3824455	220985	10305708	3067512	8961
226	舜宇集团有限公司	3784870	399130	3069307	1255289	20180
227	浙江龙盛控股有限公司	3767260	511926	5472308	2589965	8032
228	富海集团有限公司	3758793	99547	2139883	1001376	5033
229	盛屯矿业集团股份有限公司	3731426	31950	1899544	902496	3590
230	山东清源集团有限公司	3722540	69628	3281974	1176000	3917
231	宏旺投资集团有限公司	3721063	42222	917965	327040	2242
232	远景能源有限公司	3693470	147439	7089495	1018620	2002
233	澳洋集团有限公司	3691685	33875	1937450	448120	10089
234	重庆轻纺控股（集团）公司	3683239	51885	3053732	663705	25436
235	山东齐成石油化工有限公司	3680344	24151	788942	465508	920
236	万基控股集团有限公司	3649897	16553	2615961	190346	12139
237	石药控股集团有限公司	3645631	502785	4906022	2436123	25865
238	广西盛隆冶金有限公司	3603360	122093	3864176	1514155	10917
239	东方润安集团有限公司	3571465	64480	1158389	481062	4950

续表

排名	企业名称	营业收入（万元）	母公司净利润（万元）	资产总额（万元）	母公司权益（万元）	从业人数（人）
240	江苏大明金属制品有限公司	3549406	22184	1033962	184142	5720
241	歌尔股份有限公司	3514780	86772	3466030	1610716	59611
242	东营齐润化工有限公司	3485044	102114	1877492	944400	1258
243	山东寿光鲁清石化有限公司	3482724	53382	2111198	846507	2160
244	金东纸业（江苏）股份有限公司	3473697	203271	6602111	2007991	4404
245	创维集团有限公司	3425405	58379	4733530	1058521	35000
246	新凤鸣集团股份有限公司	3414820	135469	2290053	1166024	10887
247	中国东方电气集团有限公司	3405005	107618	9188284	1609902	20160
248	山东鲁花集团有限公司	3390326	431789	2312628	1035148	26000
249	鲁丽集团有限公司	3383276	108074	1471710	833270	6366
250	利时集团股份有限公司	3365802	84271	1527538	817104	6824
251	大连西太平洋石油化工有限公司	3313145	24303	824120	−152401	1051
252	重庆市博赛矿业（集团）有限公司	3284639	68234	1335509	728388	8242
253	德龙钢铁有限公司	3234246	190870	2063337	862073	7737
254	巨化集团有限公司	3216365	47517	3295330	718342	11421
255	得力集团有限公司	3211106	158208	2114714	725091	14365
256	河北鑫海控股集团有限公司	3192475	40244	926911	343126	1800
257	滨化集团	3185043	53834	2059648	976780	5299
258	华新水泥股份有限公司	3143921	634230	3664538	2130904	16120
259	北京顺鑫控股集团有限公司	3139536	526	3579000	254344	9200
260	万丰奥特控股集团有限公司	3137670	237059	3281581	1361522	12915
261	河北安丰钢铁有限公司	3137288	259918	1654577	1051466	9735

续表

排名	企业名称	营业收入（万元）	母公司净利润（万元）	资产总额（万元）	母公司权益（万元）	从业人数（人）
262	福星集团控股有限公司	3075833	9573	5282187	347529	7112
263	河北天柱钢铁集团有限公司	3060076	132551	1219042	541330	5404
264	心里程控股集团有限公司	3054911	170118	2414715	1534458	2829
265	花园集团有限公司	3044771	61980	2473419	1053870	14326
266	金龙精密铜管集团股份有限公司	3032301	5780	1378901	65163	7351
267	华芳集团有限公司	3018887	26349	860215	491542	10778
268	河北诚信集团有限公司	3015255	299786	1658594	1187031	10238
269	淄博齐翔腾达化工股份有限公司	3005769	62050	1413082	756036	2306
270	波司登股份有限公司	2989473	353239	3678253	2089932	24006
271	云南白药集团股份有限公司	2966467	418373	4965805	3793810	8124
272	浙江元立金属制品集团有限公司	2903569	104470	2161828	552871	13000
273	香驰控股有限公司	2901671	73529	1503695	732019	3000
274	山东中海化工集团有限公司	2876496	105997	1146386	636191	2655
275	天士力控股集团有限公司	2836698	3422	6771520	2292717	21739
276	河北东海特钢集团有限公司	2824225	100594	1289552	679061	12367
277	万通海欣控股集团股份有限公司	2816687	105377	3559468	1524597	3500
278	河南中原黄金冶炼厂有限责任公司	2812191	47414	1696473	731593	1452
279	江苏沃得机电集团有限公司	2807556	249728	5361827	1035807	13866
280	三花控股集团有限公司	2804796	111100	2270570	935013	22393
281	青岛啤酒股份有限公司	2798376	184945	3731238	1917158	38169
282	山西建邦集团有限公司	2771491	129950	1394796	862463	3050

续表

排名	企业名称	营业收入（万元）	母公司净利润（万元）	资产总额（万元）	母公司权益（万元）	从业人数（人）
283	四川九洲电器集团有限责任公司	2765766	31927	2392802	631000	12172
284	中策橡胶集团有限公司	2758809	110970	2494415	992951	23624
285	华立集团股份有限公司	2747211	22670	1979329	227809	10500
286	河南金利金铅集团有限公司	2684524	35464	733199	167303	2614
287	振石控股集团有限公司	2673261	129703	2719295	911695	6868
288	天津华北集团有限公司	2665719	19081	1130361	647388	772
289	鹏鼎控股（深圳）股份有限公司	2661462	292461	2885618	1982925	35050
290	山东东方华龙工贸集团有限公司	2627031	9042	1157215	478295	1500
291	山东永鑫能源集团有限公司	2624646	7931	1585361	-16171	2167
292	浙江大华技术股份有限公司	2614943	318814	2956465	1285958	13658
293	郑州煤矿机械集团股份有限公司	2572141	104025	2971259	1223973	17230
294	江西济民可信集团有限公司	2570348	194430	1681976	697653	9451
295	道恩集团有限公司	2564876	7425	1112250	110240	3010
296	浙江东南网架集团有限公司	2564277	30617	2619861	945251	12068
297	哈尔滨电气集团有限公司	2563471	15568	6071442	1399027	16767
298	天津食品集团有限公司	2551318	55927	3686988	1164304	9469
299	欣旺达电子股份有限公司	2524066	75012	2358911	599368	8677
300	天洁集团有限公司	2507853	119544	1216522	547722	1450
301	浙江富春江通信集团有限公司	2505819	32288	1932475	417067	4634
302	江西博能实业集团有限公司	2498659	23467	1630975	512595	3000
303	广东德赛集团有限公司	2480471	23237	1715690	500150	16500

续表

排名	企业名称	营业收入（万元）	母公司净利润（万元）	资产总额（万元）	母公司权益（万元）	从业人数（人）
304	华鲁控股集团有限公司	2471048	103757	3661851	856862	17548
305	兴惠化纤集团有限公司	2447283	17052	703220	440302	2512
306	江苏三木集团有限公司	2442192	72468	1329143	687697	6257
307	闻泰通讯股份有限公司	2440655	47669	1384844	152163	4122
308	农夫山泉股份有限公司	2439408	496794	1774540	988280	18291
309	纳爱斯集团有限公司	2426594	147397	2162695	1760398	12017
310	宜华企业（集团）有限公司	2409379	96425	5521439	1959114	50042
311	济源市万洋冶炼（集团）有限公司	2394535	42383	414265	170547	3160
312	兴达投资集团有限公司	2389554	54704	748527	543410	960
313	江苏中超投资集团有限公司	2368860	4858	1192245	211985	5423
314	江苏江润铜业有限公司	2361259	10463	361153	166635	256
315	浙江协和集团有限公司	2359267	25743	713742	157900	1247
316	山东垦利石化集团有限公司	2353969	92170	1661361	836272	2701
317	江苏长电科技股份有限公司	2352628	8866	3358189	1262743	23017
318	重庆钢铁股份有限公司	2347760	92572	2697573	1939600	7377
319	天合光能股份有限公司	2332169	64059	3649123	1195629	12743
320	江苏恒瑞医药股份有限公司	2328857	532802	2755647	2477532	24431
321	奥盛集团有限公司	2325678	81125	1105239	871196	1542
322	山鹰国际控股股份公司	2324094	136218	4254454	1441078	11553
323	成都蛟龙投资有限责任公司	2313707	194869	929876	757677	59375
324	宜宾天原集团股份有限公司	2310321	7876	1377275	496616	4440
325	胜达集团有限公司	2301352	99877	1288017	843283	3029
326	三宝集团股份有限公司	2300347	80687	1089154	563450	3876

续表

排名	企业名称	营业收入（万元）	母公司净利润（万元）	资产总额（万元）	母公司权益（万元）	从业人数（人）
327	山西晋城钢铁控股集团有限公司	2289893	121037	1783756	1216508	10700
328	河北鑫达钢铁集团有限公司	2286640	17291	1745589	765561	8182
329	深圳市中金岭南有色金属股份有限公司	2280052	85211	2032060	1093472	9611
330	宁波申洲针织有限公司	2266527	495854	3185486	2517245	85700
331	广西柳工集团有限公司	2253284	39316	3755623	458351	16692
332	苏州创元投资发展（集团）有限公司	2248493	34262	2869777	555234	13454
333	邯郸正大制管有限公司	2205939	34419	375216	69525	4484
334	人福医药集团股份公司	2180661	84254	3501325	1015182	15711
335	浙江升华控股集团有限公司	2175894	22223	856288	408213	3103
336	河南济源钢铁（集团）有限公司	2164291	113011	1646013	728644	6800
337	达利食品集团有限公司	2137525	384057	1994761	1627663	37975
338	广西汽车集团有限公司	2135309	21333	1860634	559886	16025
339	孝义市鹏飞实业有限公司	2130693	168363	5861635		13713
340	宗申产业集团有限公司	2130616	36619	2356274	400260	15999
341	天津纺织集团（控股）有限公司	2126682	8126	1593090	303416	4032
342	晶澳太阳能科技股份有限公司	2115548	125195	2852761	798939	22162
343	唐山瑞丰钢铁（集团）有限公司	2114215	182818	1528519	1214237	6675
344	重庆万达薄板有限公司	2106052	16616	1074858	272987	2850
345	唐山三友集团有限公司	2067135	25641	2596750	514774	18572
346	凌源钢铁集团有限责任公司	2058147	34373	2334046	258014	10138

续表

排名	企业名称	营业收入（万元）	母公司净利润（万元）	资产总额（万元）	母公司权益（万元）	从业人数（人）
347	宁波博洋控股集团有限公司	2050783	33839	585672	122627	6549
348	天津市医药集团有限公司	2046596	53933	3168948	672256	12713
349	福建省汽车工业集团有限公司	2033451	1797	3364669	281133	16957
350	山西安泰控股集团有限公司	2025787	48765	1697968	288823	6204
351	牧原食品股份有限公司	2022133	611436	5288658	2310773	50319
352	上海仪电（集团）有限公司	2008670	7440	7109777	1269259	14039
353	上海胜华电缆（集团）有限公司	2006281	-12078	769240	160042	4311
354	大亚科技集团有限公司	1994838	63205	1472638	230225	10565
355	天津恒兴集团有限公司	1988900	75381	794002	640385	900
356	攀枝花钢城集团有限公司	1986373	957	836971	-205944	10985
357	桂林力源粮油食品集团有限公司	1984531	77781	657229	250251	8400
358	万马联合控股集团有限公司	1975970	2931	1367941	131319	5241
359	山东鑫海科技股份有限公司	1958424	330706	2523982	1057721	8629
360	江苏上上电缆集团有限公司	1907934	77664	834058	613389	4464
361	广西贵港钢铁集团有限公司	1893454	30679	777529	267317	2674
362	久立集团股份有限公司	1891745	30855	849550	207222	3944
363	浙江华友钴业股份有限公司	1885283	11953	2326698	774775	6936
364	三环集团有限公司	1880555	6821	2363662	780601	17377
365	正和集团股份有限公司	1864034	19189	614190	264125	1360
366	福建福海创石油化工有限公司	1858276	318933	3952614	1689184	474
367	中国西电集团有限公司	1851722	36738	4081992	1386807	16978
368	中国庆华能源集团有限公司	1848642	-68514	6734759	617477	9600

续表

排名	企业名称	营业收入（万元）	母公司净利润（万元）	资产总额（万元）	母公司权益（万元）	从业人数（人）
369	辛集市澳森钢铁有限公司	1842836	98233	805603	739487	6550
370	玲珑集团有限公司	1835184	101006	3278124	690878	18400
371	明阳新能源投资控股集团有限公司	1819042	93824	5404216	1600849	5475
372	人本集团有限公司	1818778	55300	1189271	323685	21076
373	北京东方雨虹防水技术股份有限公司	1815434	206594	2241566	974000	8036
374	致达控股集团有限公司	1813795	23894	2247297	436749	4121
375	河南神火集团有限公司	1808186	-36960	5993298	1376	29256
376	秦皇岛宏兴钢铁有限公司	1789746	180713	935780	790594	5062
377	厦门金龙汽车集团股份有限公司	1789059	18137	2596560	443431	13526
378	瑞声科技控股有限公司	1788375	222237	3420729	1935119	39385
379	青海盐湖工业股份有限公司	1784917	-4585997	2253150	-3051999	15856
380	诸城外贸有限责任公司	1761615	71719	2019079	959437	7078
381	山东寿光巨能控股集团有限公司	1759493	42246	1185367	695318	7967
382	广州立白企业集团有限公司	1758504	64759	1863800	1057497	3462
383	厦门钨业股份有限公司	1739551	26068	2347117	737436	13842
384	山东联盟化工集团有限公司	1727974	60956	1000770	562292	6623
385	山东荣信集团有限公司	1712770	64335	511822	342842	2378
386	宁波华翔电子股份有限公司	1709343	98111	1713061	914895	14993
387	广州视源电子科技股份有限公司	1705270	161090	997338	492868	4814
388	安徽楚江科技新材料股份有限公司	1704797	46101	846146	547684	6035

续表

排名	企业名称	营业收入（万元）	母公司净利润（万元）	资产总额（万元）	母公司权益（万元）	从业人数（人）
389	吉林亚泰（集团）股份有限公司	1701033	5346	5943362	1441729	19597
390	金猴集团有限公司	1683656	38585	540978	331469	3045
391	山东龙大肉食品股份有限公司	1682236	24087	631814	232222	5210
392	唐山东海钢铁集团有限公司	1677302	144388	1028681	758577	5856
393	广博控股集团有限公司	1670250	20076	1698109	381440	3600
394	浙江天圣控股集团有限公司	1651738	100255	1176788	303750	2824
395	潍坊特钢集团有限公司	1650624	59318	980062	348645	6780
396	山东潍焦控股集团有限公司	1621877	18555	1060469	215354	3647
397	顾家集团有限公司	1599518	372	2142471	542584	13800
398	精工控股集团有限公司	1593311	17377	2317664	274055	10618
399	唐山东华钢铁企业集团有限公司	1585437	38131	784144	386528	6117
400	浙江甬金金属科技股份有限公司	1582776	33281	518989	289748	1422
401	万邦德医药控股集团股份有限公司	1579490	15703	380054	163832	2100
402	广西南丹南方金属有限公司	1568581	34477	1042042	428829	3860
403	深圳市大疆百旺科技有限公司	1567974	78201	776647	250955	8457
404	唐人神集团股份有限公司	1535505	20236	728090	332565	9754
405	福建百宏聚纤科技实业有限公司	1515545	104785	1972079	860479	8956
406	江苏西城三联控股集团有限公司	1515372	-36376	473366	-191743	2698
407	赛轮集团股份有限公司	1512784	119518	1787733	706786	11334
408	泰豪集团有限公司	1496147	76109	2235543	724809	6957

续表

排名	企业名称	营业收入（万元）	母公司净利润（万元）	资产总额（万元）	母公司权益（万元）	从业人数（人）
409	隆基乐叶光伏科技有限公司	1490013	20966	1998178	858014	16987
410	鹏欣环球资源股份有限公司	1478731	31082	1006424	642026	1526
411	广东东阳光科技控股股份有限公司	1476721	111248	2640706	592513	13222
412	杭州汽轮动力集团有限公司	1469583	14664	1876916	620329	4982
413	江南集团有限公司	1452422	36893	1557948	629391	3269
414	南京华新有色金属有限公司	1447500	6973	120885	101674	175
415	东方日升新能源股份有限公司	1440425	97365	2560949	824842	7195
416	格林美股份有限公司	1435401	73527	2684103	1048452	5080
417	湖南黄金集团有限责任公司	1423916	-1784	1037165	164568	6725
418	河南明泰铝业股份有限公司	1414762	91700	1176800	704237	5000
419	安徽淮海实业发展集团有限公司	1406772	37087	964998	224990	6055
420	利欧集团股份有限公司	1403262	30953	1332256	813263	5420
421	泰开集团有限公司	1388082	34448	1507718	241410	12526
422	黑龙江飞鹤乳业有限公司	1374998	446193	1530893	804215	—
423	卫华集团有限公司	1374139	38491	717052	351951	5770
424	无锡华东重型机械股份有限公司	1368718	35697	734579	494249	1066
425	深圳市宝德投资控股有限公司	1363317	14360	1439689	314372	1489
426	上海韦尔半导体股份有限公司	1363167	46563	1747622	792639	2865
427	上海源耀农业股份有限公司	1358641	4658	116508	44466	769
428	安徽天大企业（集团）有限公司	1354048	30607	981164	243696	1555
429	欧派家居集团股份有限公司	1353336	183944	1481387	955891	21660

续表

排名	企业名称	营业收入（万元）	母公司净利润（万元）	资产总额（万元）	母公司权益（万元）	从业人数（人）
430	天津钢铁集团有限公司	1345382	-93746	7806328	2249929	5753
431	天津市宝来工贸有限公司	1340612	31430	209950	161420	1927
432	安徽中鼎控股（集团）股份有限公司	1339672	25432	2170907	554955	22474
433	深圳市兆驰股份有限公司	1330220	113472	2198574	975195	11376
434	安徽丰原集团有限公司	1326778	41333	1537015	465147	12000
435	上海华虹（集团）有限公司	1318352	-40356	6869725	1108055	9066
436	广西农垦集团有限责任公司	1317440	27621	5629272	2528432	51575
437	东北特殊钢集团股份有限公司	1315057	13082	2606081	801061	15077
438	阳光电源股份有限公司	1300333	89255	2281912	859419	3891
439	北京时尚控股有限责任公司	1294922	15546	1806430	606767	8799
440	山东时风（集团）有限责任公司	1285614	9603	811626	599506	11653
441	祥兴（福建）箱包集团有限公司	1282556	72349	361996	316230	10897
442	河北荣信钢铁有限公司	1261968	27936	769427	326801	3855
443	石家庄君乐宝乳业有限公司	1260585	36456	1133232	62114	11500
444	太原重型机械集团有限公司	1255436	-57156	4836563	190020	13464
445	青岛澳柯玛控股集团有限公司	1254290	17510	826190	280315	7761
446	中海外能源科技（山东）有限公司	1252225	-44378	612641	176752	900
447	迪尚集团有限公司	1249517	49787	1044585	382322	20471
448	中哲控股集团有限公司	1245974	4928	349586	67663	5824
449	瑞星集团股份有限公司	1242407	7764	1790088	447964	3206
450	景德镇黑猫集团有限责任公司	1238618	-1786	1876038	272148	9439

续表

排名	企业名称	营业收入（万元）	母公司净利润（万元）	资产总额（万元）	母公司权益（万元）	从业人数（人）
451	江苏文凤化纤集团有限公司	1236849	28105	278148	40282	1185
452	鲁南制药集团股份有限公司	1235162	99002	1678621	769618	16329
453	惠科股份有限公司	1226696	57481	3837173	382433	7680
454	山西杏花村汾酒集团有限责任公司	1217632	89496	1841126	677744	15815
455	连云港兴鑫钢铁有限公司	1217259	70501	654453	407867	3108
456	浙江富陵控股集团有限公司	1216903	40705	882954	415738	1002
457	哈药集团有限公司	1215548	4182	1620097	301227	15149
458	雅迪科技集团有限公司	1200238	60621	1048658	284820	4341
459	铜陵精达特种电磁线股份有限公司	1199743	43769	624677	355232	3265
460	健康元药业集团股份有限公司	1198015	89435	2543761	1035596	12699
461	开氏集团有限公司	1196269	11797	803739	399602	3000
462	青岛海湾集团有限公司	1177500	79770	1923454	500684	3771
463	安徽环新集团股份有限公司	1157230	39175	1249219	228370	6091
464	林州凤宝管业有限公司	1153608	23694	1026140	362982	3921
465	大连冰山集团有限公司	1151874	6939	1460903	116509	11136
466	新和成控股集团有限公司	1149535	115891	4031260	1133912	15163
467	龙蟒佰利联集团股份有限公司	1141989	259398	2594278	1387094	9085
468	江阴模塑集团有限公司	1140819	13310	988987	280010	8455
469	天津国威有限公司	1138845	-1390	159198	96213	39
470	安徽古井集团有限责任公司	1138411	153801	1998356	579560	11908
471	黑龙江鑫达企业集团有限公司	1134401	57705	1647662	603867	899
472	广东兴发铝业有限公司	1132058	65437	771061	309292	8354

续表

排名	企业名称	营业收入（万元）	母公司净利润（万元）	资产总额（万元）	母公司权益（万元）	从业人数（人）
473	山东淄博傅山企业集团有限公司	1131680	16853	629176	295097	6216
474	浙江中财管道科技股份有限公司	1127350	77546	628676	410355	8832
475	福建三安集团有限公司	1125357	-39064	5655376	932968	—
476	即发集团有限公司	1122927	28791	650333	389602	19982
477	宁波中华纸业有限公司	1118603	47159	2272104	382131	2576
478	上海晨光文具股份有限公司	1114110	106008	756511	420150	5652
479	浙江永利实业集团有限公司	1113277	75439	2328871	1451410	3185
480	广西洋浦南华糖业集团股份有限公司	1110253	9551	1941213	594333	12602
481	浙江海正药业股份有限公司	1107178	9307	2146556	627422	8072
482	浙江新安化工集团股份有限公司	1095725	37821	1089409	569609	5988
483	宁波方太厨具有限公司	1094448	138658	1199282	702290	6372
484	普联技术有限公司	1088675	227969	1775921	1593099	10785
485	春风实业集团有限责任公司	1074153	8147	407621	192963	6753
486	瑞声光电科技（常州）有限公司	1074120	66206	1602748	794580	19168
487	云南云内动力集团有限公司	1071866	9157	2078829	234852	2609
488	安徽天康（集团）股份有限公司	1063330	38645	514594	349414	4310
489	重庆智飞生物制品股份有限公司	1058732	236644	1094242	141283	—
490	江阴江东集团公司	1052326	60144	494609	367781	6630
491	爱玛科技集团股份有限公司	1042383	52153	783281	203383	4641
492	江苏济川控股集团有限公司	1040755	176755	1019968	504262	9661

续表

排名	企业名称	营业收入（万元）	母公司净利润（万元）	资产总额（万元）	母公司权益（万元）	从业人数（人）
493	杭州金鱼电器集团有限公司	1038934	7080	623985	46098	5437
494	金沙河集团有限公司	1038566	34323	267106	153928	4300
495	天津市新宇彩板有限公司	1025721	16276	392324	85318	1822
496	上海龙旗科技股份有限公司	1014858	5536	614806	99866	7122
497	玫德集团有限公司	1012311	113933	1263075	884908	11308
498	安徽省贵航特钢有限公司	1010188	96025	315937	114709	3020
499	博威集团有限公司	1008904	15596	1052002	160391	5849
500	深圳市三诺投资控股有限公司	1007158	30267	974807	353835	8500

第三节 2020中国服务业企业500强排行榜

排名	企业名称	营业收入（万元）	母公司净利润（万元）	资产总额（万元）	母公司权益（万元）	从业人数（人）
1	国家电网有限公司	265219573	5506044	415585039	175172188	964166
2	中国工商银行股份有限公司	130243300	31222400	3010943600	267618600	445106
3	中国平安保险（集团）股份有限公司	116886700	14940700	822292900	67316100	372194
4	中国建设银行股份有限公司	106879800	26673300	2543626100	221625700	347156
5	中国农业银行股份有限公司	101770500	21209800	2487828800	194835500	464011
6	中国银行股份有限公司	93244400	18740500	2276974400	185170100	309384
7	中国人寿保险（集团）公司	90669060	3219564	451651254	13475686	155536
8	中国移动通信集团有限公司	74975548	8390397	185420203	103610351	457565
9	苏宁控股集团	66525890	1052389	37145231	12465865	280135
10	中国华润有限公司	65462930	2467450	161797240	22973360	396456
11	中国邮政集团有限公司	61724771	3067973	1057771356	38035481	918246

续表

排名	企业名称	营业收入（万元）	母公司净利润（万元）	资产总额（万元）	母公司权益（万元）	从业人数（人）
12	北京京东世纪贸易有限公司	57688848	1218415	25972370	8185597	227730
13	中国南方电网有限责任公司	56634191	1266392	93365226	36881931	282864
14	中国人民保险集团股份有限公司	55551500	2240100	113277100	18313300	1089128
15	中国中化集团有限公司	55527470	327053	54889301	5309181	60049
16	中国中信集团有限公司	51893114	2519383	748677828	36336116	304260
17	阿里巴巴集团控股有限公司	50971100	14943300	131298500	75540100	117600
18	中粮集团有限公司	49843634	286187	59798361	8707072	110896
19	中国医药集团有限公司	48835454	630173	39360646	7201693	148783
20	碧桂园控股有限公司	48590800	3955000	190715200	15193900	101784
21	恒大集团有限公司	47756100	1728000	220657700	35853700	133123
22	中国电信集团有限公司	46539040	1245268	90096360	37702798	401965
23	交通银行股份有限公司	45988600	7728100	990560000	79324700	85324
24	绿地控股集团股份有限公司	42782271	1474301	114570653	7890119	52576
25	招商银行股份有限公司	39716100	9286700	696023200	57835200	76046
26	中国保利集团公司	39479996	1403017	131288649	8892068	100393
27	中国太平洋保险（集团）股份有限公司	38548878	2774140	152833283	17842692	117893
28	腾讯控股有限公司	37728900	9331000	95398600	43270600	62885
29	国美控股集团有限公司	37170057	193932	26917623	7529719	79100
30	万科企业股份有限公司	36789388	3887209	173992945	18805849	—
31	物产中大集团股份有限公司	35892248	273385	9333203	2516475	20322
32	上海浦东发展银行股份有限公司	35468100	5981100	700592900	55356100	55509
33	兴业银行股份有限公司	35195200	6586800	714568100	54136000	60455

续表

排名	企业名称	营业收入（万元）	母公司净利润（万元）	资产总额（万元）	母公司权益（万元）	从业人数（人）
34	厦门建发集团有限公司	33969015	461014	34134471	5180549	26732
35	招商局集团有限公司	33938447	3615278	193589455	35322282	157635
36	民生银行股份有限公司	33795100	5381900	668184100	51884500	58933
37	中国光大集团有限公司	32440000	1374500	521048600	14471400	79800
38	中国远洋海运集团有限公司	30849725	750657	87702629	19645100	118243
39	中国机械工业集团有限公司	29790741	312464	38361111	6852642	146792
40	厦门国贸控股集团有限公司	29561335	28870	10208993	926361	15178
41	中国联合网络通信集团有限公司	29196433	184659	60236284	17998129	260058
42	雪松控股集团有限公司	28515808	84318	11658389	2853632	30984
43	厦门象屿集团有限公司	28418162	151973	13936652	1999148	11635
44	中国航空油料集团有限公司	27970383	392859	6764797	2569904	15699
45	阳光龙净集团有限公司	24807843	424235	41831136	2616792	26363
46	中国太平保险控股有限公司	22046226	404713	82501284	3707693	65957
47	泰康保险集团股份有限公司	20381406	2218640	93548707	8120041	57372
48	深圳市投资控股有限公司	19933980	1101015	69950802	30554656	67518
49	新疆广汇实业投资（集团）有限责任公司	19834749	62027	27322552	3806502	77400
50	华夏人寿保险股份有限公司	19685057	84285	58634509	2228709	500000
51	重庆市金科投资控股（集团）有限责任公司	19066570	1221568	32930458	1232092	29447
52	中国通用技术（集团）控股有限责任公司	18348000	338162	19720204	4519257	43197
53	广西投资集团有限公司	18003288	54061	49171820	3635902	26953
54	东浩兰生（集团）有限公司	17492306	103698	3530875	1349354	6316

续表

排名	企业名称	营业收入（万元）	母公司净利润（万元）	资产总额（万元）	母公司权益（万元）	从业人数（人）
55	新华人寿保险股份有限公司	17456600	1455900	87897000	8445100	36504
56	融创中国控股有限公司	16932000	2603000	96065000	8307000	—
57	中国南方航空集团有限公司	15500239	412893	34978522	7119126	119500
58	龙湖集团控股有限公司	15102643	1833656	65224485	9395631	26316
59	浙江省交通投资集团有限公司	15047209	514827	48094486	9987723	38513
60	华夏银行股份有限公司	14861004	2190500	320078900	26758800	38639
61	国家开发投资集团有限公司	14194552	603397	63185483	8980461	51961
62	中国国际航空股份有限公司	14023988	642203	29420637	9345867	89824
63	中国东方航空集团有限公司	13340695	371626	33466016	4300518	99942
64	云南省建设投资控股集团有限公司	13280413	222904	40560393	6530091	43874
65	华侨城集团有限公司	13098215	923300	55254503	7417961	62253
66	中国供销集团有限公司	12890195	16516	13772197	1458601	35789
67	云南省投资控股集团有限公司	12833226	70547	37561523	4200883	33369
68	东岭集团股份有限公司	12602834	64594	4246354	1059358	10292
69	北京银行股份有限公司	12564900	2144100	273704000	20712900	—
70	甘肃省公路航空旅游投资集团有限公司	12374797	59947	50001003	15971320	37294
71	中国国际技术智力合作集团有限公司	12294331	74105	1386841	493094	5322
72	上海钢联电子商务股份有限公司	12257175	18059	1080416	114210	2720
73	浙江省兴合集团有限责任公司	11913833	24494	5084630	477066	18747
74	中国华融资产管理股份有限公司	11265651	142443	170501241	12125878	10947
75	浪潮集团有限公司	11234474	330415	9362062	3365044	36156

续表

排名	企业名称	营业收入（万元）	母公司净利润（万元）	资产总额（万元）	母公司权益（万元）	从业人数（人）
76	云南省能源投资集团有限公司	11231307	146639	18884178	5394946	11349
77	顺丰控股股份有限公司	11219339	579650	9253538	4241971	114813
78	西安迈科金属国际集团有限公司	11218875	26369	2400426	542151	1160
79	浙江省能源集团有限公司	11180545	518771	24150783	7988499	23214
80	上海均和集团有限公司	10604753	15304	2275796	836143	5000
81	晋能集团有限公司	10580540	94002	29453660	6430865	94066
82	华夏幸福基业股份有限公司	10520954	1461178	45781195	5003627	24340
83	广东鼎龙实业集团有限公司	10408353	75924	3290928	210121	3200
84	东方国际（集团）有限公司	10320481	82916	6646721	1721468	81295
85	阳光保险集团股份有限公司	10161977	506617	33152547	4992021	232057
86	北京外企服务集团有限责任公司	10080905	40385	972618	273252	40200
87	北京控股集团有限公司	10071001	89308	36062500	3766602	81029
88	九州通医药集团股份有限公司	9949708	172655	7114777	1875421	25796
89	上海银行股份有限公司	9809078	2029759	223708194	17670861	12699
90	美团点评	9752853	223876	13201291	9211244	54580
91	卓尔控股有限公司	9683865	179443	9276878	4446414	6551
92	中国信达资产管理股份有限公司	9614700	1305295	151323000	16489812	16425
93	弘阳集团有限公司	9586110	338264	12814322	2067374	8126
94	前海人寿保险股份有限公司	9413791	57708	27116674	2381915	3179
95	新奥控股投资股份有限公司	9281437	134383	13489953	1789422	26902
96	神州数码集团股份有限公司	8680338	70141	2942090	437215	4070
97	唯品会（中国）有限公司	8675323	420618	1594325	1593394	26666

续表

排名	企业名称	营业收入（万元）	母公司净利润（万元）	资产总额（万元）	母公司权益（万元）	从业人数（人）
98	永辉超市股份有限公司	8487696	156372	5235301	2010594	110778
99	山东高速集团有限公司	8479337	374094	72175044	7268329	40910
100	荣盛控股股份有限公司	8392993	425157	27888947	2498439	27623
101	内蒙古电力（集团）有限责任公司	8273048	201542	10019036	4596747	37479
102	珠海华发集团有限公司	7926925	130167	36184050	3759846	28443
103	重庆市迪马实业股份有限公司	7890422	143208	7251175	913564	6282
104	百度网络技术有限公司	7809300	205700	30131600	16359900	37779
105	重庆华宇集团有限公司	7776600	906791	9960000	3884400	5476
106	富德生命人寿保险股份有限公司	7758236	20855	47316745	3217563	—
107	北京首都旅游集团有限责任公司	7735790	-43456	13180956	1997088	75542
108	陕西投资集团有限公司	7735323	187940	16741652	3460003	24977
109	上海永达控股（集团）有限公司	7638744	150392	3628560	1038652	13474
110	中基宁波集团股份有限公司	7148984	20779	1161529	126081	2216
111	广西北部湾国际港务集团有限公司	7068778	13245	13168667	2979281	33186
112	远大物产集团有限公司	6774851	17684	637119	234696	545
113	广东省广新控股集团有限公司	6718228	87089	6321730	1218364	27477
114	中国铁路物资集团有限公司	6517881	21246	5573683	538375	8407
115	百联集团有限公司	6426771	30332	8857918	2045368	50632
116	浙江省国际贸易集团有限公司	6392986	127701	9929485	1546868	15339
117	北京能源集团有限责任公司	6331733	198260	30268779	7542819	36054
118	蓝润集团有限公司	6319460	273231	9097583	3534394	20000

续表

排名	企业名称	营业收入（万元）	母公司净利润（万元）	资产总额（万元）	母公司权益（万元）	从业人数（人）
119	江苏国泰国际集团股份有限公司	6122367	94505	2352261	845822	15353
120	广东省广晟资产经营有限公司	6034546	126294	12812694	954897	52074
121	国能领航城市建设投资有限公司	6034447	199049	4359689	2702664	8356
122	网易公司	5924100	2123800	11212400	6145400	20797
123	河北省物流产业集团有限公司	5902302	8083	1582036	279447	2187
124	广州越秀集团股份有限公司	5860136	206273	63209705	4506498	24341
125	渤海银行股份有限公司	5806765	833553	111311651	8278137	9794
126	上海中梁企业发展有限公司	5695985	394520	22547390	901050	13322
127	山西煤炭进出口集团有限公司	5678173	12093	9335986	1511089	16881
128	四川省交通投资集团有限责任公司	5678085	94847	39247918	12781954	25303
129	北京首都开发控股（集团）有限公司	5666596	158725	34766245	1816866	8529
130	深圳市爱施德股份有限公司	5596932	34368	1022420	495461	2228
131	浙江前程投资股份有限公司	5344503	2584	533273	97952	412
132	上海新增鼎资产管理有限公司	5344028	-267	518976	16668	428
133	振烨国际产业控股集团（深圳）有限公司	5204195	107968	1385067	372600	2200
134	重庆市能源投资集团有限公司	5109427	-8664	11612485	2049626	40892
135	四川省能源投资集团有限责任公司	5109138	83787	15391246	2799269	23563
136	盛京银行股份有限公司	4987128	544322	102148080	7855553	6219
137	广东省交通集团有限公司	4911233	268805	42457625	9490226	64184
138	中华联合保险集团股份有限公司	4887421	57700	7570121	1667815	45440

续表

排名	企业名称	营业收入（万元）	母公司净利润（万元）	资产总额（万元）	母公司权益（万元）	从业人数（人）
139	福建省能源集团有限责任公司	4881451	185686	13098505	2114510	31832
140	申能（集团）有限公司	4880455	421469	18905820	10208002	16668
141	奥园集团有限公司	4867451	517352	26538347	2049616	16504
142	恒信汽车集团股份有限公司	4854190	90817	1575282	439615	16659
143	重庆农村商业银行股份有限公司	4852677	975989	103023023	8821350	15371
144	福建省福化工贸股份有限公司	4815224	1737	358223	73023	284
145	武汉金融控股（集团）有限公司	4812354	79773	13111528	2013415	6760
146	广西交通投资集团有限公司	4803763	21982	38703683	10776942	15454
147	北京首都创业集团有限公司	4745880	256642	35848259	2467188	34521
148	福佳集团有限公司	4669130	329100	8212698	5059983	2483
149	大汉控股集团有限公司	4632228	88972	1989127	743505	5126
150	东华能源股份有限公司	4618762	110400	2808143	932685	1804
151	通鼎集团有限公司	4502855	130365	2450362	539717	13626
152	广州轻工工贸集团有限公司	4490918	57433	2497935	891003	6874
153	中国大地财产保险股份有限公司	4331959	170097	7895011	2723528	64687
154	兴华财富集团有限公司	4315838	225224	1683865	1057881	6552
155	物美科技集团有限公司	4297699	237353	7349849	2760669	100000
156	汇通达网络股份有限公司	4278661	16593	1835165	489238	4860
157	南昌市政公用投资控股有限责任公司	4267800	54707	13368932	3329262	35081
158	深圳金雅福控股集团有限公司	4262228	16196	140382	62729	1990
159	重庆中昂投资集团有限公司	4254075	615143	8646031	2991621	10282

续表

排名	企业名称	营业收入（万元）	母公司净利润（万元）	资产总额（万元）	母公司权益（万元）	从业人数（人）
160	名创优品（广州）有限责任公司	4253261	350827	2013125	503292	35126
161	天津泰达投资控股有限公司	4246755	20316	27645573	4596808	20791
162	山东省商业集团有限公司	4203381	21469	11283249	845893	38730
163	广东省广物控股集团有限公司	4178447	28392	3908828	1428914	12017
164	步步高投资集团股份有限公司	4152575	17812	2437784	792546	29384
165	广州国资发展控股有限公司	4148991	85264	7918196	2059067	11984
166	广州农村商业银行股份有限公司	4099293	752034	89415429	6834669	12668
167	江苏中利控股集团有限公司	4081275	119565	4129583	1311476	8898
168	陕西龙记泰信房地产开发有限公司	3979102	73643	1926175	1128532	3958
169	四川省商业投资集团有限公司	3942810	6545	1748519	176118	2800
170	齐鲁交通发展集团有限公司	3939196	47619	21755769	6782643	18509
171	上海农村商业银行股份有限公司	3831115	884564	93028730	7114988	6257
172	北京江南投资集团有限公司	3825654	568260	14336262	2844071	436
173	厦门路桥工程物资有限公司	3759382	16750	1202129	124658	474
174	北京金融街投资（集团）有限公司	3698782	91772	24501012	3453921	12426
175	重庆千信集团有限公司	3695145	57023	1421419	478907	811
176	武汉商联（集团）股份有限公司	3689073	51507	3505552	411733	31376
177	深圳市中农网有限公司	3656789	2675	1253669	84851	612
178	中铁集装箱运输有限责任公司	3642514	101410	2476058	1341739	967
179	建业控股有限公司	3626989	270086	15526106	1531334	19859

续表

排名	企业名称	营业收入（万元）	母公司净利润（万元）	资产总额（万元）	母公司权益（万元）	从业人数（人）
180	上海国际港务（集团）股份有限公司	3610163	906227	14217729	8205674	14650
181	天津银行股份有限公司	3596109	454797	66940112	5039485	6781
182	重庆市中科控股有限公司	3570828	11564	2035189	370883	2043
183	携程计算机技术（上海）有限公司	3567000	701100	20020000	8873000	45100
184	江苏汇鸿国际集团股份有限公司	3557793	33700	2523300	529260	—
185	上海均瑶（集团）有限公司	3550583	36213	9059679	1079903	19435
186	华东医药股份有限公司	3544570	281312	2146397	1230948	12118
187	新华锦集团	3544334	11513	1000441	251530	9200
188	安徽省交通控股集团有限公司	3535128	248016	25249316	7740652	27252
189	瑞康医药集团股份有限公司	3525851	-92780	3246527	718649	10011
190	浙江省海港投资运营集团有限公司	3524907	280620	12362637	6275418	20461
191	香江集团有限公司	3505313	194861	5382543	3512923	12945
192	杭州市城市建设投资集团有限公司	3489000	142720	13894178	4485305	33433
193	海通证券股份有限公司	3442864	952324	63679363	12609099	10837
194	重庆医药（集团）股份有限公司	3384381	80373	2483276	655204	8109
195	天津亿联控股集团有限公司	3372013	156735	10008455	3980052	10437
196	湖北省交通投资集团有限公司	3342957	358342	44033277	12606977	13973
197	华南物资集团有限公司	3307275	9087	530124	71368	696
198	安徽省安粮集团有限公司	3200145	7379	2467489	288360	3170
199	重庆对外经贸（集团）有限公司	3182510	15870	2173198	487106	7046

续表

排名	企业名称	营业收入（万元）	母公司净利润（万元）	资产总额（万元）	母公司权益（万元）	从业人数（人）
200	上海闽路润贸易有限公司	3167713	6851	809097	17849	158
201	苏州金螳螂企业（集团）有限公司	3125828	60018	4500851	464426	19448
202	圆通速递股份有限公司	3115112	166770	2216097	1289366	14641
203	卓越置业集团有限公司	3107271	598472	22455107	5272425	4001
204	利群集团股份有限公司	3038679	50886	2240549	711069	11200
205	长沙银行股份有限公司	3036711	508025	60199773	4063269	7411
206	兰州新区商贸物流投资集团有限公司	3029065	14019	1428893	680836	1723
207	文一投资控股集团	3025147	74343	5213519	2759002	22100
208	武汉当代科技产业集团股份有限公司	2998676	28667	9790990	1006199	29203
209	月星集团有限公司	2910559	251482	5751398	1976199	10566
210	天津港（集团）有限公司	2849705	-41015	13876724	2854459	20248
211	杭州东恒石油有限公司	2837084	17141	588679	294887	433
212	太平鸟集团有限公司	2834888	5852	1447033	46942	13638
213	厦门港务控股集团有限公司	2755757	51933	4190989	649324	10675
214	河北省国和投资集团有限公司	2751675	1816	552928	63487	2500
215	深圳市信利康供应链管理有限公司	2702781	12929	987905	127389	474
216	广州市水务投资集团有限公司	2683758	120687	16880444	4600201	28403
217	广东省广业集团有限公司	2675421	68258	4953902	1472191	22157
218	张家港保税区立信投资有限公司	2644533	36776	117574	30427	20
219	郑州银行股份有限公司	2620741	328512	50047813	3859032	4854
220	宝龙地产控股有限公司	2604163	404111	6287872	3184021	11042

续表

排名	企业名称	营业收入（万元）	母公司净利润（万元）	资产总额（万元）	母公司权益（万元）	从业人数（人）
221	德邦物流股份有限公司	2592210	32363	907798	405567	135375
222	四川航空股份有限公司	2586527	10587	3581560	495882	16585
223	沐甜科技股份有限公司	2583843	2544	774346	37072	158
224	广州市方圆房地产发展有限公司	2566274	168406	7965536	1420628	5000
225	深圳传音控股股份有限公司	2534592	179330	1774375	825399	15933
226	深圳华强集团有限公司	2517255	103083	6827379	1530901	25528
227	杭州滨江房产集团股份有限公司	2495450	163122	12962535	1656737	1520
228	厦门中骏集团有限公司	2477304	387965	15155565	1940964	7592
229	中国万向控股有限公司	2468181	98111	13567988	823872	17374
230	浙江英特药业有限责任公司	2459870	28451	1073147	204061	3943
231	江阴长三角钢铁集团有限公司	2455121	1494	49331	10209	335
232	源山投资控股有限公司	2404238	2756	632411	228646	170
233	日照港集团有限公司	2401306	18554	6724274	1513145	8907
234	华远国际陆港集团有限公司	2397273	11953	10495024	3453827	20860
235	江苏无锡朝阳集团股份有限公司	2361886	18149	187279	129810	1565
236	广西物资集团有限责任公司	2350030	9505	1557631	486710	3188
237	广东粤海控股集团有限公司	2342986	159899	11671671	3782226	13608
238	利泰集团有限公司	2328593	8477	547769	172005	9000
239	厦门禹洲集团股份有限公司	2324071	396680	14643513	2290315	7572
240	无锡市不锈钢电子交易中心有限公司	2312911	3722	17068	15633	99
241	申通快递股份有限公司	2308894	140831	1385522	913695	11139

续表

排名	企业名称	营业收入（万元）	母公司净利润（万元）	资产总额（万元）	母公司权益（万元）	从业人数（人）
242	广发证券股份有限公司	2280988	753892	39439106	9123398	9878
243	中通快递股份有限公司	2210995	492020	4513956	3755670	18578
244	深圳市富森供应链管理有限公司	2209371	6485	1319815	71769	450
245	无锡市国联发展（集团）有限公司	2176526	156819	9401466	2380168	11353
246	浙江建华集团有限公司	2170979	7626	287090	92044	3036
247	浙江宝利德股份有限公司	2160898	21170	701726	160462	2197
248	水发集团有限公司	2133783	48244	10713526	1391488	14027
249	新疆天富集团有限责任公司	2130694	341	4319712	743355	6590
250	广微控股有限公司	2114743	119699	2849932	1535840	9336
251	深圳能源集团股份有限公司	2081700	170122	9611205	3008699	—
252	东莞农村商业银行股份有限公司	2060173	493586	46120880	3381441	6878
253	联发集团有限公司	2055610	117416	8357247	1060187	4240
254	上海协通（集团）有限公司	2043054	71139	499963	251627	1979
255	青岛世纪瑞丰集团有限公司	2041847	1880	752684	31460	107
256	大华（集团）有限公司	2025066	425648	12391118	2551285	3364
257	张家港保税区旭江贸易有限公司	2018946	66167	586156	167514	20
258	上海春秋国际旅行社（集团）有限公司	1995657	120489	3146912	854984	10995
259	南京新华海科技产业集团有限公司	1991425	45431	1155691	486609	1668
260	广西农村投资集团有限公司	1964000	23353	5678158	652163	32945
261	青岛城市建设投资（集团）有限责任公司	1921500	118123	27839800	5964234	1518

排名	企业名称	营业收入（万元）	母公司净利润（万元）	资产总额（万元）	母公司权益（万元）	从业人数（人）
262	淄博商厦股份有限公司	1911852	15549	570798	259086	10020
263	安徽出版集团有限责任公司	1907099	35097	2624180	844223	4544
264	武汉联杰能源有限公司	1899330	2101	295308	164134	31
265	石家庄北国人百集团有限责任公司	1896858	43916	1242693	429421	16179
266	安徽辉隆投资集团有限公司	1896549	9987	930793	95843	2852
267	天津现代集团有限公司	1896219	70928	2482767	1032268	420
268	盐城市国有资产投资集团有限公司	1875244	26263	4549775	1224863	2162
269	吉林银行股份有限公司	1847361	121146	37636853	3119399	10673
270	广州珠江实业集团有限公司	1833792	90506	10073820	1937630	15955
271	九江银行股份有限公司	1814542	183721	36335160	2472559	3834
272	张家港市泽厚贸易有限公司	1805613	6057	369910	1500	20
273	广州市城市建设投资集团有限公司	1792995	18456	21170108	12054884	5653
274	润华集团股份有限公司	1791429	47303	1424900	707615	5217
275	上海机场（集团）有限公司	1782659	368809	9682767	6422674	18827
276	张家港市沃丰贸易有限公司	1776844	8941	379865	1505	20
277	江苏省苏豪控股集团有限公司	1773139	131187	2760887	936693	8942
278	中国江苏国际经济技术合作集团有限公司	1768149	29269	2056941	312710	8282
279	北京学而思教育科技有限公司	1765255	251059	2572543	1710680	43831
280	上海景域文化传播股份有限公司	1745488	-1526	598147	384069	2389
281	青岛银行股份有限公司	1741450	228482	37362215	2991546	3976

续表

排名	企业名称	营业收入（万元）	母公司净利润（万元）	资产总额（万元）	母公司权益（万元）	从业人数（人）
282	中原出版传媒投资控股集团有限公司	1713869	54703	1749263	901201	16447
283	宁波君安控股有限公司	1699353	5494	305027	64261	89
284	维科控股集团股份有限公司	1699067	41355	1654547	188049	6654
285	长春欧亚集团股份有限公司	1672731	23841	2275961	322655	11487
286	厦门翔业集团有限公司	1660297	81099	3838086	1114610	14851
287	重庆交通运输控股（集团）有限公司	1623323	36821	2610198	923324	38725
288	安徽华源医药集团股份有限公司	1614184	18518	1269683	201281	8400
289	广州无线电集团有限公司	1609771	51025	3918183	749573	43337
290	河南交通投资集团有限公司	1605472	90165	19015016	4547540	29815
291	桂林银行股份有限公司	1604880	117110	31227346	1983791	3850
292	深圳市华富洋供应链有限公司	1597811	9138	1213234	74301	273
293	天津城市基础设施建设投资集团有限公司	1588770	161327	83145067	24810188	15376
294	山东远通汽车贸易集团有限公司	1586189	6845	636296	363704	6058
295	河北港口集团有限公司	1567051	-2901	6143096	2451362	13531
296	广州岭南国际企业集团有限公司	1544272	61628	1582424	642964	12981
297	广州红海人力资源集团股份有限公司	1540594	9188	136178	22624	1496
298	江阴市金桥化工有限公司	1528292	1360	179327	15744	80
299	广州金融控股集团有限公司	1516217	98059	63832642	2751083	9240
300	天津农村商业银行股份有限公司	1511915	245743	31968260	2910532	5790

续表

排名	企业名称	营业收入（万元）	母公司净利润（万元）	资产总额（万元）	母公司权益（万元）	从业人数（人）
301	浙江华通控股集团有限公司	1508744	25559	4325455	319140	6521
302	青岛农村商业银行股份有限公司	1505416	282480	34166738	2441527	5198
303	鹭燕医药股份有限公司	1500887	25589	753799	179168	4819
304	砂之船商业管理集团有限公司	1500527	24555	1914641	711635	1862
305	广州商贸投资控股集团有限公司	1487590	87855	1489543	627810	5743
306	广西柳州医药股份有限公司	1485682	68542	1195821	437278	4215
307	常州市化工轻工材料总公司	1475638	2443	188382	13015	163
308	广东宏川集团有限公司	1432410	22191	750175	212440	1180
309	洛阳银行股份有限公司	1431563	179669	27398501	1964592	3115
310	杭州联华华商集团有限公司	1430336	39147	1338376	68020	13802
311	马上消费金融股份有限公司	1412652	85339	5481531	644045	1803
312	深圳市东方嘉盛供应链股份有限公司	1412431	15101	1201714	157856	137
313	洛阳国宏投资集团有限公司	1409080	57028	2427374	1318377	2278
314	深圳市燃气集团股份有限公司	1402527	105783	2321575	1101995	7223
315	江苏大经供应链股份有限公司	1402175	1928	93111	27658	400
316	湖南永通集团有限公司	1401000	18340	732482	350528	4116
317	黑龙江倍丰农业生产资料集团有限公司	1371136	6437	1593181	192181	585
318	广田控股集团有限公司	1363180	13431	5199774	1070909	5153
319	陕西粮农集团有限责任公司	1361646	6500	916971	360724	2088
320	上海龙宇燃油股份有限公司	1349796	655	594130	389906	144
321	安徽新华发行（集团）控股有限公司	1341994	38264	3487400	911365	6794

续表

排名	企业名称	营业收入（万元）	母公司净利润（万元）	资产总额（万元）	母公司权益（万元）	从业人数（人）
322	福建省交通运输集团有限责任公司	1331063	24178	3560473	1074641	30174
323	广东鸿粤汽车销售集团有限公司	1326420	-5679	504337	-43834	2942
324	江西银行股份有限公司	1295281	205059	45611853	3445626	5061
325	搜于特集团股份有限公司	1292399	20755	832425	544346	1754
326	广东优友网络科技有限公司	1277468	1295	192907	3837	124
327	厦门市嘉晟对外贸易有限公司	1277303	2658	434160	46657	200
328	无锡市交通产业集团有限公司	1271690	17415	5207370	1776059	11149
329	武汉农村商业银行股份有限公司	1270780	163939	29948975	2308032	8059
330	广州元亨能源有限公司	1258735	3685	828366	203598	28
331	现代投资股份有限公司	1255783	97621	3554849	1010061	3498
332	上海博尔捷企业集团有限公司	1251300	3668	81824	12928	700
333	芒果超媒股份有限公司	1250066	115629	1707821	878386	4185
334	浙江省农村发展集团有限公司	1237664	15026	1623513	155143	1996
335	东方明珠新媒体股份有限公司	1234460	204306	4469223	2919387	8637
336	广西云星集团有限公司	1231834	121338	2326448	753570	2974
337	广州酷狗计算机科技有限公司	1230281	117415	771967	517426	1147
338	广州地铁集团有限公司	1223387	99387	38924670	25522	28726
339	湖南博深实业集团有限公司	1212033	14313	645544	556656	1069
340	成都建国汽车贸易有限公司	1204792	28565	655332	192402	6400
341	曹妃甸国控投资集团有限公司	1204188	138580	13689235	6552222	4414
342	浙江金帝石化能源有限公司	1201764	4428	86799	16791	33
343	浙江出版联合集团有限公司	1198587	108033	2291560	1486310	7412

续表

排名	企业名称	营业收入（万元）	母公司净利润（万元）	资产总额（万元）	母公司权益（万元）	从业人数（人）
344	四川华油集团有限责任公司	1197990	57024	946462	363670	3918
345	海越能源集团股份有限公司	1195963	47788	454617	303212	609
346	青岛西海岸新区融合控股集团有限公司	1191992	40700	10552717	3435595	2300
347	厦门夏商集团有限公司	1184725	40277	1481645	399000	5638
348	重庆银行股份有限公司	1179104	420749	50123186	3694943	4217
349	浙江中外运有限公司	1176217	14245	276758	61793	2351
350	杭州云创共享网络科技有限公司	1167202	-12576	330220	145397	1420
351	老百姓大药房连锁股份有限公司	1166318	50871	992430	348715	28000
352	广州港集团有限公司	1154705	159010	3994298	1607109	10695
353	广东省丝绸纺织集团有限公司	1154182	9285	723001	193672	2930
354	广东省广告集团股份有限公司	1153569	14948	876042	537896	3148
355	玖隆钢铁物流有限公司	1142472	3117	494831	155744	286
356	路通建设集团股份有限公司	1137092	177216	966725	876997	1915
357	浙江凯喜雅国际股份有限公司	1126282	3352	624476	95553	251
358	湖南兰天集团有限公司	1126029	4005	257090	69077	3125
359	厦门航空开发股份有限公司	1125318	10883	436406	140923	691
360	唐山港集团股份有限公司	1120910	177765	2465949	1712902	3847
361	厦门恒兴集团有限公司	1118454	56017	1716778	744663	1647
362	大参林医药集团股份有限公司	1114116	70266	867193	423990	26762
363	深圳市深粮控股股份有限公司	1105998	36350	677507	442075	1189
364	桂林彰泰实业集团有限公司	1097836	179807	3119518	835537	1390
365	湖南粮食集团有限责任公司	1082958	-14785	1698250	162098	4113

续表

排名	企业名称	营业收入（万元）	母公司净利润（万元）	资产总额（万元）	母公司权益（万元）	从业人数（人）
366	天津住宅建设发展集团有限公司	1072562	4875	3849381	594629	38320
367	贵州银行股份有限公司	1070553	356364	40938880	3388924	4820
368	河北交通投资集团公司	1060301	-68965	19529011	3408460	—
369	西安曲江文化产业投资（集团）有限公司	1057244	863	6924438	1316072	8705
370	万友汽车投资有限公司	1055271	-1666	627407	90325	5811
371	宁波滕头集团有限公司	1052785	33737	500465	129676	11120
372	南京大地建设集团有限责任公司	1051798	25257	838126	308337	1841
373	北方国际集团有限公司	1047969	-1764	692758	102230	1582
374	蓝池集团有限公司	1047011	9168	481872	235940	3115
375	重庆三峡银行股份有限公司	1044313	160526	20838530	1544246	2234
376	浙江蓝天实业集团有限公司	1041584	5502	1011643	369888	2389
377	广州华多网络科技有限公司	1036275	328611	1579890	1167405	1549
378	河南蓝天集团有限公司	1035601	5704	1158131	170664	2015
379	深圳市博科供应链管理有限公司	1029599	896	164823	17177	115
380	益丰大药房连锁股份有限公司	1027617	54375	917528	450831	24219
381	中南出版传媒集团股份有限公司	1026085	127569	2180585	1366954	13346
382	苏州裕景泰控股有限公司	1018599	9174	300977	30892	117
383	三只松鼠股份有限公司	1017301	23874	484164	189528	4200
384	广西北部湾银行股份有限公司	1005535	114352	23503007	1452068	2792
385	爱尔眼科医院集团股份有限公司	999010	137892	1189475	659404	—

续表

排名	企业名称	营业收入（万元）	母公司净利润（万元）	资产总额（万元）	母公司权益（万元）	从业人数（人）
386	武汉地产开发投资集团有限公司	993663	88400	18006746	5119751	3221
387	卓正控股集团有限公司	978137	61562	825412	466546	7612
388	无锡市市政公用产业集团有限公司	977947	4168	4073424	1345782	4341
389	上海天地汇供应链科技有限公司	966499	-3892	105065	22657	643
390	江西绿滋肴控股有限公司	957538	47053	344540	146533	8000
391	准时达国际供应链管理有限公司	942095	4381	708945	332271	5723
392	天津捷通达汽车投资集团有限公司	936801	3448	321838	57814	4286
393	无锡商业大厦大东方股份有限公司	936216	22304	601679	337412	4633
394	万事利集团有限公司	935250	20527	822959	237277	1280
395	上海交运（集团）公司	932587	17495	1302703	475426	9407
396	宁波力勤资源科技开发有限公司	932272	56876	368340	104961	242
397	天津恒运能源集团股份有限公司	922434	8314	446223	213492	1000
398	渤海人寿保险股份有限公司	921057	-139488	3754287	1116874	373
399	厦门海沧投资集团有限公司	917523	33659	3378824	562977	6590
400	开元旅业集团有限公司	914583	28978	2034194	443532	30256
401	广东天禾农资股份有限公司	901233	7739	331464	65671	1857
402	广东南海农村商业银行股份有限公司	888320	322811	20071154	1961367	3371
403	湖南佳惠百货有限责任公司	885580	13056	223970	105406	14820

续表

排名	企业名称	营业收入（万元）	母公司净利润（万元）	资产总额（万元）	母公司权益（万元）	从业人数（人）
404	安徽省众城集团	884327	21121	852508	89291	865
405	河北省新合作控股集团有限公司	883873	39220	4825586	1121815	6435
406	江苏省粮食集团有限责任公司	877019	7494	614989	174179	1086
407	鑫荣懋集团股份有限公司	876729	32715	377111	207821	4200
408	湖南友谊阿波罗控股股份有限公司	868657	20571	2091188	214722	4156
409	四川众心乐旅游资源开发有限公司	865444	5262	597160	64334	1300
410	浙江恒威投资集团有限公司	863574	28569	702160	186098	1842
411	安徽国祯集团股份有限公司	860372	-10430	1984999	194808	10799
412	绿城物业服务集团有限公司	858193	47741	852144	275324	28883
413	青海省物产集团有限公司	840580	3192	496929	98468	1130
414	深圳市英捷迅实业发展有限公司	836710	1397	89835	19428	151
415	深圳市九立供应链股份有限公司	834534	2726	396090	23017	210
416	浙江华瑞集团有限公司	833933	14187	516068	273763	636
417	广州交通投资集团有限公司	831986	108930	8955262	3495278	5400
418	广东合诚集团有限公司	828100	13729	251790	52030	3035
419	宁波海田控股集团有限公司	826823	1934	260937	10997	246
420	山西美特好连锁超市股份有限公司	821856	5491	330901	59256	6261
421	北京中能昊龙投资控股集团有限公司	802774	62980	889571	445387	1041
422	安徽文峰置业有限公司	801968	76999	1161340	486942	855
423	安徽亚夏实业股份有限公司	800981	74060	575515	237970	3700

排名	企业名称	营业收入（万元）	母公司净利润（万元）	资产总额（万元）	母公司权益（万元）	从业人数（人）
424	岭南生态文旅股份有限公司	795664	32767	1954577	488097	2932
425	重庆国际信托股份有限公司	787919	322828	23448548	2578447	160
426	张家港恒泰佳居贸易有限公司	787490	-216	107260	-2297	10
427	江苏嘉奕和铜业科技发展有限公司	781568	23	458759	-2564	13
428	沧州银行股份有限公司	774388	123883	16023968	1162652	2731
429	张家港保税区日祥贸易有限公司	767103	21983	221618	43884	20
430	赣州银行股份有限公司	758597	93281	16941393	1191659	2499
431	日出实业集团有限公司	747838	2816	210858	23392	183
432	江阴市凯竹贸易有限公司	744143	22	694282	144	18
433	天津津路钢铁实业有限公司	741457	1355	214712	14025	65
434	中锐控股集团有限公司	738709	70032	2448563	320875	1800
435	上海申华控股股份有限公司	735884	-25273	736235	187961	2292
436	浙江万丰企业集团公司	733506	10731	424296	89017	1311
437	广州尚品宅配家居股份有限公司	726079	52862	611766	351703	15715
438	重庆百事达汽车有限公司	725663	4985	171398	33723	1849
439	天弘基金管理有限公司	724019	221387	1277653	1086095	551
440	无锡农村商业银行股份有限公司	723479	124962	16191212	1164945	1501
441	昌宜（天津）模板租赁有限公司	722916	8094	2219130	8323	1992
442	山西大昌汽车集团有限公司	721965	7434	322641	204111	3610
443	南宁威宁投资集团有限责任公司	714884	4551	3751647	1708937	4636

续表

排名	企业名称	营业收入（万元）	母公司净利润（万元）	资产总额（万元）	母公司权益（万元）	从业人数（人）
444	宁波市绿顺集团股份有限公司	714856	2305	107086	36885	275
445	宁波轿辰集团股份有限公司	711971	1976	271557	82147	2360
446	青岛利客来集团股份有限公司	710701	3826	292749	67468	2280
447	湖南电广传媒股份有限公司	707702	11111	2239864	1105453	11094
448	厦门住宅建设集团有限公司	703127	62770	3291095	653353	4612
449	佳都集团有限公司	702716	71259	1352380	219604	3312
450	福建纵腾网络有限公司	701546	10644	212762	26564	2743
451	河北省国有资产控股运营有限公司	699002	8132	2065503	731597	3272
452	大洲控股集团有限公司	696350	12741	876800	164453	415
453	新疆农资（集团）有限责任公司	693867	1060	533082	115125	968
454	南京金宝商业投资集团股份有限公司	689766	10330	36871	29943	406
455	福建发展集团有限公司	689152	13002	51695	45911	20186
456	柳州银行股份有限公司	684798	49480	13323649	1537428	2908
457	张家口银行股份有限公司	679519	184226	22547535	1448559	4483
458	江阴达赛贸易有限公司	677252	25	821528	92	17
459	湖南省轻工盐业集团有限公司	667844	14906	1465085	494220	11023
460	安克创新科技股份有限公司	665473	72173	301243	196408	1540
461	广州南菱汽车股份有限公司	663826	6593	263654	53343	2824
462	四川安吉物流集团有限公司	663132	9392	431354	139674	1518
463	方正证券股份有限公司	659494	100760	13659519	3855181	8184
464	宝裕发展有限公司	658255	5503	188254	10772	59
465	天津拾起卖科技有限公司	657226	8802	61929	17501	415

续表

排名	企业名称	营业收入（万元）	母公司净利润（万元）	资产总额（万元）	母公司权益（万元）	从业人数（人）
466	深圳市昆商易糖供应链有限公司	651881	3193	47316	10598	16
467	中宁化集团有限公司	650058	14731	352388	68050	1500
468	重庆港务物流集团有限公司	649556	16977	2209732	539266	4650
469	新大陆科技集团有限公司	647914	21321	1329980	179821	7505
470	华茂集团股份有限公司	644292	42651	1610795	780066	2816
471	广州开发区金融控股集团有限公司	644119	6855	8017082	1903135	3816
472	佛燃能源集团股份有限公司	642688	41151	704332	314968	1924
473	四川邦泰投资有限责任公司	641946	39287	3069640	53550	3502
474	杭州解百集团股份有限公司	640002	23529	575387	257046	1312
475	福建省人力资源服务有限公司	635481	1446	60535	6212	267
476	万合集团股份有限公司	633413	7576	341736	114112	5389
477	厦门经济特区房地产开发集团有限公司	612744	46314	3450289	701350	9646
478	江阴市川江化工有限公司	607096	39	100280	937	20
479	重庆城市交通开发投资（集团）有限公司	604943	32895	25150268	11969424	50050
480	福建永荣兄弟集团有限公司	602255	6485	120464	39986	180
481	网宿科技股份有限公司	600750	3448	1033095	863122	3172
482	万向三农集团有限公司	600653	45086	2665579	990146	2315
483	厦门海澳集团有限公司	598272	3750	172692	61365	172
484	中国成达工程有限公司	592463	15820	1017561	293766	1321
485	江苏江阴农村商业银行股份有限公司	592316	101268	12634309	1175745	1765

续表

排名	企业名称	营业收入（万元）	母公司净利润（万元）	资产总额（万元）	母公司权益（万元）	从业人数（人）
486	江苏中电豪信电子科技有限公司	588414	19	384514	47	15
487	苏汽集团有限公司	584534	45922	1399547	597665	20452
488	福建网龙计算机网络信息技术有限公司	579308	80721	775691	559632	6460
489	内蒙古高等级公路建设开发有限责任公司	577457	10223	10551303	2307663	11008
490	合富辉煌集团控股有限公司	575501	62777	572067	392089	23000
491	广东省广播电视网络股份有限公司	573175	40825	1881968	1221216	10137
492	欧菲斯办公伙伴控股有限公司	567899	10451	208264	53731	2300
493	上海大众公用事业（集团）股份有限公司	559831	52647	2256539	806327	3049
494	江苏华地国际控股集团有限公司	559701	50694	1368219	469668	7866
495	中国海诚工程科技股份有限公司	558133	5861	430310	139099	4859
496	天津市政建设集团有限公司	554632	-78012	6740997	282483	2713
497	傲基科技股份有限公司	553130	18005	217879	116365	2195
498	秦皇岛市天晖塑料有限公司	550875	308	65957	2208	112
499	江阴宝靖有色金属材料有限公司	549113	61	148301	-93	13
500	福然德股份有限公司	548095	27916	381826	182390	462

第四节　2020《财富》世界 500 强企业排行榜

排名	企业名称	营业收入（百万美元）	利润（百万美元）	国家
1	沃尔玛	523964	14881	美国
2	中国石油化工集团公司	407008.8	6793.2	中国
3	国家电网公司	383906	7970	中国
4	中国石油天然气集团公司	379130.2	4443.2	中国
5	荷兰皇家壳牌石油公司	352106	15842	荷兰
6	沙特阿美公司	329784.4	88210.9	沙特阿拉伯
7	大众公司	282760.2	15542	德国
8	英国石油公司	282616	4026	英国
9	亚马逊	280522	11588	美国
10	丰田汽车公司	275288.3	19096.2	日本
11	埃克森美孚	264938	14340	美国
12	苹果公司	260174	55256	美国
13	CVS Health 公司	256776	6634	美国
14	伯克希尔-哈撒韦公司	254616	81417	美国
15	联合健康集团	242155	13839	美国
16	麦克森公司	231051	900	美国
17	嘉能可	215111	-404	瑞士
18	中国建筑集团有限公司	205839.4	3333	中国
19	三星电子	197704.6	18453.3	韩国
20	戴姆勒股份公司	193346.1	2660.5	德国
21	中国平安保险（集团）股份有限公司	184280.3	21626.7	中国
22	美国电话电报公司	181193	13903	美国

续表

排名	企业名称	营业收入（百万美元）	利润（百万美元）	国家
23	美源伯根公司	179589.1	855.4	美国
24	中国工商银行	177068.8	45194.5	中国
25	道达尔公司	176249	11267	法国
26	鸿海精密工业股份有限公司	172868.5	3730.9	中国
27	托克集团	171474.1	871.7	新加坡
28	EXOR 集团	162753.5	3417.1	荷兰
29	Alphabet 公司	161857	34343	美国
30	中国建设银行	158884.3	38609.7	中国
31	福特汽车公司	155900	47	美国
32	信诺	153566	5104	美国
33	开市客	152703	3659	美国
34	安盛	148984.4	4317	法国
35	中国农业银行	147313.1	30701.2	中国
36	雪佛龙	146516	2924	美国
37	嘉德诺	145534	1363	美国
38	摩根大通公司	142422	36431	美国
39	本田汽车	137331.5	4191.8	日本
40	通用汽车公司	137237	6732	美国
41	沃博联	136866	3982	美国
42	三菱商事株式会社	135940.2	4924	日本
43	中国银行	135091.4	27126.9	中国
44	威瑞森电信	131868	19265	美国
45	中国人寿保险（集团）公司	131243.7	4660.3	中国
46	安联保险集团	130358.8	8857.8	德国

续表

排名	企业名称	营业收入（百万美元）	利润（百万美元）	国家
47	微软	125843	39240	美国
48	马拉松原油公司	124813	2637	美国
49	华为投资控股有限公司	124316.3	9062.1	中国
50	中国铁路工程集团有限公司	123324	1535.3	中国
51	克罗格	122286	1659	美国
52	上海汽车集团股份有限公司	122071.4	3706.1	中国
53	房利美	120304	14160	美国
54	中国铁道建筑集团有限公司	120302.2	1359.2	中国
55	俄罗斯天然气工业股份公司	118009.1	18593	俄罗斯
56	宝马集团	116637.8	5501.2	德国
57	卢克石油公司	114621.2	9895.2	俄罗斯
58	美国银行	113589	27430	美国
59	家得宝	110225	11242	美国
60	日本邮政控股公司	109914.7	4449.3	日本
61	Phillips 66 公司	109559	3076	美国
62	日本电报电话公司	109447.7	7866.9	日本
63	美国康卡斯特电信公司	108942	13057	美国
64	中国海洋石油总公司	108686.8	6957.2	中国
65	中国移动通信集团公司	108527.3	12145.1	中国
66	意大利忠利保险公司	105920.9	2988.4	意大利
67	法国农业信贷银行	104971.8	5421.7	法国
68	Anthem 公司	104213	4807	美国
69	美国富国银行	103915	19549	美国
70	花旗集团	103449	19401	美国

续表

排名	企业名称	营业收入（百万美元）	利润（百万美元）	国家
71	瓦莱罗能源公司	102729	2422	美国
72	日本伊藤忠商事株式会社	100521.8	4611	日本
73	汇丰银行控股公司	98673	7383	英国
74	西门子	97936.7	5834.5	德国
75	太平洋建设集团	97536.4	3455	中国
76	俄罗斯石油公司	96312.7	10943.6	俄罗斯
77	通用电气公司	95214	-4979	美国
78	中国交通建设集团有限公司	95096.2	1332.6	中国
79	中国华润有限公司	94757.8	3571.6	中国
80	英国保诚集团	93736	783	英国
81	戴尔科技公司	92154	4616	美国
82	雀巢公司	92106.9	12546.2	瑞士
83	日产汽车	90863.2	-6173.7	日本
84	现代汽车	90739.9	2557.1	韩国
85	英国法通保险公司	90615.2	2340.3	英国
86	德国电信	90134.9	4328.2	德国
87	意大利国家电力公司	89906.6	2433.3	意大利
88	英杰华集团	89646.6	3251.4	英国
89	中国第一汽车集团公司	89417.1	2847.8	中国
90	中国邮政集团有限公司	89346.8	4440.9	中国
91	正威国际集团	88862.1	1807.3	中国
92	中国五矿集团有限公司	88357.4	230.1	中国
93	西班牙国家银行	88256.8	7292	西班牙
94	软银集团	87439.5	-8844.3	日本

续表

排名	企业名称	营业收入（百万美元）	利润（百万美元）	国家
95	博世集团	86989.8	1780.7	德国
96	信实工业公司	86269.9	5624.9	印度
97	SK 集团	86163	615.5	韩国
98	家乐福	85905.2	1263.6	法国
99	法国巴黎银行	85058	9147.7	法国
100	东风汽车公司	84048.5	1328.4	中国
101	标致	83643.2	3582.7	法国
102	京东集团	83504.8	1763.7	中国
103	乐购	82699.7	1240	英国
104	强生	82059	15119	美国
105	中国南方电网有限责任公司	81978.1	1833.1	中国
106	日立	80639	805.7	日本
107	恒力集团	80588.3	2076.8	中国
108	国家能源投资集团	80498	4264.1	中国
109	中国中化集团公司	80376.2	473.4	中国
110	法国电力公司	80277.6	5769.8	法国
111	中国宝武钢铁集团	79932	2901.3	中国
112	中国人民保险集团股份有限公司	79788.1	3204	中国
113	埃尼石油公司	79513.2	165.7	意大利
114	州立农业保险公司	79395.3	5592.7	美国
115	日本永旺集团	78930.3	246.2	日本
116	空中客车公司	78883	−1524.4	荷兰
117	塔吉特公司	78112	3281	美国
118	国际商业机器公司	77147	9431	美国

续表

排名	企业名称	营业收入（百万美元）	利润（百万美元）	国家
119	雷神技术公司	77046	5537	美国
120	巴西国家石油公司	76589	10151	巴西
121	波音	76559	-636	美国
122	索尼	75972.3	5354.8	日本
123	引能仕控股株式会社	75897	-1728.7	日本
124	荷兰全球保险集团	75343.9	1386.8	荷兰
125	房地美	75125	7214	美国
126	中国中信集团有限公司	75115.4	3646.8	中国
127	Centene 公司	74639	1321	美国
128	皇家阿霍德德尔海兹集团	74162	1976.6	荷兰
129	联合包裹速递服务公司	74094	4440	美国
130	日本生命保险公司	74047.9	1767.2	日本
131	Uniper 公司	73651.6	682.7	德国
132	阿里巴巴集团	73165.9	21450.2	中国
133	墨西哥石油公司	72820.4	-18038.7	墨西哥
134	北京汽车集团	72553.6	746.9	中国
135	慕尼黑再保险集团	72536.8	3048.9	德国
136	中粮集团有限公司	72148.8	414.3	中国
137	美国劳氏公司	72148	4281	美国
138	英特尔公司	71965	21048	美国
139	苏黎世保险集团	71792	4147	瑞士
140	泰国国家石油有限公司	71501.6	2994.1	泰国
141	美国邮政	71154	-8813	美国
142	德国邮政敦豪集团	70894.9	2935.8	德国

续表

排名	企业名称	营业收入（百万美元）	利润（百万美元）	国家
143	巴斯夫公司	70722.5	9425.3	德国
144	Facebook 公司	70697	18485	美国
145	中国医药集团	70689.5	912.2	中国
146	安赛乐米塔尔	70615	-2454	卢森堡
147	碧桂园控股有限公司	70335.3	5724.9	中国
148	联邦快递	69693	540	美国
149	大都会人寿	69620	5899	美国
150	华特迪士尼公司	69570	11054	美国
151	印度石油公司	69246.4	-126	印度
152	中国恒大集团	69127.1	2501.3	中国
153	松下	68896.6	2076	日本
154	中国兵器工业集团公司	68714.4	1283.7	中国
155	布鲁克菲尔德资产管理公司	67826	2807	加拿大
156	宝洁公司	67684	3897	美国
157	中国电力建设集团有限公司	67371.2	772.8	中国
158	中国电信集团公司	67365.3	1802.6	中国
159	Engie 集团	67220.4	1101.3	法国
160	百事公司	67161	7314	美国
161	三菱日联金融集团	67135	4857.8	日本
162	交通银行	66564.4	11186.4	中国
163	中国航空工业集团公司	65909	578.1	中国
164	中国化工集团公司	65766.7	-1250.9	中国
165	第一生命控股有限公司	65433.6	298.3	日本
166	哈门那公司	64888	2707	美国

续表

排名	企业名称	营业收入（百万美元）	利润（百万美元）	国家
167	保德信金融集团	64807	4186	美国
168	ADM 公司	64656	1379	美国
169	Equinor 公司	64357	1843	挪威
170	英国劳埃德银行集团	64297.4	3732.5	英国
171	瑞士罗氏公司	63433.5	13429.8	瑞士
172	三井物产株式会社	63326.7	3601	日本
173	丸红株式会社	62798.9	-1816.1	日本
174	艾伯森公司	62455.1	466.4	美国
175	雷诺	62160.2	-157.8	法国
176	绿地控股集团有限公司	61965.1	2134.1	中国
177	丰田通商公司	61570.3	1246.8	日本
178	Seven & I 控股公司	60951.8	2001.5	日本
179	西斯科公司	60113.9	1674.3	美国
180	迪奥公司	60070.5	3288.4	法国
181	宏利金融	59968.9	4222	加拿大
182	洛克希德-马丁	59812	6230	美国
183	Alimentation Couche-Tard 公司	59117.6	1833.9	加拿大
184	惠普公司	58756	3152	美国
185	联合利华	58179	6295.8	英国/荷兰
186	马来西亚国家石油公司	58027	7975.1	马来西亚
187	中国建材集团	57625.6	-104.9	中国
188	东京电力公司	57407	466.4	日本
189	招商银行	57252.1	13442.5	中国
190	印度石油天然气公司	57170.7	1538.4	印度

续表

排名	企业名称	营业收入（百万美元）	利润（百万美元）	国家
191	中国保利集团	57147.4	2030.9	中国
192	法国兴业银行	56851.6	3635.3	法国
193	中国太平洋保险（集团）公司	55799.6	4015.5	中国
194	韩国浦项制铁公司	55591.9	1599.8	韩国
195	万喜集团	54787.6	3648.8	法国
196	欧尚集团	54672.4	-1637.5	法国
197	腾讯控股有限公司	54612.7	13506.6	中国
198	日本制铁集团公司	54464.6	-3968.9	日本
199	法国国家人寿保险公司	54365.4	1580.1	法国
200	Energy Transfer 公司	54213	3592	美国
201	西班牙电话公司	54196.7	1278.2	西班牙
202	高盛	53922	8466	美国
203	摩根士丹利	53823	9042	美国
204	卡特彼勒	53800	6093	美国
205	百威英博	53723	9171	比利时
206	广州汽车工业集团	53662.1	564.5	中国
207	LG 电子	53464.3	26.8	韩国
208	万科企业股份有限公司	53252.7	5626.7	中国
209	美洲电信	52323.1	3518	墨西哥
210	物产中大集团	51954.1	395.7	中国
211	思科公司	51904	11621	美国
212	山东能源集团有限公司	51892.5	729.6	中国
213	巴西 JBS 公司	51858.5	1538.7	巴西
214	拜耳集团	51807.1	4578.9	德国

续表

排名	企业名称	营业收入（百万美元）	利润（百万美元）	国家
215	辉瑞制药有限公司	51750	16273	美国
216	伊塔乌联合银行控股公司	51728.3	6874.7	巴西
217	中国铝业公司	51649.4	273.2	中国
218	河钢集团	51345.1	-94.1	中国
219	HCA 医疗保健公司	51336	3505	美国
220	上海浦东发展银行	51313.4	8507.1	中国
221	印度国家银行	51090.9	2788.2	印度
222	兴业银行	50945.1	9534.4	中国
223	加拿大皇家银行	50863.1	9678	加拿大
224	联想集团	50716.3	665.1	中国
225	诺华公司	50486	11732	瑞士
226	东京海上日动火灾保险公司	50269.6	2389.2	日本
227	韩国电力公司	50256.7	-2012.7	韩国
228	沃达丰集团	49960.2	-1022	英国
229	起亚汽车	49894.4	1567.4	韩国
230	德国大陆集团	49782.8	-1371.1	德国
231	美国国际集团	49746	3348	美国
232	德国联邦铁路公司	49728.6	746.5	德国
233	瑞士再保险股份有限公司	49314	727	瑞士
234	厦门建发集团有限公司	49170.2	667.3	中国
235	招商局集团	49126	5233.1	中国
236	日本出光兴产株式会社	48892	-211	日本
237	日本三井住友金融集团	48879.7	6474.1	日本
238	住友商事	48746.3	1576.1	日本

续表

排名	企业名称	营业收入（百万美元）	利润（百万美元）	国家
239	中国民生银行	48528.3	7790.3	中国
240	俄罗斯联邦储蓄银行	48340.3	13059.6	俄罗斯
241	日本KDDI电信公司	48170.6	5884.4	日本
242	法国BPCE银行集团	47910.9	3391.3	法国
243	浙江吉利控股集团	47885.9	1231.9	中国
244	圣戈班集团	47650.1	1573.7	法国
245	雷普索尔公司	47543.8	-4271.1	西班牙
246	MS&AD保险集团控股有限公司	47537.2	1315.6	日本
247	电装公司	47400.3	626.4	日本
248	蒂森克虏伯	47357.5	-342.8	德国
249	Orange公司	47275.2	3364.5	法国
250	友邦保险集团	47242	6648	中国
251	美国运通公司	47020	6759	美国
252	达美航空	47007	4767	美国
253	中国光大集团	46957	1989.6	中国
254	西班牙对外银行	46892.4	3930.8	西班牙
255	意昂集团	46861.1	1752.8	德国
256	默沙东	46840	9843	美国
257	美国航空集团	45768	1686	美国
258	特许通讯公司	45764	1668	美国
259	沃尔沃集团	45689.9	3793	瑞典
260	伍尔沃斯集团	45523.9	1925.2	澳大利亚
261	必和必拓集团	45139	8306	澳大利亚
262	Finatis公司	45044.5	-615.6	法国

续表

排名	企业名称	营业收入（百万美元）	利润（百万美元）	国家
263	好事达	44675	4847	美国
264	中国远洋海运集团有限公司	44655.1	1086.6	中国
265	陕西延长石油（集团）公司	44564.4	215.2	中国
266	中国华能集团公司	44501.9	186.5	中国
267	多伦多道明银行	44501.6	8781	加拿大
268	巴西布拉德斯科银行	44490.7	5330.5	巴西
269	和硕	44206.7	625	中国
270	美国纽约人寿保险公司	44116.6	1003.8	美国
271	Talanx 公司	44020.4	1033.1	德国
272	美国全国保险公司	43982	829.7	美国
273	陕西煤业化工集团	43797.8	119.5	中国
274	西班牙 ACS 集团	43705.9	1076.7	西班牙
275	百思买	43638	1541	美国
276	联合航空控股公司	43259	3009	美国
277	韩华集团	43258.4	77.2	韩国
278	美国利宝互助保险集团	43228	1044	美国
279	埃森哲	43215	4779.1	爱尔兰
280	力拓集团	43165	8010	英国
281	中国机械工业集团有限公司	43122.2	452.3	中国
282	英国葛兰素史克公司	43072.5	5927.4	英国
283	陶氏公司	42951	-1359	美国
284	厦门国贸控股集团有限公司	42790.1	41.8	中国
285	丰益国际	42640.5	1293.4	新加坡
286	法国布伊格集团	42543	1325.2	法国

续表

排名	企业名称	营业收入（百万美元）	利润（百万美元）	国家
287	泰森食品	42405	2022	美国
288	巴西银行	42179.9	4157.6	巴西
289	赛诺菲	42118.8	3140.6	法国
290	中国联合网络通信股份有限公司	42052.1	721.2	中国
291	德意志银行	41779.6	-6032.8	德国
292	TJX 公司	41717	3272.2	美国
293	瑞银集团	41482	4304	瑞士
294	麦德龙	41370.7	-142.1	德国
295	兖矿集团	41323.4	274.9	中国
296	雪松控股集团	41276.7	122.1	中国
297	邦吉公司	41140	-1280	美国
298	象屿集团	41135.4	220	中国
299	M&G 公司	41075.5	1429.2	英国
300	三菱电机股份有限公司	41045	2040.4	日本
301	怡和集团	40922	2838	中国
302	采埃孚	40873	391.7	德国
303	Iberdrola 公司	40783.4	3812.5	西班牙
304	汉莎集团	40767.8	1357.7	德国
305	中国航空油料集团公司	40487.2	568.7	中国
306	美国教师退休基金会	40454.4	2460.1	美国
307	美的集团股份有限公司	40440.4	3504.6	中国
308	山东魏桥创业集团	40426	792.1	中国
309	巴拉特石油公司	40409.8	430.9	印度
310	意大利联合圣保罗银行	40359.3	4680.7	意大利

续表

排名	企业名称	营业收入（百万美元）	利润（百万美元）	国家
311	大和房建	40288	2148.6	日本
312	德国艾德卡公司	39824.1	380.8	德国
313	费森尤斯集团	39631.8	2107.6	德国
314	甲骨文公司	39506	11083	美国
315	麦格纳国际	39431	1765	加拿大
316	国家电力投资集团公司	39406.8	179.5	中国
317	通用动力	39350	3484	美国
318	法国国营铁路集团	39308.3	-896.5	法国
319	迪尔公司	39258	3253	美国
320	马士基集团	39198	-84	丹麦
321	德国中央合作银行	39143.8	1894.9	德国
322	耐克公司	39117	4029	美国
323	前进保险公司	39022.3	3970.3	美国
324	苏宁易购集团	38971	1424.8	中国
325	大众超级市场公司	38462.8	3005.4	美国
326	巴西联邦储蓄银行	38407.4	5339.1	巴西
327	巴克莱	38337	4177.9	英国
328	长江和记实业有限公司	38165.5	5083.7	中国
329	青山控股集团	38011.7	825.9	中国
330	乔治威斯顿公司	37765.2	182.4	加拿大
331	Enbridge 公司	37735.1	4299.6	加拿大
332	中国航天科工集团公司	37604.3	1958.9	中国
333	巴西淡水河谷公司	37570	-1683	巴西
334	日本明治安田生命保险公司	37465.9	1911.7	日本

续表

排名	企业名称	营业收入（百万美元）	利润（百万美元）	国家
335	可口可乐公司	37266	8920	美国
336	万通互惠理财公司	37253.4	3700.7	美国
337	印度塔塔汽车公司	37241.9	−1702.5	印度
338	菲尼克斯集团控股公司	37215.4	108.5	英国
339	日本三菱重工业股份有限公司	37171.5	801.3	日本
340	瑞士ABB集团	37015	1439	瑞士
341	Tech Data公司	36998.4	374.5	美国
342	荷兰国际集团	36990.3	4368.5	荷兰
343	江西铜业集团公司	36979.7	169.5	中国
344	森宝利公司	36830.9	193.1	英国
345	全球燃料服务公司	36819	178.9	美国
346	加拿大鲍尔集团	36809.6	874.2	加拿大
347	霍尼韦尔国际公司	36709	6143	美国
348	康菲石油公司	36670	7189	美国
349	日本瑞穗金融集团	36668.6	4125.8	日本
350	意大利邮政集团	36666.9	1502	意大利
351	江苏沙钢集团	36488.3	717.5	中国
352	中国航天科技集团公司	36208.6	2628.3	中国
353	中国能源建设集团	36110.5	395.3	中国
354	阳光龙净集团有限公司	35909.4	614.1	中国
355	联合服务汽车协会	35617.4	4006.3	美国
356	富士通	35483	1472	日本
357	瑞士信贷	35473.4	3402	瑞士
358	加拿大丰业银行	35100.5	6314	加拿大

续表

排名	企业名称	营业收入（百万美元）	利润（百万美元）	国家
359	爱信精机	34809.6	221.3	日本
360	利安德巴塞尔工业公司	34727	3390	荷兰
361	中国中车集团	34704.2	523.2	中国
362	台积公司	34619.7	11452.1	中国
363	损保控股有限公司	34586.9	1126.9	日本
364	Exelon 公司	34438	2936	美国
365	日本钢铁工程控股公司	34305	-1818.8	日本
366	安达保险公司	34186	4454	瑞士
367	安徽海螺集团	33916.4	1773	中国
368	美国诺斯洛普格拉曼公司	33841	2248	美国
369	金川集团	33824.4	298	中国
370	中国华电集团公司	33808.4	310.4	中国
371	路易达孚集团	33786	230	荷兰
372	第一资本金融公司	33766	5546	美国
373	Plains GP Holdings 公司	33669	331	美国
374	国泰金融控股股份有限公司	33510.9	2030.5	中国
375	欧莱雅	33436.2	4197.2	法国
376	三菱化学控股	33417.8	497.4	日本
377	广达电脑公司	33313.4	515.8	中国
378	艾伯维	33266	7882	美国
379	英美烟草集团	33020.9	7278.7	英国
380	佳能	32960.9	1147.6	日本
381	中国电子科技集团公司	32948.4	1742.5	中国
382	斯伦贝谢公司	32917	-10137	美国

续表

排名	企业名称	营业收入（百万美元）	利润（百万美元）	国家
383	StoneX 集团	32897	85.1	美国
384	Enterprise Products Partners 公司	32789.2	4591.3	美国
385	现代摩比斯公司	32649.3	1965.6	韩国
386	中国电子信息产业集团有限公司	32447.1	137.8	中国
387	普利司通	32339.9	2684	日本
388	西北互助人寿保险公司	32293.6	1268	美国
389	3M 公司	32136	4570	美国
390	铃木汽车	32085.7	1234.5	日本
391	住友生命保险公司	32063.1	47.9	日本
392	中国太平保险集团有限责任公司	31912	585.8	中国
393	雅培公司	31904	3687	美国
394	CHS 公司	31900.5	829.9	美国
395	康帕斯集团	31735.7	1416	英国
396	仁宝电脑	31722.5	225.1	中国
397	CRH 公司	31681.7	2159	爱尔兰
398	Inditex 公司	31584.4	4063.3	西班牙
399	Travelers 公司	31581	2622	美国
400	马自达汽车株式会社	31550.9	111.6	日本
401	鞍钢集团公司	31468.7	-208.9	中国
402	东芝	31179.2	-1054.4	日本
403	富邦金融控股股份有限公司	31012.6	1892.7	中国
404	SAP 公司	30838.9	3717.1	德国
405	斯巴鲁公司	30758.2	1403.5	日本
406	冀中能源集团	30666.1	-114.3	中国

续表

排名	企业名称	营业收入（百万美元）	利润（百万美元）	国家
407	Coles 集团	30601	1025.6	澳大利亚
408	美敦力公司	30557	4631	爱尔兰
409	台湾中油股份有限公司	30545.9	1049.7	中国
410	菲尼克斯医药公司	30508.9	6.4	德国
411	法国航空-荷兰皇家航空集团	30431.5	324.6	法国
412	法国威立雅环境集团	30431.2	699.4	法国
413	施耐德电气	30396.8	2700.8	法国
414	武田药品公司	30271.5	406.9	日本
415	法国达飞海运集团	30254.2	-229.1	法国
416	澳洲联邦银行	29966.6	6127.3	澳大利亚
417	Medipal 控股公司	29921	349.2	日本
418	加拿大永明金融集团	29904.6	2044.7	加拿大
419	英美资源集团	29870	3547	英国
420	CFE 公司	29868.8	2260.7	墨西哥
421	菲利普-莫里斯国际公司	29805	7185	美国
422	小米集团	29795.2	1453.9	中国
423	上海建工集团股份有限公司	29745.7	568.9	中国
424	泰康保险集团	29502.1	3211.5	中国
425	Coop 集团	29485.4	528.4	瑞士
426	KB 金融集团	29469.5	2841.8	韩国
427	森科能源公司	29384.5	2184.9	加拿大
428	关西电力	29288	1195.7	日本
429	首钢集团	29273.6	40	中国
430	蒙特利尔银行	29159.8	4333.3	加拿大

续表

排名	企业名称	营业收入（百万美元）	利润（百万美元）	国家
431	慧与公司	29135	1049	美国
432	英国电信集团	29097	2202.8	英国
433	法国邮政	29081.7	920	法国
434	中国兵器装备集团公司	29063	987.7	中国
435	海尔智家股份有限公司	29060.4	1187.9	中国
436	珠海格力电器股份有限公司	29023.6	3574.8	中国
437	CJ 集团	28986	229.2	韩国
438	波兰国营石油公司	28976.6	1120.5	波兰
439	江森自控国际公司	28969	5674	爱尔兰
440	英国森特理克集团	28933.7	-1305.4	英国
441	艾睿电子	28916.8	-204.1	美国
442	深圳市投资控股有限公司	28854.5	1593.7	中国
443	新疆广汇实业投资（集团）有限责任公司	28710.9	89.8	中国
444	林德集团	28677	2285	英国
445	住友电工	28577.6	668.9	日本
446	国际航空集团	28547.8	1919.5	英国
447	GS 加德士	28541.3	388.4	韩国
448	Migros 集团	28540.1	348.3	瑞士
449	华夏保险公司	28494.2	122	中国
450	日本电气公司	28469.2	919.5	日本
451	赛峰集团	28423.5	2738.8	法国
452	纬创集团	28416.2	220	中国
453	达能	28302.7	2159	法国
454	日本中部电力	28199.8	1503.6	日本

续表

排名	企业名称	营业收入（百万美元）	利润（百万美元）	国家
455	盛虹控股集团有限公司	27869.6	486.5	中国
456	铜陵有色金属集团	27819.4	-64.5	中国
457	维亚康姆 CBS 公司	27812	3308	美国
458	Financière de l'Odet 公司	27805.5	136.4	法国
459	山东钢铁集团有限公司	27754.7	21.7	中国
460	Dollar General 公司	27754	1712.6	美国
461	Achmea 公司	27593.1	537.2	荷兰
462	Rajesh Exports 公司	27589.6	170.1	印度
463	大同煤矿集团有限责任公司	27556.6	-158.6	中国
464	曼福集团	27520	681.9	西班牙
465	中国大唐集团公司	27464	426.7	中国
466	美国合众银行	27325	6914	美国
467	三星人寿保险	27290.7	838.7	韩国
468	海亮集团有限公司	27209.1	174.9	中国
469	联合信贷集团	27168.9	3775.3	意大利
470	东日本旅客铁道株式会社	27102.4	1825.1	日本
471	KOC 集团	27052.8	773.8	土耳其
472	米其林公司	27013.3	1959.8	法国
473	上海医药集团股份有限公司	27005.4	590.7	中国
474	喜力控股公司	26827.5	1216.6	荷兰
475	X5 零售集团	26807.8	301.5	荷兰
476	拉法基豪瑞集团	26588.9	2234.8	瑞士
477	中国通用技术（集团）控股有限责任公司	26558.8	489.5	中国
478	星巴克公司	26508.6	3599.2	美国

续表

排名	企业名称	营业收入（百万美元）	利润（百万美元）	国家
479	任仕达公司	26499.5	678.3	荷兰
480	阿迪达斯集团	26459.2	2211.7	德国
481	三星C&T公司	26396.1	901.1	韩国
482	Fomento Económico Mexicano公司	26319.3	1075.1	墨西哥
483	奥地利石油天然气集团	26258.9	1962.1	奥地利
484	德科集团	26220.8	813.7	瑞士
485	山西焦煤集团有限责任公司	26178.9	211.6	中国
486	河南能源化工集团	26162.5	-305.8	中国
487	百时美施贵宝公司	26145	3439	美国
488	诺基亚	26095.5	7.8	芬兰
489	潞安集团	26077.6	105.4	中国
490	广西投资集团有限公司	26059.8	78.3	中国
491	西太平洋银行	26000.9	4771.9	澳大利亚
492	西班牙能源集团	25991.4	1568.1	西班牙
493	中国核工业集团有限公司	25974.9	1104.7	中国
494	US Foods Holding公司	25939	385	美国
495	亿滋国际	25868	3870	美国
496	中国中煤能源集团有限公司	25846.4	307.7	中国
497	帕卡公司	25599.7	2387.9	美国
498	赛默飞世尔科技公司	25542	3696	美国
499	山西阳泉煤业（集团）有限责任公司	25490.8	-81.5	中国
500	山西晋城无烟煤矿业集团	25385.6	22	中国

湖南省企业和工业经济联合会简介

湖南省企业和工业经济联合会（以下简称本会）是根据改革需要和现行的社会组织管理规定，根据省政府领导批示，经省民政厅批准，由湖南省工业经济联合会、湖南省企业联合会、湖南省企业家协会（以下简称省"三会"）整合更名后成立。目前，是少数由省委组织部批准，由省委管理干部担任主要负责人的社团组织之一。

本会前身为于1982年3月成立的湖南省企业管理协会（2009年4月更名为湖南省企业联合会），1992年7月与新成立的湖南省工业经济协会（2000年11月更名为湖南省工业经济联合会）合署办公，2006年9月与湖南省企业家协会（成立于1985年7月）合并，实行三块牌子（即湖南省工业经济联合会、湖南省企业管理协会、湖南省企业家协会）合署办公。于2009年4月召开省"三会"会员代表大会，选举产生理事会，实行"三会"合一。

本会是由湖南省境内企业、企业家（雇主）和企业团体自愿组成的非营利性省级联合社团组织。是中国企业联合会、中国企业家协会和中国工业经济联合会的团体会员，并接受其业务指导，具有独立的法人资格。本会经过30余年的发展，已成为一个覆盖全省，涵盖所有行业，跨各种所有制的联合社团组织。

多年来，本会在省委、省政府及各级有关部门的高度重视和大力支持下，在开展湖南100强企业排序、湖南省优秀企业家评选、湖南省企业管理现代化创新成果评审、企业文化建设等品牌活动，以及维护企业合法权益，加强行业自律，服务经济发展等方面做出了卓有成效的工作，得到了省委、省政府及各级有关部门的肯定。本会先后荣获民政部"全国先进民间组织"、中企联"全国企联系统先进集体"、湖南省人民政府"非公有制经济服务先进单位"、湖南省民政厅"先进社会团体"称号，2013年被湖南省民政厅评为4A级民间组织。本会以为企业、企业家、政府服务为宗旨，是企业、企业家与政府之间的桥梁和纽带，是政府的参谋和助手，是企业、企业家之家。

地址：湖南省长沙市天心区五凌路158号金葳佳园1栋1506室

邮编：410004

电话兼传真：0731-82212818

邮箱：hnsqx307@163.com

湖南省企业和工业经济联合会

公众号

# 后 记

今年，湖南省企业和工业经济联合会（以下简称本会）已连续18年组织开展湖南100强企业排序、连续12年组织开展湖南制造业企业100强及湖南服务业企业50强（初期为服务业企业20强、30强）排序，并同步编辑出版《2020湖南100强企业发展报告》。本书涉及的国民经济行业分类，均按照国家质量监督检验检疫总局、中国国家标准化管理委员会新颁布的《国民经济行业分类》（GB/T 4754—2017）执行。

本书除特载文稿外，各章撰稿人为：张辉（第一章），袁凌（第二章），尹向东（第三章）、熊正德（第四章），黄永忠（第五章），黄沙（第六章、第七章），商艳、唐胜（2019—2020年湖南省优秀企业家榜单），全书由袁凌、熊正德统稿，杨月华终审。本书在编写过程中，得到湖南省工业和信息化厅、中国企业联合会、《财富》杂志社、湖南大学、湖南省社科院、各市州企业联合会及相关企业的支持和帮助，谨向他们表示诚挚谢意。

本书为本会年度重点研究成果。凡引用本书研究成果及湖南企业100强排序、湖南制造业企业100强排序、湖南服务业企业50强排序、湖南企业200家排序数据资料，应注明"引自湖南省企业和工业经济联合会"字样，未经授权不得转载本书资料及企业排行榜名单。

明年，本会将继续组织开展湖南100强企业的申报、排序、发布及分析研究工作，编辑出版《2021湖南100强企业发展报告》。凡自愿申报2021湖南企业100强、湖南制造业企业100强、湖南服务业企业50强的单位，请在明年5月底以前与湖南省企业和工业经济联合会秘书处联系。电话：0731-82212818（兼传真）。

本书编辑过程中如有疏漏和不尽如人意之处，恳请读者提出宝贵意见，以利今后改进。

《2020湖南100强企业发展报告》编辑部

2020年9月

2019—2020年湖南省优秀企业家榜单

周群飞	蓝思科技股份有限公司董事长
傅成骏	中车株洲电力机车有限公司总经理
曹志强	湖南华菱钢铁集团有限责任公司党委书记、董事长
方联民	湖南省交通水利建设集团有限公司党委书记、董事长
周重旺	湖南省茶业集团股份有限公司党委书记、董事长
刘可安	中车株洲电力机车研究所有限公司总经理
李少波	三诺生物传感股份有限公司董事长兼总经理
许仲秋	湖南机油泵股份有限公司董事长
方 鸿	湖南泰嘉新材料科技股份有限公司董事长
刘令安	湖南汉森制药股份有限公司董事长
凌云剑	湖南松井新材料股份有限公司董事长
曾万辉	长沙景嘉微电子股份有限公司董事长兼总经理
曹泽云	湖南省晚安家居实业有限公司董事长
沈云立	江华九恒数码科技有限公司董事长
曹革新	冷水江钢铁有限责任公司总经理
肖公平	湘潭市恒欣实业有限公司董事长
王祥军	湖南中铁五新钢模有限责任公司董事长兼总经理
向志明	国信军创（岳阳）六九零六科技有限公司董事长兼总裁
姚献其	株洲百货股份有限公司党委书记
李 鸿	威胜信息技术股份有限公司总裁

蓝思科技股份有限公司

2019—2020年湖南省优秀企业家
蓝思科技股份有限公司董事长周群飞

周群飞，1970年出生于湖南湘乡，蓝思科技集团创始人、蓝思科技股份有限公司董事长。

20世纪80年代末，周群飞进入玻璃加工行业，经过长期实践掌握了特种玻璃加工生产工艺，积累了丰富的行业经验，于1993年在深圳开启创业之旅。2002年，率行业之先将玻璃面板应用在手机上，拉开消费电子产品防护面板用材革命帷幕；2003年在深圳创立蓝思科技；2006年开始投资湖南，先后创立十多家公司，成为全球科技领域白手起家的女企业家。

2002年，作为防护玻璃面板行业第一人，周群飞提出以"技术创新引领行业潮流"，率先把应用于手表的玻璃材质和颠覆性工艺、设备引入手机盖板，并通过成功的商业应用推动了手机盖板行业的升级换代，主导了行业工艺流程、技术标准的制定。

周群飞曾获得改革开放40年百名杰出民营企业家、全国电子信息行业杰出企业家、全国五一劳动奖章、湖南百名最美扶贫人物等众多荣誉，先后入选湖南省"创新创业"先进典型以及中国湘商力量总评榜十大风云人物之首，被评为新时代中国劳动者和湖南籍企业家的代表。目前，担任的社会兼职有第十三届全国政协委员、第十二届全国工商联执行委员会常务委员、香港湖南联谊总会会长、湖南省慈善光彩事业促进会副会长等。

蓝思科技集团成立于2018年，由蓝思科技股份有限公司作为母公司，与旗下9家控股子公司共同组建而成，是享誉全球的消费电子类产品供应链一站式服务供应商。蓝思科技集团现有员工10万余人，总部落户湖南浏阳经开区，在湖南浏阳、樊梨、星沙、湘潭、醴陵，广东东莞，江苏昆山及越南等地都拥有研发生产基地。2019年，集团实现营业收入778亿元，总资产超830亿元。

集团主营产品包括视窗防护玻璃、触摸屏单体、触摸屏模组、摄像模组、指纹模组、摄像头、按键、陶瓷、蓝宝石、金属配件、智能制造机器人开发等，并投资引入芯片、激光制造、电声产品等战略合作伙伴，产品广泛应用于中高端智能手机、平板电脑、笔记本电脑、智能穿戴式设备、数码相机、播放器、GPS导航仪、汽车仪表、智能家居等的视窗防护。凭借多年来在消费电子产品防护玻璃领域的深耕细作，集团赢得了一批优质、稳定的客户资源，包括苹果、三星、华为、OPPO、vivo、小米、特斯拉、亚马逊等国内外知名品牌。

中车株机公司党委副书记、总经理傅成骏

中车株机公司正门

2019—2020年湖南省优秀企业家
中车株洲电力机车有限公司总经理傅成骏

傅成骏，1965年7月出生，福建长汀人，中共党员，研究生学历，教授级高级工程师，湖南千亿轨道交通产业领军人物之一。自1986年从大连铁道学院毕业以来，一直在中车株洲电力机车有限公司工作，历任技术室主任、分厂副厂长、分厂长、副总工程师、副总经济师兼办公室主任、副总经济师兼项目管理部经理、副总经理、总工程师、党委书记等职务，2016年11月起担任株机公司党委副书记、总经理。

傅成骏积极顺应国家宏观大势，勇于开拓创新，敢于打破常规模式和固有理念。他与公司班子成员带领公司实现了"3+X"的产业格局和"1+Y"的区域布局，并提出了"一体两翼"发展构想，公司新产业和海外经营取得了跨越式发展。同时，积极落实党中央深化改革要求，推动公司成功入选国企改革"双百行动"企业，为百年企业高质量发展注入了新活力。在他的带领下，株机公司销售收入、利润大幅攀升，牢牢站稳了两百亿平台，带动了湖南20多个配套产业、300余家企业成长壮大，拉动近30万人就业，使湖南轨道交通装备产业集群顺利突破千亿产值。

傅成骏坚持创新领跑未来，带领公司大刀阔斧地深化科技体制改革，面向全球汇聚科技创新资源，建设了国家重点实验室、国家工程实验室、国家工业设计中心等三个"国字号"创新平台，发起成立并获批国家先进轨道装备创新中心，推动株机公司形成了"开放、协同、一体化"的科技创新体系。同时，注重科研成果的市场化应用，近年来，以株机公司为龙头的湖南轨道交通产业集群已经成为中国谱系最全、产品最丰富、产业链最为完整的产业集群。

傅成骏积极践行"一带一路"倡议，在不断的海外经营实践中提出了"五本"经营模式，以本地化制造、本地化采购带动当地轨道交通产业发展；以本地化用工、本地化服务培养当地轨道交通技能人才；以本地化营

傅成骏陪同中国工业设计协会轨道交通分会成员参观株机公司车辆

傅成骏陪同客户参观生产现场

傅成骏出席海外项目签约仪式

中车株机公司生产车间

销积极传播企业文化、搭建友谊桥梁，同时，推动公司积极担当文化传译者、人才孵化器、产业推进器、社区好邻居四种角色，为国际化经营提供了持续动力。十八大以来，株机公司累计签订40余个海外订单，产品销往22个国家和地区，实现六大洲全覆盖，累计金额近500亿元，是2012年之前订单总量的近7倍。李克强总理称赞株机公司产品是"中国装备走出去的代表作"。

傅成骏秉承中车"连接世界、造福人类"理念，投身多元化的社会公益活动，作为主要发起人之一成立了湖南中车株机公益基金会，推动设立助学金，积极响应"精准扶贫"号召，为推动脱贫攻坚贡献了积极力量，展现了国有企业的社会担当。同时，傅成骏带领公司广泛参与海外公益及社会保障事业，在马来西亚暴雨灾后重建、南非社会教育以及2020年新冠疫情防控等方面积极作为，传播了中国企业在海外的良好形象。

傅成骏的辛勤付出和管理成就得到了广泛认可，先后被评为中国企业联合会、中国企业家协会高级职业经理人，2019—2020年湖南省优秀企业家。带领公司先后获"全国文明单位""全国先进基层党组织""中国质量诚信企业""湖南省优秀企业""企业文化建设典范企业"等荣誉。

华菱集团党委书记、董事长曹志强在华菱湘钢生产现场

华菱集团党委书记、董事长曹志强(中)来到华菱涟钢技改项目现场查看安全管理工作及进展情况,为奋战在大修一线的参战人员鼓劲加油

华菱衡钢海底管线管成功替代进口,为我国海上首个自营深水大气田——陵水17-2气田独家供货

2019—2020年湖南省优秀企业家
湖南华菱钢铁集团有限责任公司党委书记、董事长曹志强

曹志强,1997年8月加入华菱集团,历任湘钢科技开发中心主任、副总经理、总经理等职。2017年12月起任华菱集团党委书记、董事长至今。是第十三届全国人大代表、中国钢铁工业协会副会长,享受国务院政府特殊津贴专家,2019年被湖南省委评为"担当作为优秀干部"。

曹志强坚持以推动企业高质量发展为己任,倡导"巩固、增强、提升、畅通"的发展方略,提出并大力建设"学习创新、高端精品、绿色智能、协调发展、开放共享"的新华菱。在任职华菱集团董事长期间,华菱累计实现利税400多亿元,连续三年营业收入过千亿,成为湖南省属国企改革"领头羊"、实体经济发展"排头兵",获得"中国十大优秀钢铁企业""卓越钢铁企业品牌""钢铁行业改革开放40周年功勋企业"等荣誉。

贯彻新发展理念,带领华菱进军行业"第一方阵"。聚焦钢铁主业,强势推进"强链、补链、延链",着力构建全产业链的竞争优势;实施上下游联盟国际化战略,倡导打造合作共赢的战略性伙伴关系,构建企业命运共同体。在淘汰150万吨落后产能基础上,企业营业收入增长74%,资产负债率由85%下降到63%,主体评级提升至AAA,效益跃升至国内钢铁行业第四、地方国有钢企第一,中国企业500强排名上升到第153位。

大力推进质量、效率、动力"三大变革",推动华菱领跑"制造强省"。实施"高端+差异化"战略,投入近200亿元推动产品研发,获得专利150多项,开发新产品100多个;重点品种钢由30%增加到45%,高效产品年创效占总效益的50%;21个系列近50个品种替代进口,"华菱制造"在"超级工程"中大放异彩。推进信息化和智能制造,湘钢"5G+智慧天车"成为全国钢铁行业5G实景应用第一例。法人单位精简40%,管理层级压缩到3级;钢铁主业人均劳动生产率提升到1200吨以上,跻身行业先进水平。积极深化内部改革,实施"三去一降一补",推动资产重组整合,优化公司治理;突出绩效导向,推进三项制度改革,每年"末位淘汰"干部5%左右,管理人员占比控制在7%以内;坚持德才兼备、以德为先,一大批业绩突出的年轻干部脱颖而出,在生产经营一线挑大梁。由其主创的"战略绩效管理体系的构建与实施"荣获中国企业改革发展优秀成果二等奖。

积极践行企业使命,树立"为民务实清廉"形象。带头强党建重作风,夯实主体责任,实施"书记联项目""党员先锋行"项目4000多个,支部"五化"建设合格率达85%,华菱涟钢党委被授予"湖南省国有企业党支部'五化'建设示范基地"。坚持"以奋斗者为本",拓宽员工职业发展通道,职工人均年收入增长10%以上,每年对困难员工帮扶达1000万元。打好"污染防治攻坚战",三年来环保投入达50多亿元,湘钢工业旅游和"生态园林式工厂"获广泛赞誉,涟钢获湖南省"绿色工厂"称号。落实"精准扶贫",对口扶贫龙山县茅坪乡茶园坪村,投入资金1000多万元,推进"七个一"扶贫计划,提前实现"户脱贫、村出列"目标。

2019—2020 年湖南省优秀企业家
湖南省交通水利建设集团有限公司党委书记、董事长方联民

逢山开路　遇水架桥
——湖南省交通水利建设集团有限公司党委书记、董事长方联民"掌舵秘诀"

方联民，1961年11月出生，湖南岳阳人，中共党员，博士研究生学历，研究员级高级工程师，享受国务院政府特殊津贴专家，现任湖南省交通水利建设集团有限公司党委书记、董事长。主持或参与了铜陵长江大桥、荆岳长江大桥、矮寨特大桥、大岳洞庭湖大桥、南洞庭湖大桥等重大标志性工程建设，从一线普通技术员成长为专家型企业家。曾获"湖南省劳动模范""全国建筑业优秀企业家""最受职业经理人推崇的首席执行官""第八届湖南十大杰出经济人物""湖南省优秀组织工作者"（省政府记二等功）等荣誉，是湖南省第十二届政协委员。

湖南省交通水利建设集团有限公司是湖南省新一轮国资国企改革组建的首家集团，于2016年9月8日挂牌成立，履行省政府赋予的"投资融资与金融服务、基础设施建设、资源整合与创新发展"三大职能。

湖南交水建集团是湖南交通、水利建设市场的龙头企业。集团是省内规模最大、资质最全、业务范围最广、人才层次最高、盈利能力最强、品牌影响最大的交通、水利建设企业，注册资本金100亿元，主体信用等级为AA+，业务范围遍及全国各省市和30余个国家。旗下16家二级子公司均为国内交通、水利行业的知名企业，

△创下四项世界第一的矮寨大桥

▼长江百年城陵矶老港绿色"转身"——巨型胶囊形散货大棚,湖南交水建集团设计施工总承包

　　主营业务涵盖交通、水利、港航、市政、环保等基础设施建设相关行业；拥有各项资质158项,其中,公路工程施工总承包特级资质1项,总承包、综合类一级（甲级）资质11项,专业承包和行业类一级（甲级）资质61项,为省内乃至全国同级企业所独有。集团现有职工超万人,其中研究员级和中、高级职称人员3000余人,并拥有国家勘察设计大师、"百千万人才工程"国家级人选、享受国务院政府特殊津贴专家等大批业界精英和党的十九大代表、湖南省政协委员等优秀代表。

　　湖南交水建集团是湖南交通、水利重点工程建设的中坚力量。集团充分发挥"科研设计、投资融资、建设管理、运营维护、装备物流"五位一体的全产业链优势,形成了路桥建设、水利建设、市政建设、港航建设"四大工程公司",交通设计院、交通科研院、水务设计院"三大院"和养护、装配物流、投资及资产管理等于一体的主业布局。主持或参与了京港澳国道主干线、湘西矮寨大桥、长沙霞凝港、长沙航电枢纽和南洞庭湖洪道疏挖、长沙望城洋湖垸应急抢险工程等湖南绝大部分重点交通、水利工程建设任务的全过程,充分发挥了湖南经济社会发展的先锋作用,"路桥湘军"建设品牌和"精心绘通天下"设计品牌享誉全国。

　　湖南交水建集团是湖南交通、水利建设创新引领的成功典范。集团坚持创新引领,荣获国家级和省部级技术奖项、专利、工法1000余项,其中,国家科技进步一等奖1项、二等奖10项,国家优秀工程设计金奖8项、优质工程金质奖3项,詹天佑土木工程奖、鲁班奖近20项,国际道路成就奖及国际桥梁林德恩斯大奖多项。代表作品湘西矮寨大桥展现了国内最高的设计、施工水平,被习近平总书记盛赞为"中国的圆月亮","轨索滑移法"被世界公认为"第四种架桥方法"。

　　集团致力于产业链业态创新,参股组建了湖南省磁浮集团股份有限公司,成立了保险经纪公司和基金管理公司,拓展了"河湖连通"和"城乡供水一体化",以及轨道建设、机场建设、水域生态治理、涉水市政工程、城镇化水利工程市场。

　　海纳百川,厚德载物。集团将坚守"强交通畅行天下,兴水利润泽四方"企业使命,秉持"创新、守信、争先、奉献"的企业精神,努力建设成为国内领先、世界一流的交通水利产业投建运营集团。

△长沙霞凝港

湖南省茶业集团股份有限公司
HUNAN TEA GROUP CO.,LTD

2019—2020年湖南省优秀企业家
湖南省茶业集团股份有限公司党委书记、董事长周重旺

一、勇立潮头，做强企业，推动湖南茶产业向千亿目标跨越。

在行业率先探索产业化经营，通过控股、参股、订单等形式在全省建设茶叶基地，以"农户+基地（合作社）+企业"的形式与茶农建立利益共同体，利用分红、返利等形式让茶农享受到公司发展带来的红利。集团公司销售额从2001年的不到2亿元增加到2019年的67亿元；茶叶出口从2001年的200万美元增加到2019年的8000万美元。目前，公司位居"湖南省百强企业"第57名、"全国农产品加工百强企业"第19名，公司综合实力连续多年排名全国同行业前列。

二、胸怀大爱，造福三湘，带领全省百万茶农增收致富。

周重旺，湖南新化人，中共党员，生于1962年9月，毕业于湖南农业大学茶学系，研究生学历，高级农艺师、高级评茶师。1986年7月参加工作，历任湖南省茶叶总公司部门经理、副总经理、总经理、党委书记，现任湖南省茶业集团股份有限公司党委书记、董事长，中国茶叶流通协会监事长、边销茶专业委员会主任委员、红茶专业委员会主任委员、中国茶产业联盟副理事长、湖南省认定企业技术中心主任、湖南省茶业协会会长、湖南省食品行业联合会会长等职务。

1. 为茶农托底。在行业率先提出"视三湘茶农为父母，茶农增收，公司增效，合作双赢"经营宗旨并一以贯之。在他的带领下，公司连续13年对基地茶农实行保护价收购，大力推广"入股分红+工资+返利"的做法，拓宽茶农增收途径。积极推广有机茶种植，对按有机茶标准生产的茶农鲜叶，按高于市场价

10%的价格收购，确保基地茶农收入增长10%以上。通过各种密切的利益联结机制，公司联接带动全省50万户茶农户均增收9000元，彻底解决了茶农的后顾之忧。

2. 为茶农送智。作为一名企业家，不仅用保护价的方式为茶农"输血"，更是引导茶农"种好茶、做好茶、卖好茶"，稳步提升茶农的"造血"能力。一是培育优质茶园。解决了出口低农残茶与有机茶生产中系列共性关键技术难题，引导茶农突破欧盟技术贸易壁垒，公司共有12万亩茶园通过有机茶等国际认证。二是提高劳动技能。高度重视对茶农的技能培训，每年安排不少于300万元用于茶农技能提升。

3. 助力产业扶贫。深入参与贫困山区的茶产业扶贫，迄今共带动了湖南贫困山区65个茶园基地的35万户茶农致富，获得了当地政府和茶农的一致好评。在他主导下，公司积极参与了湖南省"千企帮千村"扶贫行动，通过建立原料基地、开展合作、帮助销售、技术指导等方式帮扶贫困村17个，2019年共实现茶产业收入5800多万元，占当地农业经济总收入的40%以上，荣获"千企帮千村突出贡献企业"。

三、创新思维，前沿布局，将茶叶科技写于三湘大地。

作为全国知名的茶叶专家，周重旺让茶叶技术走出实验室，谱写了湖南茶叶科技转化和推广的生动实践。他先后主持和参与了四十多项研发课题，取得了数十项创新性技术成果，并迅速在大生产中应用和推广，取得了显著的经济、社会和生态效益。其中，获国家科技进步奖1项，省科技进步奖3项，是享受湖南省政府特殊津贴、国务院政府特殊津贴专家。

中车株洲电力机车研究所有限公司
CRRC ZHUZHOU INSTITUTE CO., LTD.

2019—2020年湖南省优秀企业家
中车株洲电力机车研究所有限公司总经理刘可安

刘可安，工学博士，教授级高级工程师，是中国轨道交通自主牵引传动技术领域的核心专家和学科带头人，长期从事大功率变流及控制技术研究，致力于自主核心技术的产业化应用研究，建立了完善的科研、制造、检测试验平台和标准化的质量控制体系，自主产品实现了从"跟随"到"领跑"。现任中车株洲电力机车研究所有限公司党委副书记、总经理，始终秉承"责任为本，成事为先"精神，积极带领团队推动我国铁路事业高速发展，为轨道交通注入了强劲"中国芯"。是国家突出贡献中青年专家、国家百千万人才、国家中青年科技创新领军人才，享受国务院政府特殊津贴，入选了第三批"万人计划"，个人荣获湖南省劳动模范、湖南省青年科技奖、詹天佑铁道科技奖、首届"省长质量奖"、中国发明协会第十一届"当代发明家"等称号；获国家技术发明二等奖1项，国家科技进步二等奖2项，中国专利金奖3项。

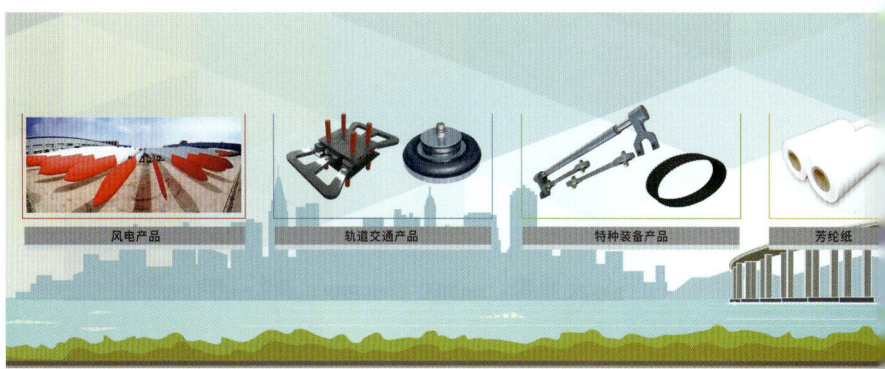

中车株洲电力机车研究所有限公司（中国中车株洲所）始创于1959年，前身是铁道部株洲电力机车研究所，现为中国中车股份有限公司一级全资子公司。

历经60余年改革发展，见证新中国铁路电气化科技进步与产业发展的中国中车株洲所，始终坚持以科技为先导，以创新为旗帜，促进产业快速成长，已形成"电气传动与自动化、高分子复合材料应用、新能源装备、电力电子（基础）器件"四大产业板块，十大业务主体，旗下拥有2家上市公司、11个国家级科技创新平台、3个企业博士后科研工作站，并拥有5个海外技术研发中心、11家境外分（子）公司，2019年实现销售收入352亿元。

通过引进消化吸收和自主创新相结合，中国中车株洲所具备强大的自主研发与创新能力，已构建完成在轨道交通装备牵引传动与控制系统领域的自主创新研发平台，拥有了成熟先进的电气系统集成、变流及控制、车载控制与诊断、电力电子器件、高分子复合材料工程化应用、列车运行控制、风力发电装备集成及关键部件、电动汽车整车集成及关键部件、工程机械及其电气控制、通信与信息化应用等关键核心技术，同步实现了设计、制造与试验平台的完整打造。

创新不止，领跑不息。中车株洲所将坚定不移地向着"十三五"宏伟目标稳步迈进，矢志成为"技术引领、行业一流、跨界经营，高端、高效、高质量"的国际化产业集团。

Sinocare 三诺

2019—2020年湖南省优秀企业家
三诺生物传感股份有限公司董事长兼总经理李少波

李少波，1965年9月出生，毕业于湖南医科大学，预防医学硕士。中欧国际工商学院EMBA，清华大学五道口金融学院EMBA。三诺生物传感股份有限公司创始人、董事长、总经理。兼任湖南省医药行业协会副会长、湖南省医疗器械行业协会副会长、长沙市医疗器械行业协会副会长、湖南大学分子纳米与分子工程湖南省重点实验室学术委员会委员、湖南弘慧教育发展基金会发起人和副理事长、三诺糖尿病公益基金会发起人。

李少波理想信念崇高，政治素质过硬，爱国敬业；保持艰苦奋斗的精神风貌，具有良好的品行和高尚道德情操；自觉合法合规经营，坚持公平竞争、诚信经营；主动履行社会责任，积极回报社会，企业劳动关系和谐。公司为湖南省解决就业2300多人，2018年纳税超过2.12亿元，连续5年纳税超过1亿元。2018年公司进出口总额为9032.90万人民币（1355.36万美元）。公司被评为"湖南省质量信用3A级企业"、"2018中国好雇主优秀雇主奖"、"全市财税征管工作先进单位先进个人和纳税贡献企业"、高新区建区30周年"突出贡献企业"。

李少波曾被评为"湖南省创业标兵"、"中国湘商·富民强省杰出人物"、国家科技部首批"中国

火炬创业导师"、2018年"中国体外诊断产业领军人物"、2018年度长沙市卓越企业家。

2002年8月7日,李少波在长沙国家高新区创立三诺生物传感股份有限公司。现已成为中国最大的血糖仪及试条生产基地,致力于通过生物传感技术的创新,为糖尿病等慢性疾病患者提供快速检测产品和服务,是中国血糖仪普及的推动者,是中国糖尿病管理院内外一体化模式的探索者。

在李少波的领导下,三诺紧跟国家"一带一路"倡议,积极"走出去"。2016年1月和7月分别以2.73亿美金和1.1亿美金成功并购了两家全球领先的血糖仪和血脂检测产品生产企业,成为湖南省近几年来医疗器械海外并购最大案例,也是中国医疗器械行业近几年来海外收购的最大案例之一,为国内医疗器械企业实施"走出去"战略起到龙头带动作用,同时也促进了湖南省对外投资合作健康快速发展和国产医疗器械产品的国际化发展。因血糖仪配套生产的需要,公司的成长也推动了本地的PCB(印刷电路板)、SMT(电子原件表面贴装)行业的快速发展。

李少波坚持创新驱动发展,在其带领下,三诺生物传感股份有限公司被认定为国家技术创新型示范企业,医疗大数据应用技术国家工程实验室共建单位,湖南省智能制造示范企业。拥有快速床旁检测生物传感技术湖南省工程研究中心、湖南省企业技术中心、湖南省即时检测国际合作基地等行业领先的研发平台。同时承担了一批重大科研项目,在生物化学传感技术的开发和产业化方面取得了重大成果和突破。

目前公司有员工3130人,其中,中国2430人(其中台湾省130人),美国700人;在全球有5个研发基地,6个生产基地,拥有研发人员444人,占员工总数的19.06%。公司先后申请国内外知识产权386件,共计获得国内外授权273件。

在李少波的带领下,三诺生物植根中国,走向世界,遵循"平等、诚信、创新、卓越"的价值观,为慢性疾病的防治提供更多创新性、系统性的智慧医疗解决方案,提高糖尿病等慢性疾病患者的生活质量。

2019—2020 年湖南省优秀企业家
湖南机油泵股份有限公司董事长 许仲秋

许仲秋，1952 年出生，毕业于湖南大学。现任湖南机油泵股份有限公司董事长、技术中心主任，高级工程师，曾担任第十一届、第十二届全国人大代表，现为第十三届全国人大代表。历任湖南机油泵厂班长、生产办调度、常务副厂长、厂长，1994 年起任湖南机油泵股份有限公司董事长、总经理、党委书记。曾被评为湖南省优秀中青年专家、湖南省优秀经营者、湖南省劳动模范、湖南省第二届中国特色社会主义建设者、衡阳市首届科技突出贡献奖获得者。

一、坚持改革创新，开创全市国企改制先例。 原湖南机油泵厂面临倒闭，许仲秋大胆改革，在衡阳第一个将县属国企改制为股份制企业。改制以来，公司的年销售收入和上缴国家税金比改制前增长了 30 倍以上，成为中国目前规模最大、质量最好、市场份额最高、自主研发能力最强的机油泵龙头企业，国家标准编制单位、中国驰名商标、国家级企业技术中心、国家技术创新示范企业，2016 年度成为上海主板上市公司。

二、科技引领发展，不断研发国际一流产品。 许仲秋领军技术研发，始终保持国内行业技术领先，公司设立了国家认定企业技术中心，牵头编制行业标准 10 项，每年自主设计开发新产品 50 种以上，新产品开发周期仅为三个月，实现与主机厂新产品同步开发，研发的产品技术水平居于国内领先，部分达到国际先进水平。共获得国家专利技术 300 余项，其中发明专利 35 项，国际发明专利 2 项。公司率先在国内开展了变排量机油泵、发动机润滑冷却系统集成、电动水泵等节能和新能源技术的研究和开发，填补了国内市场空白，变量泵专利技术为国际领先，节能达到 40% 以上。公司研发的自动变速油泵是自动变速箱关键零部件，该变速箱项目获 2016 年度国家科技进步一等奖，

达到了国际先进水平，可替代进口产品。

三、规范企业管理，打造世界知名品牌。 在许仲秋的带领下，公司按照现代企业的要求，优化公司治理结构，完善内控制度，规范运行。公司建立了一套完善的管理标准，对业务流程进行持续优化，并与信息化高度融合。公司生产的"湘江"机油泵被中国内燃机协会评选为"十大用户满意品牌"，荣获中国驰名商标，其用户几乎覆盖了中国所有主要的发动机厂和全球大部分主要发动机品牌。

四、参与国际竞争，全面推动企业国际化。 许仲秋以"为全球动力加油"为目标，通过不懈的努力，顺利实现与全球发动机著名品牌美国康明斯公司的合作。之后，公司一鼓作气，开发了美国康明斯、卡特彼勒、纳威斯达、约翰迪尔、博格华纳，德国戴姆勒奔驰、大众、道依茨、MTU，意大利依维柯，瑞典斯堪尼亚等国际一流客户。通过与国际高端客户的合作，公司实现国际一流的理念、一流的人才、一流的管理、一流的技术和全球化的市场，全面实现企业国际化。

五、承担社会责任，热心社会公益事业。 许仲秋引领公司以"诚信、创新、执行、改进"的企业文化，以优秀的产品服务客户，赢得了客户的赞誉。公司是衡阳市的纳税大户，税收贡献逐年增加，促进了当地经济建设的快速发展。他关心员工生活，公司被评为湖南省和谐劳动关系先进单位。同时，他还尽社会责任，热心公益事业，设立湘泵助学基金，每年拿出数百万元资助贫困学生和社会公益事业，积极参加社会捐助活动，帮助失学儿童重返校园，设立扶贫车间，参加脱贫攻坚，为一些家庭困难的高考上榜生圆了大学梦。

让世界
没有难切的材料

方鸿

方鸿出生于1964年，本科学历，中共党员。现任泰嘉股份董事长、湖南省机床工具工业协会副理事长、湖南省机械工业协会副理事长，望城区第二届人大代表，望城区工商联兼职副主席。曾荣获"湖南省优秀企业家""影响望城十大杰出人物""长沙市首届诚实守信道德模范"等称号。

从1994年远赴美国结缘带锯条，到2003年进驻望城创建泰嘉，2017年成功登陆深交所中小板，再到如今被工信部认定为制造业单项冠军培育企业，被媒体誉为国内双金属带锯条龙头企业。一部泰嘉股份的发展史，既是方鸿实业梦想的成长史，也是一个中国锯切人的时代缩影。

2000年，方鸿从美国回湘创业。2003年10月，创办湖南泰嘉新材料科技股份有限公司，落户望城经开区，从事双金属复合材料及带锯条的研发、生产和销售。他带领公司团队引进外国"智力＋搭建产学研平台＋自主创新"的产学研模式，狠抓研发创新，使公司产品的质量和产能得到了稳步提升，特别是部分高端产品的切削性能达到甚至超过了某些国外知名品牌，赢得了国内外客户的广泛好评。公司的产能也从创业当初的60万米快速增长到了2000万米。2018年，公司被国家工信部评定为"制造业单项冠军培育企业"，按照评定标准，公司双金属带锯条近三年平均市场占有率国内第一、国际前五。

十年前，国内双金属带锯条市场70%以上为国外品牌；如今，国内双金属带锯条市场70%以上为国内品牌。同时，随着国际化战略的深入推进，泰嘉股份已相继在香港、荷兰、德国、印度等地进行全球化布局，并将自主品牌出口到了包括欧美在内的四十多个国家和地区。

方鸿和泰嘉股份秉承"做负责任的人"这一核心价值观，全力打造责任文化在企业的绵远流长，连续多年来都被主管税务机关评定为"纳税信用A级单位"。公司向社会提供就业岗位400多个，成立了救助基金会，广泛开展助学、扶贫济困、保护环境等公益活动，在履行社会责任方面做出了积极贡献。

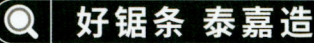

泰嘉股份 制造业单项冠军培育企业

湖南泰嘉新材料科技股份有限公司(股票简称:泰嘉股份,**股票代码:002843**)成立于2003年,专注于以双金属带锯条为代表的锯切产品的研发、制造和锯切技术整体解决方案的打造,是国家工信部认定的制造业单项冠军培育企业。被多家媒体誉为国内双金属带锯条龙头企业。旗下拥有济南泰嘉、无锡衡嘉、香港泰嘉、荷兰泰嘉、印度泰嘉等子(孙)公司,赋能投资德国百年名企AKG公司。

成立以来,以"让世界没有难切的材料"为使命,公司聚焦锯切主航道,构筑了"Bichamp""泰钜""AA""飞钜"等自主知名品牌产品,全面参与全球市场高端、中端、经济型产品竞争。营销网络覆盖全国主要大、中城市,产品远销包含欧美在内的四十多个国家和地区。

公司拥有省级企业技术中心、湖南省高速高效双金属锯切工程技术研究中心、高端锯切工具用特殊钢基材湖南省工程研究中心、博士后科研流动站协作研发中心等科技创新研发平台。截至目前,公司拥有有效数量共计61项,其中发明专利28项。技术创新已经成为泰嘉股份赢得市场竞争的先发优势。

同时,为解决国内航空航天、轨道交通、汽车制造、核电等重点行业用户锯切材料难题,公司依托海量锯切数据、上万技术服务案例,融合美国、日本、荷兰等在任专家和国内具有突出实力的专业研发队伍智力资源,拓展升级"产品+服务"双线驱动的经营模式,为用户量身定制一揽子锯切加工精密服务。目前已成功应用到中国中车旗下专业锻造企业——中车天力锯切现场,成效显著。

未来,公司将继续坚持"做负责任的人"的核心价值观,推进打造"双金属带锯条智能工厂",发力企业自动化、数字化、信息化水平提升,着眼于推进锯切技术整体解决方案,提升公司综合竞争能力和可持续发展能力,助推企业朝高端精密制造转型升级,成为具有锯切加工自动化、数字化、智能化能力和产业整合能力的锯切技术整体解决方案服务商,为锯切行业进步贡献泰嘉力量。

2019—2020年湖南省优秀企业家
湖南汉森制药股份有限公司董事长
刘令安

坚守初心 匠心制药
——汉森集团董事长刘令安的经营思考

刘令安，1960年10月出生，湖南益阳人。湖南师范大学医学院药学专业毕业，无党派人士。现任汉森集团董事长、湖南汉森制药股份有限公司（股票代码：002412）实际控制人、南岳生物制药有限公司实际控股人、三湘银行副董事长。同时兼任湖南省工商联副主席、湖南省医药行业协会会长及湖南省第十一届、十二届、十三届人大代表等社会职务。从一名普通的医务工作者到一家大型医药集团的董事长，他始终坚守医药惠民，守护健康的初心，多次获得省级政府部门授予的"湖南省优秀民营企业家""湖南省优秀企业经营者""百姓信赖的药品行业企业家""湖南工商界百位诚信人物""中国特色社会主义事业建设者"等荣誉称号。

"汉森四磨汤，肠胃好健康"——说起肠胃中药明星产品汉森四磨汤，湖南省的男女老少几乎人尽皆知。汉森集团董事长刘令安励精图治，二十年如一日坚守惠民初心，匠心精制好药，带领"汉森"品牌从湖南走向全国，逐步形成规范的集团化管理企业。同时，作为益阳市第一家上市企业，"汉森制药"经过历年的沉淀与创新，于2019年成为中国医药工业百强上榜企业。

心怀"造福千家万户，庇佑病患众生"的初心，刘令安于1999年筹资收购汉森制药的前身企业——湖南益阳地区制药厂，改

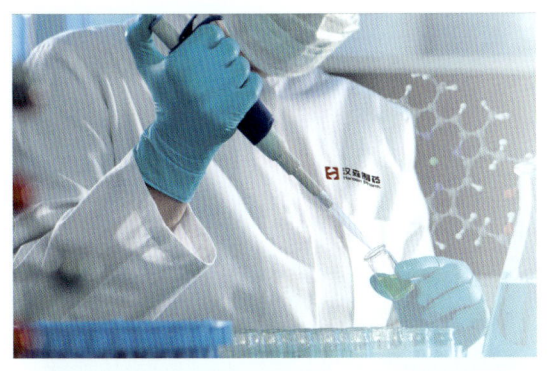

制并更名为湖南汉森制药有限公司。创业之初，面临着资金、技术、市场、人才、管理多方面困难，他坚守创业决心，克服重重挫折，内抓生产管理、技术研发，外抓市场推广、品牌升级，将"汉森四磨汤"打造成为畅销全国的消化类明星产品。走进千家万户，走向百姓生活，汉森制药在人民群众的见证和认可下不断壮大，蓬勃发展。

企业成立多年以来，刘令安坚持"低调做人，匠心做事，日新月异，精益求精"的原则，不断提升企业硬件设施及技术水平，严格把关药品生产及质检流程质量关。截至目前，汉森制药已经完成生产全线的GMP建设和技术升级改造，成为湖湘中药生产企业GMP高规格花园式工厂。建立了高标准的质检中心，确保每一批产品高质量投入市场。在研发创新方面，刘令安高度重视、大笔投入，积极推动国家科技部"973计划"项目——"四磨汤治疗胃肠功能障碍性疾病的多中心临床实验研究"，并荣获湖南省科学技术进步奖一等奖。

2010年，汉森制药成功上市（股票代码：002412），完成了从产品经营到资本经营、从民营企业到上市公司的转变，成为益阳本土首家上市企业。目前，汉森制药已经成为一家集科研、生产、销售于一体的综合性药品生产企业，成为湖南省高新技术企业和湖南省重点医药工业企业，形成了中成药、化学药、医用制剂、大健康和医疗保健、民营银行等多板块发展格局。企业入驻益阳市龙岭工业园以来，汉森制药累计完成工业总产值70亿元，累计上缴税费13亿元，创造就业岗位2000多个，成为益阳市龙岭工业园园区内单位土地贡献产值和税费最高的企业。

作为20世纪90年代末起步的企业家，刘令安始终带着对医药行业、对家乡、对社会的情怀，为员工谋求福利，为企业谋求发展；依法经营，积极纳税，关爱员工，主动承担社会责任。如今，汉森集团旗下已有5家运营达到一定规模的企业，在各自的服务范畴里都有稳定的市场和前景，这一局面也是刘令安在创业初期心之所向。

"不忘初心，方得始终"。新的时代环境下，刘令安将继续致力于精细化管理，推动产品、技术的延伸与创新，跟随时代步伐，带动汉森集团更好、更快发展，带给人民群众更安心、更放心的品牌体验。

2019—2020年湖南省优秀企业家
湖南松井新材料股份有限公司董事长凌云剑

"凌云剑，1970年10月生，中国国籍，汉族，中南大学EMBA在读；现任湖南松井新材料股份有限公司董事长、总经理。

凌云剑是松井股份第一代技术领头人，拥有二十余年丰富的涂料研发及销售经验。2019年荣获"湖南省发展非公有制经济和中小企业先进个人"称号，2018年当选湖南省第十三届人大代表、入选"国家高层次人才特殊支持计划"，2016年荣获国家科技部"科技创新创业人才"称号。此外，还曾荣获"湖南省中小企业创业标兵"、"长沙市优秀创新创业企业家"、长沙市高层次人才、长沙市科技进步三等奖等众多荣誉，是中国较早从事UV研发及销售的创业者，也是中国PVD行业重要的开拓者和推动者之一。

凌云剑既是松井股份的创始人，也是松井股份的引路者，在他的带领下，公司自2009年创办以来，在高端消费品涂料领域取得了快速的发展，研发实力显著提升，营销网络不断增容扩量。公司现拥有员工近400人，营业收入从2017年的1.87亿元到2018年的2.62亿元，再到2019年的4.55亿元，年复合增长率为55.83%，表现出良好的盈利能力和成长性。2020年，全球各大产业都不同程度受到新冠肺炎疫情影响，松井

股份凭借精良的技术和高品质的服务，依然实现了经营业绩的逆势增长。

作为一家高新技术企业，松井股份一直视技术为企业的核心命脉，坚持以自主研发为主、合作研发为辅开展技术研发活动。目前，公司拥有6项国际领先技术、34项国家专利、再申请专利37项，参与制定5项国家标准。领先且适用的技术产品和客户优势，让松井股份有能力把握新型涂层材料行业的发展方向。

公司现已拥有涂料、特种油墨、胶黏剂等多类别产品体系，系列有机硅手感涂料、3D玻璃感光油墨、系列PVD涂料、系列UV色漆、系列水性涂料技术和产品具有行业领先或行业先进性。在高端消费类电子领域，业务覆盖手机及相关配件、笔记本电脑及相关配件、可穿戴设备、智能家电等四大类细分市场，终端客户覆盖亚洲、美洲、欧洲等地区，基本实现对下游目标市场业务的全覆盖，且已成为华为、惠普、小米、vivo、MOTO、谷歌的涂料和特种油墨产品主要供应商。公司业已成为一家优秀的新型功能涂层材料品牌企业。

曾万辉，湖南娄底人，中共党员，双硕士学历，毕业于国防科技大学微波与毫米波技术专业，获长江商学院EMBA学位，2019年被聘请为长江金融MBA项目导师，是湖南省第十三届人民代表大会代表，湖南省工商业联合会（总商会）第十二届执行委员会常委。

主要工作经历：1995—2005年担任北京新神剑经济技术发展有限公司市场部经理；2006年至今担任长沙景嘉微电子股份有限公司董事长，2008—2019年兼任公司总经理，2020年任公司董事长兼总裁。

2019—2020年湖南省优秀企业家
长沙景嘉微电子股份有限公司董事长兼总裁曾万辉

长沙景嘉微电子股份有限公司成立于2006年，曾万辉作为企业的最高管理者，在成立之初把电子信息领域定位为公司的发展方向，以科技创新为发展主动力，充分发挥其出色的经营管理能力。公司经过14年的快速发展，从成立之初不到10人，成长为现在逾800人的上市企业。

景嘉微成立初期先后承接了神舟8号图形加速等任务，系统深入地研究了图形生成的基本算法和

理论，在曾万辉的带领下，公司组建了一支芯片设计团队，针对我国嵌入式领域的显示需求，从最底层算法开始研究设计，经过8年苦心研究，于2014年成功研发了国内首款嵌入式图形处理芯片——JM5400，填补了国内技术空白，现已实现了工程化应用。"高可靠嵌入式JM5400图像处理器系统"获2018年度湖南省科技进步一等奖。在此基础上，公司奋起直追，于2018年研发了桌面级GPU JM7200，其性能可以满足国产化台式计算机、笔记本电脑等桌面系统的显示需求。

在企业经营过程中，曾万辉严格遵守国家法律、法规，守法经营，依法纳税，根据上市公司相关章程规定，

真实、准确、完整、及时地披露公司信息；诚实守信，从未出现违法违规等行为。作为一名有担当的企业家，曾万辉积极承担社会责任，促进企业良性发展，每年都会组织公司开展校招和社招，提供就业岗位，近两年吸纳就业人员近300人；热心公益事业，近年来多次为公益事业捐赠资金与物资，累计金额达数百万元；关爱员工，保障员工的权益，多次主持公司工会活动，加深公司上下对企业文化的认识，推进学习型组织的建设。

　　景嘉微是国家重点高新技术企业、湖南省双软企业，也是典型的技术密集型企业，截至2020年9月，公司有员工800余人，其中研发人员570人，占企业总人数的60%以上，博士35人，硕士245人，核心团队有近20年的工作经验。

　　曾万辉多次被评为长沙高新技术产业开发区"优秀企业家"，获评第六届（2015）年度全球湘商十大风云人物和长沙市经信委评选的"优秀创新创业企业家"。

湖南省晚安家居实业有限公司董事长曹泽云
2019—2020 年湖南省优秀企业家

曹泽云，1959 年 9 月出生于湖南长沙，晚安家居创始人和缔造者，现任湖南省晚安家居实业有限公司董事长兼总裁、湖南省家具行业协会会长、中国家具协会副理事长、中国家具协会质量标准委员会委员等职务，先后荣获"优秀中国特色社会主义事业建设者""中国家具行业团体标准化先进工作者""湖南省家居行业领军人物""湖南省优秀私营企业家""长沙市第十三届、十四届优秀人大代表""爱心企业家"等荣誉称号。

曹泽云 1979 年进入家具行业，1986 年创立湖南省晚安家居实业有限公司，注册资金壹亿元，系中国家居行业领军企业。至今公司拥有同一控股品牌下的全国分子公司十七家、六大生产基地，产品涵盖床垫、家纺、软床、实木、红木家具等家居全产业链，远销欧美、日本、澳大利亚等国家和地区，为1500多家经销商、400多家供应商、1500多名员工提供创业、工作、生活平台。

公司近三年累计实现销售收入超20亿元，累计实现利润超2亿元，累计上缴税收超1亿元。公司先后多次荣获"中国驰名商标""国家免检产品""湖南省省长质量奖""湖南省名牌产品""湖南省著名商标""高新技术企业""中国品牌价值500强"等近300项荣誉。

在曹泽云的带领下，晚安公司一直践行着责任、奉献、担当与爱的企业文化，凝聚中国家居界高、精、尖的专业化管理团队与人才，实行开放自治化的人性管理、完善的绩效管理模式与快速高效的信息化管理系统，为打造百年晚安优质品牌不懈奋斗。

在企业高质量发展的同时，曹泽云深知回馈社会、履行企业社会责任的重要性，自公司成立以来，他始终坚持慈善之心，积极投身于社会公益事业，用实际行动给需要帮助的人送去温暖。公司先后成立了湖南大学晚安教育基金、湖南师范大学晚安教育基金、中南林科大晚安教育基金、岳麓区教育局晚安教育基金等，捐助贫困大学生近100人、高中学校3所、小学近10所、敬老院4所，涉及捐助人员达1000人，累计捐助资金近3000万元。

曹泽云积极推行自动化、生态化、绿色化、智能化发展道路，在中国家具界推行"零甲醛"绿色产品，建立中国最高效的自动化流水线，建立国家产品研发与检测中心。为深刻践行习总书记提出的"绿水青山就是金山银山"重要思想，曹泽云在公司推行绿色发展战略，打造百亩绿地园林，让园区成为湖南人的天然氧吧和"绿水花山"的靓丽名片，晚安家居文化园因此被评为"湖南省工业旅游示范单位"。

2019—2020年湖南省优秀企业家
江华九恒数码科技有限公司
董事长沈云立

沈云立，生于1969年，湖南省邵阳市武冈人，中山大学MBA，长江商学院EMBA，湖南省政协委员。现任江华九恒数码科技有限公司董事长，2017—2019年期间荣获永州市第一届优秀企业家、改革开放四十年番禺优秀制造业企业家、江华瑶族自治县扶贫形象大使等荣誉。

2002年，沈云立响应国家自主创业号召，创立了广州九恒条码有限公司。他凭着优异的才干、创新的思维和对市场的灵敏把握，成为一匹特立独行的"黑马"，不到五年时间就把一家刚成立的小企业做到了条码行业第一。2014年，为完成回湖南投资的夙愿，他斥资20亿元在江华瑶族自治县建立了占地600亩的九恒科技工业园，同时"建厂房、装设备、招员工、抢生产"，从开工建设到第一单产品下线仅用了90天，创造了项目建设的"江华速度"，得到了省委主要领导的关注。工业园已建成30多万平方米的厂房设施，抱团入驻了九恒数码、恒津包装、恒创新材料、九恒新能源等多家企业，一举打造了全国最大的电子面单、不干胶标签和快递包装袋生产基地，2019年共实现营业收入21亿元、税收4000万元、就业1200人，目前已启动企业上市进程，三年内年营收将突破50亿元，上缴税收超过1亿元。企业先后荣获湖南省2019年非公有制先进单位、湖南省万企帮万村精准扶贫先进民营企业、湖南省大众创业万众创新示范基地、永州市平安企业创建示范单位等多项荣誉。

沈云立认真贯彻执行党的路线方针政策，模范遵守国家的法律、法规，带头践行社会主义核心价值观，致力于推动实体经济高质量发展，展现了新生代民营企业家的风范。他为人淳朴真诚，作风正派，脚踏实地，勇于创新，追求卓越，旗下有4家企业成功认定为国家高新技术企业，共取得49项专利、23项软件著作权，自主研发的无底纸标签与无底纸打印机，极大降低了物流企业成本，获得了市场的好评。他注重企业文化建设，推动企业建立了党支部、工会、团委等组织，还自掏腰包成立员工帮扶基金，是大家公认的"优秀企业家，成功领路人"。在带领企业跨越发展的同时，他不忘初心，扶贫济困，勇担社会责任，累计投入资金4000万元，通过就业帮扶、产业帮扶、公益帮扶等一系列措施，带动江华建档立卡贫困户4000余人稳定增收，走出了"高新产业带动精准扶贫"的新路子。

江华九恒数码科技有限公司

2019—2020年湖南省优秀企业家
冷水江钢铁有限责任公司总经理曹革新

自担任冷水江钢铁有限责任公司总经理以来，曹革新把自己全部的时间、精力、智慧投入到工作中、投入到自己深爱的企业中。近6年来，每天至少工作14个小时，没有双休日、节假日。每天早上6:30就来到公司了解情况，对生产中的问题和工作中的矛盾了如指掌，为公司决策处理问题提供准确、细致的第一手资料。晚上9:00在公司生产部组织召开各单位一把手会议，及时解决问题，10:30以后才回家。在班组长以上管理人员中推行"走动式"管理模式，为企业管理创新做出了杰出贡献。创新营销思路，在省内全面开发以"小项目""小门店"为主要内容的"两小市场"，赚别人不愿赚、赚不到的钱，提高产品销售利润。6年来，在曹革新的带领下，公司全面实行"精细管理、精心操作、精准控制、精确核算"的四精管理法，将各项指标细化到每个岗位和个人。冷钢创造新奇迹，续写了新辉煌。2017年钢坯、钢材产量首次突破300万吨，达到了年设计能力；2018年实现利润17.3亿元，取得了自公司成立60年以来最好的成绩。6年间，公司累计实现销售收入525亿元，上缴税金23亿元，实现利

曹革新，1966年3月出生，湖南新化人，中共党员，大学本科学历，经济师，1987年7月参加工作，2014年任冷水江钢铁有限责任公司总经理兼办公室主任。系冷水江市人大代表，先后荣获娄底市五一劳动奖章、湖南省创新企业文化建设十大功勋人物、湖南省劳动模范、全国五一劳动奖章等殊荣。

公司董事长陈代富（右）和总经理曹革新一同去现场视察工作

 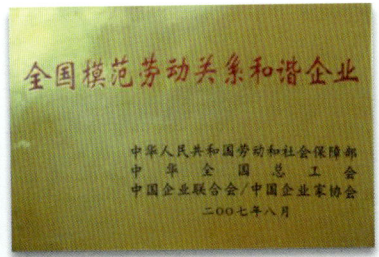 

公司产品镀锌板

公司部分荣誉　　　　　　　　　　　　　　　　公司产品螺纹钢

公司螺纹钢生产现场　　　　　　　　　　　　　公司产品高速线材

润32亿元。

　　曹革新把环保作为企业生存大事常抓不懈，坚决、彻底贯彻执行国家环保政策。2014年以来，先后对20余项环保项目进行技术改造，对"不负责任、不做小事、不规范操作"等环保陋习进行整改，使公司环保工作迈上了新台阶。按国家超低排放要求，组织相关人员对公司的环保状况进行认真研究，仔细分析，确定41个攻关改造项目，并安排资金近10亿元进行改造。

　　在企业工作三十多年来，曹革新始终认为，作为企业家，既要有实业报国的雄心，又要有在党的领导下，依靠员工通过坚韧不拔的努力办好企业的恒心，同时也要有勇于承担社会责任的善心。他长期参与社会献爱心活动，精准帮扶农民脱贫，支助贫困学子完成大学学业。他践行了自己的初衷，只要企业能永续生存发展，个人的一切都可以置之度外。

　　曹革新政治立场坚定，不忘初心，牢记使命。勤政廉洁，公道正派，群众观念强，服务意识好，能创造性地把党的路线、方针、政策和公司的决策变成工作的举措和方法。艰苦朴素，从不计较个人得失，抵得住诱惑，耐得住寂寞。把管好岗位职责上的事作为最大的乐事，用心办好，全力办成。

2019—2020年湖南省优秀企业家
湘潭市恒欣实业有限公司董事长
肖公平

　　肖公平现任湘潭市恒欣实业有限公司(以下简称"湘潭恒欣")董事长，兼党支部书记，本科学历，高级工程师，湖南省第十二届人大代表。

　　在肖公平的带领下，"湘潭恒欣"从一个技术和规模都微不足道的小企业，发展到总资产超2亿元的规模企业，连续10年每年纳税过千万元，他本人被评为第十二届湖南省十大杰出经济人物、第27届湘潭市优秀企业家。2019年企业实现年销售收入1.6亿多元，缴纳税收2300多万元。

　　目前，国内80%以上的煤业集团公司均是"湘潭恒欣"的客户，据CCTV和《中国矿业报》报道，"湘潭恒欣"的"猴车"产品国内市场占有率达40%左右，并已出口到肯尼亚、越南、印尼等国，是行业中唯一有出口业务的单位。

　　在肖公平的推动下，"湘潭恒欣"组建了三个省级技术中心，即湖南省矿用井下运输装备工程技术研究中心、湖南省级企业技术中心和湖南省工业设计中心，不断地推动行业的技术发展。其中第二代"猴车"——液压驱动式"猴车"经湖南省科技厅的鉴定，结论为技术居国际先进水平，填补国内空白。此后，国内再也未进口国外产品，为国家节约数亿元外汇，也彻底将"洋

'猴车'"赶出了国门,创建了民族品牌。第三代"猴车"——轨道式"猴车"列入了2017年度湖南省百项重点新产品项目,再次推动了行业产品的升级换代。"湘潭恒欣"拥有185项知识产权,其中发明专利31件,实用新型专利115件,专利水平居于国内同行业首位。肖公平被评为第五届"湖南省十大优秀专利发明人"、湘潭市专业技术骨干人才,荣获湖南省专利二等奖、湖南省科技进步二等奖。"湘潭恒欣"还是行业取证最多最全的单位,"猴车"取得安全标志证书73个,"无极绳"安全标志证书49个。

肖公平始终守法、诚信经营,为客户及时提供质量可靠且安全性能高的产品,20年来,未出现过重大的责任事故和安全问题,被评为国家级重合同守信用企业。积极履行纳税义务,向国家按时缴纳税收,每年均被评为纳税A级单位。除为员工购买了"五险一金"外,还对技术人员和关键岗位人员给予商品房奖励,每年组织全体员工旅游,国外游已是公司十多年的惯例。截至目前,未发生过员工劳动维权争议的纠纷,被湘潭市总工会授予"模范职工之家"。

肖公平热衷于社会公益事业。在他的倡议下,"湘潭恒欣"于2013年成立了"恒欣爱心基金",在两所学校成立了"公平奖学金",近年来累计捐款近400万元,被捐助人数达1000多人,被评为湖南省首届扶贫助学先进单位、湘潭市扶贫攻坚先进单位。肖公平个人被评为湖南好人、韶山市首届道德模范。

◎公司大门

◎数控车间

2019—2020年湖南省优秀企业家
湖南中铁五新钢模有限责任公司董事长兼总经理王祥军

　　王祥军，47岁，湖南武冈人，西安交通大学本科毕业，中共党员，高级工程师，享受湖南省政府特殊津贴、国务院特殊津贴专家，湖南省第十二届政协委员，湖南省工商联总商会副会长，湖南中铁五新钢模有限责任公司董事长兼总经理。先后获得第十九届中国专利优秀奖、湖南省优秀非公有制经济企业家、湖南省十大优秀专利发明人、湖南省专利二等奖、湖南省科技进步二等奖、怀化市中国特色社会主义建设者、怀化市支持党的工作优秀出资人、怀化市2018年"最美扶贫人物"、中国模板脚手架行业协会"成就奖"、全国模板脚手架行业优秀工作者、全国模板脚手架行业优秀企业家、中国模板脚手架行业领军人物、中国基建物资租赁承包协会"十大年度人物"等荣誉与奖励。

　　王祥军理想信念坚定，政治思想过硬，具有较高的政治敏锐性和政治鉴别力，在政治上、思想上、行动上与党中央保持高度一致；勤俭节约、爱国敬业，具有良好的道德品质和高尚的思想情操；诚信敬业、依法纳税，主动履行社会责任，

积极回报社会,企业劳动关系和谐。为助推怀化"精准扶贫"工作,2017年,他所管理的五新钢模出资百万元在怀化推出"扶贫双百工程",即资助怀化地区100名贫困大学生,免费技能培训100名建档立卡贫困户,并且在本企业安置就业,实现脱贫。与此同时,王祥军个人已经累计出资20多万元资助贫困家庭、困难学子。

  2000年,五新企业创始人王祥军带领连年亏损、深陷经营危机的原中铁五局六公司新运处机械厂,踏上了艰苦创业之路。凭借两万元启动资金和30多名改制职工,他将五新从一家"无市场、无技术、无资金",年产值不过百万元的修配厂,发展为以五新钢模、五新重工、五新隧装三家骨干企业为核心的企业集团,形成了以桥梁模板设备、隧道智能施工装备、港口起重设备为核心的三大业务板块,拥有员工2157人,年产值15亿元。

  作为整个五新企业集团的带头人,王祥军始终坚持以技术创新引领企业发展。目前五新设有隧道智能装备研究院、工程施工模板研究院、起重机械研究院等三个省级企业技术中心,拥有研发人员400余人,其中博士、硕士以上学历超过90人,年均研发投入占营业额的5%,共持有专利672项。目前,王祥军管理的五新隧装、五新钢模、五新重工都是高新技术企业,其中五新隧装为三板上市企业。企业资产从最初的500万元发展到现在的18亿元,员工从最初的37人发展到近2157人,年销售收入从不到2000万元发展到现在的14.5亿元,2019年纳税1.1亿元,创造了较大的经济效益和社会效益。

2019—2020 年湖南省优秀企业家
国信军创（岳阳）六九零六科技有限公司
董事长兼总裁 向志明

  向志明，中共党员，高级工程师，研究生学历，博士学位，现任国信军创（岳阳）六九零六科技有限公司董事长兼总裁。向志明1965年出生在湖南湘阴一个普通的农村家庭，1986年大学毕业后来到中国人民解放军第六九零六工厂参加工作，先后担任车间技术员、车间主任、生产处长、经营副厂长、厂长、厂党委书记等职务。

  2001年，原中国人民解放军第六九零六工厂在中央军委的统一部署下，移交至中国蓝星（集团）总公司。移交之初，由于军品市场份额锐减，民品市场尚未打开，工厂当年产值只有1400多万元，亏损680万元。大部分职工只发160元的生活费，而且常常几个月发不出工资，不少人待岗在家，技术人员纷纷南下求发展，工厂处于"生死临界点"。同年11月，向志明被任命为蓝星岳阳六九零六工厂厂长，这是一种百分百的信任，同样也是一个充满挑战的重担。

  上任伊始，向志明考虑的第一件事就是如何在危机中杀出一条血路，如何使跌进谷底的工厂重新焕发活力。面对恶劣的市场环境，他全心钻研市场经济和企业管理理论，在扎进基层和生产现场的同时走访新老客户，探索出"军品为主，民品为辅"的新经营理念。在他的带领下，2013年六九零六实现工业总产值2.8亿元，利润3000多万元，与各大军区建立了良好的合作关系，民品市场也如雨后春笋节节攀升。曾经破败的六九零六面貌焕然一新，职工收入稳步增加，各种设备设施逐步改善，整个工厂迸发出新的激情与活力。

刚上任时，向志明发现工厂内部机制不活，职工不求进取，沉闷的机制急需在改革的"亮剑"中一举打破。针对工厂存在的"能上不能下、能多不能少、能进不能出"的现状，他推出了一整套全新的机构、人事、分配和管理机制。面对重重阻力和尖锐的矛盾，他坚持推行"三项制度"改革，建立起了结构合理、运转协调、灵活高效的生产经营机制。

首先是按照现代企业的运作模式对机构进行调整；然后，创新用人机制，推行中层干部考评末位淘汰，职工实行双向选择竞争上岗；紧接着，创新分配制度，推行"绩效制"，对管理人员实行"考核制"，鼓励多劳多得，优劳优得，把工资的40%拿出来浮动，并与工作绩效挂钩，根据工作质量的优劣拉开收入差距。这些分配制度的改革，始终同职工的收入挂钩，正是这种合理竞争的机制，激发了职工无限的活力，有效地把控产品的质量，为工厂发展奠定了良好的基础。现在"年年有目标、年年要发展、年年都进步"已经成为六九零六人共同的追求和向往。在企业管理上，狠抓"安全、保密、质量"工作，落实健全相关的各种制度，做到有章可循，循而从严。在安全、保密和质量方面实行层层负责制，加强每个六九零六员工的责任心和使命感。在向志明的领导下，2019年公司先后被评为"全国模范劳动关系和谐企业""湖南省模范劳动关系和谐企业"荣誉称号。

2019—2020 年湖南省优秀企业家
株洲百货股份有限公司党委书记姚献其

  姚献其，湖南益阳人，1967 年 11 月出生，1989 年毕业于西北工业大学，中共党员，研究生学历，经济师。2017 年 3 月至 2020 年 3 月任株洲百货股份有限公司董事长、总经理，2020 年 3 月起任公司党委书记。

  姚献其是一位在商业企业工作近三十年的经验丰富的领导精英。在他和领导班子的共同努力下，公司连续十多年保持销售高速增长。2018 年，公司实现年销售 22.63 亿元（含税），创造历史新高，跻身湖南省"民营企业 100 强"、湖南省"服务业 50 强"；上缴税收 6941 万元，是株洲市商业龙头企业。在公司取得良好的经济效益和社会效益的同时，姚献其先后荣获 1999 年湖南省"青年岗位能手"、2004 年"株洲市十佳思想政治工作者"、2006 年"株洲市优秀党务工作者"和 2009 年"湖南青年五四标兵奖章"等荣誉称号。

  姚献其凭借深厚的理论基础和多年商业部门经营、管理积累的经验，结合企业实际,形成了一套卓有成效的管理体系,为企业打造了一支吃苦耐劳、艰苦创业、奋发图强、敢于竞争的高素质员工队伍,使株百成为株洲地区的商业名牌。同时,他以"全心全意为顾客服务、为员工办实事"作为自己的工作宗旨,提出"把顾客当亲人,视信誉为生命"的服务理念,把顾客高兴不高兴、满意不满意作为衡量和检验一切工作的标准;他也发自内心地热爱关心员工,激发员工的工作热情,凝聚人心。

姚献其处处严于律己,以身作则,率先垂范。时时刻刻带头讲学习、讲正气、讲奉献,坚持原则,勤勤恳恳。作为领导,他凡是要求别人做到的自己首先做到。一年365天,从不计较是休息日还是节假日,只要工作需要就加班加点;几十年如一日,工作始终保持快节奏,高效率;始终努力拼搏不放松,被誉为"工作狂"。正是其对工作认真负责的态度和乐于奉献的精神,给广大员工树立了榜样,使其在员工群众中享有崇高的威信。姚献其不仅是企业的一位好领导,也是一位好党员。既能勤政,也能廉政,在思想行动上始终保持与党中央一致,在廉政建设中始终对自己高标准、严要求,坚持做到自省、自警、自励,自觉加强党性修养,从不为个人谋取私利,表现了一个共产党员的高尚品质。

威胜信息技术股份有限公司
WILLFAR INFORMATION TECHNOLOGY CO.,LTD.

威胜信息成立于2004年，是国内最早专业从事电力物联网的企业之一，聚焦电力物联网及城市物联网，以新一代信息技术及物联网通信解决方案为核心，致力于智能电网和智慧城市、智能生活物联网。经过十余年的发展，已成为物联网行业内少数同时具备物联网感知层、网络层、应用层设备及系统研发能力的高新技术企业，是全球最高等级CMMI5软件企业，研发了中国第一套工业互联网平台化的电水气热能源计量自动化系统和中国第一台平台化设计和GPRS物联网模块化电力负荷管理终端等，是湖南省首家科创板上市企业，2020年8月30日威胜信息(688100)入选"科创50指数"。

2019—2020 年湖南省优秀企业家

威胜信息技术股份有限公司
执行董事、总裁　李鸿

李鸿，长沙市第十二届政协委员，曾获中国机械工业联合会、中国机械工程学会授予的"中国机械工业科学技术奖二等奖"。获评国家发改委"2015中国经济高峰论坛暨第十三届中国经济人"，中共长沙高新区"2013年度优秀企业家、2014年度优秀企业家、2015年度优秀企业家"，中国智能量测产业技术创新战略联盟"2017年度特殊贡献个人"，中国电子企业协会"2018中国电子信息行业创新企业家"，长沙市"高层次人才"，新浪网"2019中国新经济领航人物"。

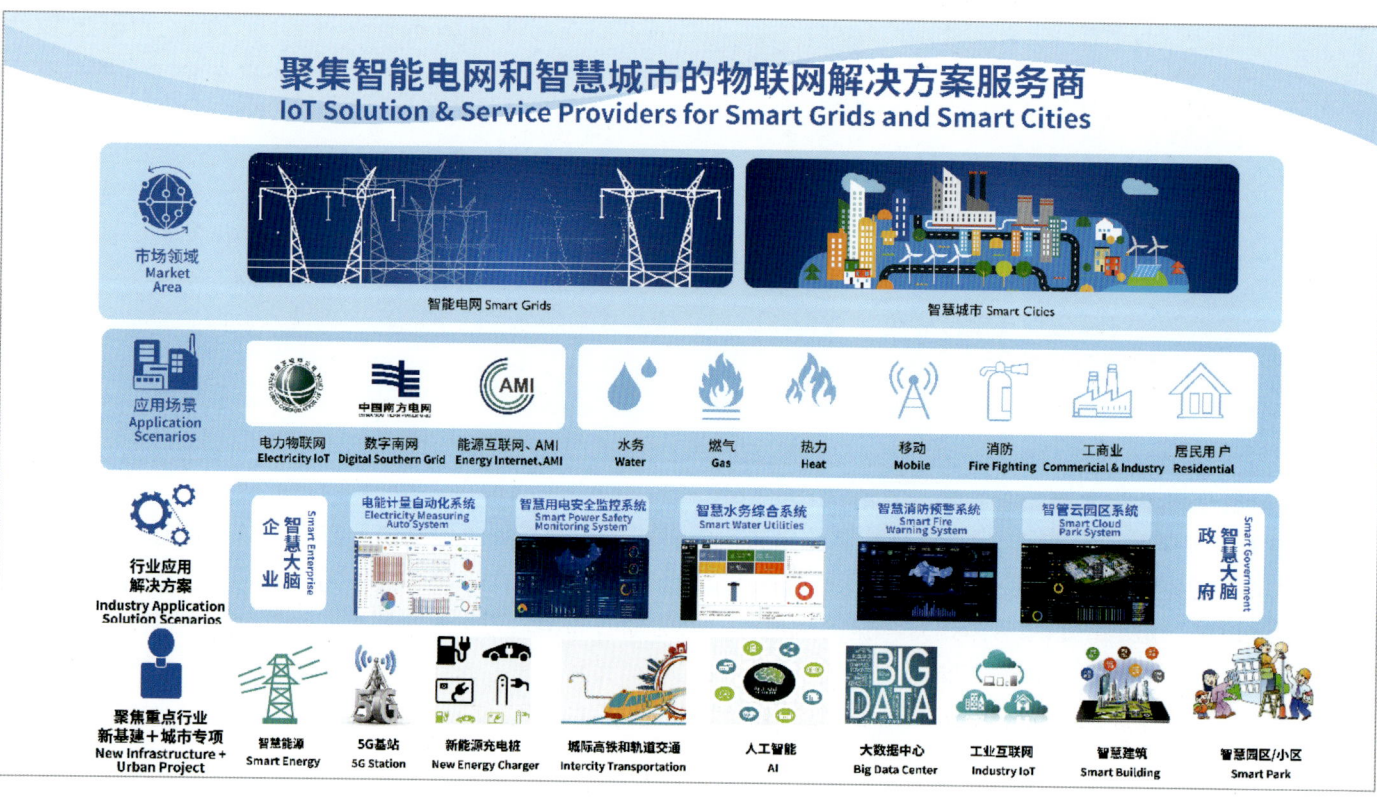

威胜信息一直是国内电力物联网智能终端的龙头企业，市场份额在国内名列前茅。顺应国家新基建和智慧城市的发展需求，公司同时布局智慧水务、燃气、用电安全与智慧消防、智慧园区等领域。公司产品和服务覆盖国内600多个城市、全球70多个国家和地区，为国内外3亿用户实现能源与公用事业领域物联网连接。

公司始终坚持不断创新，参与制定了国家及团体标准21项，获得专利600余项。提供从SaaS应用系统到网络层、感知层的物联网整体解决方案。"AMI"高级量测体系项目已经列入"国家火炬计划"，"高级量测体系下计量终端智能化关键技术研究与应用"被国家能源局授予"科技进步奖"，企业多次获得"中国芯"最具投资潜力奖。

2013年11月4日，习总书记莅临威胜视察，鼓励威胜加强研发，不断创新。在总书记的鼓励下，威胜信息一直以创新为发展引擎，大力推进产学研和校企合作，不断提升企业科技创新水平。与广东电网、清华大学、南方电网数字电网研究院有限公司等单位联合组成创新研究团体，共同参与《数字电网关键技术》国家重点研发计划项目的申报；与中国城市科学研究会智慧城市实验室签署战略合作协议，双方合作共建成立智慧城市联合实验室；与华中科技大学、国防科技大学等知名高校建立了良好的合作关系，在不同的技术领域开展创新性技术与产品开发。凭借高质量的发展，公司先后荣膺"金骏马·成长先锋奖"、"2020科创之星·最佳科创板上市公司"、"最佳资本新锐上市公司"奖并入选"科创50指数"。

放眼未来，威胜信息将以"物联世界 芯连未来"为己任，面向世界科技前沿、面向经济主战场、面向国家重大项目需求的定位，紧紧抓住新基建、"一带一路"倡议等重大机遇，释放边云协同解决方案的计算力，做到近现场、近设备、近客户的服务力提升和全时响应，"服务随心而至、万物触手可及"，持续为股东、投资者、用户、员工、行业、社区、社会、国家创造价值，构建和谐"义利共生"生态圈，让每一座城市、每一个社区、每一家企业、每一户家庭都因享用威胜信息的产品、技术和服务而持久受益。

HEIEF
湖南省企业和工业经济联合会
HUNAN PROVINCE ENTERPRISES AND INDUSTRIAL ECONOMICS FEDERATION